여암 신경준과 역주 도로고

• 여암 신경준과 역주 도로고

• 찍은날 / 2014년 10월 16일
• 펴낸날 / 2014년 10월 20일
• 편저자 / 류명환
• 펴낸이 / 김경현
• 펴낸곳 / 도서출판 **역사문화**
• 서울특별시 종로구 신영동 103-1 현대빌리지 101호
• 등록번호 / 제 6-297호
• 전 화 / 02) 942-9717
• 팩 스 / 02) 942-9716
• 홈페이지 / http://www.ihc21.com
• 찍은곳 / 한영문화사

ISBN 978-89-88096-73-4 93910

값 25,000원

여암 신경준과 역주 도로고

류 명 환 편저

도서출판 역사문화

일러두기

▶ 다음과 같은 부호를 사용하였다.

( ) : 원문 역주시에 추정한 내용과 생몰년 표기에 대해 사용한다.

〔 〕 : 원문의 주석 역주와 부연 설명을 할 경우에 사용한다.

" " : 논문과 대화 등의 인용문을 묶는다.

' ' : 재인용이나 강조 부분을 묶는다.

「 」 : 책의 일부를 이루는 표제에 사용한다.

『 』 : 책명을 묶는다.

< > : 그림과 표 번호를 묶는다.

○ : 원문에 표시된 기호를 그대로 옮긴다.

▶ 고려 및 조선 국왕의 연대와 왕명은 병기하는 것을 원칙으로 하였다.
예) 1770년(영조 46)

▶ 원문에 들여쓰기가 되어있는 6대로는 역주에서도 차하 분기점부터 들여쓰기로 편집하였다.

▶ 이 책에 나오는 『조선왕조실록』과 『승정원일기』 인용문의 출전은 국사편찬위원회(sillok.history.go.kr, sjw.history.go.kr)에서 제공하는 것이다.

▶ 이 책에 나오는 문집류 인용문의 출전은 한국고전번역원(www.itkc.or.kr)에서 제공하는 것이다.

▶ 이 책에 나오는 주요 지도의 출전은 서울대학교 규장각한국학연구원에서 제공하는 것이다.

▶ 이 책에 나오는 주요 인물 소개는 한국민족문화대백과사전(encykorea.aks.ac.kr)을 참고하였다.

▶ 이 책에 나오는 『도로고』 원문은 국립중앙도서관 소장본을 토대로 입력하였고, 서울대학교 규장각 소장본과 한국학중앙연구원 장서각 소장본을 부분적으로 인용하여 수정하였다.

서 문

이 책은 여암旅菴 신경준申景濬의 『도로고道路考』를 역주하여, 이에 대한 해제를 덧붙인 것이다. 신경준(1712~1781)은 영조대 국학에 대한 연구가 활발히 진행되던 시기에 지리학 분야를 집대성한 대학자이다. 그는 『동국문헌비고東國文獻備考』의 13고 중 『여지고輿地考』를 담당하였고, 『강계고彊界考』·『산수고山水考』·『사연고四沿考』·『도로고』등 다양한 지리서를 저술하여 지리학적 역량을 발휘하였다. 그의 학문적 성과는 산수와 도로를 대동보大同譜 형식으로 각각 정리한 『산경표山經表』와 『거경정리표距京程里表』에서 실용화되기도 하였다. 특히 영조의 총애를 받으면서 지리학자로는 드물게 당상관을 지내면서 국가사업의 중심적 위치에 있었다.

그럼에도 불구하고 신경준은 학문적 업적에 비해 상대적으로 조명을 받지 못한 인물이며, 그에 대한 연구 성과 또한 미진한 편이다. 따라서 필자는 신경준의 저술서 중에서 『도로고』에 대한 해제와 역주를 통해 일반인들이 쉽게 조선시대의 도로를 접하고, 신경준의 지리학적 역량을 살필 수 있는 계기를 마련하고자 하였다.

신경준이 1770년(영조 46)에 저술한 『도로고』는 어로御路, 6대로六大路, 사연로四沿路, 역로驛路, 파발로擺撥路, 봉로烽路, 해로海路, 사행지로使行之路 등 영조대 전국의 도로에 대한 정보를 종합하면서 조석潮汐, 풍우風雨, 개시開市 등 실용적인 지식을 담고 있는 지리서라고 할 수 있다. 더욱이 『도로고』는 조선 전기 『세종실록지리지世宗實錄地理志』와 『신증동국여지승람新增東國輿地勝覽』에서 사방 경계까지의 거리만 표시

되던 단계에서 조선 후기『여지도서輿地圖書』의 도로道路조와『여지고』의
도리道里조 단계를 넘어 처음으로 교통망을 대상으로 한 책이 단일본으로
저술된 데 의의가 있다.

　필자가 역사지리학을 공부하게 된 것은 대학에 입학하였을 당시 모시게
된 부산대학교 지리교육과 김기혁 교수님과 사학과 지두환 교수님의
영향을 받았기 때문이다. 대학원 과정을 밟으면서 우리나라의 문화가
집대성되는 영조대에 관심을 가지게 되었고, 지리학에서도 이를 정리한
학자가 있을 것이라고 판단하여 조사하던 중 신경준을 알게 되었다.
또한 다양한 지리서를 저술하는 신경준은 분명히 한국식 지리학을 만들어
냈을 것이라는 생각을 하게 되었다.

　따라서 필자가 관심이 많았던 지명과 도로를 잘 정리한 신경준의『도로
고』를 접하고 이에 대한 연구를 통하여 대학원을 마칠 수 있었다. 박사과정
의 지도를 맡아 주신 김기혁 교수님은 입학해서 논문이 통과되기까지
학문하는 자세와 방법을 지도해 주셨고, 심사위원장을 맡아 주신 이희열
교수님은 논문의 형식과 세부 사항을 점검해주셨다. 함께 심사를 맡아
주신 윤용출 교수님, 양보경 교수님, 정인철 교수님, 구동회 교수님의
지도를 받아 석사과정에서 '旅菴 申景濬의『道路考』연구-「六大路」를
중심으로-'와 박사과정에서 '『도로고』・「여지고」의 도로체계와『동역도
』의 비교 연구'를 제출하게 되었다.

　이 책의 해제는 석사・박사학위 논문에서『도로고』와 관련된 부분을
발췌하여 보완하고 수정한 것이다. 역주 부분은 국립중앙도서관 소장본
『도로고』를 토대로 하였다. 이러한 글은 혼자 쓰는 것이 아니라 항상
많은 분들이 지리가 삶이 될 수 있는 기회와 계기를 만들어 주시고,

사명감을 가질 수 있게 도와주셨기 때문에 가능하였다고 생각한다.

그동안 학문을 할 수 있는 기초를 마련해 주시고 격려를 아낌없이 해주신 대학의 교수님들, 김기혁 교수님, 지두환 교수님, 양보경 교수님께 충심으로 감사를 드린다. 원문을 함께 강독해 주신 명륜서당의 임병수, 이순구, 권윤수, 이성호, 김준은 선생님께도 감사를 드린다. 필자가 공부하는데 때로는 비판을, 때로는 용기를 주신 분들이기에 많은 힘이 되었고, 어려움을 극복할 수 있었다. 또 현재 필자가 몸담고 있는 한국학중앙연구원 가족들에게도 감사를 표하고 싶다. 마지막으로 책의 교정을 맡아준 국립고궁박물관의 양웅렬 선생님에게도 고마움을 전한다.

갑오년 가을 국은관에서

차 례

제2편 역주 도로고

표 차례

그림 차례

제1편
여암신경준과
도로고

1장 머리말

1. 연구목적

17~18세기 조선 사회는 사상, 그림, 건축, 문학, 음악, 의학 등을 비롯한 다양한 분야에서 국학 연구가 활발하였다. 지리학에서도 지리지가 광범위하게 편찬되었고, 국토를 계통적으로 인식하기 위한 저술이 적지 않게 이루어졌다. 이와 함께 지도 제작도 활발하게 추진되면서 다양한 형태의 지도가 만들어졌다. 중국의 영향을 받았으나 독자적인 모습으로 조선의 산천이 묘사되었다.

이 시기에 강역, 지리, 지도를 바탕으로 한 국토의 공간성에 대한 높아진 관심으로 정상기鄭尙驥(1678~1752)는 『동국지도東國地圖』를 제작하고, 이중환李重煥(1690~1756)은 『택리지擇里志』를 저술하는데, 여암旅菴 신경준申景濬(1712~1781)은 영조대 우리 문화가 조선화되어 가는 시기에 지리학 분야를 집대성한 학자이다.

신경준은 『동국문헌비고東國文獻備考』의 13고 중 『여지고輿地考』를 담당하였고, 『강계고疆界考』·『산수고山水考』·『사연고四沿考』·『도로고道路考』 등 다양한 지리서를 저술하여 지리학적 역량을 발휘하였다. 그의 학문적 성과는 산수와 도로를 대동보大同譜 형식으로 각각 정리한 『산경표山經表』와 『거경정리표距京程里表』에서 실용화되고, 김정호金正浩가 제작하는 『청구도靑丘圖』·『대동여지도大東輿地圖』·『대동지지大東地志』 등 후대에 만들어지는 지도와 지리서의 도정道程 기록에 많은 영향을 준다.

신경준은 『팔도지리지八道地理志』를 저술한 11대조 암헌巖軒 신장申檣

(1382~1433), 『해동제국기海東諸國記』를 저술한 10대조 보한재保閑齋 신숙주申叔舟(1417~1475), 『신증동국여지승람新增東國輿地勝覽』의 편찬에 참여하는 8대조 이계伊溪 신공제申公濟(1469~1536)로 이어지는 가학家學을 배경으로 지도와 지리서를 저술하였으며, 지리학자로는 드물게 영조대에 청요직淸要職을 지낸다.

신경준이 1770년(영조 46)에 저술한 『도로고』는 어로御路, 6대로六大路, 사연로四沿路, 해로海路 등 영조대 전국의 도로에 대한 정보를 담고 있다. 더욱이 『도로고』는 조선 전기 『세종실록지리지世宗實錄地理志』와 『신증동국여지승람』에서 사방 경계까지의 거리만 표시되던 단계에서 조선 후기 『여지도서輿地圖書』의 도로道路조와 『동국문헌비고』 중 『여지고』의 도리道里조 단계를 넘어 처음으로 교통망을 대상으로 한 책이 단일본으로 저술된 데 의의가 있다. 18~19세기에 『도로표道路表』, 『정리표程里表』, 『도리표道里表』, 『산리고山里攷』 등 도로와 관련된 다양한 저술서가 등장하지만, 『도로고』는 전국의 도로를 계통적으로 정리한 저작물로 당시 도로체계 연구에 중요한 위치를 점하는 것으로 평가받고 있다.[1]

신경준과 그의 저작물에 대해 학계에서는 그동안 여러 분야에서 접근이 이루어졌다. 이에 대한 연구는 국문학에서 처음 출발하여 역사학, 지리학으로 확대되면서 연구자의 관심 분야에 따라 신경준은 국어학자, 또는 역사학자・지리학자 등으로 평가되고 있다.[2]

신경준에 대한 지리와 역사 분야에서의 접근은 인물, 지리서, 지도, 주제별 연구 등으로 구분해 볼 수 있다. 인물에 대한 연구로 최창조,

---

1) 최창조, 1986, "여암 신경준의 지리학 해석", 다산학보 8, 다산학연구원; 류명환, 2005, 여암 신경준의 『도로고』 연구-「육대로」를 중심으로-, 부산대학교 석사학위논문.
2) 류명환, 2005, 위의 논문.

양보경, 이종범, 고동환의 연구를 들 수 있다. 최창조3)는 풍수지리 분야를 제외한다면 이토록 많은 지리 관계 저술을 이룬 사람은 달리 없었다고 하면서 실질적 지리학을 계통적으로 정리한 공적을 높이 평가하였다. 양보경4)은 신경준이 방대한 지리학 저술을 남기고 자신의 지리적 지식을 인정받아 국가적인 편찬 사업으로 연결시킨 학자로 많은 실학자들이 재야에서 활동하였음에 반하여 국가적인 사업에 재능과 학식을 발휘한 지리학자라는 점에서 다른 실학파 지리학자들과 구별된다고 평가하였다. 또 이종범5)은 국토와 도로의 개념을 발견한 실학자로, 고동환6)은 회통會通 사상을 바탕으로 가치중립적 연구를 추구한 학자라고 평가하였다.

지도에 대한 연구는 김기혁7), 양보경8), 이기봉9) 등의 연구를 들 수 있다. 이는 신경준이 만들었다고 기록되어 있는『동국여지도東國輿地圖』가 현재 전하는 지도 중에서 어떤 지도로 추정되는가에 대한 연구가 중심인데, 김기혁은『동국지도 3東國地圖 三』이 신경준의 초기 방안식 군현지도에 가까운 것으로, 양보경은『조선지도朝鮮地圖』로, 이기봉은 성신여자대학교 소장본 도별도인『동국팔로분지도東國八路分地圖』를 원본이 아니더라도 이를 그대로 모사하거나 약간 수정한 지도로 각각 해석하고 있다.

지리서에 대한 연구는『강계고』에 대한 이상태의 연구10),『여지고』에

---

3) 최창조, 1990, 좋은 땅이란 어디를 말함인가, 서해문집.
4) 양보경, 1999, "여암 신경준의 지리사상", 국토 211, 36-43.
5) 이종범, 2003, "신경준-국토와 도로의 개념을 발견한 실학자", 역사비평 62, 323-339.
6) 고동환, 2003, "여암 신경준의 학문과 사상", 지방사와 지방문화 6, 179-216.
7) 김기혁, 2007, "조선후기 방안식 군현지도의 발달 연구-『동국지도 3』을 중심으로", 문화역사지리 19(1), 19-36.
8) 양보경, 1995, "대동여지도를 만들기까지", 한국사시민강좌 16, 84-121.
9) 서울대학교 규장각편, 2005, 조선지도 : 해설・색인, 서울대학교 규장각.
10) 이상태, 1984, "신경준의 역사지리 인식-강계지를 중심으로", 사학연구 38, 397-426.

대한 박인호의 연구11), 『산수고』에 대한 양보경의 연구12), 『사연고』에 대한 양보경의 연구13), 『도로고』에 대한 최창조14), 양보경15), 박인호16)의 연구에서 살펴볼 수 있다. 특히『도로고』는 도로의 비중이 중요해지는 시기에 나타난 지리 인식의 변화를 보여주는 저서로 이에 대한 종합적인 검토는 류명환의 연구17)가 있다.

이에 본 연구는 신경준이 지리학에 관심을 가지게 되는 학문적인 배경과 그의 저술서 중에서 『도로고』를 중심으로 편찬 체제를 살펴보고, 이에 수록된 도로 체계 분석을 통하여 그 특성을 밝혀보고자 하였다. 이를 통해 조선 후기의 도로에 대한 인식과『도로고』에 담긴 신경준의 지리관을 이해하고자 하는 것이 본 연구의 부차적인 목적이다.

---

11) 박인호, 1996, 조선후기 역사지리학 연구 : 문헌비고 여지고를 중심으로, 한국정신문화 연구원 한국학대학원 박사학위논문; 박인호, 1996, 조선후기 역사지리학 연구, 이회문화사.
12) 양보경, 1992, "신경준의 산수고와 산경표-국토의 산천에 대한 체계적 이해", 토지연구 3, 133-145; 양보경, 1994, "조선시대의 자연 인식 체계", 한국사시민강좌 14, 70-97; 양보경, 1999, 앞의 논문.
13) 양보경, 1999, 앞의 논문.
14) 최창조, 1990, 앞의 책.
15) 양보경, 1999, 앞의 논문.
16) 박인호, 1996, 위의 책.
17) 류명환, 2005, 앞의 논문; 류명환, 2010, "신경준의 『도로고』 중 「사연로」 분석", 문화역사지리 22(3), 104-121; 류명환, 2012, 『도로고』・「여지고」의 도로체계와 『동역도』의 비교 연구, 부산대학교 대학원 박사학위논문.

2. 연구자료 및 분석방법

연구자료로서『여암전서旅菴全書』에 수록되어 있는 국립중앙도서관 소장본『도로고』(古985-1)와 장서각 소장본『도로고』(K2-4352)를 이용하였다.

제2장에서는 신경준이 지리학에 관심을 갖고 다양한 연구를 하게 된 학문적 배경과 그의 저술 활동을 살펴보았다. 학문적 배경은 가학적 배경·생애·관직활동·지리학 연구의 동기를 중심으로 분석하였다. 가학적 배경은『한국계행보韓國系行譜』와『고령신씨세보高靈申氏世譜』를 바탕으로 고령신씨 집안의 가계도를 그리고, 족보 연구를 통해 지도 및 지리서 제작에 참여한 인물들을 조사하였다. 생애와 관직활동은『여암 진서』에 수록되어 있는 신헌구申獻求의 행장行狀과 홍양호洪良浩 (1724~1802)의 묘갈명墓碣銘에 기록된 행적을 중심으로 살펴보았다. 또『조선왕조실록朝鮮王朝實錄』과『승정원일기承政院日記』등에 기록된 신경준 관련 기사와 영조와의 관계를 바탕으로 관직 진출을 통한 지리서와 지도 제작과의 관련성을 조사하였다.

지리학 연구의 동기는 행장 기록과『강계고』·『동국문헌비고』중『여 지고』(이하『여지고』)·「직주기稷州記」·『도로고』등에 기술된 지명 관련 글을 바탕으로 언어에 대한 연구가 지명 고증으로 이어지는 학문적 태도를 살펴보았다. 유고집은『여암집旅菴集』·『여암유고旅菴遺稿』·『 여암전서』에 이르는 신경준 유고의 문집 간행 과정을 파악하고, 주요 기관에 소장되어 있는 여암관련 서적을 검토하였다. 저술활동은 국어학, 이용학, 철학 분야의 관련 서적을 개관하고 지리서와 지도를 중심으로 저술 내용을 조사하였다. 지리서는『강계고』,『산수고』,『사연고』,『여지고』, 『도로고』에 기술된 각 권의 주요 주제를 중심으로 해제하였다. 지도는 묘갈명과 『승정원일기』, 『여암전서』 등에 있는 지도 관련 기록을 중심으로 신경준이 제작한 지도에 관해 살펴보았다.

제3장에서는 『도로고』의 편찬 체제를 해제하였다. 『도로고』 저술 목적은 서문의 기록으로 살펴보았고, '서문 아래의 글'과 『도로고』 각 권의 목차를 통해 어로, 6대로, 사연로, 해로로 배열되는 도로의 위계를 분석하였다. 『도로고』의 구성은 『여암전서』에 수록되어 있는 『도로고』와 장서각에 소장되어 있는 『도로고』를 역주하여 권1의 어로·팔도6대로소속제읍목八道六大路所屬諸邑目·6대로, 권2의 팔도각읍계사지급저경성제영리수총八道各邑界四至及抵京城諸營里數摠, 권3의 사연로·역로·파발로·봉로, 권4의 해로·사행지로·조석·풍우·개시 순으로 지명, 내용, 경로 등을 살펴보았다.

제4장에서는 『도로고』에 기록된 어로, 6대로, 사연로, 역로, 봉로, 해로를 중심으로 각 도로의 특징을 분석하였다. 어로는 능원묘 어로와 온천 행궁 어로로 구분되는데, 능원묘 어로는 건원릉부터 영릉까지 34개 능의 능호와 묘호·형식·위치 등을 조사하였고, 온천 행궁 어로는 서울에서 온양군 온천 행궁에 이르는 경로를 살펴보았다.

6대로는 『도로고』에 묘사된 대로와 방통지로의 경로를 의주제1로, 경흥제2로, 평해제3로, 동래제4로, 제주제5로, 강화제6로 순으로 분석하여 지도화하였다. 6대로에 반영된 지리 정보는 대로의 특징, 행정·군사 중심지인 읍치·병영·수영·행영을 연결하는 대로, 4대 사고와 추존 왕릉에 이르는 경로, 사성대로, 지름길 등 다양한 도로망에 대한 분석과 함께 이를 지도화하여 사례로 들었다.

사연로는 북연로와 삼해연으로 구성된 사연로를 파악하고 이에 나타난 북연 지역에 대한 인식과 해연 경로의 특징을 살펴보았다. 사연의 의미 파악과 사연로라는 용어를 처음 사용하는 신경준의 지리적 배경을 고찰하기 위해『사연고』,『여지고』등 신경준의 저서와『도로고』에 수록된 서문과 본문,『여암전서』의 행장과 묘갈명 등을 살펴보았다. 이외에 사연로의 사료를 확인하기 위해『조선왕조실록』,『승정원일기』,『비변사등록備邊司謄錄』,『사고전서四庫全書』,『이십오사二十五史』,『사부총간四部叢刊』등의 수록 내용을 검토하였다.

특히 영조대라는 시대적 상황에서 사연로를 통해 신경준이 인식한 북연 지역의 범위를 고찰하기 위해『사연고』,『강계고』,『산수고』등 그가 저술한 지리서를 살펴보았다. 백두산로, 압록강연로, 두만강연로를 지도화하여 신경준이 생각한 사연로에 나타난 영역의 범위를 연구하고, 백두산 주변 지명의 변화는 당시에 제작된 것으로 알려진『조선지도』(奎 16030)에 나타나는 지명과 사연로 지명과의 차이점을 비교 검토하였다. 다음으로 팔도해연로를 이루는 함경도·강원도·경상도·전라도·충청도·경기·평안도·황해도해연로를 지도화하여 삼해연의 특징을 비교하고, 해연로 거리 구성의 원칙과 거리 측정의 기준을 월경지와의 관계, 언급된 지명과 거리를 바탕으로 살펴보았다.

역로는 경기·황해도·평안도·강원도·함경도·충청좌도·충청우도·경상좌도·경상우도·전라좌도·전라우도 순으로 도별 주요 역도와 속역을 살펴보았다. 봉로는 경흥 우암에서 양주 아차산에 이르는 제1거, 동래 응봉에서 광주 천림산에 이르는 제2거, 강계 여둔대에서 고양 무악동봉毋嶽東烽에 이르는 제3거, 의주 고정주에서 무악서봉毋嶽西烽에 이르는 제4거, 순천 돌산도에서 양천 개화산에 이르는 제5거의 주봉主烽을 중심으로 살펴보았다. 해로는 두만강로·제주해로·압록강로 순으로 주요 경로와 거리를 검토하였다. 위에서 언급한『도로고』
6대로와 사연로의 지도화 작업은『대동여지도大東輿地圖』(1861)를 기본
도로 이용하였다.18)

---

18)『대동여지도』의 군현 위치와 경계는 고려대학교 민족문화연구원의 조선시대 전자문
화지도 시스템(www.atlaskorea.org)에서 제공되는 지도를 바탕으로 수정 보완하여
기본도로 이용하였다.

2장 신경준의 학문적 배경

1. 가학적 배경

신경준은 1712년(숙종 38) 4월 15일에 순창 남산南山19)에서 태어나 70세 때인 1781년(정조 5) 5월 21일에 졸하였다. 본관은 고령高靈, 자는 순민舜民, 휘는 경준景濬, 호는 여암旅菴이다. 〈표 1〉은 고려 검교檢校 신성용申成用에서 신경준에 이르는 고령신씨 가계도이다.

고령신씨는 검교 신성용을 시조로 조선 전기 예의판서 순은醇隱 신덕린 申德隣에까지 관직이 계속된다. 신덕린은 포은圃隱 정몽주鄭夢周・목은牧 隱 이색李穡과 교유한 것으로 보아 이 시기에 주자성리학을 받아들이는 신진사대부의 일원이었음을 알 수 있는데, 조선왕소의 개창에 반대한 두문동 72현 중 한 사람이었다. 신덕린의 아들 대사간 호촌壺村 신포시申 包翅는 남원의 호촌에 은둔하여 명분과 절의를 부지하였다.

신포시의 아들 참판 암헌嚴軒 신장申檣(1382~1433)은 집현전 학사에 선두로 뽑혔고, 『팔도지리지八道地理志』를 저술하였다. 신장은 붓글씨에 도 뛰어나 필원筆苑의 종장이 되고 영의정에 증직되어 고령부원군高靈府院 君이 되었다. 신장의 다섯 아들 중에 막내가 전주부윤 귀래공歸來公 신말주 申末舟(1439~1503)인데 신경준의 10대조이다. 신말주는 『해동제국기海 東諸國記』를 저술하는 신숙주申叔舟(1417~1475)의 아우로 벼슬을 버리 고 순창의 남산에 돌아갔는데20) 이후로 자손들은 대대로 순창의 남산에

---

19) 전라북도 순창군 순창읍 가남리 남산마을.

20) 신말주는 단종이 왕위에서 물러난 이후로 벼슬을 사임하고 물러나 순창에 살면서 귀래정을 지었다. 형 숙주가 강권하여 벼슬에 나오게 하려 하였으나 이루지 못하였다고 한다. 『조선왕조실록』에는 그가 1470년(성종 1)에 순창에 내려가 오래 귀경하지 않아 파직된 기록과 함께, 1476년(성종 7) 전주부윤全州府尹, 1479년(성종 10) 진주목사晉州牧

거주하게 되었다.

표 1. 고령신씨 가계도

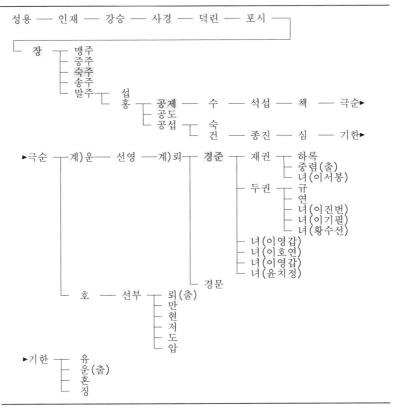

※ 『고령신씨세보』와 『한국계행보』 고령신씨高靈申氏 참조.
 신장申檣 : 『팔도지리지八道地理志』 저술.
 신숙주申叔舟 : 『해동제국기海東諸國記』 저술.
 신공제申公濟 : 『신증동국여지승람新增東國輿地勝覽』 편찬 참여.

使, 1483년(성종 14) 창원도호부사昌原都護府使, 1487년(성종 18) 경상우도병마절도사慶
尙右道兵馬節度使와 대사간大司諫, 1488년(성종 19) 첨지중추부사僉知中樞府事와 전라
수군절도사全羅水軍節度使를 지낸 것으로 기록되어 있다.

신말주의 손자 이조판서 이계伊溪 신공제申公濟(1469~1536)는 1531 년(중종 26)에 간행되는『동국여지승람東國輿地勝覽』의 신증新增 작업에 동참하였고, 후에 청백리에 뽑혔다. 신공제의 손자 주부主簿 신책申潒은 효행으로 정려旌閭를 받아 삼강록三綱錄에 들었다. 신책의 아들 참봉 신극순申克淳은 신경준의 고조부이고, 증조부 신운申澐은 부제학 신유申 濡(1610~1665)의 아우21)이다. 할아버지는 찰방 신선영申善泳이고, 아 버지는 신뢰申淶이다. 어머니는 한산이씨 진사 이의홍李儀鴻의 딸이다. 신경준은 세 번 결혼22)을 하였고 슬하에 2남 3녀를 두었다.23)

신경준의 가계를 살펴보면 11대조 암헌 신장이『팔도지리지』를, 10대 조 보한재 신숙주가『해동제국기』를 저술하고, 8대조 이계 신공제가 『신증동국여지승람』편찬에 참여하고 있어 그의 지리지 저술에는 이러한 가학을 배경으로 하고 있음을 엿볼 수 있다.

---

21) 신운은 신공섭의 5대손으로, 신기한申起漢의 차남으로 태어났으나 신극순申克淳에게 양자로 들어갔다.
22) "처음 배필은 광주이씨 음랑 이형만李亨晩의 딸로 충정공 이준경李浚慶의 후손이었는 데 자식이 없었다. 묘는 노촌老村 찰방오察訪公의 묘 아래 임좌壬坐에 있다. 두 번째 부인은 강릉최씨 학생 최돈오崔惇五의 딸인데 묘는 묘법의 남쪽 장고고개長鼓峴 건좌乾 坐에 있다. 세 번째 부인은 평창이씨 음랑 이광집李光潗의 딸인데 신경준의 묘 왼쪽에 합장되었다."(『여암전서』 행장)
23) "장남은 재권在權이고, 차남은 두권斗權으로 이씨 소생이다. 장녀는 진사 이영갑李永甲 에게 시집갔고 최씨 소생이다. 차녀는 이호연李浩淵에게, 삼녀는 진사 윤치정尹致鼎에 게 시집갔는데 모두 이씨 소생이다. 재권은 여산 송로宋璐의 딸을 취하였는데 2남 1녀로 장남은 하록夏祿이고, 차남 중렴重濂이다. 중렴은 종숙 신익권申翼權의 후사로 출계出系하였고, 딸은 이서봉李瑞鳳에게 시집을 갔다. 두권은 남원 윤우섭尹羽燮의 딸을 취하여 2남 3녀를 낳았는데 장남은 규澒이고, 차남은 연演이다. 딸들은 이진번李鎭 蕃, 이기필李基弼, 황수선黃秀璿에게 각각 시집을 갔다."(『여암전서』 행장)

2. 생애와 관직활동

신경준은 어렸을 때부터 명민하여 주위를 놀라게 하였다고 한다.24)
8살 때인 1719년(숙종 45)에 북쪽으로 낙양(서울)에서 배웠고, 9살 때인
1720년(숙종 46)에 강화도에서 수학하였다.25) 12살 때인 1723년(경종
3)에 순창으로 돌아온 이후 15년 동안 순창에 거주하였는데, 18세 무렵까
지는 주로 고체시인 당시唐詩를 배우고 즐겨지었다. 26세 때인 1737년(영
조 13)에 부친이 돌아가시자 그 이듬해인 1738년(영조 14)에 식구들을
거느리고 소사素沙로 이주하여 3년간을 생활하면서 『소사문답素沙問答』
을 저술하였다.

30세 때인 1741년(영조 17)에는 직산稷山으로 이사하여 3년간을 거주
하였는데 이곳에서 『직서稷書』26)를 저술하였다. 33세 때인 1744년(영조
20)에 직산에서 다시 고향인 순창으로 돌아와서 향시에 합격하였으나
지리산을 유람하느라 회시에 응시하지 못하였다. 37세 때인 1748년(영조
24)에 모친상을 당하였으며, 39세 때인 1750년(영조 26)에 『훈민정음운
해訓民正音韻解』를 저술하였다. 43세 때인 1754년(영조 30)에 증광 향시

---

24) "아버지 신뢰의 꿈에 한 마리의 붉은 호랑이가 하늘에서 내려왔다고 하는데, 한
노인이 말하기를 '이것은 추성樞星의 정기이다. 그대의 집에 필히 기남奇男이 될 것이
다.'라고 하였다고 한다. 태어난 지 겨우 8~9개월 만에 벽에 붙어 있는 글자를 알고는
사람들에게 지시하였다. 4살 때인 1715년(숙종 41)에 주흥사周興嗣의 천자문을 읽고는
글자를 따라 이해하였고 글씨를 쓸 수 있었다. 5살 때인 1716년(숙종 42)에 시경의
문의를 수업받고 크게 깨침이 있었다. 7살 때인 1718년(숙종 44)에 뜰에 늙은 은행나무가
오래도록 열매를 맺지 않아 용기부龍旂賦를 지어 책망하니 그 해에 열매가 아주 번창하
여 고을 사람들이 기이하게 여겼다고 한다."(『여암전서』 행장과 묘갈명)

25) "이때 어버이를 떠나는 700여 리의 길에 비사곡悲思曲 세 수를 지었는데, 산에 오르면서
노래를 하면 듣는 자들이 슬픈 감정을 느끼지 않음이 없었다고 한다."(『여암전서』
행장)

26) "이 책은 모두 사물을 관찰하여 이치를 깨달은 것을 말로 옮긴 것으로 모두 깊이
있고 독특한 묘리를 얻은 것이다."(『여암전서』 행장)

에 응시하였는데 당시 호남의 시험 담당관이 홍양호洪良浩였다.27) 여름
에 회시에 응시하여 합격하였고 이후 홍양호와 우정을 나누게 되었다.

특히 그의 지리서 발간과 지도 제작은 관직활동에 많은 영향을 준다.
신경준의 관직활동은 1754년(영조 30) 과거 합격 이후부터 시작되는데,
〈표 2〉는 1775년(영조 51)에 신경준이 제주목사에서 파직될 때까지의
관직변화를 정리한 것이다.

1754년(영조 30)에 승문원에 소속되었고 당후堂后28)에 여러 번 들어가
기주관記注官이 되어 성지聖旨를 칭하였다. 46세 때인 1757년(영조 33)에
휘릉별검이 되었다가 관례에 따라 성균관 전적을 거쳐 예조와 병조의
낭관이 되었다. 49세 때인 1760년(영조 36)에는 사간원 정언이 되었다가
이조낭관, 사헌부 장령이 되었다. 51세 때인 1762년(영조 38) 봄에 서산
군수가 되었다.29) 52세 때인 1763년(영조 39)에 충청도사가 되어 시사를
담당하였다.30)

---

27) "당시 부시험관으로 두 명의 수령이 있었는데 홍양호가 부시험관에게 본도에서
이름난 선비를 물으니 "순창에 신모라는 자가 있는데 남도의 선비로서는 최고입니다.
이 한 사람만 얻어도 한 번의 과거로 족합니다."라고 하였다. 「거제책車制策」을 책문으
로 내었는데 신경준은 붓을 잡아 대책문을 작성하고는 붓 한 점도 가필하지 않았다고
한다. 홍양호가 시권試券을 열람하고 답안지를 매면서 "내가 신모를 알아보겠다."라고
하였다. 두 명의 부시험관이 "어떻게 압니까?" 하니 홍양호가 웃으면서 "다만 보기만
해도 신모가 아니면 능히 이렇게 지을 수 없다."라고 하였는데, 드디어 발탁하여
제1등에 두고는 이름을 펴보니 과연 그러하였다고 한다."(『여암전서』 행장)
28) 승정원의 정7품 벼슬아치인 주서가 거처하는 곳이다.
29) "서산군수로 있을 당시에 대기근이 일어나자 창고를 열어 진휼곡을 준비하고 소금을
구워 곡식과 바꾸어 경계 내에서는 굶어죽은 사람이 없었다고 한다. 농사짓는 것에
농민의 목숨이 달린 까닭으로 분침氣祲을 관찰하여 재상災祥을 살피는 것을 백성들에게
항상 대비하도록 하였다. 그해 가을 벼가 익기 전에 갑자기 급령을 내려서 경계 안에
있는 곡식을 베어서 쌓아두도록 했다. 그런지 3일 후 큰 비와 우박이 내렸으나 경내에는
벼와 기장이 손상을 입지 않았다. 이 고을만 안전하였기 때문에 백성들이 모두 춤추면서
칭송하였다고 한다."(『여암전서』 행장)
30) "당시 호서지방에 사형수 3명이 있었는데 오래도록 의혹이 해결되지 않았고, 영조가
도신道臣에게 능명能名한 사람들을 모으도록 명하니 수령 7~8명이 함께 평의하도록

표 2. 신경준의 관직 변화

왕력		서기	연령	관직	품계
숙종	38	1712		4월 15일 순창 남산에서 태어남	
영조	30	1754	43	과거 합격. 승문원 등용	
영조	33	1757	46	휘릉별검	종8품
				성균관 전적	정6품
				예조낭관. 병조낭관	정6품
영조	36	1760	49	사간원 정언	정6품
				이조낭관	정6품
				사헌부 장령	정4품
영조	38	1762	51	서산군수	정5품
영조	39	1763	52	충청도사	종5품
영조	40	1764	53	조운 감독. 사헌부 장령	정4품
				장연현감	종6품
영조	41	1765	54	사간원 헌납	정5품
				통례랑	정5품
영조	43	1767	56	사간원 사간. 면천에 유배	종3품
영조	45	1769	58	종부시정	정3품(당하)
				비국랑.『여지편람』감수	종6품
영조	46	1770	59	장악원정.『도로고』저술.『동국문헌비고』중『여지고』담당	정3품(당하)
				동부승지	정3품(당상)
				병조참지.『팔도지도』감수. 은진에 유배되었다가 수원으로 이배	정3품(당상)
영조	47	1771	60	승지	정3품(당상)
				북청부사	종3품
영조	49	1773	62	좌승지	정3품(당상)
				순천부사	종3품
영조	50	1774	63	제주목사	정3품(당상)
정조	5	1781	70	5월 21일 졸	

※『여암전서』의 행장과 묘갈명, 『조선왕조실록』에 의함.

했으나 해결되지 않았다. 관찰사가 신경준에게 요청하여 그것을 해결하자, 장계를 지어 아뢰니 임금이 도백에게 포상하도록 명하였다."(『여암전서』행장)

53세 때인 1764년(영조 40)에 충청도에 머물면서 조운을 감독하고 만기가 되어 돌아오자 다시 사헌부 장령에 제수되었다가 그해 겨울에 또 장연현감이 되었다.31) 54세 때인 1765년(영조 41)에 사간원 헌납이 되고 곧이어 통례랑이 되었다. 56세 때인 1767년(영조 43)에 사간원 사간이 되었으나 외방에 있어 감선減膳32)의 명에 참석하지 못한 일로 면천에 유배되었다가33) 다음해에 풀려났다. 58세 때인 1769년(영조 45)에 종부시정으로 임명되어 강화의 선원각을 수리하였으며 준공이 되자 고향으로 돌아왔다.

영의정 홍봉한洪鳳漢(1713~1778)이 신경준의 명성을 듣고 서울로 들어오라고 하였으나 신경준이 움직이지 않자 다시 영조에게 말하기를 "신모는 경제經濟할만한 재주입니다." 하고는 비국랑備局郎으로 부르도록

---

31) "신경준의 통치 원칙은 밖으로는 관대하고 안으로는 분명하여 간은姦隱들을 잘 절복折伏시켰다. 한 번은 관아에 앉아서 군교들에게 명령하기를 "어느 곳 몇 리 되는 곳 어느 숲에 도둑이 있다. 사람을 시켜 다음날 아침에 잡아오도록 하여라." 하니 군교가 바로 가서 선생의 말처럼 도둑을 잡아왔다고 한다. 전하는 말에 따르면 관아 뒤에 숨은 무덤이 있는데 이것이 관청에 이롭지 못한데도 끝내 그 장소를 알지 못한다고 하였다. 선생이 하루는 산보하면서 뒷산을 거닐다가 아전에게 시켜 왼쪽을 약간 파보도록 했으나 별 소득이 없었다. 뒷날 밤에 또 그 오른쪽을 약간 파보도록 했으나 또 소득이 없었다. 삼 일째 되는 밤에 관부의 장교에게 산길을 엿보도록 하고는 "관을 들고 가는 자가 있으면 묻지도 말고 다만 그가 누구인지만 알아두라."고 하였다. 그날 밤 과연 관을 들고 지나가는 자가 있어 잡아보니 교활한 관리였다. 구덩이를 보니 마침 두 번 팠던 곳 사이에 있어 읍 사람들이 감복하고 신통하게 여겼다고 한다."(『여암전서』 행장)

32) 백성들이 흉년으로 고생이 막심할 때는 궁중에서도 수라상의 찬품을 줄이는 감선을 명하였다.

33) "좌의정 한익모가 차자를 올렸는데, 대략 이르기를, "수라의 가짓수를 줄이겠다는 전교 가운데 한 구절의 말씀은 외람되게도 미천한 신의 거취去就에 속하는 것이었습니다. 아! 신하가 무장無狀하여 임금으로 하여금 수라의 가짓수를 줄이게 하였으니, 그 죄는 비록 고도皐陶로 하여금 법을 적용하게 하더라도 반드시 사형으로 처리할 것입니다. 처분을 내려 주소서." 하였는데, '경이 대신의 체통을 얻었다.'라는 비답을 내리고 나서 평상시처럼 수라를 회복하라고 명하였다. 하유한 뒤에도 돌아오지 않은 대각의 신하들에게 모두 서용하지 않는 법을 시행하라고 명하였는데, 그 가운데 신경준은 호남의 물가로 귀양보냈다."(『영조실록』 권109 영조 43(1767) 8월 9일(경오))

하였다. 영조가 명하여『여지편람輿地便覽』을 감수하도록 하였다.34) 59
세 때인 1770년(영조 46)에 장악원정이 되었는데『동국문헌비고』를 편찬
할 때『여지고』17권을 담당하였다. 그 공로로 통정대부의 품계로 특별히
승진하여 동부승지에 발탁되었고 다시 병조참지가 되었다. 영조가 또
명하여『팔도지도八道地圖』를 감수하도록 하고 그것이 완성되자 목판으
로 만들어 궁궐 벽에 걸어두었는데, 이 때문에 영조는 신경준이 다문多聞
하고 다재多才한 것을 더욱 알게 되었다고 한다.35)

   당시 대신 최익남崔益男이 상소하여 영의정 김치인金致仁을 논하였을
때, 영조가 신경준을 불러 시비를 물으니 신경준이 "예예." 하고는 세
번 물어도 세 번 대답하지 않았다고 한다. 임금이 가만히 있다가 조회를
파하고는 신경준을 호남의 연해로 찬배하기를 명하였다. 처음에 은진에
명하였다가 영조가 그곳이 호남에서 가까운지를 묻고는, 신경준이 이곳
에 있다가 귀향할 것을 염려하여 수원으로 옮겼다가 얼마 후에 석방하였
다. 이후로 신경준은 경성의 남쪽에 집을 빌리고는 감히 귀향할 뜻을

---

34) "구윤명이 "신경준은 전고에 밝으니『강역지』를 이정釐正하도록 하면 좋겠습니다."
하였다. 홍봉한은 "신경준은 비록 말은 잘 못하지만 총명하고 정상精詳하여 기무機務를
연마하고 통달하였으니 참으로 비국의 문랑이 될만합니다. 그로 하여금 감독하게
하십시오." 하였다 … 김상철이 "이와 같은 사람을 더 얻어서 함께 교정보게 하면
좋겠습니다." 하였다. 임금이 "그렇게 하라." 하였다 … 임금이 "지난번에『강역지』
때문에 하교하였는데 지금 생각해보니 그 이름이 좀 촌스럽구나. 이름을『여지편람』이
라고 하면 장대한 것은 아니니 구관 비국당의 낭청으로 하여금 조관照管하도록 하고,
지필묵 등을 지급하라. 낭청 신경준은 대관의 직책을 체직하도록 허락하고 비국랑으로
복차復差시키고, 해당 관청에 구두로 전달하여 군직을 부여하여 이 일에 전념하도록
하라."고 전교하였다."(『승정원일기』 영조 45년(1769) 12월 24일(임신))

35) "일찍이 조용히 입시하였을 때 영조가 탄식하여 말하기를 "어찌 서로 보는 것이
이리 늦었나. 승지의 머리가 백발이 되고 나는 늙은이가 되었다. 군신 간에 서로
만남이 늦은 것이 한스럽구나." 하고는 또 묻기를 "승지에게는 어버이가 있는가?"
하였다. 대답하여 "부모님 모두 계시지 않습니다." 하니 임금이 척연하게 여기고
달래어 말하기를 "지금 그대가 섬길 사람은 나 한 사람뿐이다. 나를 두고 멀리가지
말라."고 하였다고 한다."(『여암전서』 행장)

지니지 못하였다고 한다.

60세 때인 1771년(영조 47) 봄에 다시 승지로 제수되고 옮겨 북청부사가 되었다. 62세 때인 1773년(영조 49)에 체직되어 은대銀臺에 들어가 좌승지로 승격되었다가 얼마 후 강계부사에 제수되었다. 강계는 서쪽의 요새로서 큰 관부였는데, 신경준을 질투하는 자가 탄핵하여 이르기를 "학문과 지식은 남음이 있지만 일처리는 부족합니다."라고 하였다. 신경준은 그 뜻을 알고는 체직하였는데, 그해 가을 순천부사가 되었다.36) 63세 때인 1774년(영조 50)에 제주목사가 되었다.37) 64세 때인 1775년(영조 51)에 어사 홍상성洪相聖과 일을 두고 다투다가 파직되었는데 영조가 그 상황을 살펴보고 즉시 풀어주었다고 한다.

65세 때인 1776년(영조 52)에 영조가 승하하자 인산因山을 하고도 신경준은 오히려 소식素食하고 매번 선조의 일을 이야기 할 때마다 눈물을

---

36) "순천부의 소련고개에 이르자 길 옆 무덤가에서 여자가 곡을 하고 있는데 신경준이 수레 위에서 우는 소리를 듣고 얼굴색을 보고는 음사陰詐가 있음을 알았다. 아전과 군교에게 압송하도록 명하여 3일을 조사하자 죽은 남편을 위해 곡한다고 해놓고는 숨기고 속이는 말이 많았다. 그리하여 시신을 파서 검사해보니 배꼽에 쇠못이 박혀있었다. 드디어 아주 엄하게 국문하자 여자가 비로소 자복하였는데 간부와 함께 본 남편을 살해했다고 하였다. 옥사가 종결되자 관부 안이 모두 그 명료함에 감복하고는 감히 속이려고 하지 않았다. 또 순천과 순창은 땅이 서로 가까워 친척과 옛 친구들이 날마다 손을 부여잡고 찾아왔다. 선생이 그들을 먹이는데 어려운 기색이 없었고 일처리와 재결裁決에는 한결같이 법에 따라서 하였다."(『여암전서』 행장)

37) "제주는 바닷길로 천 리이고 고래같은 파도와 바람에 뱃사공도 많이 겁내했는데 신경준은 시종 태연하게 길에 올라 "임금의 명인데 감히 위험하다고 말할 수 있나." 하고는 바로 관부에 도착하였다. 천관天館에 앉아 조회할 때 문득 서쪽에서 오는 운기雲氣를 보았는데 마치 포차砲車와 같았다. 조두수潮頭水를 취하여 시험하여 보도록 명하였다. 그리고 아전과 군교에게 "이곳에서 몇백 리 되는 먼 바다 건너 강석江淅에 표랑하는 배가 있을 것이니 빨리 가서 구하라." 하고는 즉시 좋은 뱃사공 수십 인을 선발하여 빈 배에 태우고 식량을 실어 보냈다. 과연 먼 바다에 노가 부러지고 돛대가 파손된 채 놀라운 파도 속에서 배가 출몰하고 있어서 구해 준 것이 아주 많았다. 이들이 바로 강석의 동쪽 상선들이었다. 상인들이 배 안에 남아 있는 보물로 은혜를 갚기를 원하였으나 신경준은 조금도 가까이하지 않았다."(『여암전서』 행장)

흘렸다고 한다. 68세 때인 1779년(정조 3)에 상기가 끝나자 사람들에게 "내가 선왕에게 지우를 받아 여러 번 은혜로운 말을 받들었던 까닭에 차마 멀리 떠나지 못하였지만 지금 3년 상을 이미 마쳤으니 돌아가도 될 것 같다." 하고는 순창 남산으로 돌아갔다. 69세 때인 1780년(정조 4)에 승선承宣에 제수되었으나 소를 올려 끝내 취임하지 않았다.

70세 때인 1781년(정조 5) 여름에 갑자기 두 아들에게 말하기를 "내가 요즈음 기운이 피곤함을 느껴 거의 오래가지 못할 듯하다." 하고는 이어서 차근차근 평생의 일을 아주 상세히 서술하였다. 다음날 손님과 바둑을 두다가 조금 현기증이 있어 평상에 누웠다가 옮길 때 조용히 숨을 거두었는데 5월 21일이었다.

신경준이 만년에 점수占壽를 마을 뒤의 반룡강盤龍崗에 보관하여 두고는 지팡이를 짚고 올라가서 마을 사람들에게 이르기를 "이곳에 장사지내면 저 압각수鴨脚樹(은행나무)가 당연히 고사할 것이다. 그래도 가지를 치거나 자르지 말라."고 하였다. 이 해 7월에 이 땅에 장사지내니 나무가 과연 말랐고, 수년이 지나서 묘법妙法의 선영 아래에 천장遷葬을 하니 말랐던 나무가 다시 살아났다고 한다. 60년 뒤 임신년[38] 8월에 순창의 화산원華山院 유좌酉坐[39]에 완전히 천장되었다.

이상에서 행장과 묘갈명을 참고하여 생애와 관직활동을 살펴보았다. 신경준이 영조의 절대적인 신임을 받는 것은 홍양호의 묘갈명에서 확인할 수 있다.

> 영의정 홍봉한이 공의 명성을 듣고 서울로 들어오라고 하였으나 공이

---

38) 1781년 이후 임신년은 1812년, 1872년에 해당되어 60년 후 임신년과는 맞지 않는다. 아마도 1842년 임인년壬寅年으로 추정된다.
39) 유방酉方을 향해있다는 말로 유방은 24방위의 하나로 정서쪽을 가리키는데, 전라북도 순창군 적성면 괴정리 화산에 있다.

움직이지 않자 임금에게 말을 올려 이르기를 "신모申某는 경제經濟할만
한 재주입니다." 하고는 비국랑으로 불렀다. 임금이 명하여 말을 달려
소환하여 『여지편람』을 감수하도록 하였다. 다음해에 장악원정 겸 비국
랑으로 배수하니 예전과 같은 관직이었다. 이로 인해서 임금이 또 학문
이 있는 선비 8명을 선발하여 『문헌비고』를 찬수하도록 편집청을 설치
하였다. 공은 『여지고』를 담당하였지만 임금이 공을 자주 입시入侍하도
록 명하여 지진指陳·응대應對하다가 항상 야분夜分이 되었다. 임금이
기이하게 여겨 자주 주찬酒饌을 내렸다. 그리고 특명으로 지부地部(호
조)와 혜청惠廳40)에 전미錢米를 지급해주도록 하고, 양 군문軍門41)에
게 신탄을 이어주도록 해서 여비와 음식의 곤란함을 해결하도록 하였다.
공이 고사固辭한 지 수개월 만에 중지되었다. 이해 여름에 책이 완성되었
다. 임금이 몸소 책 머리에 서문을 써서 "이 책의 편집은 모모의 공이
많으므로 특별히 통정계通政階를 더한다." 하고는 동부승지로 발탁하였
다.42)

묘갈명에서 『여지고』 편찬에 영조가 얼마나 공을 들였는가 하는 것은
신경준에게 자주 입시하도록 하고, 돈·쌀·땔나무 등을 지급하도록
명하는 것에서 살펴볼 수 있다. 특히 『여지고』 편찬을 마친 후 영조가
기뻐하면서 비국랑(종6품)에서 동부승지(정3품)로 7품계나 가자加資한
것을 보면 그 관심도를 알 수 있다. 또 『승정원일기』에도 다양한 일화가

---

40) 선혜청을 가리키는 데, 대동법이 실시되면서 그로 인하여 거두어들이는 쌀인 대동미와
    무명인 대동목, 그리고 돈에 관한 일을 맡은 관청이다.
41) 군문軍門은 조선시대 군사관계의 일을 맡은 관청들인 훈련도감, 금위영, 어영청,
    수어청, 총융청 등을 두루 이르는 말이다.
42) "領議政 洪鳳漢 聞公名諷 使入京 公不動 乃言于 上曰 申某經濟之才也 辟爲備局郎
    上命馳駟召之 監修輿地便覽 明年拜掌樂正 兼備局郎如故 於是 上又選文學之士八人
    纂文獻備考 設編輯廳 公則掌輿地考 上數命公入侍 指陳應對 多至夜分 上奇之賜酒饌
    特命地部惠廳給錢米 兩軍門繼薪炭 以周旅食之艱 公固辭數月乃止 是夏書成 上親序卷
    首 乃曰 是書之輯 某也功爲多 特加通政階 擢承政院 同副承旨"(『여암전서』 묘갈명)

소개되어 있다.

임금이 "신경준은 해박한 재주이다." 하였다. 윤득우가 "모든 기예에 해박하여 달통하지 않은 것이 없습니다." 하였다 … 임금이 "질박하기가 북쪽 사람같다."라고 하였다. 임금이 "이번 달 일을 이미 마무리하여 내 마음이 상쾌하다. 신경준은 온전한 재목이다."라고 하였다.[43]

임금이 "서호수徐浩修는 연소한 사람이지만『상위고』에 익숙하기가 참으로 우연이 아니다. 황간黃榦도 역시 이런 일에 익숙하다. 신경준을 늦게 만난 것이 참으로 한스럽다."라고 하였다.[44]

임금이 이르기를 "이 원고를 신경준에게 맡기지 않는다면 다른 방법이 없다."라고 하였다.[45]

신경준이『여지고』서문을 강독하였다. 임금이 "신경준의 서문은 다른 사람 것과는 다르다."라고 하였다.[46]

임금이 "초록한 것이 모두 좋더라. 참으로『문헌비고』라 할 수 있겠다. 지도 그리는 것은 어찌되었나?" 하니 신경준이 "초록하고 편집하는데 전념하다 보니 아직 지도는 시작하지 못하였습니다." 하였다. 신경준이 『산수고』를 강독하였다. 임금이 "우공의 법이구나. 어느 낭청 소관의

---

43) "上曰 申景濬該博之才也 得雨曰 凡於諸技 無所不通矣 上曰 質實北道人矣…上曰 今月之事 已盡行之 予心開快矣 申景濬全是材矣"(『승정원일기』영조 46년(1770) 1월 6일(갑신))
44) "上曰 徐浩修以年少之人 習於象魏考 誠非偶然 黃榦亦習於此等事矣 申景濬則恨見之 晩也"(『승정원일기』영조 46년(1770) 2월 5일(임자))
45) "上曰 此考 付諸申景濬外 無他道矣"(『승정원일기』영조 46년(1770) 2월 21일(무진))
46) "景濬讀輿地考序 上曰 申景濬序 異於他矣"(『승정원일기』영조 46년(1770) 5월 16일 (임진))

머리글이 가장 좋은가?" 하니, 신경준이 "각자 맡은 바에 골몰하다 보니 다른 사람 소관에 대해서는 잘 알지 못합니다." 하였다. 임금이 "초록하는 일을 열에 얼마쯤 되었는가?" 하니, 신경준이 "10분의 4 정도 되었습니다." 하였다. 임금이 "이 편집 일을 참으로 잘한다." 하니, 광국이 말하기를 "없는 것이 없습니다." 하였다. 임금이 "범례는 원나라의 『문헌통고』를 모방하였는가?" 하니, 신경준이 말하기를 "다르고 같음이 없을 수는 없습니다만 대체로 동일합니다." 하였다.47)

영조는 신경준을 '해박한 재주이다.', '온전한 재목이다.'라고 칭찬하고 있다. 또 '초록한 것이 모두 좋더라.', '늦게 만난 것이 한스럽다.', '신경준에게 맡기지 않는다면 다른 방법이 없다.', '신경준의 서문은 다른 사람의 것과는 다르다.'라고 하면서 신경준에 대한 절대적인 신뢰를 보여준다.

따라서 신경준은 43살이 되는 1754년(영조 30)에 과거에 합격하여 뒤늦게 관직에 진출하였지만 영조의 신임을 받아 청요직을 지내면서 『여지편람』과 『팔도지도』를 감수하고 『여지고』를 저술하면서 당상관에 이르게 된다. 이러한 신경준의 활동은 동시대의 지리학자들 대부분이 중앙 관직에 등용되지 않은 반면에 그는 국가사업의 중심적 위치에서 지리 지식을 펼친 지리학자로 평가할 수 있다.

그런데 역사·지리 분야의 선행 연구를 보면 이상태48), 양보경49), 이종범50) 등은 신경준을 실학자로 단정짓고 있는 것을 볼 수 있다.

---

47) "上曰 所抄皆好 眞文獻備考矣 地圖何以爲之乎 景濬曰 汨於抄集 故未及始地圖矣 景濬讀山水考 上曰 禹貢法矣 何郞廳所管 頭緒最勝乎 景濬曰 各汨於所掌 故他人所管 未能詳知 上曰 抄設 爲十分之幾分乎 景濬曰 似爲十分之四分矣 上曰 此編輯 誠好矣 光國曰 不可無矣 上曰 凡例倣元文獻通考乎 景濬曰 不無異同 而大體則同矣"(『승정원 일기』 영조 46년(1770) 2월 6일(계축))

48) 이상태, 1984, 앞의 논문.

49) 양보경, 1992, 앞의 논문.

50) 이종범, 2003, 앞의 논문.

1755년(영조 31)에 일어난 나주괘서사건羅州掛書事件으로 영조가 대탕평 시행을 위한 전제 조치로 변명을 할 때 신경준은 소론으로 변명에 참여하 였다.51) 그러나 묘갈명・만사輓詞・여암집의 서문 등을 작성하는 홍양 호, 신경준이 서문을 작성하는 『풍암아집楓巖雅集』의 풍암楓巖 유광익柳 光翼(1713~1780)・『식암집息庵集』의 황섬黃暹・『이류집二柳集』의 유사 섭柳士燮・유사훈柳士勛, 신경준을 망우亡友라고 지칭하는 순암順庵 안정 복安鼎福(1712~1791)을 비롯하여 이재頤齋 황윤석黃胤錫(1729~1791), 농포자農圃子 정상기鄭尙驥(1678~1752)의 아들 정항령鄭恒齡 등과의 교 유관계를 볼 때, 신경준은 특정 사상과 당색에 얽매이지 않고 두루 교분을 가진 것으로 판단된다. 특히 신경준은 그가 관심을 가진 언어, 역사, 지리를 비롯한 다양한 분야에 대한 연구를 통해 국학으로서의 지리학 위상을 높게 만들었다.

---

51) 고동환, 2003, 앞의 논문; 이민수 역, 1972, 당의통략, 을유문화사.

3. 지리학 연구의 동기

전술한 가계의 학문적 배경을 바탕으로 하는 신경준이 지리학에 관심을 갖고 연구한 동기는 신헌구가 쓴 행장에서 살펴볼 수 있다.

선생은 재기가 준위하고 의기가 호매하여 깊은 곳에 큰 뜻이 있었다. 일찍이 말하기를 "대장부가 이 세상에 나서 천하의 일이 모두 나의 알 바이다. 한 사물이라도 이치를 깨닫지 못하면 부끄러움이고, 한 가지 기예도 능하지 못하면 병통이다. 성인을 바라고 현인을 꿈꾸어 깊이 생각하고 힘써 행할 뿐이다. 귀한 것을 배워 도를 바라봄에 도는 스스로 얻고자 하는데 있다. 맹자孟子가 이르기를 '마음이 생각을 관장하는데, 생각하면 얻고 생각하지 않으면 얻지 못한다.'라고 말하고, 관자管子52)는 '생각하고 생각하면 귀신도 통할 수 있다. 이것이 스스로 얻는 방법이다.'라고 말한다."라고 하였다. 드디어 성현의 서적에 잠심潛心 탐색하여 성명의 근원을 깊이 연구하고, 구류九流53)와 백가百家54)로 넘쳐흘러, 그 시비를 증인證印하지 않음이 없었다. 천문·지리·성률聲律·의복醫卜의 학문에 이르러 역대의 헌장憲章과 해외의 기이한 서적까지 그 깊은 곳을 낚아채고 그 긴요한 곳을 헤아렸다고 한다. 우리나라의 산천과 관애關隘, 형승처形勝處에는 더욱 환하여 마치 눈 안에 있는 것 같아서 '무릇 장수가 된 자들은 모름지기 지리의 이점을 먼저 깨달아야 한다.'라고 하였다. 자임自任하기가 이와 같았다.55)

---

52) 제나라의 명재상 관중管仲.
53) 한대漢代의 아홉 학파. 곧 유가·도가·음양가·법가·명가名家·묵가墨家·종횡가縱橫家·잡가雜家·농가農家.
54) 유가의 정계正系 이외에 일가一家의 설說을 세운 많은 사람들.
55) "先生 才器俊偉 意氣豪邁 沈深有大志 嘗曰 大丈夫 生斯世 天下事 皆吾職 一物未格恥也 一藝不能病也 希聖希賢 在深思力行而已 學貴見道 道在自得 孟子曰 心之官思 則得之 不思則不得 管子曰 思之思之鬼神其通之 是自得之法也 遂自聖賢之書 潛心探賾

행장에서 그의 학문은 '구류와 백가에 통달하였고 천문·지리·성률·의복의 학문에 이르렀으며, 역대헌장·해외의 기벽한 서적의 깊은 뜻과 요지를 헤아리고 우리나라의 산천과 관애, 형승처에는 더욱 환하여 마치 눈 안에 있는 것 같다.'56)라고 하여 그가 다문 다재한 학자임을 말해주고 있다. 또 '무릇 장수가 된 자들은 모름지기 지리의 이점을 먼저 깨달아야 한다.'라고 말하는 것으로 보아 저술의 대상이 장수, 즉 국방을 담당하는 사람들임을 알 수 있다. 곧 신경준은 장수들이 갖추어야 할 가장 기초적인 지식을 지리라고 자임하고 있는데, 이를 위한 정치, 군사, 행정에 필요한 각종 지리 정보를 축적·정리하는 것이 지리학 연구의 동기라고 할 수 있다.

또 신경준의 지리학은 지명 고증을 위한 언어학 연구를 바탕으로 출발하고 있다. 그는 언어학이나 금석학의 지식, 음사와 이두 등의 자료를 활용하여 지명을 확인하고, 이를 통해 지명의 위치를 비정하고 있다. 『강계지』 서문에는 이러한 그의 학문적 태도가 잘 나타나 있다.

> 우리나라 사람들이 글자를 읽을 때는 음〔음은 글자를 음대로 읽는 것이다.〕과 뜻〔뜻은 글자를 해석한 것으로 곧 우리말이다.〕이 있다. 그래서 이름에는 음과 뜻 두 가지를 쓰는 경우가 있는데, 마치 현縣 중에 사평沙平·신평新平, 고개 중에 계립雞立·마골麻骨과 같다.〔우리말에서는 사沙의 음이 신新과 같이 해석되고, 마골은 계립과 같은 소리로 불린다.〕 예전에 뜻으로 불리던 것이 지금은 음으로 불리는 것이 있는데,

---

探究乎性命之原 汎濫乎九流百家 莫不證印其是非 以至 天文地理聲律醫卜之學 歷代憲章海外奇僻之書 靡不鉤其奧而其要 於本國山川關隘形勝處 尤瞭然如在目中 曰凡爲將者 須先識地利 其自任如此"(『여암전서』 행장)

56) "於本國山川道里 尤瞭然 如在目中"(『여암전서』 묘갈명). 묘갈명에는 "우리나라의 산천과 도리에는 더욱 환하여 마치 눈 안에 있는 것 같다."라고 기록되어 있다.

마치 덕물德勿이 덕수德水가 되고 삼지三岐가 마장麻杖이 되는 것과
같다.〔모두 현의 명칭이다. 우리말로 수水는 물勿이고, 마麻는 삼三이
다.〕예전에 음으로 불리던 것이 지금은 뜻으로 불리는 것이 있는데,
마치 설림舌林이 서림西林〔현 이름〕이 되고, 추화推火가 밀성密城이
되고, 물노勿奴가 만노萬弩〔모두 군의 명칭이다. 우리말에서 설舌은
서西로 부른다. 추推가 뜻이고 그 소리는 밀密이다. 물勿은 뜻이고
그 소리는 만萬에 가깝다.〕가 된 것이 모두 그런 종류이다. 간혹 사투리가
섞여서 사용되거나 혹은 우리말이 와전되어 사용되고 그 이름이 현란하
게 변천된 것이 있는데, 마치 량良과 라羅를 같이 사용하고, 소召와
조祚를 같이 사용하고〔사투리에서는 량의 음을 라와 같이 사용하거나
소의 음을 조와 같이 사용한다. 아슬라주阿瑟羅州의 라를 량으로 쓰기도
하고 가조현加祚縣의 조를 소로 쓰기도 한다.〕성省이 소을所乙이 되고
〔우리말에서 성省은 소所로 쓴다. 마치 소부리所夫里는 성진省津으로
쓰고, 또 속음에서 소所와 소蘇를 같이 쓰는 것과 같다. 그래서 매성군買
省郡은 내소군來蘇郡으로 쓰고, 성대군省大郡은 소태군蘇泰郡으로 쓴
다. 소는 지금 소을로 바꾸어 쓰는데, 마치 지금 영남의 성현省峴을
소을현所乙峴으로 부르는 것과 같다. 사물의 명칭에 대해서는 소성梳省
을 소소을梳所乙로 부르는 것과 같다.〕량梁이 도을道乙이 되고〔우리말
에서 량은 도道로 부른다. 진한의 마을 이름에 사량沙梁이 있는데 사도沙
道로 부른다. 그런데 도道는 지금 도을道乙로 바뀌었다.〕야野가 화火가
되는〔우리말에서 야는 벌伐로 부른다. 벌이 불불不로 바뀌었는데
따라서 화가 된다. 마치 골벌국骨伐國이 골화국骨火國이 되고, 구벌성仇
伐城이 구화현仇火縣이 되는 것과 같다.〕것이 역시 그런 종류이다.57)

57) "東人讀字 有音[音 字音也] 有釋[釋 字解也 卽方言] 故有其名之以音釋二行者 如縣之
沙平 新平 嶺之雞立 麻骨[方言沙之音與新之釋同 呼麻骨爲雞立] 有古以釋而今以音者
如德勿之爲德水 三岐之爲麻杖[皆縣名 方言呼水爲勿 呼麻爲三] 有古以音而今以釋者
如舌林之爲西林[縣名] 推火之爲密城 勿奴之爲萬弩[皆郡名 方言呼舌爲西 推之釋 其聲

위 서문에서 첫째, 우리나라 사람들이 한자를 음과 뜻의 두 가지로 읽으면서 음과 뜻을 같이 적용하거나 뜻으로 읽다가 지금은 음으로 읽는 지명, 반대로 옛날에는 음으로 읽다가 지금은 뜻으로 읽는 지명 등을 고증하고 있다. 음과 뜻을 같이 적용하는 경우는 사평沙平과 신평新平, 계립雞立과 마골麻骨의 예를, 뜻으로 읽다가 음으로 읽는 경우는 덕물德勿과 덕수德水, 삼지三岐와 마장麻杖의 예를, 음으로 읽다가 뜻으로 읽는 경우는 설림舌林과 서림西林, 추화推火와 밀성密城, 물노勿奴와 만노萬弩의 예를 각각 들고 있다.

둘째, 지명이 사투리와 우리말을 사용하여 혼란스러워진 근거를 밝히고 있다. 아슬라阿瑟羅와 아슬량阿瑟良, 가조현加祚縣과 가소현加召縣, 소부리所夫里와 성진省津, 매성군買省郡과 내소군來蘇郡, 성현省峴과 소을현所乙峴, 골벌국骨伐國과 골화국骨火國 등 다양한 예를 들어 설명하고 있다.

> 『동사보감東史寶鑑』에 "조선朝鮮의 음은 조산朝汕인데, 물로 인하여 이름으로 삼은 것이다."라고 하였고, 또 이르기를, "선鮮은 밝은 것인데, 땅이 동쪽 가에 있어서 해가 먼저 밝아 오기 때문에 이름 지은 것이다."라고 하였다.[58]

爲密 勿之釋 其聲近萬] 皆其類也 或雜以俚俗字音 或由於方言訛傳 而有其名之眩亂變遷者 如良與羅同召與祚同[俚俗良字之音同羅 召字之音同祚 如阿瑟羅州之羅亦作良 加祚縣之祚本作召] 如省之爲所乙[方言呼省爲所 如所夫里爲省津 又俗音所與蘇同 故買省郡爲來蘇郡 省大郡爲蘇泰郡 所今轉爲所乙 如今嶺南之省峴 稱以所乙峴 至於物名 梳省亦稱以梳所乙] 梁之爲道乙[方言呼梁爲道 如辰韓里名沙梁 稱以沙道 而道今轉爲道乙] 野之爲火[方言呼野爲伐 伐轉爲不 因以爲火 如骨伐國爲骨火國 仇伐城爲仇火縣] 亦其類也"(「疆界誌序」)

58) "東史寶鑑 朝鮮音朝汕因水爲名 又云鮮明也 在東表日先明故朝鮮"(『여지고』 역대국계1 단군조선국)

옛날 십제十濟 나라의 태조왕이 난리로 강을 넘어 남쪽으로 와서 이곳에 서울을 만드니 백성이 가까이 복종하여 이에 나라 이름을 백제百濟라 고쳤다고 하는데, 그때 왕이 이 제방을 쌓아 사람들이 많은 이익을 누리게 되자 왕의 성덕을 칭송하여 이런 이름이 생겼을까?59)

『여지고』에서는 우리나라의 지명을 비정함에 항상 이름의 유래를 살펴보고 있고, 「직주기」에서는 특정 지명을 적으면서도 역사적인 유래와 신경준의 생각을 함께 기록하고 있다. 조선과 성덕제에 대한 유래에서 언어에 대한 관심이 지명으로 연결되고 지명에 역사성을 부여하는 태도를 보여준다.

두리산頭里山은 산세가 흐트러져서 뾰족한 각이 없다. 한글에서는 원圓을 두리頭里라고 하기 때문에 지칭하였다.60)

생각컨대 『여지승람』에서는 계립령鷄立嶺을 속칭으로 마골산麻骨山이라고 한다. 문경현에서 북쪽으로 20리에 있다. 그리고 신라시대의 옛길이 있다. 우리말에 마목麻木을 계립鷄立이라고 부른다. 그 뒤에 옛 고갯길 수십 리쯤에 새 고갯길을 열고는 이름하여 신령新嶺이라고 하였다. 우리말에서 신자新字의 뜻과 조자鳥字의 뜻이 같기 때문에 또 다른 이름으로는 조령鳥嶺이라고 한다.61)

---

59) "昔十濟太祖王 亂于河而南作京于玆 以百姓悅服 乃易國號以百濟 當其時王命築是堤 民厚蒙其利 而頌王之德者歟"(「직주기」 성덕제)
60) "頭里山 山勢渾無綾角 方言謂圓爲頭里 故名之"(『강계고』 東沃沮國 疆界 蓋馬大山 條)
61) "按 輿地勝覽鷄立嶺俗號麻骨山 在聞慶縣北二十八里 乃新羅時舊路 方言呼麻木爲鷄立也 後開一嶺路於舊嶺西數十里許 名之曰新嶺 方言新字之釋與鳥字之釋同 故又名之曰鳥嶺"(『강계고』 漢郡縣 樂浪南界 鷄立嶺)

생각컨대 신라의 방언에 야野는 벌伐, 화火는 불弗이다. 벌과 불은
음이 서로 비슷하기 때문에 벌이 바뀌어 불로 되었고 불을 쓸 때는
화가 되었다. 신라 지명에서 화로 부르는 것이 많은데, 실제로 야를
가리키는 이름이다.62)

『강계고』의 기록은 방언에서 지명의 유래를 찾는 예로 원圓을 두리頭里
라고 하는 점에 착안하여 두리산이 산세가 흐트러져서 뾰족한 각이 없다는
모양과 연결하여 보았다. 또 현재의 조령은 신라시대의 계립령 서쪽에
새 고개를 개척하여 신령을 만들었는데, 새로운 고개이므로 '새령'이라고
부르던 것이 '조령'이 되었다고 보았다. 그리고 신라의 지명에 '화火' 자가
많은 원인이 '야野'의 뜻인 '벌'에서 유래를 찾고 있다.

생가컨대 김제군金堤郡은 백제 때에 벽골碧骨이라 불렀는데, 벽辟과
벽碧은 음이 같다.63)

신라인들은 축逐의 음을 읽을 때 도道로 한다. 그래서 사축沙逐은
또한 사량沙梁이라고 쓴다. 지금은 변하여 도을道乙로 되었다.64)

우리나라 이두에서는 상上을 좌佐로 읽는다. 오른쪽의 상사上社는
좌찬佐贊으로 읽는 것과 같다. 그래서 당나라 이름 좌노佐魯는 우리나라
소리 상노上老가 변화된 것으로 보인다.65)

---

62) "按…新羅方言野謂之伐 火謂之弗 伐弗音相似 故伐轉而爲弗 弗書之則爲火也 新羅地
名多稱火 其實指野爲名者也"(『강계고』 新羅國 疆界 音汁伐國)
63) "按 金堤郡百濟時號碧骨 辟與碧音同"(『강계고』 唐州府 辟城縣)
64) "羅人讀逐音爲道 故沙逐亦作沙梁 今轉訛爲道乙"(『강계고』 新羅 疆界 辰韓國)
65) "我國吏札讀上爲佐 如右上社之爲佐贊也 然則唐名佐魯似鄕音上老之轉也"(『강계고
』 唐州府 佐魯縣)

『강계고』의 예에서 김제군의 벽골과 벽성현의 이름은 음이 같은 것에서, 사축과 사량은 음독에 의해, 좌노와 상노는 신라 이두를 이용하여 각각 지명을 고증하고 있다.

> 달이 작은 달일 경우에는 29일에 다섯물과 여섯물이 합쳐져 사리가 된다. 3월에서 8월까지 보름날의 사리는 센사리強生伊라고 하고 그믐의 사리는 쪽사리片生伊라고 한다.66)

『도로고』조석에는 우리말 사리를 한자로는 생이生伊로 기록하여 가장 한글에 가까운 한자로 표현하고 있다. 따라서 신경준은 지명 고증에 우리말과 사투리, 음사, 음독, 이두 등 다양한 방법을 사용하고 있다. 이러한 지명에 대한 다양한 고증 방법과 태도는 언어학 연구를 바탕으로 하고 있는데, 그의 언어에 대한 관심이 곧 지리학의 지명 연구와 무관하지 않음을 짐작할 수 있다.

---

66) "月小則二十九日 兼五六水爲生伊 自三月至八月 望日之生伊 稱强生伊 晦日之生伊 稱片生伊 自九月至二月 望日之生伊 稱片生伊"(『도로고』潮汐 潮汐一月內盛衰之日)

4. 신경준 유고집과 『도로고』

신경준 유고는『여암집旅菴集』,『여암유고旅菴遺稿』,『여암전서』,『여암산고旅菴散稿』, 『여암수필유고旅菴手筆遺稿』 등이 있다. 홍양호(1724~1802)가 쓴 서문과 묘갈명에 보면 사위 이영갑李永甲이 유고를 가지고 와서 서문을 써줄 것을 요청하였다고 하며, 문인 유숙지柳肅之 등이 묘갈명을 부탁하였다고 한다. 그리고 홍양호가 서문을 쓴 것은 그가 동지사冬至使로 연경燕京을 다녀온 1782년(정조 6) 이후이고, 묘갈명은 그보다 이후에 쓰여진 것으로 미루어 대략 18세기 말경에 문집 간행을 위한 준비가 완료되었다고 할 수 있다.

현재 규장각에 소장되어 있는『여암집』(奎2440)은 필사본(가람·일사 문고의 판본)으로 8권 4책 괘인사본罫印寫本이다. 앞에 홍양호의 서가 있고, 원책元冊에는 시와 가승家乘, 형책亨冊에는 묘갈류와 기, 서 등이 있다. 또 이책利冊과 정책貞冊에는 잡저雜著로 구성되어 있는데『도로고』는 실려있지 않다.

신경준의 문집이 처음으로 간행된 것은 1910년에 『여암유고』라는 제목으로 이루어진다. 이 유고에는 4세손 신익구申益求와 5세손 신기휴申冀休가 쓴 두 편의 발문과 예조판서 신헌구申獻求가 쓴 행장이 실려 있다. 이에 따르면, 증손 신병모申秉模가 신헌구에게 여러 차례 행장을 써줄 것을 청하는 등 적극적으로 유문의 간행을 추진하였으나 그의 생전에는 뜻을 이루지 못하였고, 사후에 신익구와 신기휴 및 신경우申瓊雨, 신상휴申庠休, 신재휴申宰休 등 후손들을 중심으로 지속적으로 작업이 이루어져 13권 5책(23.6×16.9(㎝))의 목활자로 1910년 4월에 간행이 된다. 이 초간본은 권두에 홍양호의 서문이 있고, 권1은 시 134수, 권2는 사

1편·서 10편, 권3은 서 23편, 권4는 기 29편, 권5는 발 11편·설 3편·찬 1편·명 5편, 권6은 전문 6편·상량문 2편·축문 1편·제문 3편·애사 4편, 권7~10은 잡저 19편, 권11은 비명 15편·갈명 3편, 권12는 묘지명 10편·행장 3편·전 3편, 권13은 부록으로 행장·묘갈명·어제여지도소서御製輿地圖小敍 등으로 구성되고, 끝에 신익구와 신기휴의 발문이 있다. 이 중 권3에 「도로고서」는 밝히고 있지만『도로고』의 내용은 실려있지 않다. 현재 이 초간본은 규장각, 고려대학교 중앙도서관, 연세대학교 중앙도서관에 소장되어 있고 민족문화추진회에서 1999년에『여암유고』(影印標點 韓國門集叢刊 231)로 간행하였다.

이후 1939년에『여암전서』라는 이름으로 중간되는데, 초간본 작업에 참여한 바 있는 신재휴가 흩어진 유문을 수집하여 편찬하고 정인보鄭寅普와 김춘동金春東이 교열하여 신조선사新朝鮮社에서 17권 7책의 연활자로 간행하였다. 권두에 정인보의 서문이 있고, 권1~3은 편집 단계에서 비워두었고, 권4~7은『강계고』, 권8·9는『사연고』, 권10~15는『산수고』, 권16은『가람고』, 권17은『군현지제』, 권18은「거제책」, 권19는『수차도설』, 권20은『소사문답』·『장자변해』, 그리고 연보와 신원식의 발문 등으로 구성되어 있다. 이 중『소사문답』과「거제책」의 일부를 제외하고는 초간본에 수록되지 않은 것들인데, 특히 일실되었던 저작들을 찾아 수록하는 데 주의를 기울인 것이다. 이 중간본은 현재 고려대학교 중앙도서관과 연세대학교 중앙도서관에 소장되어 있는데,『도로고』는 서문만 실려있고 내용은 볼 수 없다.

1976년에는『여암전서』가 영인본 2책으로 경인문화사에서 출간되는데, 국립중앙도서관 소장본『도로고』가 처음으로 문집에 포함되었다. 이 영인본은 신경준의 저서를 총괄해 놓은 것으로, 1책에는 초간본『여암

유고』와 중간본『여암전서』가 수록되어 있다. 2책은 영인하면서 첨가한
것으로 앞부분은『도로고』4권으로 구성되어 있고, 뒤에는 앞 책의 잡저와
중복되다가 끝부분에『훈민정음운해』가 있다. 특히 1책의『여암전서』
앞에는 중간할 때 수록되지 못한 정인보의『여암전서』「총서」가, 제일
뒤에는 후손 신원식이 쓴 연보와 발문이 실려 있다. 이 발문에 따르면,
중간본 간행 이후 하성래가 30여 년간 산일散佚된 유문들을 수집한 것으로
되어있다. 한편, 4권 2책의 서울대학교 규장각 소장본『도로고』(奎
7327-v.1-2)와 1책의 장서각 소장본『도로고』(K2-4352)가 있다.

이 밖에 필사본으로『여암산고』와『여암수필유고』가 있다. 규장각에
소장된『여암산고』1책은 1932년 경성제대에서 정인보 소장본을 전사한
것이다.『여암수필유고』는 9책(27.0×19.5(㎝))으로 고려대학교 중앙도
서관에 소장되어 있는데,『규현지제』1책,『열읍산수지列邑山水志』3책,
『산수위山水緯』2책,『사연고』1책,『병선지제』1책, 전국 읍참의『이수
지里數志』1책 등으로 구성된 신경준의 친필본이라고 한다.67)

---

67) 신경준, 1976, 여암전서 Ⅰ, 경인문화사, 행장·묘갈명·여암전서총서·정구복 해제
참조; 신경준, 1999, 한국문집총간 231 여암유고, 민족문화추진회, 해제 참조.

5. 신경준의 지리서와 지도

조선시대에 자연과 지리의 중요성을 학문적으로 정리하고 체계화하고
자 하는 노력은 조선 후기에 들어 본격적으로 진행되었다. 조선 후기
사회의 역동적인 변화가 지역 내지 국토의 공간구조 변화와 밀접한 관련을
맺고 있음을 인식한 실학적 지리학자들이 이를 주도하였다. 이러한 작업
은 지리학의 다양화, 계통지리학적인 전문화의 추구가 이루어지고 있음
을 보여 주는 것이기도 하다.68) 이러한 조선 후기의 경향을 대표하는
지리학자로 신경준이 있는데, 신경준에 대해 연구한 학자들의 평가에서
다른 실학적 지리학자들과의 차별성을 확인할 수 있다.

신경준은 여러 분야에 걸쳐 많은 책을 저술하였는데, 언어학 분야에서
는 「시칙詩則」, 『훈민정음운해』, 『언서운해諺書韻解』, 『일본증운日本證韻
』 등을, 이용학 분야에서는 「거제책」, 「논선차비어論船車備禦」, 「논병기
화차제비어지구論兵器火車諸備禦之具」, 「수차도설水車圖說」, 「병선제兵船
製」 등을, 철학 분야에서는 「소사문답」과 「장자변해莊子辨解」 등을, 천문
분야에서는 「의표도儀表圖」와 「부앙도頫仰圖」 등을 들 수 있다.

음운학에 대한 업적은 국어학사 등에 이미 상세히 소개되고 있는데,
「음운서音韻序」에는 훈민정음이 글자도 많지 않으면서 쓰임은 두루 되며
쓰기 편하고 배우기 쉬워서 천하에서 유례를 찾아 볼 수 없는 좋은 문자라
고 평하고 있다. 그리고 「시칙」은 한시를 체제내용, 격식, 운작법 등을
논한 시에 관한 훌륭한 글이라고 할 수 있다.

이용학에 대한 업적은 융차戎車·승차乘車·수차水車의 효용성을 말한
「거제책」, 조선造船의 설계를 그린 후 상세한 설명을 붙인 「논선차비어」,

---

68) 양보경, 1999, 앞의 논문.

관개용 수차를 개발하기 위하여 이를 도설한 「수차도설」 등을 들 수 있다. 철학에 대한 업적은 「소사문답」에서 형形과 기氣의 관계에서부터 출발하여 구류·백가의 제설을 거침없이 구사하여 형이상학적인 면과 인식론적인 면에서 독특한 견해를 보이고 있다.[69] 그러나 가장 많은 저술은 단연 지리학 분야라고 할 수 있다.

1) 지리서

신경준 저술의 지리서로는 『강계고』, 『산수고』, 『사연고』, 『여지고』, 『도로고』 등이 있는데, 그가 국토를 바라보는 시각은 지리서 곳곳에 다양하게 녹아있다.

(1) 『강계고』

신경준의 국토에 대한 관심은 1756년(영조 32)에 저술한 『강계고』에 보이는 역사지리관에서부터 출발한다. 또 『강계고』를 저술함으로 인해 『동국문헌비고』 편찬에 참여하게 된다. 서문은 그의 역사관을 잘 보여준다.

우리나라에서 역사가 기록되기 시작한 것은 고구려는 영양왕, 백제는 근초고왕, 신라는 진흥왕부터였지만, 그 역사 기록들은 전하지 않는다. 고려시대에 이르러서 김부식金富軾이 편찬한 『삼국지지三國地志』가 있지만, 삼국시대로부터 전해오던 사서들을 참고하였을 것임에도 불구하고 소략함을 면하지 못하고, 또한 삼국 이전의 역사에 있어서는 더욱

---

69) 신경준, 1976, 여암전서 I, 경인문화사, 정구복 해제 참조.

참고할 만한 것이 없다. …(중략)… 그래서 우리나라의 지리지는 비단 빼고 생략되어 대략 근거를 고찰할 수 없게 되었으니, 모두 난잡하거나 의문이 많고, 논설이 분분하게 되어 단정하기 어렵게 되었다. 지금 잠시 여러 서적을 열록列錄하면서 어리석은 견해를 펼치지만 뒷 세대의 현명함을 기다릴 뿐이다.70)

그는 우리나라의 역사를 고증할 전하는 기록이 없는 점와 우리나라 지지에 대한 비판을 바탕으로 여러 사서를 참고하여 『강계고』를 저술함을 밝히고 있다. 한백겸의 『동국지리지』와 유형원의 『여지지』에 큰 영향을 받은 저술로 단순 사료취합에서 벗어나 각종 사서 기록을 비교하고, 역사적 사실로 지역을 비정하는 방법, 지세를 연구하여 위치를 파악하는 방법, 금석문의 내용을 분석하는 방법 등을 동원하여 고증을 시도하였고, 여기에 안按이라 하여 자신의 견해를 밝히고 있다. 이를 통해 그는 역사상 각 나라의 위치를 비정하고, 그 경계를 해명하는 한편, 지명의 상이를 고증적으로 해명하여, 각 문헌 사이에 나타나는 모순을 해소하고자 하였다.71)

신경준은 우리나라의 별호부터 각 국가의 국도, 강계 등에 대해서 설명하고 있다. 시대별로는 삼조선, 삼한, 삼국, 후삼국, 고려까지의 강역과 지명을 고증하고, 조선에서는 북도칠부, 울릉도와 안용복사, 일본, 대만국, 유구국, 섬라국(태국), 아란타국(네덜란드) 등을 기술하면서 당시 분쟁으로 문제가 되고 있던 지역에 대해 자신의 의견을 서술하고 있다. 또 매 항목마다 "山海經曰", "東國地理志" 등으로 고증을 위해 인용한

---

70) "東國置史 麗自嬰陽 濟自肖古 羅自眞興始 而其史不傳 至高麗金富軾作三國地志 是必 得於三國遺書者 而未免疎略 …… 故東方地志 非闕略無可攷 則必雜亂多可疑 論說紛紜 未有斷案 今姑列錄諸書 續之以愚見 以俟後之明者云爾"(「疆界誌序」)
71) 이상태, 1984, 앞의 논문.

사서를 밝히고 있다.

그의 역사인식은 단군조선을 전조선국으로 부르며 단군조선 – 기자조선 – 삼한 – 삼국 – 신라 – 고려 – 조선으로 정통이 이어짐을 명확히 하여, 단군을 요순堯舜에, 기자를 주공周公에 대치시켜 단군조선과 기자조선의 계보를 정립하고 있다. 이로써 단군조선은 요순시대와 병립하는 이상사회로 올라가고 중화문화의 기원이 중국과 대등하게 되는 역사관을 보여준다.72) 『강계고』에서 신경준은 단군조선까지 우리나라의 역사에 포함시키는 역사관을 보여주며, 기자조선·한사군·고구려 등 국가들의 초기 중심지를 요동 일원으로 비정하는 확대된 영역관을 제시하고 있다.

(2) 『산수고』

『산수고』는 국토의 뼈대와 핏줄을 이루고 있는 산과 강을 체계적으로 정리한 최초의 지리서이며 한국적인 산천 인식 방식을 전해준다.73) 『산수고』 서두에서 저술의 동기와 원리를 잘 보여준다.

하나의 근본에서 만 갈래로 나누어진 것이 산山이요, 만 가지 다른 것에서 하나로 모인 것이 물水이다. 우리나라 지경 안의 산수는 12개로 나타낼 수 있다. 백두白頭에서 산이 나뉘어 12산이 되고, 12산이 나뉘어 8도의 모든 산이 된다. 8도의 모든 물이 모여 12수가 되고 12수가 모여 바다가 된다. 산천流峙의 형상이 나누어지고 모이는 것이 아주 묘함을 여기에서 가히 볼 수 있다.74)

---

72) 지두환, 1998, 조선시대 사상과 문화, 역사문화.
73) 양보경, 1994, 앞의 논문.
74) "一本而分萬者山也 萬殊而合一者水也 域內之山水表以十二 自白頭山分而爲十二山 十二山分而爲八路諸山 八路諸水合而爲十二水 十二水合而爲海 流峙之形 分合至妙於 玆可見"(『산수고』 1)

신경준은『산수고』서두에 "모든 산들은 하나의 근본되는 산으로부터 갈라져 나왔다."라고 보고 있다. 이는 산을 유기체적으로 바라보고 맥이 산의 조산祖山으로부터 이어진다는 것이다.『산수고』는 권1 산경山經, 권2 산위山緯, 권3 산경山經, 권4 수경水經, 권5 수위水緯, 권6 수위水緯 등 6권으로 구성되어 있다. 조선의 산천을 산경과 산위, 수경과 수위로 나누어 파악함으로써 산줄기와 강줄기의 전체적인 구조를 날줄經로, 각 지역별 산천의 상세하고 개별적인 내용을 씨줄緯로 엮어 우리나라의 국토를 인식하였다.

『산수고』1의 산경에서는 백두산으로부터 지리산에 이르는 산줄기의 흐름을 기술하였다. 산경에는 12개의 주요 산과 상호 연결관계, 주변의 작은 산들, 산줄기의 뻗음, 군현과의 관계, 주요 산이 포괄하는 지역, 주요 산계가 미치는 하천의 범위 등이 기록되었다. 12산으로는 삼각산, 백두산, 원산, 낭림산, 두류산, 분수령, 금강산, 오대산, 태백산, 속리산, 육십치, 지리산을 들었다.『산수고』2의 산위와『산수고』3의 산경에는 강원도 오대산을 기준으로 그 북쪽과 남쪽으로 구분하고 있다. 산위에는 각 군현 단위별로 위치한 산명, 산의 위치, 갈래, 기우처, 주산 등이 기록되었다.

『산수고』4의 수경에서는 강의 시작과 끝을 정리하였다. 수경에는 전국의 주요 하천과 지류들의 발원지, 주요 경유지, 합류점 등이 서술되었고, 또 하천으로 흘러 들어오는 물의 지역적 범위를 산계와 연결시켜 기록하였다. 12수로는 한강, 예성강, 대진강, 금강, 사호, 섬강, 낙동강, 용흥강, 두만강, 대동강, 청천강, 압록강을 들었다.『산수고』5~6의 수위에서는 수계별로 나누면서 주로 지방별 본류와 지류의 현황을 정리하였다. 수위에는 군현별로 각 지역의 하천, 연淵, 지池, 진津, 포浦 등의 이름과 위치, 명사들이 남겨 놓은 기록 등이 수록되었다. 또 산 중에는 삼각산을, 강 중에는 한강을 으뜸으로 기재한 것은 경도京都를 높이기 위한 것이라고 하였다.

『산수고』에 대해 양보경[75]은 우리나라의 산과 하천을 각각 12개의 분分・합合 체계로 파악한 한국적 지형학을 정리한 책이며, 촌락과 도시가 위치한 지역을 산과 강의 측면에서 파악함으로써, 우리 국토의 지형적인 환경과 그에 의해서 형성된 단위지역을 잘 정리하였다고 평가하였다. 최창조[76]는 모든 산들은 하나의 근본되는 산으로부터 갈라져 나갔다는 지인상관적인 유기체로 보는 관점과 산과 물을 경위의 개념으로 파악하였다고 보았다.

(3) 『사연고』

『사연고』는 압록강, 두만강, 팔도해연로, 사행지로, 해도, 조석 등의 내용을 담고 있다. 권1에서 양도연강兩道沿江은 압록강과 두만강 순으로, 팔도연해八道沿海는 평안도・황해도・경기・함경도・강원도・경상도・전라도・충청도연해 순으로 각각 정리하였다. 권2에서는 중국상통해로中國相通海路, 조공해로朝貢海路, 서해범월선西海犯越船, 서해적선西海賊船, 일본상통해로日本相通海路, 해도海島, 조석潮汐 등을 기록하였다.

압록강에는 백두산 정상의 대담大潭에서 남류하여 서해로 흘러가는 과정에 합류되는 지류와 통과 군현 및 거리가 차례대로 소개되었는데 강연江沿의 총 길이는 2,229리이다. 두만강에는 강이 통과하는 상류 지역에 대한 특징과 함께 통과 군현 및 거리가 기록되었는데 총 길이는

---

75) 양보경, 1992, 앞의 논문.
76) 최창조, 1990, 앞의 책.

1,140여 리이다. 팔도연해에는 동·서·남해와 접하는 월경지를 포함한 모든 군현에 대해 육지 관도를 대상으로 한 거리가 기록되었다. 평안도연해는 의주부터 용강에 이르는 17관 740리, 황해도연해는 황주부터 배천에 이르는 14관 842리, 경기연해는 송도에서 강화까지 북변北邊 2관 104리와 수원에서 통진까지 남변南邊 7관 358리, 함경도연해는 경흥에서 안변까지 21관 1,504리, 강원도연해는 흡곡에서 평해까지 9관 917리, 경상도연해는 영해부터 하동까지 21관 1,255리, 전라도연해는 광양에서 옥구까지 20관 1,068리, 충청도연해는 서천에서 평택까지 14관 662리로 기록되어 있다. 또 각 연해를 접하는 군현 소속 포구와 도서 및 이에 이르는 거리 등이 자세히 설명되어 있다.

중국상통해로에는 『송사宋史』와 『속문헌통고續文獻通考』에 언급된 중국과 고려를 오갈 때의 일정이 소개되어 있다. 조공해로에는 선사포에서 등주를 거쳐 북경에 이르는 경로와 1629년(인조 7) 이후에 달라지는 경로와 함께 고려시대부터 중국을 오가는 여러 해로가 실려있다. 서해범월선과 서해적선에는 서해안과 도서 지역에 침범한 중국인의 여러 소행과 조선의 방어 태도 등이 기록되어 있다. 일본상통해로에는 부산 영가대에서 일본의 에도江戶에 이르는 수로 3,290리와 육로 1,310리 경로가 자세히 설명되어 있다. 또 경로에서 나타나는 풍향과 침향針向이 소개되어 있다. 해도에는 조운흘趙云仡(1332~1404)의 상서上書와 유성룡柳成龍(1542~1607)의 조치해도장措置海島狀 등을 인용하면서 해도 군현설치의 이점과 목장 설치의 폐단 등을 설명하였고, 도서 관리의 유용성에 대한 신경준의 생각을 담고 있다. 조석에는 사리生伊와 조금少音에 따른 수세水勢의 변화와 한 달 안에 날짜별로 달라지는 물水挨 등이 기록되어 있다.

『사연고』에 대해 양보경77)은 자원이나 도로의 측면에서 바다와 해안도서가 지니는 경제적인 효용성, 연해 지역에 대한 국가와 민간의 관심 증대, 바다가 지니는 국방상의 중요성 등을 깊이 인식한 데서 출발한 글이라는 점에서 신경준의 사회와 지역에 대한 통찰력과 체계적 정리를 보여주는 저술로 평가하였다.

(4) 『여지고』

『여지고』[78]는 『동국문헌비고』100권의 13고[79] 중의 하나로 17권으로 편성되었다. 『동국문헌비고』는 1770년(영조 46) 1월에 영조가 『문헌비고』편찬을 명하는데[80], 이것은 1756년(영조 32)에 신경준이 개인적으로 저술한 『강역지』가 직접적인 동기가 되었다고 한다.[81]

『여지고』는 권1~2 역대국계, 권3~6 군현연혁, 권7~10 산천·도

---

77) 양보경, 1999, 앞의 논문.
78) 1770년(영조 46)에 홍봉한 등이 영조의 명을 받아 『동국문헌비고』100권이 편찬되었다. 그러나 『동국문헌비고』는 약 반년 간에 급조된 까닭에 사실의 상위된 점과 누락된 부분이 많아 1782년(정조 6)에 이만운李萬運에게 명하여 이를 보편補編하게 하여 『증정동국문헌비고』146권이 편성되었으나 출간되지 못하였다. 1903년(광무 7)에 고종의 명에 의하여 박용대 등이 보수補修하여 『증보문헌비고』250권을 1908년에 출판하였다. 『증보문헌비고』에 나타나는 '보補'자의 표식은 이만운의 증정에서 1790년(정조 14)을 기준으로 이전의 것이 원본에서 빠진 것을 보충한 것이고 '속續'자의 표식은 이만운의 증정에서 1790년(정조 14) 이후의 사실을 보충해서 쓴 것이다.(『국역증보문헌비고』, 1978, 세종대왕기념사업회, 해제 참조).
79) 『동국문헌비고』는 우리나라의 역대 문물제도의 전典·고故를 모아 13고로 편찬된 책인데 목차는 상위고, 여지고, 예고, 악고, 병고, 형고, 전부고, 재용고, 호구고, 시적고, 선거고, 학교고, 직관고로 구성되어 있다.
80) "임금이 대신과 비국 당상을 인견하고 『문헌비고』의 편집을 시임·원임 대신이 다같이 구관句管하도록 명하였으며, 이담·김응순·홍명한을 당상으로 더 차정하고, 서호수·홍룡한·이득일·조준·김종수·황간을 낭청으로 더 차임하였다."(『영조실록』권114 영조 46년(1770) 1월 11일(기축))
81) "『문헌비고』의 상위고가 이루어졌다. 임금이 몸소 숭정전에서 받고, 편집청의 당상과 낭관에게 차이를 두어 상을 내렸다. 임금이 『문헌비고』가 이루어진 것은 신경준의 『강역지』에 의거한 것이라 하여 특별히 가자加資하라고 명하였다."(『영조실록』권114 영조 46년(1770) 5월 16일(신유))

리, 권11~17 관방으로 구성되어 있다. 권1~2의 역대국계조에는 단군조선을 비롯하여 역대의 각 부족 국가·왕국의 영역과 범위가 서술되어 있다. 권3~6의 군현연혁조에는 각 군현의 연혁과 그 변천 과정이 표로 제시되어 있다. 권7~10의 산천조에는 전국의 산천을 설명하면서, 전국의 으뜸가는 12산과 12강을 들고 각 도별로 명산名山·명천名川을 계통적으로 서술하고 있다. 특히 총설에서 한성부, 경기, 충청도, 전라도, 경상도, 강원도, 황해도, 함경도, 평안도 순의 행정단위별로 산위山緯와 수위水緯에 해당하는 내용을 종합하여 정리하고 있다. 권10의 도리조에는 전국의 도로를 9대로로 편성하여 대로와 방통지로에 위치한 주요 읍치 상호간의 거리가 기록되어 있다. 권11~17의 관방조에는 관방1~2에서 성곽을 들어 성곽의 소재지, 주위, 성모, 토축·석축별, 성곽에 관한 역사적 연유 등이 수록되어 있다. 관방3~6에서 해방海防을 들어 우리나라 동·남·서해안의 명포구 및 도서들의 전략적 위치, 군비, 선척, 거리 등이 기재되어 있고, 끝으로 관방7에서 해로가 언급되어 있다.

특히 도리조에 언급된 9대로는 서울에서 서북쪽으로 의주에 이르는 제1로, 동북쪽으로 경흥의 서수라에 이르는 제2로, 동쪽으로 평해에 이르는 제3로, 동남쪽으로 부산에 이르는 제4로, 남쪽으로 통영에 이르는 제5로, 남쪽으로 통영에 곧장 이르는 제6로, 남쪽으로 제주에 이르는 제7로, 서남쪽으로 충청수영에 이르는 제8로, 서쪽으로 강화에 이르는 제9로이다.

권13~16은 관방 중 해방海防에 해당하는데,『도로고』사연로 중 팔도 해연로와 군현의 순서가 거의 일치한다. 도별로 구분하지 않고 해안별로 분류하여 동해·남해·서해 순으로 배열하였다. 동해의 해안은 경흥의 조산에서 동래의 해운대까지 함경도·강원도·경상도 지역, 남해의 해안

은 동래의 남내포에서 해남까지 경상도·전라도 지역, 서해의 해안 남부
는 해남 명량에서 통진의 조강 남쪽까지 전라도·충청도·경기 지역,
서해의 해안 북부는 의주의 미라산에서 풍덕의 조강 북쪽까지 평안도·황
해도·경기 지역 순으로 바다를 끼고 있는 군현별로 읍치에서 바다까지의
거리와 주요 포구·곶·도서의 지형 및 특징을 설명하였다. 동·서·남
삼면의 연해 지방은 모두 128개 고을인데, 육지 관부의 거리를 계산하여
8,043리로 기록하였다. 특히 울진현에서는 울릉도에 대한 자세한 기사를
수록하고 있는데, 1614년(광해군 6)부터 1696년(숙종 22)까지 일본의
울릉도 침범과 관련된 논란을 수록하면서 안용복安龍福의 활동을 중심으
로 기록하였다.

또 압록강연과 두만강연은 독립된 장으로 구분하지 않고 경기 다음에
수록하였다. 압록강연에는 갑산의 혜산강惠山江에서 의주까지 폐사군을
포함하여 2,303리이며, 혜산에서 백두산 수원지까지 300여 리로 기록하
였다. 두만강연은 무산의 삼산사에서 경흥까지 844리이고, 삼산사에서
백두산 수원지까지 300여 리로 수록하였다. 끝에 양강연은 2,877리이
고, 삼해연과 양강연의 합은 10,920리로 정리하였다.

권17은 해로海路로 서남해로西南海路와 중국상통해로中國相通海路를
싣고 있다. 서남해로는 『도로고』의 두만강로·압록강로와 거의 일치하
는데, 서울의 용산龍山에서 서해와 남해를 거쳐 영동과 관북에 이르는
해로와 유도留島에서 인산진에 이르는 해로를 좌협과 우협 별로 경로와
거리를 기록하였다. 중국상통해로는 『사연고』의 기록과 마찬가지로 『송
사』와 『속문헌통고』에 언급된 중국과 고려를 오갈 때의 일정을 소개하였
다.

『여지고』는 신경준의 지리 지식이 종합되어 편찬된 저서이다. 한백겸

이래 개인들이 발전시켜온 역사지리학의 연구성과를 정부적인 차원에서 결집시켜 이룬 조선 후기 역사지리학 발전의 중요한 결과물이자 발전의 지표라고 평가할 수 있다.82)『여지고』는 관찬으로 편찬됨으로 인해 개인적인 지리 지식이 국가적으로 공유화되면서 강역, 군현연혁, 산천, 방어, 교통 등 국토에 대한 다양한 주제를 포괄하고 있다.

(5)『도로고』

『도로고』는 서문에 '지금 임금 46년 경인년 순주 사람 신경준 쓰다(上之四十六年庚寅淳州申景濬書).'라고 기록되어 신경준이 59세가 되는 경인년, 즉 1770년(영조 46)에 저술하였음을 알 수 있다. 4권 2책의 필사본이 규장각(24.5×14.5(㎝))과 국립중앙도서관(25.2×17.4(㎝))에 소장되어 있다. 1976년 경인문화사에서 영인한『여암전서』에는 국립중앙도서관 소장본이 수록되어 있다. 권1에서는 능원묘 어로·온천 행궁 어로·팔도 6대로소속제읍목·6대로를, 권2에서는 팔도각읍계사지급저경성제영 리수총을, 권3에서는 사연로·역로·파발로·봉로를, 권4에서는 해로 ·사행지로 및 부록으로 조석·풍우·개시를 각각 기록하고 있다.

현재 전해지는 필사본『도로고』는 사용된 용어로 볼 때, 1770년에 신경준이 저술한 내용을 필사 과정에서 필사 당시의 내용으로 수정된 것을 알 수 있다. 먼저 권1의 어로에는 마지막에 영릉永陵이 실려 있다. 영릉은 영조의 맏아들인 추존왕 진종眞宗과 비 효순왕후孝純王后 조씨趙氏 의 능으로 1776년(정조 즉위년)에 왕(진종)으로 추존되면서 무덤도 영릉永 陵이라는 능호를 받게 된다. 다음으로 6대로에서 의주제1로의 평안도

---

82) 박인호, 1996, 앞의 책.

이산理山과 제주제5로의 충청도 이산尼山이 1776년에 정조의 어명御名과 발음이 같아 평안도 초산楚山과 충청도 이성尼城으로 개칭된 지명이 사용되었다. 그러나 충청도 이성尼城과 함경도 이성利城은 1800년(정조 24) 이후에 각각 개칭되는 노성魯城과 이원利原으로 사용되지는 않았다.

또 황해도 금천이 1795년(정조 19) 저탄 남쪽으로 이전하기 이전의 정보를 담고 있고, 경기도 수원水原 또한 1793년(정조 17)에 유수부로 승격된 이후의 읍격을 사용하였다. 또 1787년(정조 11)과 1843년(헌종 9) 사이에 설치되어 필사 당시에 장진도호부長津都護府가 존재하였지만, 장진이『도로고』저술 당시에는 읍치로 승격되지 않았으므로 장진신읍長津新邑이라는 변경된 지명으로만 한 번 사용될 뿐 읍치와 관련된 기록은 없다. 더우기 금천衿川이 1795년(정조 19) 이후에 개칭된 시흥始興 표기되어 있다.

따라서『도로고』에 사용된 용어와 지명 변동을 종합해 볼 때, 1795년 당시의 정보를 담고 있는 것으로 추정된다. 이는 신경준이 1781년에 졸하는 것을 감안하면,『도로고』필사 과정에서 지명에 대한 이해도가 높은 필사자가 1770년 당시 신경준이 저술한 내용을 바탕으로 정조대에 사용되던 지명과 읍격의 변화 등을 반영하여 수정한 것으로 판단된다.『도로고』내용 구성은 후술하고자 한다.

2) 지도

신경준이 지도 제작에 참여하였다는 것은 홍양호의 묘갈명과『승정원일기』기사뿐만 아니라「동국여지도발東國輿地圖跋」,「어제여지도소서御製輿地圖小敍」등의 글을 통해서 살펴볼 수 있다. 먼저 홍양호의 묘갈명에서 다음과 같은 글을 볼 수 있다.

　병조참지로 옮겨 『팔도지도』를 감수하도록 하고 그것이 완성되자 병풍으로 만들어 궁궐 안에 걸어두었다.83)

신경준이 『팔도지도』를 감수하고 병풍으로 만든 지도를 궁궐 안에 걸어두었다는 기록은 전국지도와 병풍으로 된 지도 등 최소 2종류의 지도를 제작하였음을 짐작하게 한다.

　임금이 "전 사간 신경준을 입시하도록 하라." 하였다. 탑교를 내었다. 택인이 나가 신경준을 불러오니 신경준이 진복하였다. 임금이 "『강역지』에 대해서 네 생각은 반드시 방략이 있을테니 어떻게 하면 좋겠는가?" 하니, 대답하여 "각 읍의 지도를 조그만 종이에 그리면 그 장단과 활협闊狹을 알기 어렵습니다. 360개 군현을 삭기 다른 종이에 지도로 그린 다음에 오차가 없을 것입니다." 하였다.84)

『승정원일기』의 기록에서 영조는 신경준에 대한 각별한 애정을 보여주면서 지도 제작까지 명하고 있다. 또 『강역지』에 대한 영조의 질문에 신경준이 360개 각읍의 지도를 그려서 해결하는 방안을 제시하고 있다. 따라서 영조의 지도 그리는 것에 대한 질문과 행장·묘갈명의 문장을 볼 때 신경준이 지도 제작에 직접 참여하고 있었다는 것을 고찰할 수 있다. 「동국여지도발」에는 다음과 같이 기술되어 있다.

　하늘은 멀고 땅을 가깝다. 하늘의 해와 달의 운행과 도수·성수星宿·

---

83) "旋移兵曹參知 命監修八道地圖 旣成作障掛殿中"(『여암전서』 묘갈명)
84) "上曰 前司諫申景濬入侍 出榻敎 宅仁出去 召入申景濬 景濬進伏 上曰 疆域誌 汝意則必有方略 何以則爲好耶 對曰 各邑地圖 以數尺之紙 難考其長短闊狹 三百六十州各有圖 然後可無註誤矣"(『승정원일기』 영조 45년(1769) 12월 24일(임신))

전차躔次는 분석하여 계산할 수 있는데 조금도 차이가 나지 않지만, 땅의 산천과 맥락·도리·원근은 끝내 파악할 수 없다. 대개 하늘은 높지만 그것을 관찰하면 통달할 수 있고, 땅은 낮지만 보아도 막히고 만다. 천체는 평직平直하지만 지형은 요철이 있어 구불구불하다. 하늘은 양이고 드러나 있으며, 땅은 음이고 숨어있다. 그런 까닭에 땅을 그리는 것이 하늘을 그리는 것보다 어렵다. 내 친구 정항령鄭恒齡 현로玄老는 어려운 일에 수고로이 마음을 써서 일찍이 동국의 지도를 그렸다. 나누면 여러 읍이 되고 합하면 전국이 된다. 척량尺量과 촌탁寸度이 지극히 정밀하다. 방성方星·탁성坼星85)도 (동국지도와 함께) 혼합하여 통도로 만드는 것도 같은 예이다. 현로의 황고皇考(아버지) 농포공農圃公이 실제로 창안한 것이다. 그 아들 원림元霖이 증보하고 더하였다. 무릇 3대에 걸쳐 50여 년 걸쳐 완성한 것이다. 만일 이와 같이 하지 않았다면 어떻게 그 묘법을 다할 수 있었겠는가. 경인년에 임금이 『동국문헌비고』를 찬수하도록 명하여 천한 신하인 나도 그 일에 참여하게 되었다. 이윽고 또 신하들에게 명하여 『동국지도』를 만들게 하였다. 이에 공부公府에 보관되어 있던 수십여 건의 지도를 내어보고, 여러 집안의 고본을 찾아서 참고하였지만 현로가 그린 것보다 나은 것이 없었다. 드디어 그 지도를 바탕으로 약간 교열하게 되었다. 6월 6일에 시작하여 8월 14일에 마치고 임금께 올렸다. 열읍도 8권, 팔도도 1권, 전국도 족자 1개였다. 주척 2촌을 1선으로 삼고, 종선은 76, 횡선은 131이었다. 또 명하여 동궁에게도 같은 숫자만큼 올리도록 하였다. 임금이 친히 작은 서문을 지어 족자의 머리에 실었다. 신장宸章86)이 빛나고 찬란하여 팔역八域의 산천이 모두 소회昭回87)의 광채를 입었다.

---

85) 『성호사설』 제1권 천지문天地門 성토탁개도星土坼開圖와 『성호사설』 제2권 천지문 방성도方星圖 참조.
86) 신장宸章 : 임금의 어필御筆로 쓴 편지.
87) 소회昭回 : 해·달·별 같은 것이 환히 비추어 듦.

아! 현로는 문장을 잘 짓고 경륜을 품어 일찍이 만언소를 올려 시무時務를 아주 적절하게 논했다. 평소에 차 마시고 술 마시는 중에 말하고 의논하던 바가 세상에 쓰일 수 있는 것이 또 얼마였는데 다 시험받지 못하였다. 또 8년 동안 고질을 앓다가 끝내 일어나지 못하였으니, 어떻게 현로에게만 특히 불행이겠는가? 지도는 바로 (현로의) 한 가지 재능인데 지금 들어가 청연淸燕[88]의 혜람을 얻게 되었으니 이것은 다행이다. 비록 그러나 땅은 반드시 하늘을 기준으로 삼은 이후에야 분명해져서 그 방위의 대소를 알 수 있게 되고 인량寅亮[89]하게 쓰일 수 있다. 영조께서 윤사웅尹士雄·최천구崔天衢·이무림李茂林을 심도沁都의 마니산, 갑산의 백두산, 탐라의 한라산에 보내어 북극 고도를 측정하게 하니 마치 요임금이 희의·화和[90]에게 나누어 명령하였던 것과 같았다. 그러나 그 측정한 도수가 지금 전하지 않으니 가히 탄식할 만하다. 현로의 집안에서는 간평의簡平儀를 만들어 두고 나와 약속하기를 우리나라의 사방 끝으로 가서 성도星度·귀경晷景을 측정하기로 하여 지도의 과업을 완수하기로 하였다. 그런데 현로가 이미 몰하였고 나 역시 늙었으니 그 누가 하겠는가. 아! 슬프다.[91]

---

88) 청연淸燕 : 궁궐의 청연루.
89) 인량寅亮 : 삼가 밝힘. 삼가 정성을 다함.
90) 희화義和 : 요堯의 신하인 희씨와 화씨.
91) "天遠地邈 而天之日月運行 度數星宿高低躔次 可以分寸計 而無毫髮差也 地之山川脉絡道里遠近 卒無以詳 蓋天高而其墅通 地低而其見窒 天體平直 地形凹凸紆曲 天陽也顯 地陰也隱 故圖地難於圖天也 吾友鄭恒齡玄老 於其難者用心苦 嘗圖東國 分而爲列邑 合而爲全國 尺量寸度 至爲精密 與方星坏星渾盖通圖 同其例也 玄老之皇考農圃公實創之 其胤元霖增益之 凡三世五十餘年乃成 不如是 何以盡其妙乎 歲庚寅 上命撰東國文獻備考 賤臣與其役 旣又命臣作東國地圖 於是發公府藏十餘件 訪諸家古本考之 無如玄老所圖者 遂用之略加校讎 始于六月初六 八月十四日訖進之 列邑圖八卷 八道圖一卷 全國圖簇子一 以周尺二寸爲一線 縱線七十六 橫線一百三十一 又 命獻 東宮如其數 上親製小序 弁諸簇子之顚 宸章煥爛 八域山川 咸被昭回之光矣 嗟乎 玄老善文章 懷經綸 嘗進萬言疏 剴切時務平居茶酒之間 其言議 可以需於世者 又幾何也 皆未見試 且貞疾八載卒不起 此豈特玄老之不幸欸 地圖乃其一能 而今得入於淸燕之覽 是亦幸也 雖然 地必謀於天而後可以明 知其方位大小而爲寅亮之用 英廟朝 遣尹士雄 崔天衢 李茂林 于沁都之

발跋의 내용으로 볼 때 농포자 정상기鄭尙驥(1678~1752), 정항령鄭恒齡(1700~?), 정원림鄭元霖(1731~1800)까지 3대 50여 년에 이어 제작된 지도를 정항령과 교유하고 있던 신경준이 『동국지도』를 바탕으로 약간 교열하여 두 달여 만에 열읍도 8권, 팔도도 1권, 전국도 족자 1개를 완성하였음을 알 수 있다. 또 주척 2촌을 1선으로 하여 종선은 76개, 횡선은 131개의 좌표 방안 위에 지도를 그린 것으로 되어있는데, 이러한 방안 지도는 모든 군현지도들 사이의 분합을 가능하게 한 지도로 회화식 지도의 전통과는 다른 방안 지도를 국가적 차원에서 시행하도록 함으로써 정확하고 과학적인 지도 제작에도 중요한 역할을 하였다.92) 또 친구 정항령과 같이 우리나라 사방으로 가서 지도의 과업을 완성하기로 하였는데 정항령이 몰하고 신경준도 늙어 지도 제작을 하지 못하는 안타까움을 말해주고 있다.

또 영조가 작성한 「어제여지도소서」에서도 신경준이 제작한 지도에 대해 언급하고 있다.

　대개 지도가 있으면 서문이 있어야 하는 것이 관례이다. 이 지도는 처음에 『비고備考』·『통고通考』에 함께 싣고자 했지만 이런 사례가 없는 까닭으로 여러 의논들이 일어나서 이름을 『여지도』라고 지었다. 경도·양도兩都에서 팔도에 이르기까지 도리·산천을 모두 다 갖추었다. 이것의 편집은 바로 신경준이 전적으로 담당하여 이루어낸 것이다. 360주의 대소와 원근을 한 번에 전개하여 마치 지장指掌93)과 같다.

摩尼山 甲山之白頭山 耽羅之漢拏山 測北極高度 如堯之分命羲和而其所測度數 今不傳可嘅也 玄老家製置簡平儀 與余約 苟到於國之四隅 測星度碁景而來 以卒地圖之業 玄老已沒矣 余且老 其誰爲之 噫"(『여암전서』 동국여지도발)

92) 양보경, 1999, 앞의 논문.

93) 손바닥을 손가락으로 가리킨다는 뜻으로, 아주 쉽거나 명백함을 이르는 말.

대략 그 전말을 기록하여 특별히 지도 위에 제하노라.94)

기록은 신경준이 만든 지도가 『여지도』임을 밝히고 있으며, 360개 군현을 각 군현별로 한 장의 지도에 그렸음을 알려주고 있다. 이는 「동국여지도발」에 영조가 서문을 지었다는 기록을 뒷받침해준다. 따라서 홍양호의 묘갈명의 『팔도지도』, 「동국여지도발」에서 언급된 『동국여지도』, 「어제여지도소서」에서 언급된 『여지도』 등은 이름은 달리 되어있지만 정황으로 보아 모두 같은 지도로 판단된다.

이외에도 고령신씨 종손인 신남두申南逗의 본가에 세워진 보호각保護閣에 소장된 「북방강역도北方彊域圖」와 「강화도이북해역도江華島以北海域圖」(전라북도유형문화재 제89호)가 신경준이 제작한 고지도로 추정하고 있다.

---

94) "夫有圖則有敍 例也 此圖初欲同錄於備考通考 無此例故 因諸議 作此名曰 輿地圖 自京都兩都 至於八道 道里山川纖悉具備 此編緝 卽申景濬之所專掌 而成之者也 三百六十州 大小遠近 一展而如指掌焉 畧記顚末 特題於圖上云爾"(『여암전서』어제여지도소서)

3장 『도로고』 편찬 체제

1. 저술 목적

『도로고』는 내용적인 면에 있어 개인이 편찬하였다고 하기에는 광범위
하면서도 다양한 지리 정보를 담고 있다. 다음 서문의 내용에서 저술
목적을 유추해 볼 수 있다.

> 지금 『경국대전經國大典』에 따르면 도성 안에서는 영조척營造尺을
> 사용하여 대로大路는 너비가 56척이고, 중로中路는 16척이고, 소로小
> 路는 11척이다. 길 양쪽 가의 구溝는 너비가 각각 2척이다. 대개 8도에서
> 는 주척周尺을 사용하는데 6척이 1보이고, 300보가 1리이고, 30리가
> 1식息이 된다[속칭 게憩라고 한다.]. 매 10리마다 소후小堠를 세우고,
> 30리마다 대후大堠를 세워 역驛을 두었다. 그러나 아래에서는 쫓아
> 시행하지 않았고, 위에서는 검찰檢察하지 않았다. 지정된 대로는 그
> 너비가 혹 말이 나란히 다니기 어려운 경우도 있다. 그 이수里數는
> 초기에 척량하여 정하지 않고 다만 나그네들의 구전에 의지해서 포점
> 사이의 거리를 대략적으로 칭한 것이다. 가령 7~8리 정도 되면 10리라
> 고 하고, 12~13리 정도 되면 역시 10리라고 한다. 영수零數와 같은
> 작은 수는 성수成數에 대개 합쳐버렸다. 그러므로 수백 리에 이르게
> 되면 그 차이가 얼마나 되겠는가? 대개 이수는 서울에 가까워지면
> 많이 짧아지고, 원외로 갈수록 많이 길어진다. 원외에서도 읍에 가까우
> 면 많이 짧아지고 궁벽한 곳에 이르면 많이 길어진다. 바닷가는 짧아지
> 고 산골짜기에 들어갈수록 길어진다. 북쪽은 짧아지고 남쪽은 길어져
> 장단의 차이가 심하다.[95]

---

95) "今 國典 都城內用營造尺 大路廣五十六尺 中路十六尺 小路十一尺 兩傍溝廣各二尺

신경준은 『경국대전經國大典』에서 정의하고 있는 도로의 개념을 그대로 사용하고 있다. 도성 안에는 영조척을 적용하고 팔도에서는 주척에 의해 이수를 정하고 후와 역을 둔 것을 알 수 있다. 그러나 국가에서 길을 관리하지 않아 너비가 일정하지 않은 점과 지역마다 이수가 달리 측정되고 있으며 거리가 정확하지 않은 점 등을 비판하고 있다. 그리고 도로 이정에 있어서도 정확한 측정을 요구하고 있는데 '나그네들의 구전에 의지해서 포점 사이의 거리를 대략적으로 칭한 것이다. 가령 7~8리 정도 되면 10리라고 하고, 12~13리 정도 되면 역시 10리라고 한다.'라는 문장에서 우리나라 사람들이 영수를 무시하고 성수로 거리를 말하는 애매한 수치 개념을 비판하고 있다. 따라서 『도로고』는 도로 이정의 부정확성을 비판하면서 정확한 거리 교정을 위하여 저술함을 밝히고 있다.

옛날에 공작公爵과 후작侯爵의 땅은 사방 100리이고, 백작伯爵은 70리, 자작子爵과 남작男爵은 50리였고, 40리·30리·20리는 부용附庸이 다스렸다. 지금의 주·부·군·현도 역시 5작위의 등급으로 나누는 이치는 같으나 토지를 나누는 제도는 꼭 3가지로 균등하게 나누기가 불가능하다. 땅은 크고 작은 것이 서로 동떨어지고, 길고 짧음이 적당하지 못하여 지역의 경계가 복잡하게 엉켜서 4방 혹은 10리 안이 이미 다른 지역이 되고, 혹은 여러 읍을 넘어서 서로 연결되지 못하여, 정령政令과 부역賦役으로 왕래할 때 수고하는 것도 고르지 못하고 폐단이

凡八道用周尺 六尺爲一步 三百步爲一里 三十里爲一息[俗稱一曾憩] 每十里立小堠 三十里立大堠置驛 而下不能遵行 上無所檢察 繫以大路者 其廣或難於方馬而行 其里數初不以尺量定 只憑行旅之口 以鋪店相距皆稱之 如七八里則謂之十里 十二三里則亦謂之十里 零數之小者 多合於成數 因以至數百里 其差何如哉 大低里數近京多短 遠外多長 遠外而近邑多短 處僻多長 濱海短 入峽長 在北短 在南長 長短之不同甚矣"(「道路考序」)

많아 식견이 있는 사람들이 논의한지 이미 오래되었다. 무릇 사람이란 머물기도 하고 다니기도 한다. 머물면 집에서 머물고 다니면 길에서 다닌다. 그런 까닭으로 맹자가 '인仁은 편안한 집이고, 의義는 바른 길이다.'라고 하였다.96) 길과 집을 대조하여 말하면 그 길의 중요함이 집보다 높다고 할 것이다. 집은 나 혼자만의 것이고 길은 사람들이 함께하는 곳이다. 백성들이 집에서는 부지런히 다루다가 길에서는 소홀한 것이 진실로 그러하다. 길은 주인이 없지만 오직 그 위를 다니는 사람들이 주인이다. 그런 까닭에 옛 성왕들이 경계를 바로잡으면서 땅을 분급해 주고 도로를 다스리는 것을 아울러 일시에 행하여, 농부로 하여금 들에서 경작하게 하고, 나그네로 하여금 길에 다니게 하였으니, 모두 인정仁政 중에 큰 것인데 진실로 까닭이 있었던 것이다. 하물며 세대가 내려올수록 공사의 일이 매우 번다해져서 사람들이 길 위에 있는 것이 많구나!97)

서문에서는 지역 간에 읍치의 규모가 다르고 경계가 복잡하게 얽혀있으며 다른 군현 안에 다른 지역이 포함되어 있는 월경지 문제로 인하여 행정·수취·교통이 제한될 수밖에 없는 폐단을 언급하고 있다. 또 맹자의 인과 의를 집과 길로 비교하면서 길이 집보다 중요하다고 언급하면서 길의 중요성을 높이고 있고, 도로의 공공성을 밝히면서 도로에 대한

---

96) "인은 사람의 편안한 집이요, 의는 사람의 바른 길이다.[仁 人之安宅也 義 人之正路也]"(『맹자孟子』 이루장離婁章 상上)

97) "古者公侯地方百里 伯七十里 子男五十里 四十里三十里二十里則爲附庸 今之州府郡縣 亦如五爵之分理者也 而分土之制 不能如惟三之均 而方大小相懸 長短失宜 地界錯雜 其四至或十里之內 已爲他境 或逾越數邑 而不相連接 政令賦役往來之際 勞逸不均 爲弊多端 識者議之已久矣 夫人有止有行 止則止於宅 行則行於路 故孟子曰 仁安宅也 義正路也 路與宅對擧 則其重可謂等於宅 而宅己所獨也 路人所同也 民之勤於宅 而忽於路固然也 路者無主 而惟在上之人主之 故古聖王之定經界也 授田治道 共行於一時 而使農夫願耕於野 行旅願出於道 並列以爲仁政之大者 良有以也 況世降 而公私事爲甚繁 人之在於路上者多乎"(「道路考序」)

정확한 정보가 중요함을 강조하고 있다. 따라서『도로고』는 지역 간의 정확한 경계를 파악하고 도로에 대한 정확한 지리 정보를 위정자에게 제공하는 것이 저술 목적임을 밝히고 있다.

아울러 당시의 시대적 상황까지 반영하고 있는데 농업 중심의 사회에서 상업 또한 중시하는 사회로 바뀌고 있는 것을 볼 수 있다. 즉 '집에서는 부지런히 다루다'라는 문장은 농업을 중시하던 사회이었음을 말해주는 것이고, '길과 집을 대조하여 말하면 그 길의 중요함이 집보다 높다고 할 것이다.'와 '길은 주인이 없지만 오직 그 위를 다니는 사람들이 주인이다.'라는 문장은 상업이 발달하면서 길의 중요성이 부각되고 있는 것을 말해주는 것이다. 따라서 농업을 중시하던 사회에서 농업과 상업을 모두 중시하는 사회로 바뀌고 있는 시대적 상황을 반영한 것으로 추정된다.

> 지금 나는 이 책이 혹 방정邦政을 맡은 사람들이 채취하도록 갖추어 두었다. 그러나 지향하는 방향, 분기分岐되는 경계, 포점鋪店의 순서는 잘못된 것이 마땅히 적으나, 이수에 대해서는 자로 재지 못하여 반드시 정밀하지는 않다. 또 하천의 물길이 쉽게 변하고, 읍리邑里는 많이 옮겨지고, 길의 곡직曲直·장단長短은 고금에 달라졌기에 지지地誌에 있는 옛 기록을 기준으로 할 수가 없었다. 듣고 물어본 것에서 나온 것이 많아 반드시 오류가 있을 것이므로 뒷사람이 고쳐서 바로잡기를 기다릴 뿐이다.[98]

서문의 마무리 글에서 '방정을 맡은 사람들이 채취하도록 갖추어 두었다.'라는 문장을 보면,『도로고』가 국가의 정치를 맡은 사람을 대상으로

---

[98] "今余此書或可備掌邦政者之採取 然而指向之方 分岐之界 鋪店之次 第差者宜少 而至於里數 不得尺量 已失其精 且川原易變 邑里多遷 路之迂直長短 古今有異 不可以地志 舊記爲準 出於聞問者多 必有謬誤 以竢後之釐正者云爾"(「道路考序」)

한 책이라는 것을 알 수 있다. 또 '지지에 있는 옛 기록을 기준으로 할 수가 없었다. 듣고 물어본 것에서 나온 것이 많아'라는 문장에서 이전에 편찬된 지리서를 바탕으로 하면서도 새로운 지리 정보를 첨가하여 저술하였다는 것을 알 수 있다. 따라서 『도로고』는 새로운 지리 정보를 바탕으로 기존 지지의 오류 수정을 하였음을 밝히고 있다.

특히 기존의 지지에서 거리 오류에 대한 문제점을 해결하고자 하는데, 이러한 거리 차이는 다음과 같은 여러 요소로 인해서 비롯된 것임 밝히고 있다. 첫째, '이수에 대해서는 자로 재지 못하여 반드시 정밀하지는 않다.'와 '듣고 물어본 것에서 나온 것이 많아'라는 문장에서 실측한 수치가 아닌 것을 알 수 있다. 이는 직접 측정하지 않아 오류가 드러난다는 점을 인정하고 있다.

둘째, '하천의 물길이 쉽게 변하고, 유리는 많이 옮겨지고'라는 문장에서 지명 위치의 변화를 알 수 있다. 이는 나루터의 위치가 달라지거나 읍치의 위치가 변화되기도 하고, 장·역·점 등의 발달로 인해 새로운 중심지가 생기는 변화를 반영하는 것이라 할 수 있다. 〈그림 1〉과 〈그림 2〉는 같은 영조대에 편찬되었지만 경기 광주부의 판교 지역 지명이 회화식지도인 『해동지도』(규장각. 古大4709-41) 광주부지도에는 판교주막板橋酒幕으로, 방안식지도인 『조선지도』(규장각. 奎16030) 광주지도에는 판교역板橋驛으로 표시되어 있다. 따라서 지도의 내용은 제작 목적에 따라 지명에 차이가 나타나고 있고,99) 그러한 차이가 새로운 중심지의 성장을 반영하고 있다고 할 수 있다.

---

99) 김기혁, 2002, "부산지역 고지도 연구", 항도부산 18, 393-443.

그림 1. 『해동지도』 광주부 판교주막
(규장각 소장, 古大4709-41)

그림 2. 『조선지도』 광주 판교역
(규장각 소장, 奎16030)

셋째, '길의 곡직·장단은 고금에 달라졌기에'라는 문장에서는 도로 자체의 변화를 들 수 있다. 즉 두 지역 간에도 어떤 교통 수단을 이용하는가에 따라 그 곡직과 장단이 다를 수 있고, 실제 사람들이 이용하는 길이 변화되었기 때문에 달라질 수 있는 것이다. 따라서 『도로고』는 서문에서 이전 지리서를 바탕으로 사람들의 애매한 수치 개념을 비판하고, 거리의 변화·읍치의 변화·길의 변화에 대한 교정을 통해 위정자에게 정확한 국가의 지리 정보를 제공하기 위해 편찬한 저술임을 밝히고 있다.

2. 도로의 위계

신경준은 중국 『주례周禮』의 직방도職方圖100)에 기초하여 도로를 모식적으로 구분하였다. 『도로고』 '서문 아래의 글'에서 권1의 주요 내용을 구성하는 6대로, 권3의 사연로, 권4의 해로 등 신경준이 구성한 도로의 위계를 고찰할 수 있다.

이 책 머리에는 어로御路를 실어 놓았는데 우리 조정에서는 가령 신라의 6소경〔지금의 충주·청주·원주·김해·남원·강릉 땅에 있었다〕, 고려의 서·동·남 3경, 삼랑·임해의 2궐, 좌·우·북 삼소궁〔서경은 평양, 동경은 경주, 남경은 한양, 삼랑은 강화, 임해와 좌소는 모두 풍덕, 우소는 장단, 북소는 신계〕과 같은 제경諸京에 이궁離宮을 세우지 않았고, 또 (이궁에서) 일찍이 사냥하거나 놀며 구경하는 일이 없었다. 어로는 능원陵園에서 저녁을 지내지 않는데, 능원묘陵園墓가 모두 경기 안에서 멀지 않은 곳에 있기 때문이다. 매년 여러 능에 춘추제를 지낼 때 한 개의 능을 참배하는데 그친다. 만약에 온천은 태의太醫가 청을 하면 부득이하게 머물렀으나 400년간 거둥한 것은 모두 여섯 차례뿐이다. 이것이 바로 우리 조정의 성덕이 전고에 비해 탁월한 점이다. 그 다음이 나라 안을 6대로六大路로 나눈 것으로 이것은 날줄經이다. 그 다음이 열읍列邑에서 사방에 이르는 방통지로旁通之路를 기록하였는데 이것은 씨줄緯이다. 그 다음이 사연로四沿路로서 이것은 주위周圍에 해당된다. 그리고 변방의 관방선로關防船路가 다음 순서임을 모두 알 수 있다. 그 다음이 역발로驛撥路이고, 그 다음이 봉로烽路이다. 봉로의 길은 발이 아니라 눈으로써 지세가 통하고 막히는 것을 가히 짐작한다.

---

100) "道路考倣周官之職方圖也."(『여암전서』 행장). 직방씨職方氏는 주대의 벼슬이름으로 직방 천하의 지도를 맡아 보았으며 사방으로부터 들어오는 공물을 관장하였다.

그 다음이 해로海路이다. 그 다음은 사대교린을 하는 사행지로使行之路이다. 무릇 조석潮汐과 풍우風雨는 배가 가는데 관계되는 것이어서 매우 중요하고, 시장市場은 사람들이 모이고 내왕來往을 하고, 장사치商賈와 행려行旅들이 마땅히 알아야 하는 곳이므로 아울러 끝에 붙인다.101)

'서문 아래의 글'에서 우리나라의 도로를 어로, 6대로와 방통지로, 사연로, 역발로, 봉로, 해로, 사행지로 순으로 서술하고 있다. 먼저 어로는 책머리에 실어 능원묘로 가는 길임을 밝히고 있다. 즉 능원묘에 거둥할 때 지나가는 어로와 온천에 거둥하던 행궁 어로를 밝혀, 많은 물자와 노동력이 들어가는 왕실의 중요 행사에 이용되던 이 길을 『도로고』 서두에 실은 것으로 판단되며 국가의 권위를 높이는 상징적인 차례로 해석된다.

다음 위계에 6대로와 방통지로를 서술하여 경〔날줄〕과 위〔씨줄〕에 비유하고 있다. 또 사연로는 6대로와 방통지로를 둘러싸는 주위로 인식하여 우리나라의 도로를 경과 위, 주위 순으로 기술하고 있다. 이어서 역발로, 봉로, 해로, 사행지로를 언급하고, 선박의 운항과 관련하여 조석과 풍우의 중요성을 부각시키고, 마지막으로 경제 활동과 관련된 개시를 수록하고 있다.

신경준은 사연로를 어로와 6대로, 방통지로에 이어 그 다음으로 중요한

---

101) "此編首載 御路 而我 朝無諸京離宮 如新羅之六小京[在今忠州 淸州 原州 金海 南原 江陵地] 高麗之西東南三京 三郞臨海二闕 左右北三蘇宮[西京平壤 東京慶州 南京漢陽 三郞江華 臨海左蘇並豊蔽 右蘇長湍 北蘇新溪]者 且未嘗有蒐狩遊賞之事 御路不過 陵園暮而 陵園墓 皆在畿內 不遠之地 每歲春秋於 諸陵 展謁 一陵而止 若溫泉 太醫有請 不得已者 而四百年間 行幸凡六次 此我 朝盛德 卓越前古者也 其次於國中分六大路 此經也 其次於列邑叙四至旁通之路 此緯也 其次四沿路 此周圍也 而邊陲關防船路次第 皆可以知也 其次驛撥路 其次烽路 烽路之行 不以足而以目地勢之通塞 可以領略也 其次 海路 其次事大交隣使行之路 凡潮汐風雨係於船行者 甚重 市場衆人之聚會來往者 而商 賈行旅之所宜知 故並附于末"(『도로고』 서문 아래 글)

의미를 가진 도로로 설정하였다. 6대로는 도읍지 경성에서 연결되는 간선도로로서 그 중요성을 알 수 있지만, 사연로는 중앙집권화의 핵심이 되는 군사·통신의 기능을 가진 역로, 파발로, 봉로보다도 더 중요한 길로 기록하여 독립된 장으로 구분하고 있다.

당시 왕이 행차하는 어로를 상징적인 도로라고 한다면, 6대로와 방통지로·사연로는 실제로 이용되는 국가 간선에 해당하는 가장 중요한 길을 표시한 것이다. 권1의 6대로는 서울과 국토 외곽을 연결하는 중심 교통망 체계라면, 권3의 사연로는 국토 외곽을 서로 연결하는 도로망을 보여주는 것이다. 이는 우리나라를 사람의 인체에 비유하여 설명할 수 있는데, 우리나라의 뼈대에 해당하는 6대로와 혈관을 이루는 방통지로, 바깥 형상을 두르는 사연로가 종합되어 우리나라의 도로망 체계를 갖추고 있다. 마지막으로 해로는 우리나라의 외연을 연결하여 우리 영해의 범위를 보여주고 있다.

따라서 『도로고』는 당시에 길이라고 부를 수 있는 도로에 대한 모든 정보들을 모아 계통적으로 정리하였다. 권1은 국토의 뼈대를 이루는 6대로를, 권3은 국토의 외곽을 연결하는 사연로를, 권4는 국토의 외연을 두르는 해로를 중심으로 각각 도로를 구성하고 있는데, 신경준은 도로의 위계를 국토의 중앙에서 외곽, 외연으로 확대하여 서술하고 있다.

3. 『도로고』의 구성

4권 2책 필사본인 『도로고』의 편찬 체제는 〈표 3〉과 같다.

표 3. 『도로고』의 편찬 체제

도로고서	
권지일	능원묘 어로陵園墓 御路 온천 행궁 어로溫泉 行宮 御路 팔도육대로소속제읍목八道六大路所屬諸邑目 육대로六大路
권지이	팔도각읍〔용6대로차제〕계사지급저경성제영리수총 八道各邑〔用六大路次第〕界四至及抵京城諸營里數撼
권지삼	사연로四沿路 역로驛路 파발로擺撥路 봉로烽路
권지사	해로海路 사행지로使行之路 조석潮汐 풍우風雨 개시開市

1) 권지일의 구성

권지일에서는 능원묘 어로, 온천 행궁 어로, 팔도육대로소속제읍목, 6대로 순으로 서술되어 있다. 『도로고』 권지일의 구성은 다음과 같다〈표 4〉.

능원묘 어로에서는 조선 태조의 건원릉부터 영조의 맏아들 효장세자(진종으로 추존)와 그 비 효순왕후의 능인 영릉까지 34개의 능을 언급하면서, 경성에서 능원에 이르는 경로와 거리 기록하였다. 온천 행궁 어로에서는 서울에서 온양군 온천 행궁에 이르는 경로와 거리를 밝히고 있다.

표 4. 『도로고』 권지일의 구성

목 차	내 용
능원묘 어로	능원묘 어로는 건원릉에서 영릉까지 34개의 능에 이르는 경로와 거리를 기록하고 있다.
온천 행궁 어로	온천 행궁 어로는 온양군 온천 행궁에 이르는 경로와 거리를 기록하고 있다.
팔도육대로소속제읍목 　의주제1로 　경흥제2로 　평해제3로 　동래제4로 　제주제5로 　강화제6로	팔도육대로소속제읍목에서 전국의 읍치를 6대로에 소속시켜 의주제1로, 경흥제2로, 평해제3로, 동래제4로, 제주제5로, 강화제6로 순으로 밝히고 있다.
6대로 　경성서북저의주로제1 　경성동북저경흥로제2 　경성동저평해로제3 　경성동남저동래로제4 　경성서남저제주로제5 　경성서저강화로제6	6대로에는 각 대로의 경로와 거리 및 각 대로에서 주요 읍치에 이르는 방통지로의 경로와 거리를 함께 기록하고 있다.

　팔도육대로소속제읍목에서는 전국의 읍치를 경성에서의 원근과 도로의 분기에 따라 6대로로 구분하여 서술하였다. 의주제1로에는 경기우도 7읍, 황해좌도 14읍과 황해우도 9읍 등 황해도 23읍, 평안서도 21읍과 평안동도 21읍 등 평안도 42읍이 포함된다. 경흥제2로에는 경기우도 6읍, 강원영서 7읍과 강원영동 3읍 등 강원도 10읍, 함경남도 13읍과 함경북도 10읍 등 함경도 23읍이 포함된다. 평해제3로에는 경기좌도 2읍과 경기우도 1읍 등 경기 3읍, 강원영서 10읍과 강원영동 6읍 등 강원도 16읍이 포함된다. 동래제4로에는 경기좌도 9읍, 충청좌도 10읍,

경상좌도 35읍과 경상우도 28읍 등 경상도 63읍이 포함된다. 제주제5로
에는 경기좌도 6읍, 충청좌도 11읍과 충청우도 33읍 등 충청도 44읍,
전라좌도 25읍과 전라우도 31읍 등 전라도 56읍, 경상우도 8읍이 포함된
다. 강화제6로는 경기좌도 5읍과 경기우도 2읍 등 경기 7읍이 포함된다.

　6대로는 의주제1로, 경흥제2로, 평해제3로, 동래제4로, 제주제5로,
강화제6로로 구성되어 있다. 의주제1로는 경성에서 개성, 평양, 안주,
의주를 거쳐 압록강에 이르는 1,085리이다. 경흥제2로는 경성에서 김화,
함흥, 경성, 무산, 경흥을 거쳐 서수라보에 이르는 2,504리이다. 평해제3
로는 경성에서 원주, 강릉, 삼척, 울진을 거쳐 평해에 이르는 865리이다.
동래제4로는 경성에서 충주, 문경, 대구, 동래를 거쳐 부산진에 이르는
937리이다. 제주제5로는 경성에서 수원, 공주, 삼례역, 나주, 관두량을
거쳐 제주에 이르는 970리이다. 강화제6로는 경성에서 양화노, 양천,
김포, 통진을 거쳐 강화부에 이르는 120리이다.

2) 권지이의 구성

　권지이에서는 팔도 각읍의 파견 관직명과 각 읍치에서 사방경계 및
경성・감영・병영・통영・행영・수영 등에 이르는 거리를 경기・황해
도・평안도・강원도・함경도・충청도・경상도・전라도 순으로 기록
하고 있다. 『도로고』 권지이의 구성은 다음과 같다〈표 5〉.

　경기는 고양군수부터 교동도호부사까지 38개의 군현, 황해도는 금천
군수부터 토산현감까지 23개의 군현, 평안도는 중화도호부부터 창성도
호부까지 42개의 군현, 강원도는 원주판관부터 이천도호부까지 26개의
군현, 함경도는 안변도호부부터 삼수도호부까지 23개의 군현, 충청도는

직산현감부터 진천현감까지 54개[102]의 군현, 경상도는 문경현감부터 남해현령까지 71개의 군현, 전라도는 여산도호부부터 함열현감까지 56개의 군현이 수록되어 있다.

표 5. 『도로고』 권지이의 구성

목 차	내 용
팔도각읍계사지급저경성제영리수총 경기(고양군…교동부) 황해도(금천군…토산감) 평안도(중화부…창성부) 강원도(원주판…이천부) 함경도(안변부…삼수부) 충청도(직산감…진천감) 경상도(문경감…남해령) 전라도(여산부…함열감)	팔도 각읍에서 사방경계 및 경성·감영·병영·통영·행영·수영 등에 이르는 거리를 경기·황해도·평안도·강원도·함경도·충청도·경상도·전라도 순으로 기록하고 있다.

각 도별로 감사監司, 병사兵使, 수사水使 등의 소재지와 읍치의 해당 관직명이 함께 기록되었다. 감사는 경성京城·해주·평양·원주·함흥·공주·대구·전주에, 병사는 황주·안주·북청·경성鏡城·청주·울산·진주·강진에, 수사는 강화·옹진·보령·동래·고성·순천·해남에 소재하는 것으로 기록되었다. 정2품 혹은 종2품의 유수가 파견된 곳은 개성·수원·강화이고, 종2품의 부윤이 파견된 곳은 광주廣州·의주·경주 등이다. 정3품의 목사가 파견된 곳은 파주·여주·양주·황주·안주·정주·길주·공주·청주·홍주·충주·상주·성주·진주·나주·제주·광주光州·능주 등이 있다. 정3품의 대도호부사가 파견된 곳은 영변·강릉·영흥·창원·안동이고, 종3품의 도호부사가 파견된

---

102) 국립중앙도서관 소장본에는 공주·이성·은진·온양·부여·석성·목천·연산 등 8개 읍이 누락된 46개 읍만 기록되어 있다.

곳은 장단, 부평, 인천 등 다수가 있다. 종4품의 서윤이 파견된 곳은 평양이고, 종4품의 군수가 파견된 곳은 고양·안산·김포 등 다수가 있다. 종5품의 판관이 파견된 곳은 해주·원주·함흥·경성鏡城·대구·전주·제주가 있다. 종5품의 현령이 파견된 곳은 용인·진위·양천 등 다수가 있고, 종6품의 현감이 파견된 곳도 과천, 연천, 포천 등 다수가 있다.

특히 각 군현마다 경기의 경우는 경성에 이르는 거리, 강원도는 감영과 경성에 이르는 거리, 황해도·평안도·함경도는 감영·병영·경성에 이르는 거리, 경상도와 전라도는 감영·병영·통영·경성에 이르는 거리를 기록하고 있다. 일부 군현에서 황해도는 수영, 함경도는 행영, 충청도는 통영·수영에 이르는 거리를 밝히고 있다.

3) 권지삼의 구성

권지삼에서는 사연로, 역로, 파발로, 봉로 순으로 기록되어 있다. 『도로고』 권지삼의 구성은 다음과 같다〈표 6〉.

사연로는 양강연과 삼해연으로 구분할 수 있다. 양강연은 백두산로, 압록강연로, 두만강연로로 구성되어 있고, 삼해연은 팔도해연로에 해당된다. 백두산로는 무산과 갑산에서 백두산에 오르는 경로를 기록하였다. 압록강연로는 혜산진에서 위원군, 벽동군, 창성부, 의주를 거쳐 미곶보에 이르는 경로를 보여준다. 두만강연로는 허항령 삼지에서 무산부, 경흥부를 거쳐 녹둔도에 이르는 경로를 수록하였다. 팔도해연로는 함경도·강원도·경상도·전라도·충청도·경기·평안도·황해도 순으로 바다와 접한 각 고을의 관아에서 바다에 이르는 거리와 고을과 고을 사이의 거리를 관도로 밝히고 있다. 팔도해연로의 끝에는 경흥의 조산에서 동래관까지의 동해연이 2,942리, 동래관에서 해남관까지의 남해연이 1,095리, 해남관에서 의주의 미라곶까지의 서해연이 3,199리로 삼해연의 거리가 7,236리가 됨을 밝히고 있다.

표 6. 『도로고』 권지삼의 구성

목 차	내 용
사연로 　백두산로 　압록강연로 　두만강연로 　팔도해연로 　　함경도해연로 　　강원도해연로 　　경상도해연로 　　전라도해연로 　　충청도해연로 　　경기해연로 　　평안도해연로 　　황해도해연로	사연로는 백두산로, 압록강연로, 두만강연로, 팔도해연로로 구분하였다. 팔도해연로는 함경도·강원도·경상도·전라도·충청도·경기·평안도·황해도 순으로 바다와 접한 각 고을의 관아에서 바다에 이르는 거리와 고을과 고을 사이의 거리를 관도로 기록하였다.
역로 　역체 　역로대중소분정지식	역로는 경기·황해도·평안도·강원도·함경도·충청좌도·충청우도·경상좌도·경상우도·전라좌도·전라우도 순으로 각도의 역도를 제시하고 있으며, 역로대중소분정지식에 따라 대로, 중로, 소로의 역을 구분하고 있다.
파발로	파발로는 서발·북발·남발 등 삼대 파발로의 참수를 밝히고 있다.
봉로	봉로는 제1거부터 제5거까지의 주봉과 간봉을 기록하고, 끝에 거화법을 설명하고 있다.

역로는 역체에서 경기·황해도·평안도·강원도·함경도·충청좌도·충청우도·경상좌도·경상우도·전라좌도·전라우도 순으로 각

역도를 제시하고 있다. 역로대중소분정지식에 따라 대로는 경기의 12역을 들었다. 중로는 경기 9역, 황해도 12역, 평안도 13역, 강원도 6역, 함경도 37역, 충청도 24역, 경상도 5역, 전라도 3역을 구분하였고, 끝에 소로를 언급하고 있다.

파발로는 기발과 보발로 나누어 기발은 매 25리마다 하나의 역마을을 두어 발장 1인과 군 5정丁, 기 5필을 배치하고, 보발에는 매 30리마다 하나씩 역마을을 두어 발장 1인과 군 2정을 배치한다고 밝혀 놓았다. 또, 서발·북발·남발 등 삼대 파발로의 참 수를 밝히고 있다. 서발은 경기 경영참에서 의주 소곶참까지 41참, 북발은 경기 양주 두험천에서 경흥 아오지참까지 64참, 남발은 경기 광주 신천참에서 동래 초량참까지 34참을 들었다. 서발은 기발이고 북발과 남발은 보발이라고 기록하고 있다.

봉로는 제1거에는 함경도 지방으로부터 양주 아차산까지, 제2거에는 경상도 지방으로부터 광주 천림산까지, 제3거에는 평안도 지방으로부터 육로를 따라 고양 무악동봉까지, 제4거에는 평안도 지방으로부터 해안을 따라 고양 무악서봉까지, 제5거에는 전라도 지방으로부터 양천 개화산까지의 주봉主烽과 간봉間烽을 자세히 기록하였다.

4) 권지사의 구성

권지사에서는 해로, 사행지로, 조석, 풍우, 개시 순으로 기록되어 있다. 『도로고』 권지사의 구성은 다음과 같다〈표 7〉. 해로는 자통진유도저경흥입두만강로自通津留島抵慶興入豆滿江路에서 통진 유도에서 경흥에 이르러 두만강으로 들어가는 해로를, 자유도저의주입압록강로自留島抵義州入鴨

綠江路에서 통진 유도에서 의주에 이르러 압록강으로 들어가는 해로를 서술하고 있다. 제주해로는 영암의 이진梨津, 해남의 관두포舘頭浦, 강진의 남당포南塘浦 등에서 제주로 가는 해로를 소개하고 있다.

표 7. 『도로고』 권지사의 구성

목 차	내 용
해로 　자통진유도저경흥입두만강로 　제주해로 　자유도저의주입압록강로	해로는 유도에서 두만강과 압록강으로 가는 해로와 육지에서 제주로 가는 해로를 수록하고 있다.
사행지로 　중국사행육해로 　만력신유이후조공해로 　기사이후개해로 　일본국통신사해륙로 　민력임진이진일본입경로 　유구국해로	사행지로는 중국으로 가는 경로의 변화와 통신사해륙로, 1592년 이전의 일본 입경로, 유구국해로를 소개하고 있다.
조석 　조석일월내성쇠지일 　아국조석일월내진퇴지시 　오월조신가 　절강조신 　태양가 　인시가	조석은 조석의 변화와 진퇴 시기, 오월과 절강의 조신 및 태양의 출몰과 관련된 노래 등을 수록하고 있다.
풍우 　점후 　풍우총론 　축일기폭풍일 　화신풍 　연등절 　강해기풍지풍방 　해중취청수방	풍우는 해, 달, 별, 구름 등을 보고 풍우를 예지하는 방법, 폭풍이 일어나는 날, 바람을 일으키고 그치게 하는 방법, 바다에서 맑은 물을 구하는 방법 등을 기록하고 있다.
개시	개시는 전국의 정기시장이 서는 곳과 날짜를 도별로 기록하고 있다.

사행지로는 중국사행육해로中國使行陸海路에서 압록강을 출발하여 요동, 성경, 영원위, 산해관을 거쳐 북경까지 가는 2,490리의 경로를 보여주고 있다. 만력신유이후조공해로萬曆辛酉以後朝貢海路는 1621년(광해군 13) 이후에 선천 선사포에서 배로 출발하여 평도를 거쳐 등주까지 가는 해로와 등주에서 청주부, 제남부, 덕주를 거쳐 중국 경도에 이르는 육로를 기술하였다. 기사이후개해로己巳以後改海路는 1629년(인조 7) 이후에 평도에서 여순구, 남신구, 각화도를 거쳐 영원위까지 이르는 달라진 해로를 보여주고 있다.

일본국통신사해륙로日本國通信使海陸路는 부산 영가대103)에서 출발하여 대마도, 남포, 향포, 대판성, 왜경, 강고를 거쳐 에도江戶에 이르는 경로로 수로 3,290리와 육로 1,300리를 기술하고 있다. 만력임진이전일본입경로萬曆壬辰以前日本入京路는 1592년(선조 25) 이전에 서울에서 일본으로 가던 네 길을 보여주고 있다. 중로·좌로·우로·수로로 나누고 있는데, 중로는 광주 경안역에서 괴산군, 문경현, 선산부, 대구부, 밀양부, 동래 소산역을 거쳐 부산포에 이르는 길이다. 좌로는 양주 평구역에서 충주 가흥역, 영천 평은역, 인동 운산역, 경주 아화역, 울산 간곡역, 동래 소산역을 거쳐 부산포에 이르는 길이다. 우로는 과천 양재역에서 용인현, 청주, 황간현, 김산, 창녕현, 창원 자여역, 김해부, 양산 용당참을 거쳐 부산포에 이르는 길이다. 수로는 양주 두모포에서 여주 이포참, 충주 가흥참, 문경 유곡역, 대구 하빈역, 칠원 불당원, 양산 용당참,

103) 한양에서 출발한 조선통신사 일행이 부산에 도착하여 일본(대마도)으로 떠나기 전에 항해의 안전을 기원하는 해신제를 올리던 곳이다. 이곳은 1614년(광해군 6)에 토쿠가와 막부와의 국교가 회복된 후 얼마 안되어 경상도순찰사 권반權盼이 자성대 근처 해안에 수군의 새로운 정박장을 만들면서 파낸 토사로 쌓아올린 낮은 언덕이었다. 권반은 이곳에다 누대를 짓고 자신의 출생지 안동의 옛 지명인 영가를 따서 영가대라 불렀다. 현재 영가대는 경부선 건설로 사라졌으며 주변 해안도 매립되었다.

동래 감동포를 거쳐 부산포에 이르는 길이다. 유구국해로琉球國海路는 『해동제국기海東諸國記』에서 인용하였는데, 동래의 부산포에서 대마도, 일기도, 비전주, 대도를 거쳐 유구국에 이르는 5,430리 경로를 보여준다.

조석은 조석일월내성쇠지일潮汐一月內盛衰之日에서 초1일 일곱물부터 15일 사리때까지 물의 변화를 기록하고 있다. 아국조석일월내진퇴지시我國潮汐一月內進退之時는 우리나라 서·남해의 다양한 조석 변화를 보여주고 있다. 오월조신가吳越潮信歌와 절강조신浙江潮信은 물이 불어나고 잠잠해지는 변화를 날짜별로 기록하고 있고, 태양가太陽歌와 인시가寅時歌는 태양의 출몰로 조신潮信이 상응하던 시간의 장단을 수록하고 있다.

풍우는 해, 일신日辰, 간지干支, 달, 별, 구름, 노을, 무지개, 천둥 등으로 비와 바람을 예지하는 방법과 『농경』과 『기효신서』 등에 언급된 풍우 관련 내용, 폭풍이 일어나는 날 등을 기록하였다. 화신풍花信風은 초봄에서 초여름까지 부는 바람에 대하여, 연등절燃燈節은 2월에 부는 바람과 연등의 유래에 대하여, 강해기풍지풍방江海起風止風方은 강과 바다에서 바람을 일으키고 바람을 그치게 하는 방법에 대하여, 해중취청수방海中取淸水方은 바다에서 맑은 물을 구하는 방법에 대하여 알려주고 있다.

마지막에 있는 개시는 전국의 각 군현에서 정기시장이 서는 장소와 날짜를 경기·황해도·평안도·강원도·충청도·함경도·경상도·전라도 순으로 기록하고 있다. 경도京都는 매일 개시하고 향외鄕外는 1달에 6번 개시하는데, 1·6일, 2·7일, 3·8일, 4·9일, 5·10일을 활용한다고 되어있다.

4장 주요 도로

『도로고』는 제목처럼 오늘날 우리가 인식하는 도로만을 기록한 것이 아니라 어로, 6대로, 사연로, 역로, 파발로, 봉로, 해로 등 당시에 이용되던 교통로에 대한 모든 정보를 종합하면서 조석, 풍우, 개시에서는 실용적인 지식을 담고 있는 지리서라고 할 수 있다.

1. 어로

능원묘 어로는 제1대 태조의 건원릉부터 영조의 맏아들 효장세자(진종으로 추존)와 그 비 효순왕후의 능인 영릉까지 34개 능에 이르는 경로와 거리 표시하고 있다. 〈표 8〉은 능원묘 어로에 기록되어 있는 건원릉부터 영릉까지 34개 능호의 묘호와 형식 및 위치를 기록한 것이다.

능원 중에는 10대 연산군과 15대 광해군의 묘는 기록하지 않았다. 그러나 추존왕으로 세조의 아들 덕종과 덕종비 소혜왕후의 능인 경릉과 인조의 아버지 원종과 원종비 인헌왕후 구씨의 능인 장릉 및 전술한 영릉이 수록되어 있는 것으로 보면, 군으로 강등된 왕은 빠지고 추존된 왕들의 능으로 가는 어로는 수록하고 있는 것을 볼 수 있다.

표 8. 능원묘 어로에 기록된 능호 정보

왕조	능호	묘호	형식	위치
1대	건원릉健元陵	태조	단릉	경기도 구리시 인창동
	제릉齊陵	신의왕후 한씨	단릉	황해북도 개성특급시 대련리
	정릉貞陵	신덕왕후(계비) 강씨	단릉	서울특별시 성북구 정릉동
2대	후릉厚陵	정종 정안왕후 김씨	쌍릉	황해북도 개성특급시 영정리

3대	헌릉獻陵	태종 원경왕후 민씨	쌍릉	서울특별시 서초구 내곡동
4대	영릉英陵	세종 소헌왕후 심씨	합장	경기도 여주시 능서면 왕대리
5대	현릉顯陵	문종 현덕왕후 권씨	동원 이강	경기도 구리시 인창동
6대	장릉莊陵	단종	단릉	강원도 영월군 영월읍 영흥리
	사릉思陵	정순왕후 송씨	단릉	경기도 남양주시 진건읍 사능리
7대	광릉光陵	세조 정희왕후 윤씨	동원 이강	경기도 남양주시 진접읍 부평리
추존	경릉敬陵	덕종 소혜왕후 한씨	동원 이강	경기도 고양시 덕양구 용두동
8대	창릉昌陵	예종 안순왕후(계비) 한씨	동원 이강	경기도 고양시 덕양구 용두동
	공릉恭陵	장순왕후(정비) 한씨	단릉	경기도 파주시 조리읍 봉일천리
9대	선릉宣陵	성종 정현왕후(계비) 윤씨	동원 이강	서울특별시 강남구 삼성동
	순릉順陵	공혜왕후(정비) 한씨	단릉	경기도 파주시 조리읍 봉일천리
11대	정릉靖陵	중종	단릉	서울특별시 강남구 삼성동
	온릉溫陵	단경왕후(정비) 신씨	단릉	경기도 양주시 장흥면 일영리
	희릉禧陵	장경왕후(계비) 윤씨	단릉	경기도 고양시 덕양구 원당동
	태릉泰陵	문정왕후(계비) 윤씨	단릉	서울특별시 노원구 공릉동
12대	효릉孝陵	인종 인성왕후 박씨	쌍릉	경기도 고양시 덕양구 원당동
13대	강릉康陵	명종 인순왕후 심씨	쌍릉	서울특별시 노원구 공릉동
14대	목릉穆陵	선조 의인왕후(정비) 박씨 인목왕후(계비) 김씨	동원 이강	경기도 구리시 인창동
추존	장릉章陵	원종 인헌왕후 구씨	쌍릉	경기도 김포시 풍무동
16대	장릉長陵	인조 인렬왕후(정비) 한씨	합장	경기도 파주시 탄현면 갈현리
	휘릉徽陵	장렬왕후(계비) 조씨	단릉	경기도 구리시 인창동

17대	영릉寧陵	효종 인선왕후 장씨		쌍릉	경기도 여주시 능서면 왕대리
18대	숭릉崇陵	현종 명성왕후 김씨		쌍릉	경기도 구리시 인창동
19대	명릉明陵	숙종 인현왕후(계비) 민씨	쌍릉		경기도 고양시 덕양구 용두동
		인원왕후(2계비) 김씨	단릉		
	익릉翼陵	인경왕후(정비) 김씨		단릉	경기도 고양시 덕양구 용두동
20대	의릉懿陵	경종 선의왕후(계비) 어씨		쌍릉	서울특별시 성북구 석관동
	혜릉惠陵	단의왕후(정비) 심씨		단릉	경기도 구리시 인창동
21대	원릉元陵	영조 정순왕후(계비) 김씨		쌍릉	경기도 구리시 인창동
	홍릉弘陵	정성왕후(정비) 서씨		단릉	경기도 고양시 덕양구 용두동
추존	영릉永陵	진종 효순왕후 조씨		쌍릉	경기도 파주시 조리읍 봉일천리

온천 행궁 어로는 서울에서 서빙고를 지나 수원부 행궁, 진위현 행궁, 직산현 행궁, 천안군 행궁을 거쳐 온양군 온천 행궁까지 총 257리의 경로를 수록하고 있다. 덧붙여 1717년(숙종 43)에 온천 행궁에서 천안을 들리지 않고 소사로 직향하는 소사로素沙路 정비 여부를 논의한 글을 싣고 있는데, 이는 온천 북쪽에서부터 아산의 후천신점, 요로원, 탁천점을 거쳐 소사에 이르는 직로를 가리킨다.

2. 6대로

『도로고』는 팔도 333개 군현을 6대로에 포함시켜 구분하고 있다. 6대로는 경성을 중심으로 전국 6개 방면의 대로와 대로 주변에 위치한 군현까지의 방통지로를 모두 포함한다. 〈표 9〉는 6대로의 구간과 거리를 기록한 것이고, 〈그림 3〉은 6대로의 경로를 지도화한 것이다.

표 9. 『도로고』 6대로 구간과 거리

대로번호	명칭	구간	거리(리)
1	경성서북저의주로제일	경성 - 의주 - 압록강	1,085
2	경성동북저경흥로제이	경성 - 경흥 - 서수라보	2,504
3	경성동저평해로제삼	경성 - 평해	865
4	경성동남저동래로제사	경성 - 동래 - 부산진	937
5	경성서남저제주로제오	경성 - 해남 - 관두량 - 제주	970
6	경성서저강화로제육	경성 - 강화부	120

※ 제1로의 경우 의주까지는 1,075리이다. 제2로의 경우 경흥까지는 2,444리이다. 제4로의 경우 동래까지는 907리이다.

따라서 6대로는 해당 방면에 포함된 주요 군현의 읍치와 통과 지점, 분기점, 왕릉, 사성대로使星大路, 사고史庫 등을 기록하고, 이들 선정된 지명 간의 상호 거리를 표기하였다. 『도로고』는 서북쪽에 위치한 의주에서 시계 방향으로 대로 번호를 1번부터 6번까지 차례대로 붙이고 있다. 경성에서 출발하여 제1로는 의주 압록강까지, 제2로는 경흥 서수라보까지, 제3로는 평해까지, 제4로는 동래 부산진까지, 제5로는 제주까지, 제6로는 강화까지 이른다.

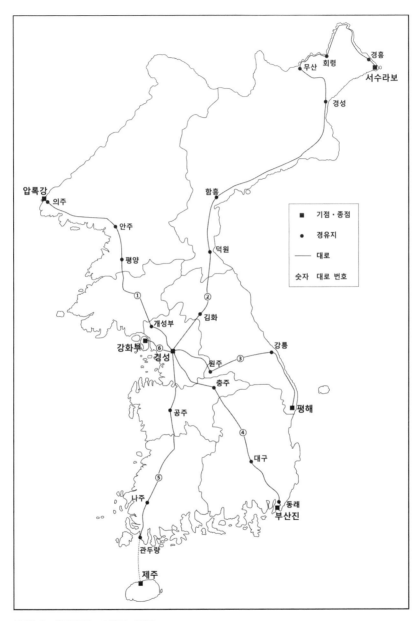

그림 3. 『도로고』6대로 경로

1) 6대로의 경로

(1) 의주제1로

의주제1로는 경기 7읍, 황해도 23읍 전부와 평안도 42읍 전부를 포함하고 있는데, 72개 읍치 중 대로에는 21개, 방통지로에는 51개가 각각 기록되어 있다.

표 10. 의주제1로의 읍치

도명	읍치 수	읍치 명
경기	7	고양高陽, 파주坡州, 장단長湍, 개성開城, 교하交河(파주시 교하읍), 삭녕朔寧(철원군(북한) 백로산리), 풍덕豊德(개성특급시 풍덕리)
황해도	23	금천金川, 평산平山, 서흥瑞興, 봉산鳳山, 황주黃州, 토산兎山(토산군 월성리), 연안延安, 해주海州, 옹진甕津, 배천白川(배천군 배천읍), 송화松禾, 풍천豊川(과일군 과일읍), 은율殷栗, 장연長淵, 강령康翎(강령군 강령읍), 신계新溪, 곡산谷山, 수안遂安, 재령載寧, 신천信川, 안악安岳, 장련長連(은율군 장련리), 문화文化(삼천군 고현리)
평안도	42	중화中和, 평양平壤, 순안順安(평양직할시 순안구역), 숙천肅川(숙천군 숙천읍), 안주安州, 가산嘉山(운전군 가산리), 정주定州, 곽산郭山, 선천宣川, 철산鐵山, 용천龍川, 의주義州, 강서江西, 함종咸從(증산군 함종리), 용강龍岡, 삼화三和(용강군 삼화리), 증산甑山(증산군 증산읍), 삼등三登(강동군 삼등리), 상원祥原, 강동江東, 성천成川, 양덕陽德, 자산慈山(평성시 자산리), 은산殷山(은산군 은산읍), 순천順川, 개천价川, 덕천德川, 맹산孟山, 영원寧遠, 영유永柔(평원군 평원읍), 박천博川, 태천泰川, 구성龜城, 삭주朔州, 영변寧邊, 희천熙川, 강계江界, 운산雲山, 벽동碧潼, 위원渭原, 초산楚山, 창성昌城

의주제1로는 경성에서 파주, 개성부, 평산, 황주, 평양, 안주, 정주, 의주를 거쳐 압록강에 이르는 1,085리(의주까지 1,075리)가 대로이고,

여기에서 방통지로가 분기하여 주요 읍치로 연결된다. 〈표 10〉은 의주제
1로에 기록된 읍치이고, 〈그림 4〉는 의주제1로의 대로와 방통지로에
소속된 읍치까지의 경로를 지도화한 것이다.

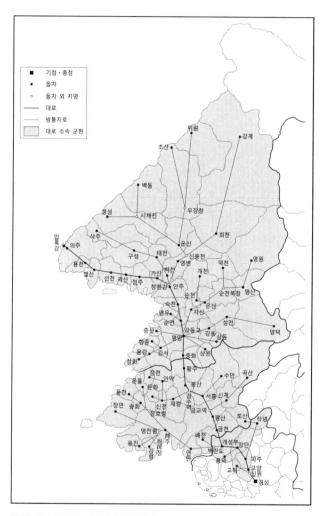

그림 4. 의주제1로와 방통지로

(2) 경흥제2로

경흥제2로는 경기 6읍, 강원도 10읍과 함경도 23읍 전부를 포함하고
있는데, 39개 읍치 중 대로에는 24개, 방통지로에는 15개가 각각 기록되
어 있다.

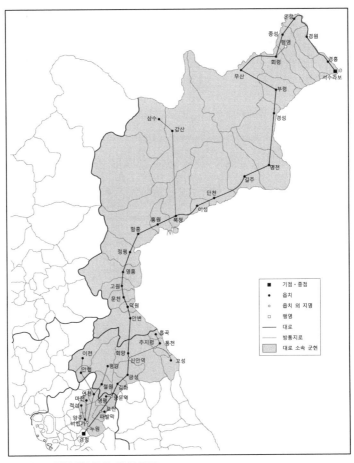

그림 5. 경흥제2로와 방통지로

경흥제2로는 경성에서 김화, 안변, 영흥, 함흥, 북청, 길주, 경성鏡城, 부령, 무산, 회령, 종성, 온성, 경흥을 거쳐 서수라보에 이르는 2,504리 (경흥까지 2,444리)가 대로이고, 여기에서 방통지로가 분기하여 주요 읍치로 연결된다. 〈표 11〉은 경흥제2로에 기록된 읍치이고, 〈그림 5〉는 경흥제2로의 대로와 방통지로에 소속된 읍치까지의 경로를 지도화한 것이다.

표 11. 경흥제2로의 읍치

도명	읍치 수	읍치 명
경기	6	연천漣川, 양주楊州, 적성積城(파주시 적성면), 마전麻田(연천군 미산면 마전리), 포천抱川, 영평永平(포천시 영중면 영평리)
강원도	10	김화金化(철원군 김화읍), 금성金城(김화군(북한) 김화읍), 회양淮陽, 천원鐵原, 평강平康, 안협安峽(철원군(북한) 철원읍), 이천伊川, 통천通川, 흡곡歙谷, 고성高城
함경도	23	안변安邊, 덕원德源, 문천文川, 고원高原, 영흥永興, 정평定平, 함흥咸興, 홍원洪原, 북청北青, 이성利城, 단천端川, 길주吉州, 명천明川, 경성鏡城, 부령富寧, 무산茂山, 회령會寧, 종성鍾城, 온성穩城, 경원慶源, 경흥慶興, 갑산甲山, 삼수三水

(3) 평해제3로

평해제3로는 경기 3읍, 강원도 16읍을 포함하고 있는데, 19개 읍치 중 대로에는 7개, 방통지로에는 12개가 각각 기록되어 있다. 평해제3로는 경성에서 평구역, 양근, 원주, 대화역창, 대관령상, 강릉, 삼척, 울진을 거쳐 평해에 이르는 872리가 대로이고, 여기에서 방통지로가 분기하여 주요 읍치로 연결된다. 〈표 12〉는 평해제3로에 기록된 읍치이고, 〈그림 6〉은 평해제3로의 대로와 방통지로에 소속된 읍치까지의 경로를 지도화한 것이다.

표 12. 평해제3로의 읍치

도명	읍치 수	읍치 명
경기	3	양근楊根(양평군 양평읍), 지평砥平(양평군 지평면), 가평加平
강원도	16	원주原州, 강릉江陵, 삼척三陟, 울진蔚珍, 평해平海(울진군 평해읍), 춘천春川, 양구楊口, 낭천狼川(화천군 화천읍), 홍천洪川, 인제麟蹄, 간성杆城(고성군 간성읍), 횡성橫城, 양양襄陽, 영월寧越, 평창平昌, 정선旌善

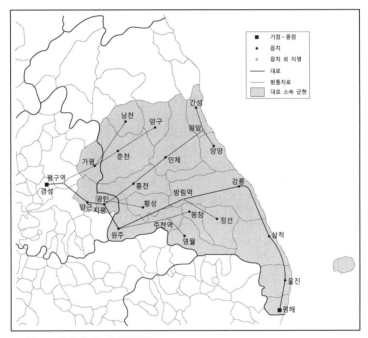

그림 6. 평해제3로와 방통지로

(4) 동래제4로

동래제4로는 경기 9읍, 충청도 10읍, 경상도 63읍을 포함하고 있는데, 82개 읍치 중 대로에는 9개, 방통지로에는 73개가 각각 기록되어 있다.

표 13. 동래제4로의 읍치

도명	읍치 수	읍치 명
경기	9	용인龍仁(용인시 기흥구), 양지陽智(용인시 양지면), 양성陽城(안성시 양성면), 안성安城, 죽산竹山(안성시 죽산면), 광주廣州, 이천利川, 음죽陰竹(이천시 장호원읍 선읍리), 여주驪州
충청도	10	충주忠州, 진천鎭川, 괴산槐山, 연풍延豊(괴산군 연풍면), 음성陰城, 청안淸安(괴산군 청안면), 청풍淸風(제천시 청풍면), 단양丹陽, 제천堤川, 영춘永春(단양군 영춘면)
경상도	63	문경聞慶, 대구大丘, 청도淸道, 밀양密陽, 양산梁山, 동래東萊(부산광역시 동래구), 풍기豊基(영주시 풍기읍), 영천榮川(영주시), 봉화奉化, 순흥順興(영주시 순흥면), 예안禮安(안동시 예안면), 용궁龍宮(예천군 용궁면), 예천醴泉, 안동安東, 진보眞寶(청송군 진보면), 영해寧海(영덕군 영해면), 청송靑松, 영양英陽, 영덕盈德, 함창咸昌(상주시 함창읍), 상주尙州, 성주星州, 현풍玄風(대구광역시 달성군 현풍면), 칠원漆原(함안군 칠원면), 함안咸安, 진해鎭海(창원시 마산합포구 진동면), 고성固城, 거제巨濟, 개령開寧(김천시 개령면), 지례知禮(김천시 지례면), 거창居昌, 안의安義(함양군 안의면), 김산金山(김천시), 선산善山(구미시 선산읍), 고령高靈, 초계草溪(합천군 초계면), 합천陜川, 삼가三嘉(합천군 삼가면), 의령宜寧, 창녕昌寧, 영산靈山(창녕군 영산면), 창원昌原, 웅천熊川(창원시 진해구 웅천동), 비안比安(의성군 비안면), 군위軍威, 신녕新寧(영천시 신녕면), 영천永川(영천시), 경주慶州, 울산蔚山, 의성義城, 의흥義興(군위군 의흥면), 하양河陽(경산시 하양면), 언양彦陽(울산광역시 울주군 언양읍), 흥해興海(포항시 북구 흥해읍), 청하淸河(포항시 북구 청하면), 영일迎日(포항시 남구 연일읍), 장기長鬐(포항시 남구 장기면), 인동仁同(구미시 인동동), 칠곡漆谷, 경산慶山, 자인慈仁(경산시 자인면), 김해金海, 기장機張(부산광역시 기장군 기장읍)

동래제4로는 경성에서 판교점, 용인, 양지, 충주, 조령동화원, 문경, 덕통역, 낙동진, 동명원현, 대구, 청도, 밀양, 양산, 동래, 좌수영을 거쳐 부산진에 이르는 937리(동래까지 907리)가 대로이고, 여기에서 방통지로가 분기하여 주요 읍치로 연결된다. 〈표 13〉은 동래제4로에 기록된 읍치이고, 〈그림 7〉은 동래제4로의 대로와 방통지로에 소속된

읍치까지의 경로를 지도화한 것이다.

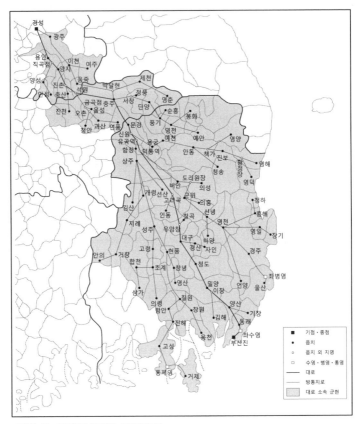

그림 7. 동래제4로와 방통지로

(5) 제주제5로

제주제5로는 경기 6읍, 충청도 44읍, 전라도 56읍 전부와 경상도 8읍을 포함하고 있는데, 114개 읍치 중 대로에는 18개, 방통지로에는 96개가 각각 기록되어 있다.

표 14. 제주제5로의 읍치

도명	읍치 수	읍치 명
경기	6	과천果川, 수원水原, 진위振威(평택시 진위면), 남양南陽(화성시 남양동), 시흥始興(서울특별시 금천구), 안산安山
충청도	44	직산稷山(천안시 서북구 직산읍), 천안天安, 공주公州, 이성利城(논산시 노성면), 은진恩津(논산시 은진면), 평택平澤, 신창新昌(아산시 신창면), 보령保寧, 아산牙山(아산시 영인면 아산리), 온양溫陽, 예산禮山, 대흥大興(예산군 대흥면), 청양靑陽, 해미海美(서산시 해미면), 서산瑞山, 태안泰安, 덕산德山(예산군 덕산면), 면천沔川(당진시 면천면), 당진唐津, 홍주洪州(홍성군 홍성읍), 결성結城(홍성군 결성면), 남포藍浦(보령시 남포면), 비인庇仁(서천군 비인면), 목천木川(천안시 동남구 목천읍), 청주淸州, 문의文義(청주시 상당구 문의면), 영동永同, 황간黃澗(영동군 황간면), 회인懷仁(보은군 회인면), 보은報恩, 청산靑山(옥천군 청산면), 옥천沃川, 전의全義(세종특별자치시 전의면), 연기燕岐(세종특별자치시 연기면), 진잠鎭岑(대전광역시 유성구), 회덕懷德(대전광역시 대덕구), 정산定山(청양군 정산면), 홍산鴻山(부여군 홍산면), 한산韓山(서천군 한산면), 임천林川(부여군 임천면), 서천舒川, 부여扶餘, 석성石城(부여군 석성면), 연산連山(논산시 연산면)
전라도	56	여산礪山(익산시 여산면), 금구金溝(김제시 금구면), 태인泰仁(정읍시 태인면), 정읍井邑, 장성長城, 나주羅州, 영암靈巖, 해남海南, 제주濟州, 대정大靜(서귀포시 대정읍), 정의旌義(서귀포시 표선면), 진산珍山(금산군 진산면), 금산錦山, 무주茂朱, 용담龍潭(진안군 용담면), 용안龍安(익산시 용안면), 함열咸悅(익산시 함라면), 고산高山(완주군 고산면), 익산益山, 만경萬頃(김제시 만경읍), 임피臨陂(군산시 임피면), 옥구沃溝(군산시 옥구읍), 김제金堤, 부안扶安, 전주全州, 남원南原, 곡성谷城, 순천順天, 진안鎭安, 장수長水, 순창淳昌, 담양潭陽, 창평昌平(담양군 창평면), 옥과玉果(곡성군 옥과면), 동복同福(화순군 동복면), 임실任實, 운봉雲峰(남원시 운봉읍), 흥양興陽(고흥군 고흥읍), 낙안樂安(순천시 낙안면), 구례求禮, 광양光陽, 고부古阜(정읍시 고부면), 흥덕興德(고창군 흥덕면), 무장茂長(고창군 무장면), 영광靈光, 함평咸平, 무안務安, 고창高敞, 광주光州, 화순和順, 능주綾州(화순군 능주면), 장흥長興, 남평南平(나주시 남평읍), 보성寶城, 강진康津, 진도珍島
경상도	8	함양咸陽, 산청山淸, 단성丹城(산청군 단성면), 진주晋州, 사천泗川, 곤양昆陽(사천시 곤양면), 하동河東, 남해南海

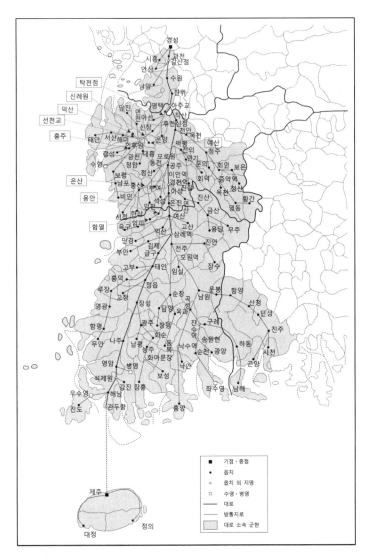

그림 8. 제주제5로와 방통지로

제주제5로는 경성에서 과천, 수원, 소사점, 천안, 공주, 은진, 삼례역, 정읍, 장성, 나주, 영암, 해남, 관두량을 거쳐 제주에 이르는 987리(관두량에서 제주까지는 수로)가 대로이고, 여기에서 방통지로가 분기하여 주요 읍치로 연결된다. 〈표 14〉는 제주제5로에 기록된 읍치이고, 〈그림 8〉은 제주제5로의 대로와 방통지로에 소속된 읍치까지의 경로를 지도화한 것이다.

(6) 강화제6로

강화제6로는 경기 7읍만을 포함하고 있는데, 7개 읍치 중 대로에는 4개, 방통지로에는 3개가 기록되어 있다. 강화제6로는 경성에서 양화도, 양천, 김포, 통진을 거쳐 강화부에 이르는 120리가 대로이고, 여기에서 방통지로가 분기하여 주요 읍치로 연결된다. 〈표 15〉는 강화제6로에 기록된 읍치이고, 〈그림 9〉는 강화제6로의 대로와 방통지로에 소속된 읍치까지의 경로를 지도화한 것이다.

표 15. 강화제6로의 읍치

도명	읍치 수	읍치 명
경기	7	양천陽川(서울특별시 양천구), 김포金浦, 통진通津(김포시 통진읍), 강화江華, 부평富平(인천시 계양구), 인천仁川, 교동喬桐(강화군 교동면)

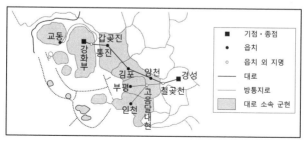

그림 9. 강화제6로와 방통지로

2) 6대로에 반영된 지리 정보

(1) 행정·군사 중심지 연결망 : 읍치, 병영, 수영, 행영

6대로는 단순한 도로라기보다는 해당 대로 주변을 하나로 묶는 네트워크를 형성하고 있다. 즉 의주제1로는 평안도와 황해도 전 지역 및 경기 일부를 포함하며, 경흥제2로는 함경도 전 지역과 강원도 및 경기 일부를 포함하고 있어 의주로라고 하면 평안도 가는 길, 경흥로라고 하면 함경도 가는 길이라고 생각할 수 있다. 또 평해로라고 하면 강원도 가는 길, 동래로라고 하면 경상도 가는 길, 제주로라고 하면 충청도·전라도 가는 길이라고 볼 수 있다.

특히 대로의 경로는 경성에서 각 대로의 종점으로 가는 최단거리를 선택하고 있다. 일반적으로 대로라고 하면 인구 규모가 큰 읍치를 경유하는 도로를 생각하기 쉬운데, 동래제4로의 경우를 생각해 볼 때, 상주와 경주 같은 대규모 읍치를 통과하지 않고 문경새재를 넘어 바로 대구로 직행하여 동래로 향하는 최단거리를 선택하고 있다. 제주제5로의 경우도 전주, 광주를 경유하지 않고 바로 공주, 정읍, 장성, 나주로 직행하는 경로를 선택하고 있다. 물론 평해제3로의 경우는 강릉을 우회하는 경로를 선택하고 있는 듯이 보이지만 강원도 내에서는 최단거리에 해당된다.

6대로는 전술한 대로 경성을 중심으로 333개 읍치까지 가는 경로와 거리를 보여주는 도로이다. 의주제1로는 72개, 경흥제2로는 39개, 평해제3로는 19개, 동래제4로는 82개, 제주제5로는 114개, 강화제6로는 7개의 읍치가 각각 대로 범위에 포함되어 있다. 즉 경성부터 전국 모든 읍치까지의 거리를 6대로에 나누어 기록하였으며, 각 대로에 포함된 지명이 소속되어 있는 해당 도道를 밝히고 있다. 그러나 대로와 대로들 간의 연계성은 배제되어 있어 경성을 중심으로 한 대로 체계를 보여준다.

6대로는 상업적 기능을 반영한 대로라고 할 수 있다. 이는『도로고』 서문에서 상점과 수공업 점포를 의미하는 포점鋪店의 차례를 밝힌다고 하여 상업적 사회 변화를 표현한 것에서 알 수 있다. 더욱이 대로가 경유하는 지명에 있어 역驛·참站·원院 외에도 장場·점店 등이 나타나고 있다. 즉 의주제1로의 검암점黔岩店, 경흥제2로의 수유리점水踰里店·서오랑점西五郞店·송우점松隅店·장모로점長毛老店·다보동점多寶洞店, 평해제3로의 식송점植松店·월정가점月精街店, 동래제4로의 신원점新院店·판교점板橋店·직곡점直谷店·김령장金嶺場·기안점機鞍店·숭선점崇善店·용안점用安店·검단점檢丹店·여차리점餘次里店, 제주제5로의 갈산점葛山店·오산신점烏山新店·소사점素沙店·수헐원점愁歇院店·효가점孝家店·월남점月南店 등이 그것이다. 이것은『도로고』에서 점·장의 기능을 가진 취락에 중요한 의미를 부여하면서 그 지역의 대표 지명으로 사용하고 있다.

또『도로고』의 말미에 전국의 장시를 담은 것으로 보아 6대로에는 당시의 사회·경제적인 변화를 반영하였을 것으로 생각된다. 당시에는 전국적으로 장시가 확대되면서 체계적인 상품유통망이 형성되어 가고 새로운 상업도시가 형성된다. 따라서 교통의 요충지에 장시가 생겨나고 길가에는 주막이 들어서는[104] 상업·유통경제의 발달이라는 사회 경제적 변화를 보여주고 있는 것이다.

6대로는 읍치 외에도 병영, 수영, 행영 등 군사적 요충지까지의 거리를

---

104) 최영준, 2000, 앞의 논문; 한영국, 1991, "상공업 발달의 시대적 배경", 한국사 시민강좌 9, 일조각.

밝히고 있다. 행영은 의주제1로 황해도에 소재한 소강행영所江行營이
옹진에서, 경흥제2로 함경도에 소재한 북절도사행영北節度使行營이 회령
에서 각각 연결되고 있다〈그림 10〉. 또 동래제4로 경상도에 소재한
좌병영이 경주에서, 좌수영이 동래에서, 통영이 고성에서 각각 연결되고
있다〈그림 11〉. 제주제5로 충청도에 소재한 충청수영이 예산에서, 전라
도에 소재한 좌수영이 순천에서, 우수영이 해남에서, 병영이 영암에서
각각 연결되고 있다.

그림 10. 경흥제2로
북절도사행영

그림 11. 동래제4로
경상좌수영과 좌병영

따라서 의주제1로와 경흥제2로는 읍치와 행영, 평해제3로와 강화제6
로는 읍치, 동래제4로는 읍치 · 병영 · 수영 · 통영, 제주제5로는 읍치 ·
병영 · 수영과 각각 연결되고 있다. 이러한 6대로는 경성을 중심으로
읍치, 병영, 수영, 통영, 행영 등 행정 · 군사 중심지로의 연결성을 중요시
하고 있다. 이상에서 볼 때, 『도로고』 6대로는 군사 · 행정적 기능의
대로에 상업적 기능을 반영한 대로라고 할 수 있다.

　　(2) 4대 사고와 추존 왕릉

『도로고』에서 가장 서두에 밝히고 있는 도로가 어로이다. 6대로에서도 사고史庫과 추존 왕릉까지의 경로를 잘 밝히고 있다. 이는『여지고』 도리조에서 볼 수 없는 기록이다.

사고는 조선시대 역대의 실록實錄을 보관하기 위하여 국가에서 설치했던 창고이다. 1439년(세종 21) 7월 춘추관이 올린 외사고 확충계획에 따라 경상도 성주와 전라도 전주에 사고를 더 지어 실록을 보관하게 됨으로써 내사고인 춘추관실록각春秋館實錄閣과 외사고인 충주·전주· 성주의 사고가 정비되어 4사고가 운영되었다. 4사고는 임진왜란 때 춘추 관·충주·성주의 사고가 불타 버리고 전주사고본全州史庫本만 병화를 면하였다. 새로 선정된 사고는 내사고인 춘추관을 비롯하여 외사고인 강화·묘향산·태백산·오대산의 5사고가 마련되었다. 외사고는 4사고 로 증가되었을 뿐만 아니라 깊은 산 속으로 옮겨 병화에 의한 소실을 방지하는데 진력하였다. 강화사고는 본래 부내府內의 봉선전奉先殿 서쪽 에 있다가 1606년(선조 39)에 마니산으로 옮겨 신설되었고, 1660년(현종 1)에는 다시 정족산성鼎足山城에 사고를 새로 마련하였다. 묘향산사고는 1627년(인조 5)의 정묘호란 때 무주茂朱의 적상산赤裳山으로 옮기자는 의논이 일어나 1633년(인조 11) 적상산성 안에 사고를 마련하고 수호사찰 守護寺刹을 지었다. 태백산사고는 각화사覺華寺가 근처에 있었고, 오대산 사고는 상원사上院寺와 월정사月精寺의 중간에 위치해 있어 다른 외사고들 과 마찬가지로 수호사찰을 두어 승려들이 지키게 하였다.

영조대에는 4대 사고로 운영되었는데 6대로에는 그 위치와 함께 대로 에서 사고까지 연결되는 거리를 모두 표현하고 있다〈그림 12〉. 4대 사고는 평해제3로에 위치한 오대산사고, 동래제4로에 위치한 각화사사 고, 제주제5로에 위치한 적상산사고, 강화제6로에 위치한 정족산사고에

해당한다. 사고는 최종적으로 깊은 산의 큰 사찰에 안치하고, 승려들로
하여금 지키게 하였다. 이것은 고려시대 해인사에 실록을 보관하던 전통
을 이은 것으로 볼 수 있다. 그러나 다른 한편으로 억불을 취해 온 조선이
불교에 대해서 어느 정도 유화적인 움직임을 보인 것으로 해석될 여지를
남긴다. 즉, 임진왜란이라는 국난에서 호국불교를 구체적으로 실천한
불자들의 공로를 인정하면서 이들에게 믿음과 예우를 보인 사례로 해석될
수도 있다는 것이다. 또한 이것은 임진왜란 이후 사고관리에 있어서
승려들에 대한 배척이 아니라 활용하는 계기를 만들기도 하였다.105)

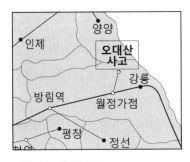

그림 12. 평해제3로
오대산사고

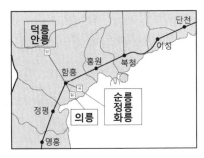

그림 13. 경흥제2로
덕릉 · 안릉 · 의릉 · 순릉 · 정릉 · 화릉

왕릉과 관련하여 태조의 4대 추존 왕인 목조 · 익조 · 도조 · 환조의
능을 경흥제2로에 모두 기록하고 있다〈그림 13〉. 8개의 능은 모두 1393
년(태조 2)에 태조가 동북면 지방에 행차하여 즉위를 알리면서 능호를
제정하였다.

안변[20리 ○지릉智陵은 부의 서쪽 30리 서곡현 봉용역에 있다.]106)

---

105) 박대길, 2009, "조선시대 사고관리의 변화", 국학연구 14(봄/여름), 521-549.
106) "安邊[二十里 ○智陵在府西三十里瑞谷縣奉龍驛]"(『도로고』 6대로)

문천〔35리 ○숙릉淑陵은 군의 동쪽 15리 초한사에 있다.107)

함흥〔45리 ○같은 언덕에 있는 덕릉德陵과 안릉安陵은 부의 서북쪽 60리 가평사에 있다. 의릉義陵은 부의 동남쪽 15리 운전사에 있다. 순릉純陵은 부의 동쪽 33리 동명사에 있다. 같은 언덕에 있는 정릉定陵과 화릉和陵은 부의 동쪽 13리 귀주동에 있다.〕108)

함경남도 신흥군 가평면 능리에 있는 덕릉德陵은 태조의 고조부인 목조穆祖(李安社)의 능이고, 안릉安陵은 태조의 고조모인 효공왕후孝恭王后 이씨李氏의 능이다. 함경남도 안변군 서곡면 능리에 있는 지릉智陵은 태조의 증조부인 익조翼祖(李行里)의 능이고, 함경남도 문천군 도초면 능전리에 있는 숙릉淑陵은 태조의 증조모인 정숙왕후貞淑王后 최씨崔氏의 능이다. 함주군 운남면 운흥리에 있는 의릉懿陵은 태조의 조부인 도조度祖(李椿)의 능이고, 함경남도 함주군 서호면 능전리에 있는 순릉純陵은 태조의 조모인 경순왕후敬順王后 박씨朴氏의 능이다. 함경남도 함주군 동천면 경흥리에 있는 정릉定陵은 태조의 아버지인 환조桓祖(李子春)의 능이고, 화릉和陵은 조선 태조의 선비先妣인 의혜왕후懿惠王后 최씨崔氏의 능이다.

이 능들이 위치한 경원과 덕원 등은 조선 건국의 성지에 해당하는 곳으로 경흥제2로 지역에 위치하고 있으며, 대로에서도 빠질 수 없는 지명이 되었다. 특히 이곳에 위치한 경원과 덕원 지명의 형성과정을 살펴보면 왕실의 권위를 잘 반영하고 있음을 짐작할 수 있다. 1392년(태조

---

107) "文川[三十五里 ○淑陵在郡東(十五)里草閑社"(『도로고』 6대로)
108) "咸興[四十五里 ○德陵安陵同原在府西北六十里加平社 義陵在府東南十五里雲田社 純陵在府東三十三里東溟社 定陵和陵同原在府東十三里歸州洞]"(『도로고』 6대로)

1) 7월 17일 태조는 백관百官의 추대를 받아 수창궁壽昌宮에서 왕위에 오른다.109) 그리고 10여 일 지난 7월 28일에 태조의 4대 조상에게 존호를 올리게 된다.

4대四代의 존호尊號를 사후死後에 올렸으니, 고조고高祖考는 목왕穆王 이라 하고, 비妣 이씨李氏는 효비孝妃라 하였으며, 증조고曾祖考는 익왕 翼王이라 하고, 비 최씨崔氏는 정비貞妃라 하였으며, 조고祖考는 도왕度 王이라 하고, 비 박씨朴氏는 경비敬妃라 하였으며, 황고皇考는 환왕桓王 이라 하고, 비 최씨崔氏는 의비懿妃라 하였다.110)

그 후 1411년(태종 11) 4월 22일에 태종은 종묘에 존호를 가상하게 된다.

종묘宗廟의 4실四室에 존호尊號를 가상加上하였으니, 목왕穆王의 시호 諡號를 인문 성목대왕仁文聖穆大王, 묘호廟號를 목조穆祖라 하고, 효비 孝妃의 시호諡號를 효공왕후孝恭王后라 하였으며, 익왕翼王의 시호는 강혜 성익대왕康惠聖翼大王, 묘호는 익조翼祖라 하고, 정비貞妃의 시호 는 정숙왕후貞淑王后라 하였으며, 도왕度王의 시호는 공의 성도대왕恭 毅聖度大王, 묘호는 도조度祖라 하고, 경비敬妃의 시호는 경순왕후敬順 王后라 하였으며, 환왕桓王의 시호는 연무 성환대왕淵武聖桓大王, 묘호 는 환조桓祖라 하고, 의비懿妃의 시호는 의혜왕후懿惠王后라 하였 다.111)

이는 제후가 4대를 추존하는 예에 따라 시행된 것이다. 우리나라의 행정지명 중에서 원源자가 들어가는 곳은 경원慶源과 덕원德源 두 곳

---

109) 『태조실록』 권1 태조 1년(1392) 7월 17일(병신).
110) 『태조실록』 권1 태조 1년(1392) 7월 28일(정미).
111) 『태종실록』 권21 태종 11년(1411) 4월 22일(임자).

뿐이다. 『조선왕조실록』에는 다음과 같이 수록하고 있다.

　　의천과 공성은 모두 왕업을 처음 일으킨 터전의 땅이온데, 옛 이름을
　　그대로 일컬음은 불가하오니, 의천은 덕원군德源郡으로 이름을 바꾸고,
　　공성은 경흥慶興으로 이름을 바꾸고 올려서 군으로 삼으옵소서."112)

　경원은 황고조皇高祖(목조)의 덕릉德陵과 황고조비皇高祖妣(효공왕후)
의 안릉安陵이 있던 곳이다. 따라서 1398년(태조 7)에 공주孔州에서 경원
으로 지명이 바뀌면서 도호부를 두게 된다. 경원은 조선 왕실의 근원이라
할 수 있는 왕업의 터전을 시작한 땅, 즉 조종께서 왕업을 일으킨 곳이기
때문에 경원이라 하였다. 목조의 무덤은 덕릉德陵으로 처음에는 경흥성慶
興城 남쪽에 있었으나 1410년(태종 10)에 함흥 서북쪽으로 옮겼다.
　또 덕원은 의주宜州라고 부르던 지역으로 1413년(태종 13)에 의천군宜
川郡으로 개칭되었다. 1437년(세종 19) 4월 2일에 덕원德源으로 이름이
바뀌었다가 1445년(세종 27) 2월 18일에 목조穆祖·익조翼祖·도조度祖
·환조桓祖 4대의 어향御鄕이라 하여 도호부로 승격되었다.

　함길도 덕원군德源郡 인민들이 상언上言하기를, "군의 원래의 명칭은
　의주宜州이옵더니, 지나간 계사년에 의천군宜川郡으로 고쳐졌습니다.
　당초에 목왕穆王이 전주全州로부터 삼척三陟으로 가셨다가 의주宜州의
　남쪽 용주리湧珠里로 옮기시어 익왕翼王을 탄생하시고, 용주리를 고쳐
　서 적전사赤田社라 하였으며, 도왕度王도 역시 의주에 살고 계시다가
　익왕이 돌아가시매, 적전사의 와요원瓦窯原에 안장하셨다가 안변安邊
　보룡동寶龍洞으로 이장移葬하셨으니, 지금의 지릉智陵이고, 도왕께서
　또 함흥 송원松原으로 옮겨 살다가 돌아가시매, 송원동松原洞에 안장하

112)『세종실록』권77 세종 19년(1437) 4월 2일(신유).

셨으니, 지금의 의릉義陵입니다. 덕원군과 공성현孔城縣이 모두 성조聖祖의 터잡으신 땅이므로, 정사년에 공성현을 올려서 경흥군慶興郡이라 하였다가 또 올려서 도호부都護府로 하고, 본군은 덕원德源으로만 고쳐서 단지 아름다운 칭호뿐입니다. 다같이 터잡은 땅인데 공성은 현에서 군으로 승격하고, 군에서 도호부로 승격하여 두 번이나 성은聖恩을 입었으면서, 오직 본군은 가장 먼저 터잡으신 땅인데도 그냥 군으로만 있사오니, 비옵건대, 경흥慶興의 전례에 의거하여 특별히 관제 칭호를 올려 주옵소서." 하니, 의정부에 내려 의논하게 하여, 도호부로 올렸다.113)

결국 세종 때에 와서 덕이 있는 목조의 묘호인 덕릉에서 덕德 자와 조선 왕실의 근원을 의미하는 원源 자를 합쳐 덕원도호부를 만들었다. 따라서 대로에서 사고와 추존 왕릉까지의 거리를 표현한 것은 이 지역이 조선의 근원에 해당하는 성지이며 조선 왕실의 권위와 정당성을 보여주는 상징적인 의미를 부여한 것이다.

(3) 사성대로와 지름길

6대로와 방통지로를 기술하면서 신경준은 사성대로使星大路와 지름길에 대한 기록 또한 반영하고 있다. 이것은 『여지고』 도리조에서 볼 수 없는 기록이다. 사성使星은 임금의 명령으로 지방에 출장을 가던 관원을 의미한다. 사성에 대한 기록은 5회에 걸쳐 나타난다.

　문천〔35리 ○남산에서 파발막〔20리〕 봉용역〔30리〕 덕원 철궐역〔35리〕 양기역〔35리〕에 이르는데, 문천읍 동쪽 2리에 있다. 이 길은 사성대

---

113) 『세종실록』 권107 세종 27년(1445) 2월 18일(임술).

로使星大路이다.]114)

김천역〔20리 ○황간 추풍령에서 황간창촌〔20리〕 김산〔10리〕 김천〔10리〕에 이른다. 이 길은 지름길인데 사성들이 많이 지나간다.]115)

병장생우〔7리 ○수헐원에서 병장생까지 바로 가면 7리이다. 이 또한 대로이다. 행인들이 모두 이를 지나가고, 오직 사성 때에 직산을 경유한다.]116)

영암〔30리 ○소사에서 탁천·아산·후천신점·온양을 지나 남쪽으로 공주 유구역〔45리〕 정산〔50리〕 은산역〔30리〕 임천〔30리〕 함열〔40리〕 임피〔30리〕 만경〔40리〕 부안〔40리〕 고부〔33리〕 홍덕〔35리〕에 이른다. 무장·영광·함평·무안을 지나 나주남창〔20리. 40리라고도 한다.〕 영암〔50리〕에 이른다. 이 길은 사성이 분행하는 대로이다.]117)

태안〔30리 ○대교에서 망치점〔20리〕 태안〔20리〕에 이른다. 이 길이 지름길이다. 사성들이 태안에서 돌아올 때 모두 이 길을 경유한다.]118)

---

114) "文川[三十五里 ○自南山抵擺撥幕二十里 奉龍驛三十里 德源鐵闕驛三十五里 良驥驛三十五里 在文川邑東二里 此使星大路也]"(『도로고』 6대로)

115) "金泉驛[二十里 ○自黃澗秋風嶺抵黃澗倉村二十里 金山十里 金泉十里 此徑路也 使星多由之]"(『도로고』 6대로)

116) "並長栍隅[七里 ○自愁歇院直去並長栍七里 此亦大路也 行人皆由此惟使星時 由稷山行]"(『도로고』 6대로)

117) "靈岩[三十里 ○自素沙歷濁川牙山後川新店溫陽南抵公州維鳩驛四十五里 定山五十里 銀山驛三十里 林川三十里 咸悅四十里 臨陂三十里 萬頃四十里 扶安四十里 古阜三十三里 興德三十五里 歷茂長靈光咸平務安抵羅州南倉二十里 一云四十里 靈岩五十里 此使星分行大路也]"(『도로고』 6대로)

118) "泰安[三十里 ○自大橋抵芒峙店二十里 泰安二十里 此徑路也 使星自泰安還時皆由此]"(『도로고』 6대로)

경흥제2로에는 남산역에서 문천에 이르는 구간에서 안변과 덕원의 배후를 지나는 도로를 사성대로로 기록하고 있다. 동래제4로에는 추풍령을 넘어 김산에서 김천역을 연결하는 구간을 사성들이 지나가는 경로로 기록하고 있다. 제주제5로에는 서산과 태안 사이 구간에서 사성들이 자주 이용하는 경로를 보여준다. 또 온양에서 공주 유구역, 임천, 만경, 고부, 영광, 나주남창을 거쳐 영암에 이르는 구간을 사성들이 가는 대로로 밝히고 있다. 사성은 대부분이 기존의 대로를 이용하면서도 필요에 따라 각 읍치를 통하는 지름길을 사용하는 경우도 있다.

또 방통지로에서 보여주는 다음의 다양한 경로들은 당시 사람들이 길을 이용하는 상황을 잘 말해준다.

> 해주[30리 ○금천에서 북쪽으로 가면 조음포창[30리] 평산온정[40리] 석탄[40리] 홍수원[30리] 작천[30리] 해주[30리]인데, 벽란도가 얼음이 설얼어 건너기 어려우면 이 길로 간다.][119]

의주제1로의 경우 겨울철에 예성강 물이 설얼어 버릴 경우 벽란도에서 연안을 거쳐 해주로 가는 경로 대신에 금천에서 해주로 바로 가는 경로를 제시하고 있다.

> 용지원[20리 ○평강에서 북쪽으로 가면 검불랑점[40리] 분수령원[20리] 삼방점[30리] 재천점[30리] 금기[20리] 용지원[30리]이다. 이 길이 지름길인데, 철령을 넘지 않는다.][120]

경흥제2로의 경우 대로는 회양에서 철령을 넘어 용지원을 거쳐 안변으

---

119) "海州[三十里 ○自金川北行 助音浦倉三十里 平山溫井四十里 石灘四十里 弘壽院三十里 鵲川三十里 海州三十里 碧瀾渡 氷澌難渡 則由此]"(『도로고』 6대로)
120) "龍池院[二十里 ○自平康北行 儉佛浪店四十里 分水嶺院二十里 三防店三十里 才川店三十里 禁基二十里 龍池院三十里 此徑路也 不踰鐵嶺]"(『도로고』 6대로)

로 통하는 경로이지만 위의 예시처럼 철령을 넘지 않는 평강에서 용지원으로 가는 지름길을 제시하고 있다.

> 평구역에서 동북쪽으로 가면 굴운역〔40리 ○경성에서 동쪽으로 가면 퇴계원〔35리〕 사릉하점〔20리〕 마치〔18리〕 굴운〔22리〕인데, 이 길이 지름길이다.〕121)

평해제3로의 경우 경성에서 평구역까지는 대로이고 평구역에서 가평으로 가는 방통지로에 굴운역이 있다. 위 글에서 경성에서 퇴계원을 거쳐 굴운역까지 바로 가는 지름길을 제시하여 평구역을 거치지 않더라도 갈 수 있는 경로를 보여준다.

> 문경〔10리 ○연풍에서 동남쪽으로 10리를 가서 이화령을 넘으면 문경에 이르는데 20리이다. 이 길이 지름길이다. 고개 아래에 요광원이 있다. ○청주 송면에서 이화남령을 넘으면 문경과 상주에 다다른다. 모두 지름길이다.〕122)

동래제4로의 경우 충주에서 조령을 넘어 문경으로 가는 대로가 있지만 연풍에서 이화령, 청주 송면에서 이화남령을 넘어 문경으로 가는 조령을 넘지 않는 지름길을 제시하고 있다.

> 잔수역〔20리 ○남원에서 동남쪽으로 30리 가서 남율치를 넘어 구례〔30리〕 잔수〔10리〕에 이른다. 이 길이 지름길이다.〕123)

---

121) "自平丘驛東北行 屈雲驛[四十里 ○自京東行退溪院三十五里 思陵下店二十里 磨峙十八里 屈雲二十二里 此徑路也]"(『도로고』 6대로)
122) "聞慶[十里 ○自延豊東南行十里 踰伊火嶺抵聞慶二十里 此徑路也 嶺下有要光院 ○自淸州松面踰伊火南嶺抵聞慶又抵尙州 皆徑路也]"(『도로고』 6대로)
123) "潺水驛[二十里 ○自南原東南行三十里 踰南栗峙至求禮三十里 潺水十里 此徑路也]"(『도로고』 6대로)

제주제5로의 경우 남원에서 곡성을 거쳐 잔수역에 이르는 경로가 주도로이지만 남원에서 남율치를 넘어 구례로 직행하여 잔수역에 이르는 경로를 지름길로 제시하고 있다. 따라서 6대로와 방통지로 외에도 관원들이 통행하던 사성로와 일반인들이 다니던 지름길 등을 수록하여, 실제 당시 사람들이 이용하던 다양한 길을 제시하는 융통성을 보여준다.

3. 사연로

1) 사연로의 경로

『도로고』에 기술된 사연로의 사연은 우리나라 동서남북의 범위를 의미한다. 〈표 16〉은 사연로의 구성인데, 양강연과 삼해연으로 구분된다.

표 16. 사연로 구성

구분	명칭		구간	거리
양강연	백두산로		삼지 – 분수령 – 백두산	86리쯤
			혜산진 – 소백산 – 백두산	330여 리쯤
	압록싱연로		백산발원처 – 혜산진 – 후주 – 중강 – 초산부 – 의주 – 미곶보	2,336리
	두만강연로		백산발원처 – 삼지 – 무산 – 경흥부 – 녹둔도	954리
삼해연	팔도 해연로	함경도해연로	경흥 – 안변(21관)	1,567리
		강원도해연로	흡곡 – 평해(9관)	847리
		경상도해연로	영해 – 하동(21관)	1,115리
		전라도해연로	광양 – 옥구(20관)	1,064리
		충청도해연로	서천 – 평택(14관)	563리
		경기해연로	수원 – 개성부(9관)	489리
		평안도해연로	의주 – 용강(17관)	754리
		황해도해연로	황주 – 배천(14관)	827리

양강연은 신경준이 3개의 독립된 장으로 구분한 백두산로, 압록강연로, 두만강연로를 묶은 지역이다. 이는 우리나라의 사연 중에서 육지와 접하고 있는 북쪽 영역인 북연에 해당한다. 또 삼해연은 팔도해연로 지역으로 사연 중에서 바다와 접하고 있는 동해연, 남해연, 서해연에

해당한다.

먼저 양강연 지역 중에서 백두산로는 백두산에 대한 지형적인 소개와 함께 무산의 삼지와 갑산의 혜산진124)에서 백두산에 오르는 경로를 각각 소개하고 있다. 압록강연로는 혜산진에서 위원군, 벽동군, 창성부, 의주를 거쳐 미곶보125)에 이르는 경로로 2,336리에 해당한다. 두만강연로는 삼지에서 무산부, 경흥부를 거쳐 녹둔도에 이르는 경로로 954리에 해당한다. 신경준은 백두산을 중심으로 백두산로, 압록강연로, 두만강연로의 거리를 합하면서 '양강연은 합이 3,290리이다.'로 기록하고 있다. 이는 압록강과 두만강에 해당하는 지역의 거리 합을 기술하여 중국과 경계를 접하고 있는 북쪽의 영역을 별도로 구분하였다.

다음으로 팔도해연로는 함경도·강원도·경상도·전라도·충청도·경기·평안도·황해도 순으로 바다와 접하고 있는 월경지를 포함한 모든 군현을 순서대로 소개한다. 이렇게 도별로 언급된 해연로를 다시 팔도해연로 끝에 동해연, 남해연, 서해연으로 구분하고 있다.

경흥의 조산에서 남쪽으로 동래 관아까지 동해연東海沿이 되는데 2,942리이다. 동래 관아에서 서쪽으로 해남 관아까지 남해연南海沿이 되는데 1,095리이다. 해남에서 북쪽으로 의주의 미라곶까지 서해연西海沿이 되는데 3,199리이다. 3해연三海沿은 합이 7,236리이다. 강과 해연은 합이 10,526리이다.126)

---

124) 신경준은 백두산로와 압록강연로에서 혜산과 혜산진을 번갈아 사용하고 있어 혜산진으로 통일하여 기술하였다.
125) 신경준은 압록강연로와 팔도해연로에서 미곶보와 미라곶을 번갈아 사용하고 있어 압록강연로에서는 미곶보를, 팔도해연로에서는 미라곶으로 통일하여 기술하였다.
126) "自慶興之造山 南至東萊官 爲東海沿 二千九百四十二里 自東萊官 西至海南官 爲南海沿 一千九十五里 自海南 北至義州之彌羅串 爲西海沿 三千一百九十九里 三海沿 合七千二百三十六里 江海沿合一萬五百二十六里"(『도로고』 사연로)

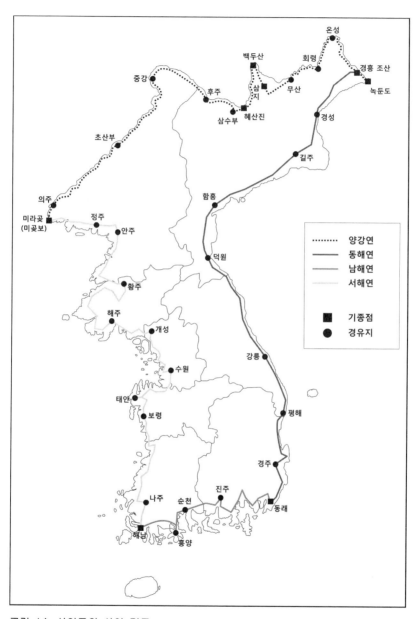

그림 14. 사연로의 사연 경로

즉 경흥의 조산에서 동래관까지를 동해연, 동래관에서 해남관까지를 남해연, 해남관에서 의주의 미라곶까지를 서해연으로 보아 삼해연 거리의 합이 7,236리가 됨을 밝히고 있다. 양강연을 북연으로 본다면, 이 삼해연이 바로 사연 중에서 동연, 남연, 서연에 해당되는 것이다.〈표 17〉은 사연로의 사연 명칭과 구간 및 거리를 구분한 것이다.

표 17. 사연로의 사연

구분	명칭	구간	거리(리)
사연	양강연(북연)	백두산로, 압록강연로, 두만강연로	3,290
	동해연(동연)	경흥 조산 - 동래	2,942
	남해연(남연)	동래 - 해남	1,095
	서해연(서연)	해남 - 의주 미라곶	3,199
강해연합			10,526

따라서 양강연과 동해연, 남해연, 서해연이 우리나라의 동서남북, 즉 사연을 구성하게 된다〈그림 14〉.[127]

한편 〈표 16〉에서 보듯이 사연로를 백두산로, 압록강연로, 두만강연로, 팔도해연로 순으로 기술하고 있어 이 4개의 길이 사연을 말하는 것으로 착각할 수 있다. 그러나 신경준의 『사연고』 기록을 보면 사연의 의미가 더욱 분명해진다.

진실로 봉강封疆에는 네 변이 있으니, 우리나라는 동·남·서쪽 세 변이 바다에 접해있고 북쪽 한 곳은 두 강으로 경계를 삼고 있다. 그래서 『사연고』를 짓게 되었다. 『여지승람』, 『여지지輿地志』, 『빈일쇄록賓日

---

127)『대동여지도』제작 당시에 후주厚州는 폐사군 지역에 포함되어 있지만, 『도로고』에 서는 함경도 삼수부 지역에 포함되어 있어 함경도 소속으로 지도를 편집하여 사용하였 다.

瑣錄』을 참고하여 완성하였지만 아직도 미진한 곳이 있으니 다시 고쳐야
한다.128)

『사연고』의 기록은 사연이 네 변, 즉 동서남북임을 밝히고 있다. 국경의
동쪽, 남쪽, 서쪽 세 변이 바다에 접해있는 것은 바로 팔도해연로 중에서
동해연, 남해연, 서해연에 해당되는 것이다. 또 "북쪽은 두 강으로 경계를
삼고 있다."라고 하여 압록강과 두만강을 포함한 양강연 지역이 북연에
해당됨을 밝히고 있다. 이로써 사연은 양강연, 동해연, 남해연, 서해연을
의미하는 것이 되며, 사연로의 마지막에 강과 해연의 합을 10,526리로
기록하는 것과 같은 의미를 가진 것으로 우리나라 주위의 거리를 합하는
것으로 마무리 하고 있다. 즉 백두산을 중심으로 압록강과 두만강을
잇는 지역을 북연으로 보고, 동해, 남해, 서해를 삼연으로 보아 사연으로
삼은 것이다.

2) 북연로와 삼해연

(1) 북연로

① 백두산로

신경준은 사연로 중에 백두산로를 가장 먼저 수록하여 백두산에 중심
적, 상징적 의미를 부여하였다. 먼저 백두산로 서두의 기록을 통해 당시에
인식하던 백두산에 대한 지리 정보를 파악할 수 있다.

---

128) "愼封疆在四邊 而我國東南西三邊際於海 北一邊限以兩江 故作四沿考 取輿地勝覽·
輿地志·賓日瑣錄 參互以成 而猶有未盡者 當更攷正焉"(『사연고』 1)

  백두산의 정상에는 큰 못이 있는데, 서쪽으로 흘러 압록강이 되고
동쪽으로 흘러 두만강이 된다. 산은 두 강 사이를 경유하여 남쪽으로
비스듬이 허항령에 이른다. 허항령의 정상에는 삼지가 있다. 허항령의
서쪽은 갑산에 속하고 동쪽은 무산에 속한다. 고개 서쪽의 물은 모두
압록강으로 흘러들고, 고개 동쪽의 물은 모두 두만강으로 흘러든다.129)

  기록은 압록강과 두만강의 발원지가 백두산이라는 것을 제시함과 동시
에 우리나라 북쪽 영역을 백두산, 압록강, 두만강으로 한정하고 있다.
백두산 정상에 천지라는 지명은 언급되어 있지 않지만 큰 못이 있으며,
백두산의 줄기가 허항령으로 이어짐을 밝히고 있다. 또 허항령이 갑산과
무산의 경계를 이루면서 압록강과 두만강의 분수계로 기록되어 있고,
삼지가 허항령의 정상에 있다는 정보도 수록되어 있다.

그림 15. 백두산로

---

129) "白頭山頂有大池 西流爲鴨綠江 東流爲豆滿江 山由兩江之間 南迤至虛項嶺 嶺上有
三池 嶺西屬甲山 嶺東屬茂山 嶺西之水皆入鴨綠江 嶺東之水皆入豆滿江"(『도로고』
사연로)

백두산로에는 무산의 삼지와 갑산의 혜산진에서 백두산에 오르는 2개의 경로를 제시하고 있다〈그림 15〉.

○무산에서 백두산을 오르는 것은 삼지 동쪽 가에 이르러 길이 나누어진다. 서쪽으로 향하면 허항령을 경유하여 혜산에 이르게 된다. 북쪽으로 향하면 천포〔30리〕연지봉〔30리〕분수령입비처〔20리〕백두산 정상〔6리쯤. 삼지에서 백두산 정상을 바라보면 86리쯤〕에 이른다. ○갑산에서 백두산을 오르는 것은 혜산에 이르러 괘궁정 아래를 경유하여 북쪽으로 오시천 물길을 따라 백덕〔70리〕검문〔25리〕곤장우〔15리〕화피덕〔6리〕소택〔80여 리〕한덕립지당〔30여 리〕소백산 자락〔30여 리〕백두산 정상〔20리. 혜산에서 백두산 정상까지 330여 리쯤〕에 이른다.[130)]

그러나 대부분의 조선 후기 지도는 백두산에 오르는 경로가 한 개로 기록되어 있어 신경준의 기록을 뒷받침하는 지도는 거의 볼 수 없다. 다만 『조선지도』(규장각, 奎16030)가 2개의 경로를 제시하여 『도로고』 기록과의 연관성을 찾아볼 수 있다.

첫째, 사연로에는 혜산진에서 오시천, 백덕, 검문, 화피덕, 한덕립지당, 소백산 자락을 거쳐 백두산 정상에 오르는 길이 330여 리로 기록되어 있다. 당시에 제작된 것으로 추정되는 『조선지도』 갑산지도에는 혜산진에서 오시천, 서수라덕, 검천, 한덕지당을 거쳐 무산지도에 지명이 나타나는 소백산 쪽으로 길이 연결되고 있다〈그림 16〉. 따라서 사연로에는

130) "○自茂山登白頭山者 至三池東邊 分路 向西則踰虛項嶺抵惠山 向北則抵泉浦[三十里] 臙脂峰[三十里] 分水嶺立碑處[二十里] 白頭山頂[六里許 自三池望山頂八十六里許] ○自甲山登白頭山者 至惠山由掛弓亭下 北行沿五時川抵栢德[七十里] 劒門[二十五里] 棍杖隅[十五里] 樺皮德[六里] 小澤[八十餘里] 韓德立支堂[三十餘里] 小白山趾[三十餘里] 白頭山頂[二十里 自惠山至山頂 三百三十餘里許]"(『도로고』 사연로)

『조선지도』보다 더 많은 지명이 수록되어 있는 것을 볼 수 있다.

 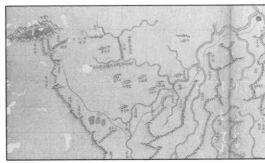

그림 16. 『조선지도』갑산　그림 17. 『조선지도』무산
(규장각 소장, 奎16030)　　(규장각 소장, 奎16030)

둘째, 사연로에는 무산의 삼지에서 천포, 연지봉, 분수령입비처를 거쳐 백두산 정상에 오르는 길이 86리쯤으로 기록되어 있다. 『조선지도』 무산지도에는 삼지에서 연지봉과 임진정계비를 거쳐 백두산에 오르는 경로가 그려져 있다〈그림 17〉. 따라서 사연로에는 천포 지역이 추가로 기록된 것 외에는 『조선지도』와 거의 유사하다.

조선 후기에 제작된 지도들은 대체로 혜산진에서 허항령을 넘어 삼지에서 백두산으로 오르는 경로 한 개가 그려져 있다. 『조선지도』는 상대적으로 사연로의 경로를 잘 표현하고 있지만 백두산정계비 부근에서 한 개의 경로로 합쳐지는 것으로 묘사되어 있다. 그러므로 실제 지도에 묘사된 적색의 도로 표시도 사연로에 언급된 지역을 반영하고 있어, 『도로고』 백두산로에 기록된 두 개의 경로는 백두산 주변 지역에 대한 더 자세한 지리 정보를 제공하고 있다.

② 압록강연로

백두산로 다음으로 압록강연로를 기술하고 있다. 압록강연로에는 혜산진에서 의주 미곶보까지 함경도와 폐사군을 포함한 평안도 지역 순으로 읍치, 진보, 그리고 강 주변의 기타 지명에 대해 매우 자세하게 기록하고 있다〈그림 18〉.

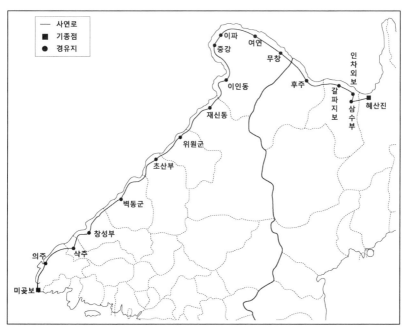

그림 18. 압록강연로

압록강연로[강의 근원은 백산의 큰 못에서 나와 남쪽으로 수백 리를 흘러 혜산에 이르러 서북쪽으로 흐른다. 고여연과 고우예 사이에 이르러 서남쪽으로 흐른다.]131)

131) "鴨綠江沿路[江源出白山大池　南流數百里　至惠山西北流　至古閭延虞芮之間西南

압록강연로 서두의 글에는 압록강의 기원을 백산, 즉 백두산으로 기록하고 있다. 또한 천지에서 발원한 압록강이 혜산진을 경유하여 폐사군 지역을 통과할 때 오늘날의 방향과 거의 일치하는 서북쪽으로 흐르는 것이 묘사되어 있으며, 그 이후 서남쪽으로 흐르는 강의 유로 또한 잘 기술되어 있다. 압록강연로의 출발이 혜산진이 되는 것은 이미 백두산로에 백두산에서 혜산진까지의 경로가 언급되었기 때문에 혜산진부터 압록강연로의 경로를 서술하고 있다.

혜산진〔갑산 소속. 남쪽으로 본부까지 95리 거리이다.〕에서 서쪽으로 바로 가면 삼수부〔30리〕 인차외보〔15리〕 나난보〔40리〕 소농보〔25리〕 갈파지보〔30리〕 구갈파지〔20리〕 후주 압록강변 상파수〔70리〕 하파수〔15리〕 후주장항〔10리〕 박철상구비〔5리〕 하구비〔7리〕 대나신동〔15리〕 나신상구비〔10리〕 하구비〔5리〕 소나신동〔5리 ○위는 삼수 땅으로 모두 함경도 소속〕132)

삼수부에서 소나신동까지는 함경도 삼수에 소속된 지역으로 15개 지명, 302리로 기록되어 있다. 혜산진에서 삼수부까지 내륙으로 간 것을 제외하면 모두 압록강을 따라 지명이 분포하고 있다.

죽암상구비〔10리〕 중구비〔10리〕 하구비〔7리〕 삼형제동〔10리〕 소삼동〔10리〕 대무창〔5리〕 소무창〔15리〕 무창구비〔15리〕 포도동〔15리〕 … 중강〔10리〕 중강구비〔10리〕 건포장항〔10리〕 호예상구비〔10리〕

流]"(『도로고』 사연로)

132) "自惠山鎭[屬甲山 南距本府九十五里] 西行直抵三水府[三十里] 仁遮外堡[十五里] 羅暖堡[四十里] 小農堡[二十五里] 乫坡知堡[三十里] 舊乫坡知[二十里] 厚州鴨綠江邊 上把守[七十里] 下把守[十五里] 厚州獐項[十里] 朴鐵上仇非[五里] 下仇非[七里] 大羅 信洞[十五里] 羅信上仇非[十里] 下仇非[五里] 小羅信洞[五里 ○右三水池並屬咸鏡道] (『도로고』 사연로)

하구비〔10리〕 호예동구〔10리〕 호예하변〔7리〕 변흘동〔7리〕 조속상구
비〔10리〕 중구비〔10리〕 하구비〔10리〕 소의덕〔10리〕 조속전〔15리〕
벌동〔15리〕 노동〔15리〕 건포〔15리〕 자성상구비〔15리〕 하구비〔15
리〕 자성동구〔15리〕 이인동〔15리〕 서해평구비〔10리〕 서해평장항〔15
리〕 벌서해평〔10리〕 가목덕〔10리〕 조아평〔10리〕 옹암〔10리〕 지롱괴
〔10리〕 소을삼동〔10리〕 삼강상구비〔10리〕 중구비〔10리〕 하구비〔15
리 ○삼강구비 이상은 폐사군 지역 소속. 죽암상구비에서 여기까지
802리〕133)

다음으로 죽암상구비부터 삼강하구비까지는 폐사군 지역으로 802리
로 기록되어 있다. 실제 언급된 지명은 78개인데, 폐사군 지역임에도
불구하고 주요 지명 외에도 각 지역의 상구비, 중구비, 하구비 등 강의
경로를 따라 약 10리 단위로 매우 상세하게 지명이 수록되어 있다.

옥동〔10리〕 임토〔10리〕 최용동〔20리〕 건포〔10리〕 가라지〔10리〕
적동〔10리〕 여둔〔10리〕 재신동〔10리〕 별외평〔10리〕 청해정〔10리〕
동대〔10리〕 분토연대〔5리〕 분토〔15리〕 허린포〔5리〕 마시리〔5리〕 양
강구〔5리. 독로강이 압록강으로 흘러드는 곳. 폐사군에서 이곳까지
모두 강계 소속. ○후주장항에서 양강까지 파수 100곳. 모두 1,014리
○삼수 관아에서 강계 관아까지 바로 가면 310리이다.〕 오노량보〔10

---

133) "竹巖上仇非〔十里〕 中仇非〔十里〕 下仇非〔七里〕 三兄弟洞〔十里〕 小三洞〔十里〕 大茂昌
〔五里〕 小茂昌〔十五里〕 茂昌仇非〔十五里〕 葡萄洞〔十五里〕 … 中江〔十里〕 中江仇非〔十
里〕 乾浦獐項〔十里〕 胡芮上仇非〔十里〕 下仇非〔十里〕 胡芮洞口〔十里〕 胡芮下邊〔七里〕
卞屹洞〔七里〕 早粟上仇非〔十里〕 中仇非〔十里〕 下仇非〔十里〕 所儀德〔十里〕 早粟田〔十五
里〕 伐洞〔十五里〕 蘆洞〔十五里〕 乾浦〔十五里〕 慈城上仇非〔十五里〕 下仇非〔十五里〕 慈城
洞口〔十五里〕 李仁同〔十五里〕 西海坪仇非〔十里〕 西海坪獐項〔十五里〕 伐西海坪〔十里〕
加木德〔十里〕 照牙坪〔十里〕 瓮巖〔十里〕 知美怪〔十里〕 所乙三洞〔十里〕 三江上仇非〔十
里〕 中仇非〔十里〕 下仇非〔十五里 ○三江仇非以上屬廢四郡地 自竹巖上仇非至此八百
二里〕"(『도로고』사연로)

리] 위원군[30리] 직동보[40리] 갈헌동보[25리] 초산부[20리] 산양회보[20리] 아이진[40리] 광평보[30리] 소파아보[15리] 대파아[25리] 벽동군[15리] 추구비보[35리] 벽단보[10리] 소길호리보[10리] 대길호리보[15리] 창주진[15리] 어정탄보[10리] 묘동보[10리] 운두보[10리] 창성부[10리] 갑암보[10리] 삭주[10리] 구령보[30리] 청수보[10리] 청성진[15리] 방산진[25리] 옥강보[15리] 수구보[25리] 건천보[10리] 의주[20리] 인산진[60리] 양하보[30리] 미곶보[40리. 압록강이 바다로 흘러드는 곳. 모두 평안도 소속]에 이른다.134)

다음은 강계부부터 압록강 하구까지의 경로인데, 옥동부터 미곶보까지는 48개 지명, 850리로 기록되어 있다. 특히 강계부에서 위원군, 초산부, 벽동군, 삭주, 의주로 이어지는 경로가 진보를 따라 상세하게 수록되어 있다. 특히 후주의 장항에서 양강까지는 파수가 100곳으로 모두 1,014리라고 되어있는데, 이는 거의 10리마다 파수가 설치되어 있는 것이다. 이는 우리나라 영역 확보를 위한 국경 방비 강화라는 시대적 상황을 반영한 것으로 보인다.

위 압록강 연안은 함경도 2관, 평안도와 폐사군이 모두 11관. 백산이 발원하는 곳에서 의주 미라곶까지는 육지 진보와 주군 관부의 상호

---

134) "玉洞[十里] 林土[十里] 崔用洞[二十里] 乾浦[十里] 加羅地[十里] 狄洞[十里] 餘屯[十里] 宰臣洞[十里] 別外坪[十里] 淸海亭[十里] 東臺[十里] 分土烟臺[五里] 分土[十五里] 許隣浦[五里] 馬時里[五里] 兩江口[五里 禿魯江入鴨綠江之處也 廢四郡至此 皆屬江界 ○自厚州獐項至兩江 ○把守百處 共一千十四里 ○自三水官直抵江界官 三百十里] 吾老梁堡[十里] 渭原郡[三十里] 直洞堡[四十里] 乫軒洞堡[二十五里] 楚山府[二十里] 山羊會堡[二十里] 阿耳鎭[四十里] 廣坪堡[三十里] 小坡兒堡[十五里] 大坡兒[二十五里] 碧潼郡[十五里] 楸仇非堡[三十五里] 碧團堡[十里] 小吉號里堡[十里] 大吉號里堡[十五里] 昌州鎭[十五里] 於汀灘堡[十里] 廟洞堡[十里] 雲頭堡[十里] 昌城府[十里] 甲巖堡[十里] 朔州[十里] 仇寧堡[三十里] 靑水堡[十里] 淸城鎭[十五里] 方山鎭[二十五里] 玉江堡[十五里] 水口堡[二十五里] 乾川堡[十里] 義州[二十里] 獜山鎭[六十里] 楊下堡[三十里] 彌串堡[四十里 鴨綠江入海處 幷屬平安道]"(『도로고』 사연로)

거리로써 계산하였다. 합이 2,336리이다.135)

마지막으로 압록강연로의 읍치 수와 전체 거리가 2,336리로 기록되어 있다. 실제 언급된 지명은 혜산진부터 압록강 하구까지 142개 지명으로 약 14리 간격으로 분포하고 있다.136) 함경도 2관은 갑산과 삼수이고, 폐사군을 포함한 평안도 11관은 폐사군과 강계부, 위원군, 초산부, 벽동군, 창성부, 삭주, 의주에 해당된다. 『조선지도』에는 강안을 따라 경로표시도 없으며, 지명 또한 읍치를 비롯하여 자연지명 일부와 봉수가 묘사되어 있다. 이에 비해 사연로는 매우 상세하게 강안을 따라 진보 지명이 수록되어 있다.

따라서 압록강연로에는 압록강을 따라 자세한 지리 정보와 그 경로를 제공하고 있어 당시의 지도와 지리서에서 볼 수 없는 연로를 제시하고 있다. 이는 압록강을 따라 분포하는 우리나라 국경 범위 내의 지역을 연결하는 도로로서의 의미가 부여되는 것이다. 즉 압록강연로는 압록강을 접하고 있는 폐사군을 포함한 모든 군현의 강안 경로를 상세히 기록한 국경지역의 방어망으로 해석된다.

③ 두만강연로

북연지역 중 마지막으로 두만강연로를 기술하고 있는데, 백두산에서 발원하여 동해로 흘러가는 그 경로를 밝히고 있다.

강의 근원은 백산의 큰 못에서 나와 동쪽으로 흘러 무산 삼산사에

---

135) "右鴨綠江沿 咸鏡道二官 平安道並廢四郡 凡十一官 自白山發源處至義州彌羅串以陸地鎭堡州郡官府相距 計之 合二千三百三十六里"(『도로고』 사연로)

136) 지명 개수는 혜산진을 제외한 삼수부부터 미곶보까지 142개이고, 간격은 압록강연로 2,336리에서 중복되는 구간인 백두산로 330여 리를 제외하고 계산하였다.

이르러 허항령 동쪽의 물을 합류하여 동북쪽으로 흐른다. 온성 북쪽에
이르러 남쪽으로 흐른다.[137]

두만강연로 서두의 글에는 두만강의 기원을 백산, 즉 백두산의 천지로
기록하고 있다. 또한 천지에서 발원하여 무산을 경유해 오늘날의 방향과
거의 일치하는 동북쪽으로 두만강이 흐르는 것이 묘사되어 있으며, 그
이후 온성에서 남쪽으로 흐르는 두만강의 유로 또한 잘 기술되어 있다.
두만강연로의 경로는 삼지에서부터 경흥의 녹둔도까지 기록되어 있다
〈그림 19〉.

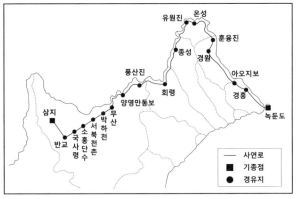

그림 19. 두만강연로

두만강연로는 허항령 삼지 동쪽에서 동쪽으로 가면 반교〔50리〕 유동
〔10리〕 국사령〔38리〕 장파참〔15리〕 돌류거〔15리〕 소홍단수〔15리〕
서북천촌〔35리〕 임강대창〔10리〕 박하천〔30리. 이상은 모두 삼수 소속
○ 한편 이르기를 장파에서 노은참까지 45리, 노은에서 풍파참까지

---

137) "江源出白山大池 東流至茂山三山社 與虛項嶺以東之水合 東北流 至穩城北 南流"
(『도로고』 사연로)

45리, 풍파에서 임강대까지 15리, 임강대에서 광덕까지 15리, 광덕에
서 박하천까지 15리라고 한다.〕 무산부〔30리〕 경흥부〔570리. 위 제2
대로에 상세하게 보인다.〕 녹둔도〔56리. 두만강이 바다로 흘러드는
곳〕에 이른다. 위 두만강 연안은 함경도 6관으로 백산의 발원하는
곳에서 경흥 녹둔도까지는 육지 관부의 상호 거리로써 계산하였다.
합이 954리이다.[138]

삼지에서 출발하는 것은 이미 백두산로에 백두산에서 삼지까지의 경로
가 언급되었기 때문에 삼지부터 두만강연로의 경로가 서술되어 있다.
삼지에서 무산까지 수록된 지명을 통해 당시 두만강 상류 지역에 대한
인식의 범위를 유추할 수 있다. 사연로에는 반교, 유동, 국사령, 장파참,
돌류거, 소홍단수, 서북천촌, 임강대창, 박하천을 거쳐 무산에 이르는
것이 기록되어 있다. 『조선지도』에는 삼지에서 출발하여 반교, 장파덕,
대홍단수, 소홍단수, 창, 서북천, 박하천을 거쳐 무산으로 이어지는 도로
가 묘사되어 있다. 따라서 두만강연로에는 유동과 돌류거 등의 지명이
추가되면서 좀더 구체적으로 기록되어 있다. 무산에서 백두산으로 오를
때는 사람들이 접근하기에 편리한 경로를 선택하였을 것으로 추정되기
때문에 실제 하천의 유로보다는 남쪽으로 치우쳐 지명이 분포되어 있다.
두만강연로는 전체 길이를 6관 954리로 기록하고 있는데, 함경도
6관은 무산, 회령, 종성, 온성, 경원, 경흥에 해당된다. 무산에서 경흥까지

---

[138] "豆滿江沿路 自虛項嶺三池東 東行 抵半橋[五十里] 柳洞[十里] 國祀嶺[三十八里]
長坡站[十五里] 乭留居[十五里] 小紅丹水[十五里] 西北川村[三十五里] 臨江臺倉[十
里] 朴下川[三十里 以上皆屬三水 ○一云 自長坡至蘆隱站四十五里 自蘆隱至豊坡站四
十五里 自豊坡至臨江臺十五里 自臨江臺至廣德十五里 自廣德至朴下川十五里] 茂山
府[三十里] 至慶興府[五百七十里 詳見上第二大路] 鹿屯島[五十六里 豆滿江入海處]
右豆滿江沿 咸鏡道六官 自白山發源處 至慶興鹿屯島 以陸地官府相距 計之 合九百五十
四里"(『도로고』사연로)

570리는 『도로고』 6대로 중에서 제2대로에 상세하다고 되어 있다. 『도로고』 권지일 경성동북저경흥로제이에는 다음과 같이 기록되어 있다.

무산[55리] 양영만동보[27리] 풍산진[60리] 볼하진[25리] 회령[25리] 고령진[23리] 방원보[39리] 종성[35리] 동관진[15리] 영달보[25리] 유원진[40리] 온성[18리] 미전진[25리] 황척파보[17리] 훈술진[30리] 경원[30리] 안원보[30리] 건원보[20리] 아산보[25리] 아오지보[30리] 무이보[20리] 경흥[35리] 조산보[30리] 서수라보[30리 ○위는 모두 함경도 소속]에 이른다.[139]

경흥제2로에 보면 무산에서 경흥까지의 경로가 구체적으로 제시되어 있어 두만강연로에 생략된 지역을 잘 보여주고 있다. 무산에서 경흥까지 사용된 지명들은 읍치를 제외하면 모두 보, 참, 진에 해당된다. 압록강연로에 많은 파수와 진보가 설치된 것과 마찬가지로 두만강연로 또한 국경지역의 방어망을 형성하고 있음을 알 수 있다. 두만강연로 끝에는 우리나라 북쪽 영역, 즉 북연의 거리를 기술하고 있다.

양강 연안은 합이 3,290리이다. 갑산 혜산진에서 북쪽으로 가면 자포[45리]에 이른다. 자포에서 허항령 삼지 동쪽 끝 무산 땅까지 50리에 이른다. 모두 강이 굽어 우회하는 곳이어서 이수가 능히 자세하지 않으므로 모두 육지 관부의 상호 거리로써 계산하였다. 해연도 또한 이를 모방하였다.[140]

---

139) "茂山[五十五里] 梁永萬洞堡[二十七里] 豊山鎭[六十里] 乶下鎭[二十五里] 會寧[二十五里] 高嶺鎭[二十三里] 防垣堡[三十九里] 鍾城[三十五里] 潼關鎭[十五里] 永達堡[二十五里] 柔遠鎭[四十里] 穩城[十八里] 美錢鎭[二十五里] 黃拓坡堡[十七里] 訓戎鎭[三十里] 慶源[三十里] 安原堡[三十里] 乾原堡[二十里] 阿山堡[二十五里] 阿吾地堡[三十里] 撫夷堡[二十里] 慶興[三十五里] 造山堡[三十里] 西水羅堡[三十里 ○右並屬咸鏡道]"(『도로고』 경성동북저경흥로제이)
140) "兩江沿 合三千二百九十里 自甲山惠山鎭北行 抵自浦四十五里 自自浦抵虛項嶺三

압록강-백두산-두만강에 이르는 양강 연안의 합이 3,290리라는 기록은 압록강 2,336리와 두만강 954리를 합한 거리이다. 이러한 거리 계산 방법은 실제 하천에 의해 굴곡이 심하기 때문에 강의 경로를 따라 잴 수 없어 두 강 연안의 육지 관부 상호 거리로 계산하였다고 되어있다. 따라서 강의 길이가 아닌 관부 사이의 거리가 양강 연안지역의 거리가 된 것이다. 이는 다음에 언급할 해연로에서도 적용하고 있음을 밝히고 있다.

(2) 삼해연

삼해연은 동해연, 남해연, 서해연으로 구성되어 있지만 신경준은 팔도 해연로라는 독립된 장으로 묶어 동북쪽으로 두만강 하구의 함경도부터 강원도, 경상도, 전라도, 충청도, 경기 순으로, 서북쪽으로 압록강 하구의 평안도부터 황해도 순으로 수록하고 있다. 즉 두만강과 압록강에서 경기의 조강에 이르는 경로를 표현하였다.

① 함경도해연로

함경도해연로는 경흥에서부터 강원의 흡곡경계까지 21관 1,567리로 기록되어 있다〈그림 20〉.

池東邊 茂山地五十里 ○凡江曲迂回處 里數不能詳 悉直以陸地官府相距計之 海沿亦倣此"(『도로고』 사연로)

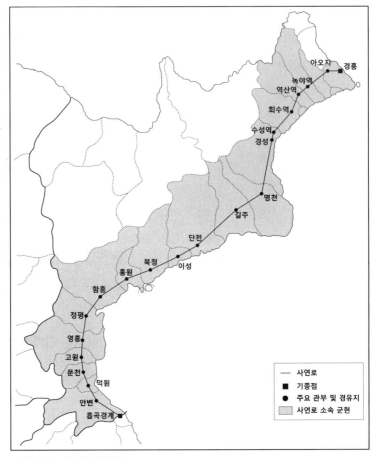

그림 20. 함경도해연로

함경도에는 경흥, 경원, 온성, 종성, 회령, 무산이 차례대로 동북 해안을
차지하고 있다. 종성과 회령은 두만강에서 동해안까지 마치 띠처럼 연결
되어 해안에 읍치가 아닌 사社가 설치되어 있고, 경원, 온성, 무산의
경우는 월경지에 사를 두고 있다. 그런데 관부 사이의 거리를 측정하여
해연로를 표현하기에는 읍치가 해안에서 멀리 떨어져있어 경흥에서 경성

鏡城까지는 다음과 같이 기록되어 있다.

경흥에서 바로 가면 아오지〔40리〕덕명참〔33리〕녹야역〔47리〕역산
역〔57리〕회수역〔40리〕수성역〔75리〕어유간진〔45리〕경성〔45리.
이 해연은 지름길인데 대개 380여 리이다.〕에 이른다.141)

즉 함경도해연로는 경원, 온성, 종성, 회령, 무산, 부령을 통과하지만
경원부터 부령까지는 읍치가 아닌 경흥과 경성을 바로 연결하는 지름길을
선택하여 380여 리로 기록되어 있다. 그 다음의 경로는 경성-(150리)-명
천-(75리)-길주-(185리)-단천-(90리)-이성-(105리)-북청-(90
리)-홍원(95리)-함흥-(50리)-정평-(85리)-영흥-(41리)-고원-(50
리)-문천-(35리)-덕원-(40리)-안변-(90리)-흡곡경계로 되어있으며,
그 합이 21관 1,560여 리로 기록과 거의 일치한다. 함경도 21관은 경흥부
터 안변까지는 15개의 읍치를 통과하고 있으며, 읍치를 통과하지는 않지
만 해안에 월경지를 가진 경원, 온성, 무산과 군현의 범위가 해안까지
뻗어있는 종성, 회령, 부령 지역을 포함하면 21관이 된다.

② 강원도해연로

강원도해연로는 안변경계에서 영해경계까지 9관 847리로 기록되어
있다〈그림 21〉.

---

141) "自慶興直抵阿吾地[四十里] 德明站[三十三里] 鹿野驛[四十七里] 櫟山驛[五十七里]
懷綏驛[四十里] 輸城驛[七十五里] 魚遊澗鎭[四十五里] 鏡城[四十五里 此海沿徑路也
凡三百八十餘里]"(『도로고』사연로)

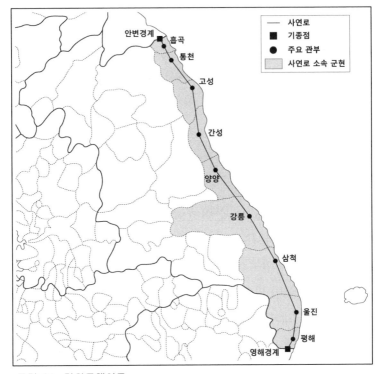

그림 21. 강원도해연로

경로는 안변경계-(10리)-흡곡-(34리)-통천-(123리)-고성-(100리)-간성-(85리)-양양-(120리)-강릉-(120리)-삼척-(150리)-울진-(81리)-평해-(24리)-영해경계로 되어있다. 따라서 흡곡부터 평해까지 동해안을 따라 분포하는 9개 읍치의 거리 합이 847리로 일치한다.

③ 경상도해연로

경상도해연로는 평해경계에서 섬강(광양경계)까지 21관 1,115리로 기록되어 있다〈그림 22〉.

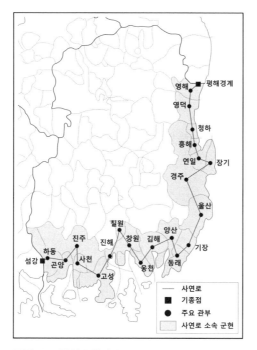

그림 22. 경상도해연로

경로는 평해경계-(33리)-영해-(36리)-영덕-(60리)-청하-(23리)-
홍해(41리)-연일-(40리)-장기-(90리)-경주-(80리)-울산-(85리)-
기장-(31리)-동래-(41리)-양산-(60리)-김해-(60리)-웅천-(60리)-
창원-(43리)-칠원-(70리)-진해-(58리)-고성-(60리)-사천-(30리)-
진주-(64리)-곤양-(47리)-하동-(5리)-섬강(광양경계)으로   되어있
다.

따라서 영해부터 하동까지 동남해안을 따라 분포하는 21개 읍치의
거리 합이 1,117리가 되어 2리의 차이가 나는데 이는 계산 착오로 보인다.
경상도 21관은 영해에서 하동까지 20관에 창원과 진해 사이에 월경지를 가진 칠원 읍치를 더하면 21관이 된다. 거제와 남해 경우는 육지에 있는 군현이 아니므로 제외되었다.

④ 전라도해연로

전라도해연로는 섬강(하동경계)에서 진포까지 20관 1,064리로 기록되어 있다〈그림 23〉.

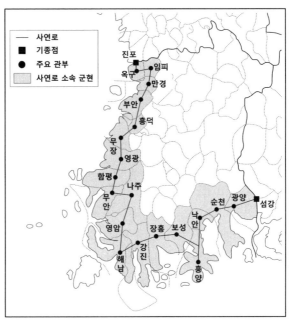

그림 23. 전라도해연로

경로는 섬강(하동경계)-(59리)-광양-(28리)-순천-(45리)-낙안-(107리)-흥양-(121리)-보성-(58리)-장흥-(36리)-강진-(44리)-해남-(85리)-영암-(70리)-나주-(68리)-무안-(20리)-함평-(63리)-영광-(45

리)-무장-(40리)-홍덕-(63리)-부안-(35리)-만경-(33리)-임피-(28
리)-옥구-(16리)-진포로 되어있다.

따라서 광양부터 옥구까지 남서해안을 따라 분포하는 19개 읍치의
거리 합이 1,064리로 일치한다. 그러나 20관으로 본 것은 무장과 홍덕
사이에 고부의 월경지가 있는데 그것을 포함하면 20관이 된다. 진도의
경우는 육지에 있는 군현이 아니므로 제외되었다.

⑤ 충청도해연로

충청도해연로는 진포에서 수원경계까지 14관 563리로 기록되어 있다
〈그림 24〉.

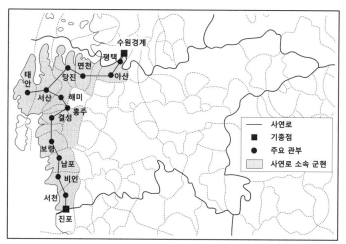

그림 24. 충청도해연로

경로는 진포-(20리)-서천-(29리)-비인-(49리)-남포-(38리)-보령
-(40리)-결성-(30리)-홍주-(40리)-해미-(26리)-서산-(33리)-태안

-(33리)-서산-(55리)-당진-(20리)-면천-(80리)-아산-(50리)-평택
-(20리)-수원경계로 되어있다.

따라서 서천부터 평택까지 서해안을 따라 분포하는 13개 읍치의 거리
합이 563리로 일치한다. 그러나 14관으로 본 것은 아산과 평택 사이에
직산의 월경지가 있는데 그것을 포함하면 14관이 된다. 다만 태안은
배수로 계산한다고 수록되어 있어 33리를 다시 더하고, 수원경계는 서쪽
경계까지의 거리로 계산하면 563리가 된다.[142]

⑥ 경기해연로

경기해연로는 평택경계에서 벽란도까지 9관 489리로 기록되어 있다
〈그림 25〉. 경로는 평택경계-(59리)-수원-(44리)-남양-(78리)-안산
-(55리)-인천-(39리)-부평-(30리)-김포-(40리)-통진-(15리)-(조
강)-(30리)-풍덕-(30리)-개성-(40리)-벽란도(배천경계)로 되어있
다.

그런데 수원부터 개성까지 서해안을 따라 분포하는 9개 읍치의 거리
합이 460리로 다소 차이가 있다. 이는 경로 계산에 있어 남양과 안산
사이에서 오류가 발생한 것으로 보인다.

안산[남쪽으로 광주 이포까지 30리, 남양 관아까지 78리이다. ○서쪽
으로 바다까지 20리이다.][143]

---

142) "平澤[西南至稷山慶陽面十五里 南至牙山官五十里 北至京畿水原界十里 西至同州
界二十里 ○海在西] 右海沿 凡十四官 以陸地官道 計之 合五百六十三里 泰安倍數"(『도
로고』 사연로)
143) "安山[南至廣州梨浦三十里 至南陽官七十八里 ○西至海二十里]"(『도로고』 사연로)

그림 25. 경기해연로

원문의 기록을 보면 안산에서 광주의 이포까지 30리이고, 또 이포에서 남양관아까지가 78리가 되는 것으로 계산하여 안산에서 남양관아까지 78리가 됨에도 불구하고 거리 수가 늘어났다. 따라서 78리 거리를 108리 거리가 되는 것으로 해석하였기 때문에 489리가 되는 오류가 나타났다. 경기 9관 489리는 수원에서 개성부까지 9관 490리로 1리의 차이가 나는데 계산상의 착오로 보인다.

경기는 군현의 범위가 수원과 안산 사이에서 해안을 접하는 광주와 수원 해안에 월경지를 가진 양성을 생략하였기 때문에 9관이 아니라 11관이 되어야 한다. 그러나 9관으로 기록한 것은 『여지고』 해방에서 서해연을 구분하면서 남쪽 전라도에서 계산할 때, 경기의 경우는 수원부터 양성, 광주를 포함해서 통진까지 오는 경로를 9관으로 보았다.

또 북쪽 평안도에서 계산할 때, 경기의 경우는 개성부, 풍덕 등 2관으로

따로 계산하였다. 따라서 이를 합쳐 기록하는 과정에서 조강 북쪽의
2관은 생략하였기 때문에 9관으로 기록하는 오류가 발생한 것으로 볼
수 있다. 강화의 경우는 육지에 있는 군현이 아니므로 제외되었다.

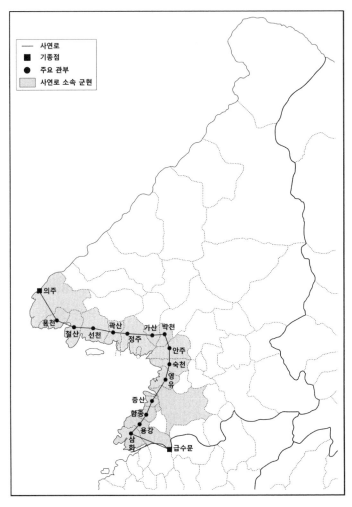

그림 26. 평안도해연로

⑦ 평안도해연로

평안도해연로는 의주에서 급수문까지 17관 754리로 기록되어 있다
〈그림 26〉. 경로는 의주-(80리)-용천-(50리)-철산-(50리)-선천-(40
리)-곽산-(30리)-정주-(60리)-가산-(38리)-박천-(41리)-안주-(65
리)-숙천-(50리)-영유-(90리)-증산-(43리)-함종-(37리)-용강-(20
리)-삼화-(90리)-급수문으로 되어있다.

그런데 의주에서 삼화까지 서해안을 따라 분포하는 15개 읍치의 거리
합이 784리로 다소 차이가 있다. 이는 평양, 순안, 구성 세 지역을 포함하
면 18관이 되는데, 『여지고』 해방에는 해안에 월경지가 있는 구성·순안
과 군현의 범위가 해안을 접하는 평양을 포함하여 18관으로 기록되어
있다. 따라서 평안도해연로를 17관으로 기록한 것은 오류로 보인다.
그리고 경로를 754리로 계산한 것은 의주에서 용천으로 가는 80리 경로를
기록하였지만 서해연의 출발이 의주 미라곶이기 때문에 미라곶에서 용천
으로 가는 50리 경로로 계산하면 754리로 일치한다.

⑧ 황해도해연로

황해도해연로는 급수문에서 벽란도까지 14관 827리로 기록되어 있다
〈그림 27〉. 경로는 급수문-(30리)-황주-(45리)-봉산-(70리)-재령
-(70리)-안악-(45리)-장련-(37리)-은율-(40리)-풍천-(50리)-장연
-(100리)-옹진-(50리)-강령-(80리)-해주-(130리)-연안-(50리)-
배천-(30리)-벽란도(개성경계)로 되어있다.

따라서 황주부터 배천까지 서해안을 따라 분포하는 13개 읍치의 거리
합이 정확히 827리로 일치한다. 원문에는 14관으로 되어 있어 1관이

생략되어 있는데, 이는 군현의 범위가 해주와 연안 사이에 해안을 접하는 평산을 포함하면 14관이 된다.

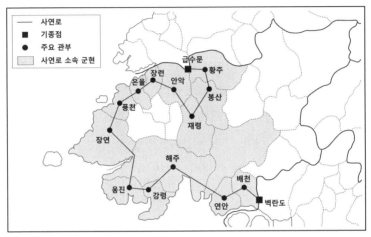

그림 27. 황해도해연로

3) 사연로에 보이는 영토 인식

(1) 북연지역

신경준은 압록강연로와 두만강연로를 백두산의 출발점으로 보아 두 연로에 포함시킬 수 있음에도 불구하고 독립된 장으로 구분하였다. 이는 『여지고』해방의 경기에는 압록강연과 두만강연으로, 『사연고』 권1 양도 연강에는 압록강과 두만강으로만 기록되어 백두산로라는 별도의 서술이 없는 것을 볼 때, 백두산에 특별한 의미를 부여하고 있는 것이다. 신경준은 이미 『강계고』와 『산수고』에서도 백두산을 조선의 조산으로 인식하고 있다. 『강계고』 권4의 「백두산」조에 다음과 같이 기술되어 있다.

장백산을 조선 사람들은 백두산으로 부르는데, 백두산은 곧 삼국 모든 산의 조산이다. 서쪽으로 뻗어 혼하 이남과 압록강 이북이 되는데, 금주 연해의 여러 산까지 이른다. 동북으로 뻗어 혼동강 동쪽, 흑룡강 남쪽, 두만강 북쪽 및 동해 서쪽의 여러 산을 이룬다. 동쪽으로 한 줄기가 뻗어 일본의 여러 산이 된다.[144]

이는 청의 장백산이 조선의 백두산이며, 이 산이 바다 건너 일본 산들의 조산이 됨을 말해주고 있다. 또 『산수고』 권1 서두에 "산수는 열둘로 나타낼 수 있으니, 백두산으로부터 12산이 나누어진다."라고 하여 조선 열두 산의 출발점이 백두산이라는 것을 분명히 밝히고 있다.

이러한 서술은 국가적 차원에서 백두산의 중요성이 점차 증가하고 있는 시대적 상황을 반영하고 있다. 숙종대에 청나라와의 국경분쟁으로 인해 백두산정계비가 세워진 이후로 압록강-백두산-두만강을 잇는 우리나라의 영토관이 정립되고 있다. 특히 양강 연안 지역의 개발과 영토 확립에 대한 의지와 함께 1767년(영조 43)에 백두산을 국가 제례의 대상으로 정식 지정하게 된다.

하교하기를, "좌상이 그 일에 관해 관심을 기울이고 있으니, 그 뜻은 아름답다. 그렇지만 막중한 사전을 가벼이 의논할 수는 없고 또한 감히 자기의 견해를 옳다고도 할 수 없다. 그래서 먼저 유신으로 하여금 『용비어천가』 제1장을 읽게 한 것인데, '지금 우리 시조는 경흥에 집이 있다.〔今我始祖 慶興是宅〕'라는 여덟 글자가 내 마음에 더욱 간절히 와 닿았다. 이는 특히 백두산이 우리나라 산이 된다는 더욱 명백한 증험인

---

144) "長白山 朝鮮人名以白頭山 山乃三國衆山之祖 西迤爲渾河以南 鴨綠江以北 至金州 海沿之衆山 東北迤爲渾同江以東 黑龍江以南 豆滿江以北 東海以西之衆山 其東迤一枝 爲日本之衆山"(『강계고』白頭山)

것이다. 아무리 우리나라의 땅이 아니라 하더라도 보답하는 도리에
있어서 마땅히 제사를 지내야 할 것인데, 더구나 우리나라에 있는데
말할 게 있겠는가? 망사의 일절을 의조로 하여금 거행하게 하되, 제단을
설치하기에 적합한 곳은 도신에게 물어서 상세하게 장계를 올리도록
하라." 하였다. 함경도 관찰사 김기대가 갑산에 자리를 잡았다고 장계를
올렸다. 예조에서 그곳에다 각을 세우고 제사를 지내되, 내년 정월부터
시행하겠다고 청하니, 임금이 옳게 여겼다.145)

『조선왕조실록』의 기록으로 미루어볼 때, 백두산은 조선의 조산으로
그 중요성이 증대되었고 그 경로 또한 신경준이 새롭게 정리한 것으로
해석된다. 이는 백두산을 사연로의 출발점으로 삼는 상징적인 의미를
부여하고 있으며 백두산이 곧 우리나라의 영토라고 인식하는 것이다.
1712년(숙종 38)의 조·청백두산 정계는 대청전쟁의 가능성에 대한 우려
를 불식하고 영토문제에 대한 본격적인 관심을 환기시키는 중요한 계기가
되었다. 이후 압록강과 두만강 중상류 지역과 백두산 일대, 함경도 개마고
원 지역 등 이전에 거주나 개발이 제한되었던 지역 주민의 경제활동이
허용되어 인구가 늘고 개간지가 확대되었으며 이에 부응하여 읍치와
진보가 신설되었다.146)

신경준은 사연 중에 북쪽 영역으로 압록강-백두산-두만강을 잇는 지역
을 설정하였는데, 이러한 백두산을 중심으로 하는 북쪽 영역의 설정은
우리 강역에 대한 인식에 바탕한 영토관의 반영으로 볼 수 있다. 정조대에
이르러 북학사상이 대두되면서 발해지역을 우리 영역의 범위로 인식하는
사관으로 인해 사연로라는 용어는 사라지지만 그 개념은 사연에서 북연의

---

145)『영조실록』영조 43년(1767) 윤7월 10일(신축).
146) 강석화, 2005, "조선후기 북방영토의식", 한국사연구 129, 95-115.

경계가 좀더 북쪽으로 올라가면서 간도를 포함하여 보다 발전적으로 계승되고 있다. 따라서 사연의 용어가 후대에 사용되지 않음은 단절로 보기보다는 압록강-백두산-두만강 지역을 우리의 영역으로 당연하게 받아들임으로 인해 보다 북연 지역이 명확해지는 것으로 해석할 수 있다.

북연 지역의 계승은 영조대 국학의 발달에 입각하여 만들어진 사실적인 지도와 지리서인『조선지도』와『도로고』에서 확인할 수 있다. 이는 당시의 가장 정확한 자료를 바탕으로 제작된 것이며, 신경준 이후에 그려지는 『청구도』,『동여도』,『대동여지도』등의 지도에서도 북쪽 영역으로 압록강-백두산-두만강을 잇는 지역이 지도화되면서 상세한 지리 정보가 제공되고 있다.

(2) 해연지역

신경준은 팔도해연로를 도별로 기록하였지만 이를 다시 동해연, 남해연, 서해연으로 다시 구분하고 있다. 동해연은 경흥의 조산에서 동래관까지 2,942리인데, 함경도 1,567리, 강원도 847리, 경상도 동래까지 519리를 합하면 2,933리로 2,942리와는 9리의 차이가 나고 있다.

남해연은 동래관에서 해남관까지 1,095리인데, 동래에서 섬강에 이르는 경상도해연 568리와 섬강에서 해남에 이르는 전라도해연 498리를 더하면 1,066리이다. 1,095리와는 29리의 차이가 나는데 이는『여지고』해방에서 남해연을 기장에서부터 시작하였기 때문에 기장과 동래간의 31리를 더해 1,097리로 계산한 것으로 보인다. 즉 거리 계산을 하면서 동래와 기장 구간을 동해연과 남해연에 중복하는 오류를 일으킨 것으로 해석된다. 서해연은 해남관에서 의주 미라곶까지 3,199리인데, 평안도

754리, 황해도 827리, 경기도 489리, 충청도 563리, 전라도 해남까지 566리를 합하면 3,199리로 일치한다.

이러한 거리의 계산은 군현과 군현 사이의 거리가 해안의 굴곡이 심하여 정확한 이수를 측정할 수 없어 읍치 사이의 관도로 기록하고 있다. 또 각 읍치에서 바다에 이르는 거리를 10리 이상 되는 경우에만 기록하고 그 이하의 경우에는 생략하고 있는데, 함경도해연로 경성지역에 대한 글에서 살펴볼 수 있다.

경성[북쪽으로 부령 관아까지 101리이다. ○바다는 동쪽에 있다. 대개 바다까지 10리 이하에 있으면 이수는 말하지 않는다. 뒤에도 이를 따랐다.][147]

사연로에는 바다를 접하는 군현이 북에서부터 순서대로 모두 수록되어 있으며, 읍치간의 교류 유무를 떠나 조금이라도 사연에 해당이 되면 월경지까지 포함하여 기록되어 있다.

진도[본군의 삼촌면이 동쪽으로 개를 뛰어넘어 해남 남쪽 30리 바닷가에 있는데, 본군과 땅이 서로 이어져있지 않다. 본군에서 30리 거리이다.] 해남 다시 진도의 다음이 됨[본현의 땅이 진도 삼촌면의 남쪽과 북쪽에 이르고 있는 까닭에 다시 진도의 다음이 된다.] 영암 다시 해남의 다음이 됨[남쪽으로 해남 관아까지 85리이다. ○서쪽으로 바다까지 50리이다.] 진도 다시 해남의 다음이 됨[본군의 명산면이 북쪽으로 개를 뛰어넘어 용당진 동쪽에 있다. 본군과 땅이 서로 이어져 있지 않다. 본군에서 180리 거리이다. 남쪽은 영암 땅이고, 동쪽과 북쪽은 나주 땅이다.] 무안[일로촌면이 용당진 서쪽에 있다.] 나주[본

---

147) "鏡城[北至富寧官一百一里 ○海在東 凡海在十里以下者 不言里數 後倣此]"(『도로고』 사연로)

주의 고군산·극포·삼향 땅이 뛰어넘어 무안 남쪽 주룡포 북쪽에 있는데, 땅이 서로 이어져있지 않다. 본주와 90리 거리이다. ○본주 관아에서 서쪽으로 바다까지 70여 리이다.]148)

전라도해연로에는 진도, 해남, 영암, 진도, 무안, 나주 등의 읍치들이 반복해서 나타난다. 진도의 월경지인 삼촌면이 해남 지역의 바닷가 한 부분을 차지하고 있고, 다음으로 해남 지역이 나타났다가 해남과 접하는 영암이 언급되고 있다. 그 다음에 다시 영암의 서북쪽 끝에 진도의 월경지인 명산면이 이어졌다가 영암과 경계를 이루는 무안 지역이 나타나고 그 후에 나주의 월경지인 삼향지역이 연속적으로 기술되고 있다. 신경준은 이렇게 해안에 위치하는 월경지를 자세하게 표현하였고, 반복해서 분포하는 군현지역을 이어서 서술하고 있다.

그러나 각 지역을 연결하는 경로의 거리는 관도만을 사용하였기 때문에 월경지는 생략하여 주요 읍치들 간의 거리로 계산하고 있다. 이는 전라도 해연로에 기술된 강진에서 흥덕 사이의 글에서 확인할 수 있다.

강진에서 흥덕까지 여러 읍의 지역이 해연에 있는 것은 땅이 개의 어금니와 같이 들쭉날쭉하여 상세하게 설명하는 것이 불가해서 관부 상호간의 거리로써 계산하였다. 강진 관아에서 해남 관아까지 44리, 해남 관아에서 북쪽으로 영암 관아까지 85리, 영암 관아에서 동북쪽으로 나주 관아까지 70리, 나주 관아에서 서쪽으로 무안 관아까지 68리이다.149)

---

148) "珍島[本郡之三寸面 東越浦在海南 南三十里海濱 與本郡地不相連 距本郡三十里] 海南又爲珍島之次[本縣之地 達珍島三寸面 南北 故又爲珍島之次] 靈巖又爲海南之次 [南至海南官八十五里 ○西至海五十里] 珍島又爲海南之次[本郡之命山面 北越浦在龍 堂津東 與本郡地不相連 距本郡一百八十里 南爲靈巖地 東與北爲羅州地] 務安[一老村 面在龍堂津西] 羅州[本州 古轝山極浦三鄕之地 越在務安南駐龍浦北 地不相連 距本州 九十里 ○自本州官西至海七十餘里]"(『도로고』 사연로)

　　신경준은 전라도해연로를 기술하면서 해연을 접하고 있는 모든 군현과 월경지를 기록은 하였지만, 경로 계산에 있어서는 '개의 어금니와 같이 들쭉날쭉하여 상세하게 설명하는 것이 불가하다.'라고 하면서 강진-영암-해남-진도-해남-영암-진도-무안-나주 등으로 이어지는 경로를 강진-해남-영암-나주 등의 관도만을 연결하여 설명하고 있다.

　　단순히 해연로의 경로와 거리만 가지고 생각한다면 신경준이 설명하는 해연로를 정확히 이해할 수 없게 된다. 월경지에 해당하는 영암, 무안 등의 지역은 경로 계산에서는 생략되었고, 진도의 경우는 해연로의 경로 계산에서 섬 지역에 있는 군현은 제외하기 때문에 생략되었다. 물론 진도뿐만 아니라 거제, 남해, 강화 등의 지역도 또한 해연로에 포함되고 있지 않다.

　　따라서 사연로 중 해연로에는 월경지를 포함하여 바다를 접하는 모든 군현들을 함경도 경흥부터 의주 미라곶까지 순서대로 기술하였다. 이는 우리나라 해연을 접하는 모든 군현에 대해 정리함으로써 위정자에게 정확한 지리 정보를 제공하려는 목적으로 볼 수 있다.

　　신경준의 사연은 사방으로 해석할 수 있는데, 사연로는 우리나라 육지 영토의 표현이자 4극을 연결하는 도로망을 보여주는 것이다. 이는 숙종대 이후로 국경분쟁이 대두되면서 영조대에 이르러 신경준은 사연의 개념을 도입하여 우리 영토의 범위 설정을 시도한 것으로 보인다.

---

149) "自康津至興德 諸邑地之在海沿者 犬牙相錯 不可詳悉 而以官府相距 計之 自康津官 西至海南官四十四里 自海南官北至靈巖官八十五里 自靈巖官東北至羅州官七十里 自 羅州官西至務安官六十八里"(『도로고』 사연로)

4. 역로

역로는 도별로 역도와 속역을 기술하고 있다. 경기는 역로가 6개인데, 연서도는 경기 북서부 지역의 7개 역, 도원도는 경기 북동부 지역의 6개 역, 중림도는 경기 서부 지역의 7개 역, 양재도는 경기 남서부 지역의 13개 역, 경안도는 경기 남동부 지역의 8개 역, 평구도는 경기 동부 지역의 12개 역을 관할한다.

황해도는 역로가 3개인데, 금교도는 황해도 동부 지역의 9개 역, 기린도는 황해도 북부 지역의 11개 역, 청단도는 황해도 남서부 지역의 10개 역을 관할한다. 평안도는 역로가 2개인데, 대동도는 평안도 서부 지역의 13개 역, 어천도는 평안도 동부 지역의 25개 역을 관할한다.

강원도는 역로가 4개인데, 은계도는 강원도 북서부 지역의 19개 역, 보안도는 강원도 남서부 지역의 30개 역, 상운도는 강원도 북동부 지역의 16개 역, 평릉도는 강원도 남동부 지역의 16개 역을 관할한다.

함경도는 역로가 3개인데, 고산도는 함경도 남부 지역의 14개 역, 거산도는 함경도 중부 지역의 22개 역, 수성도는 함경도 북부 지역의 22개 역을 관할한다.

충청좌도는 역로가 3개인데, 연원도는 충청도 북동부 지역의 15개 역, 율봉도는 충청도 남동부 지역의 17개 역, 성환도는 충청도 중부 지역의 12개 역을 관할한다. 충청우도는 역로가 2개인데, 금정도는 충청도 북서부 지역의 17개 역, 이인도는 충청도 남서부 지역의 10개 역을 관할한다.

경상좌도는 역로가 6개인데, 황산도는 경상도 남동부 지역의 17개 역, 성현도는 경상도 중부 지역의 14개 역, 안기도는 경상도 북동부 지역의 12개 역, 송라도는 경상도 중동부 지역의 8개 역, 장수도는 경상도 중남부 지역의 15개 역, 창락도는 경상도 북부 지역의 10개 역을 관할한다. 경상우도는 역로가 5개인데, 자여도는 경상도 남부 지역의 15개 역, 소촌도는 경상도 남중부 지역의 16개의 역, 유곡도는 경상도 북서부 지역의 19개 역, 사근도는 경상도 남서부 지역의 15개 역, 김천도는 경상도 서중부 지역의 20개 역을 관할한다.

전라좌도는 역로가 4개인데, 벽사도는 전라도 남부 지역의 10개 역, 오수도는 전라도 동부 지역의 12개 역, 경양도는 전라도 중부 지역의 7개 역, 제원도는 전라도 북동부 지역의 5개 역을 각각 관할한다. 전라우도는 역로가 2개인데, 청암도는 전라도 남서부 지역의 12개 역, 삼례도는 전라도 북서부 지역의 13개 역을 각각 관할한다.

〈표 18〉은 경기·황해도·평안도·강원도·함경도·충청좌도·충청우도·경상좌도·경상우도·전라좌도·전라우도 순으로 도별 주요 역도와 속역을 구분한 것이다.

표 18. 역로 구성

도명	주요 역
경기	○연서도延曙道〔양주〕 소속 : 벽제〔고양〕, 마산〔파주〕, 동파〔장단〕, 청교·산예〔개성〕, 중련〔풍덕〕 ○도원도桃源道〔장단〕 소속 : 구화·백령〔장단〕, 단조·상수〔적성〕, 옥계〔연천〕 ○중림도重林道〔인천〕 소속 : 경신〔인천〕, 석곡〔안산〕, 반유〔시흥〕, 종생〔통진〕, 금륜〔부평〕, 남산〔양천〕 ○양재도良才道〔과천〕 소속 : 낙생〔광주〕, 구흥·김령〔용인〕, 좌찬·분행〔죽산〕, 무극〔음죽〕, 장죽·동화·청호〔수원〕, 해문〔남양〕, 가천〔양성〕, 강복〔안성〕 ○경안도慶安道〔광주〕 소속 : 덕풍〔광주〕, 오천·아천〔이천〕, 유춘〔음죽〕, 양화·신진·안평〔여주〕 ○평구도平丘道〔양주〕 소속 : 녹양〔양주〕, 안기〔포천〕, 양문〔영평〕, 봉

	안[광주], 오빈[양근], 쌍수[양주], 전곡·백동[지평], 구곡·감천·연동[가평]
황해도	○금교도金郊道[금천] 소속 : 흥의[금천], 금암·보산·안성[평산], 용천[서흥], 검수·동선[봉산], 경천[황주] ○기린도麒麟道[평산] 소속 : 위라[수안], 소곶[곡산], 소평[신계], 달만[재령], 원산[신천], 연양[문화], 진목[안악], 박산[장련], 문라[은율], 안산[풍천] ○청단도靑丹道[해주] 소속 : 유안[송화], 신행·금동[장연], 문라[옹진], 금강·망정[해주], 심동[연안], 금곡[배천], 남산[금천]
평안도	○대동도大同道[평양] 소속 : 안정[순안], 숙녕[숙천], 생양[중화], 임반[선천], 안흥[안주], 가평[가산], 신안[정주], 운흥[곽산], 차련[철산], 양책[용천], 소곶·의순[의주] ○어천도魚川道[영변] 소속 : 개평·수영[영변], 소고리[개천], 초천[양덕], 장동·적유·평전[희천], 입석·성간·종포[강계], 하북동·상북동[위원], 양토리·고초산·우장[초산], 고연주[운산], 벽단[벽동], 창주[창성], 대삭주·소삭주[삭주], 구주[구성], 방산[의주], 소초·가막[영원]
강원도	○은계도銀溪道[회양] 소속 : 신안[회양], 창도·직목[금성], 생창[김화], 풍전[철원], 서운[금성], 산양·원천·방천[낭천], 함춘·수인[양구], 마노·임천·남교[인제], 임단·옥동[평강], 건천[이천], 용담[철원] ○보안도保安道[원주] 소속 : 단구·유원·안창·신림·신흥[원주], 갈풍·창봉·오원·안흥[횡성], 연봉·감천[홍천], 원창·안보·인람·부창[춘천], 양연·연평[영월], 약수·평안[평창], 벽탄·호선·여량[정선], 임계·창단·횡계·진부·대화·방림·운교[강릉] ○상운도祥雲道[양양] 소속 : 연창·인구·강선[모두 양양], 원암·청간·죽포·운근·명파[간성], 대강·고잠·양진[고성], 조진·등로·거풍[통천], 정덕[흡곡] ○평릉도平陵道[삼척] 소속 : 교가·사직·신흥·용화·옥원[삼척], 흥부·수산·덕신[울진], 달효[평해], 낙풍·안인·대창·목계·구산·동덕[강릉]
함경도	○고산도高山道[안변] 소속 : 남산·봉룡·삭안·화등[안변], 철관[덕원], 양기[문천], 통달·애수[고원], 화원[영흥], 초원·봉대[정주], 평원·덕산[모두 함흥] ○거산도居山道[북청] 소속 : 함원·신은·평포·오천·자항·제인·황수[북청], 종포·웅이·호린·허천·허린·혜산[갑산], 적생[삼수], 시리·곡구[이성], 기원[단천], 웅평·임명[길주], 명원·고참[명천]

	○수성도輸城道[경성] 소속 : 오촌·영강·주촌[경성], 회수·석보[부령], 읍참·마전·풍산[무산], 영안·고풍산·역산[회령], 종경·무안·녹야[종성], 무령·덕명[온성], 마유·연기·고아산[경원], 강양·웅무[경흥]
충청좌도	○연원도連原道[충주] 소속 : 가흥[충주], 황강·수산[청풍], 장림[단양], 용안·단월[충주], 안부·신풍[연풍], 인산[괴산], 감원[음성], 천남[제천], 안음[청풍], 영배천[단양], 오사[영춘] ○율봉도栗峰道[청주] 소속 : 쌍수·저산[청주], 장양·태랑[진천], 덕유[문의], 시화[청안], 함림·원암[보은], 증약·가화·토파·순양·화인[옥천], 회동[영동], 신흥[황간], 정민[회덕] ○성환도成歡道[천안] 소속 : 신은·금제[천안], 광정·일신·경천·유구·단평[공주], 평천[연산], 영춘[목천], 장명[청주], 금사[연기]
충청우도	○금정도金井道[청양] 소속 : 화천[평택], 장시[아산], 시흥[온양], 창덕[신창], 일흥[예산], 광시[대흥], 세천[홍주], 용곡[홍주], 청연[보령], 해문[결성], 급천[덕산], 몽웅[해미], 풍전[서산], 하천[태안], 순성[면천], 홍세[당진] ○이인도利仁道[공주] 소속 : 유양[정산], 은산[부여], 영유[임천], 용전[부여], 수홍[홍산], 남전[남포], 청화[비인], 두곡[서천], 신곡[한산]
경상좌도	○황산도黃山道[양산] 소속 : 유산·위천[양산], 덕천[언양], 잉보·노곡[경주], 굴화·간곡[울산], 아월·신명[기장], 소산·휴산[동래], 덕산[김해], 무흘·금동·수안·용가[밀양] ○성현도省峴道[청도] 소속 : 오서·유천·매전·서지[청도], 압량[경산], 범어·금천·길화·유산[대구], 쌍산[현풍], 내야[창녕], 일문·온정[영산] ○안기도安奇道[안동] 소속 : 금소·송제·운산[안동], 철파·청로[의성], 청운·이전·문거·화월[청송], 각산[진보], 영양[영해] ○송라도松羅道[청하] 소속 : 망창[흥해], 대동[영일], 봉산[장기], 남역·주등[영덕], 병곡[영해], 육역[경주] ○장수도長水道[신녕] 소속 : 우곡[의흥], 화양[하양], 산역[자인], 청통·청경[영천], 아화·모량·의곡·사리·조역·구어·경역·인비[경주], 부평[울산] ○창락도昌樂道[풍기] 소속 : 창보·평은[영천], 옹천·유동·안교[안동], 선안[예안], 통명[예천], 죽동[순흥], 도심[봉화]
경상우도	○자여도自如道[창원] 소속 : 신풍·근주·안민[창원], 성법·적항·남역·금곡·대산[김해], 창인·영포[칠원], 파수·춘곡[함안], 은평[웅천], 양동[밀양] ○소촌도召村道[진주] 소속 : 평거·문화·부다·영창[진주], 동계·

	관율[사천], 송도·구허·배둔[고성], 오양[거제], 상령[진해], 지남[의령], 완사·양포[곤양], 덕신[남해] ○유곡도幽谷道[문경] 소속 : 요성[문경], 덕통[함창], 대은·지보[용궁], 수산[예천], 안계·쌍계[비안], 소계[군위], 낙원·낙동·낙양·낙서·장림·낙평[상주], 영향·구미·안곡·상림[선산] ○사근도沙斤道[함양] 소속 : 제한[함양], 임수[안의], 정곡[산청], 신안·벽계[단성], 소남·안간·정수[진주], 유린[삼가], 신흥[의령], 율원·마전·횡포[하동], 평사[진주] ○김천도金泉道[김산] 소속 : 추풍·문산[김산], 양천·부상[개령], 양원·동안[인동], 고평[칠곡], 답계·안언·무계[성주], 안림[고령], 팔진[초계], 금양[합천], 작내·장곡[지례], 권빈[합천], 성초·성기·무촌[거창]
전라좌도	○벽사도碧沙道[장흥] 소속 : 가신·파청[보성], 양강[흥양], 낙승[낙안], 진원·통로[강진], 사산·남리·별진[해남] ○오수도獒樹道[남원] 소속 : 동도·응령·곤활[남원], 인월[운봉], 지신[곡성], 낙수·양율·덕양[순천], 잔수[구례], 익신·섬거[광양] ○경양도景陽道[광주] 소속 : 창신[순창], 덕기[담양], 대부[옥과], 검부[동복], 인물[능주], 가림[화순] ○제원도濟原道[금산] 소속 : 소천[무주], 달계[용담], 단령[진안], 옥포[고산]
전라우도	○청암도靑巖道[장성] 소속 : 영신[장성], 선암[광주], 청엄·신안[나주], 영보[영암], 오림·광리[남평], 경신[무안], 가리[함평], 녹사[영광], 청송[무장] ○삼례도參禮道[전주] 소속 : 반석·앵곡[전주], 양재[여산], 거산[태인], 천원[정읍], 갈담·오원[임실], 재곡[함열], 소안[임피], 내재[김제], 부여[부안], 영원[고부]

또 '역로대중소분정지식'에 따라 대로는 경기 12역으로, 중로는 경기 9역, 황해도 12역, 평안도 13역, 강원도 6역, 함경도 37역, 충청도 24역, 경상도 5역, 전라도 3역으로 구분하였다. 끝에 대로와 중로 외에는 모두 소로로 기록하였다.

5. 봉로

봉로는 5거로 구성되어 있다. 제1거는 경흥 서수라보의 우암에서 시작하여 경원·온성·종성·회령·부령·경성·명천·길주·단천·이성·북청·홍원·함흥·정평·영흥·고원·문천·덕원·안변·회양·평강·철원·영평·포천을 거쳐 양주 아차산 봉수로 통하는데, 직로 봉수는 120개소이다.

제2거는 동래 다대포 응봉에서 시작하여 양산·언양·경주·영천永川·신녕·의흥·의성·안동·예안·영천榮川·봉화·순흥·풍기·단양·청풍·충주·음성·죽산·용인을 거쳐 광주 천림산 봉수로 연결되는데, 직로 봉수는 43개소이다.

제3거는 강계 만포진 여둔대에서 시작하여 위원·초산·벽동·창성·삭주·의주·용천·철산·선천·곽산·정주·가산·박천·안주·숙천·영유·순안·평양·중화·황주·봉산·서흥·평산·금천·개성·장단·파주를 거쳐 고양 무악동봉으로 통하는데, 직로 봉수는 78개소이다.

제4거는 의주의 고정주에서 시작하여 용천·철산·선천·곽산·정주·안주·숙천·영유·순안·평양·증산·함종·용강·삼화·장련·안악·은률·풍천·장연·옹진·강령·해주·평산·연안·배천·개성·교하를 거쳐 고양 무악서봉으로 통하는데, 직로 봉수는 71개소이다.

제5거는 순천의 돌산도에서 시작하여 흥양·장흥·강진·영암·해남·진도·무안·나주·함평·영광·무장·부안·옥구·임피·함열·용안·은진·이성·공주·천안·아산·직산·양성·수원·남양·안산·인천·부평·김포·통진·강화를 거쳐 양천 개화산 봉수로 통하는

데, 직로 봉수는 60개소이다. 〈표 19〉는 제1거부터 제5거까지 거별로
소속된 주봉의 기종점을 순서대로 기록한 것이다.

표 19. 봉로 구성

봉로	주봉
제1거	아차산·한이산〔양주〕, 잉읍현·독현〔포천〕, 미로곡·적골산〔영평〕, 할미현·소이산〔철원〕, 토수·송고개〔평강〕, 전천·쌍령·병풍산·성북·소산·봉도지〔회양〕, 철령·사고개·산성·사동〔안변〕, 장덕산·소달산〔덕원〕, 천달산〔문천〕, 웅망산〔고원〕, 성황치·덕치〔영흥〕, 삼금동·비백산〔정평〕, 성곶·초고대·창령·고삼구비〔함흥〕, 남산〔홍원〕, 육도·불당·산성·석용〔북청〕, 진조봉·성문〔이성〕, 증산·마흘내·오라퇴·호타리〔단천〕, 기리동·쌍포령·장고개·산성·향교현·녹번〔길주〕, 고참현·항포동·북봉〔명천〕, 수만덕·중덕·주촌·영강·장평·나적동·강덕·송곡현〔경성〕, 칠전산·구정판·남봉·흑모로·고현〔부령〕, 이현·봉덕·중봉·송봉·남봉·운두봉·고연대·오산·오롱초·죽보·북봉·하을포〔회령〕, 포항·신기리·부회환·오갈암·삼봉·남봉·북봉·장성문·북봉·보청포〔종성〕, 소동건·송봉·중봉·대탄·시건·고성·압강·평연대·사장·평연대·포항·미전·송봉·전강·장성현〔온성〕, 중봉·마유·장항·성상·후훈·남산·동림·수정·건가퇴·백안〔경원〕, 동봉·서봉·포항현·망덕·구신포·두리산·남산·우암〔경흥〕
제2거	천림산〔광주〕, 석성산〔용인〕, 건지산〔죽산〕, 망이성〔충주〕, 가섭산〔음성〕, 마산·심항〔충주〕, 오현〔청풍〕, 소이산〔단양〕, 죽령산〔순흥〕, 망전산〔풍기〕, 성내산〔영천〕, 사랑당〔순흥〕, 당북산〔안동〕, 용점산〔봉화〕, 창팔래산〔영천〕, 녹전산〔예안〕, 개목산·봉지산·감곡산〔안동〕, 마산·계란현·성산·대야곡·승원〔의성〕, 승목산·보지현·토을산〔의흥〕, 여음동〔신녕〕, 구토현·성산·성황당·영계방산〔영천〕, 주사봉·접포현·고위·소산〔경주〕, 부로산〔언양〕, 위천〔양산〕, 계명산·황령산·구봉·응봉〔동래〕
제3거	무악동봉·해포·독산〔고양〕, 대산〔파주〕, 도라산〔장단〕, 송악국사당〔개성부〕, 고성산〔금천〕, 남산·봉자산·독발산〔평산〕, 회산·소변산〔서흥〕, 건지산〔봉산〕, 고매치·천주산〔황주〕, 운봉산〔중화〕, 화사산·잡약산·부산〔평양〕, 독자산〔순안〕, 미두산〔영유〕, 도연산〔숙천〕, 소리산·오도산·구청산〔안주〕, 병온산〔박천〕, 동을랑산〔가산〕, 칠악산·마산·구령산〔정주〕, 소곶·송족〔곽산〕, 서망일·원산·학현〔선천〕, 웅골산·증봉〔철산〕, 용골산〔용천〕, 만산·백마산·통군정·석계·금동·부개·금동·정자산·노토탄〔의주〕, 전왕구비·권적암〔삭주〕, 이봉산·운두리산·선

	두동·어정탄·서가동·고림성〔창성〕, 소근고개·호조리·추라구비·금창·두음지·송림·동연대〔벽동〕, 동연대·고연대·북산·합지〔초산〕, 동천·신연대·남파·사장구비〔위원〕, 봉산·마시리·허린포·분토·주토·재신동·차가대·여둔대〔강계〕
제4거	무악서봉·고봉〔고양〕, 형제봉·덕적산〔교하〕, 송악성황산〔개성부〕, 미라산·봉재산〔배천〕, 각산·백석·간월·정산·주지곶〔연안〕, 성곶〔평산〕, 피곶·용매·연평도·수압도·남산·화산·사곶〔해주〕, 회대산·견라·구월·추치〔강령〕, 탄항·검물여·대참점·개룡〔옹진〕, 대곶·청석·미라산·송독·궤곶〔장연〕, 고리곶·소산〔풍천〕, 건지산〔은율〕, 감적산〔안악〕, 금복지〔장련〕, 우산〔삼화〕, 소산〔용강〕, 조사지·오곶〔함종〕, 토산〔증산〕, 철화·마항·불곡〔평양〕, 대선곶〔순안〕, 소산〔영유〕, 여을외·식포〔숙천〕, 동을랑산·호혈〔안주〕, 사읍동음·사음산·자성산·진해곶·도치곶〔정주〕, 방축포·청엄산〔곽산〕, 해안·동소곶산〔선천〕, 백량·취가산·소곶산〔철산〕, 돌곶·소위포·진곶·용안산〔용천〕, 우리암·기이성·고정주〔의주〕
제5거	개화산〔양천〕, 냉정산〔김포〕, 남산〔통진〕, 강화남산·하음산〔강화〕, 교동규산〔교동〕, 강산·진강산·대모성산〔강화〕, 수안산〔통진〕, 백석산〔김포〕 추곶〔부평〕, 성산〔인천〕, 정왕산〔안산〕, 해운산·염불산〔남양〕, 홍천산〔수원〕, 괴태곶〔양성〕, 망해산〔직산〕, 연산암〔아산〕, 대학산〔천안〕, 쌍령산·고대산·월성산〔공주〕, 노성산〔이성〕, 황화대·강경대〔은진〕, 광두원〔용안〕, 소방산〔함열〕, 불지산·오성산〔임피〕, 화산〔옥구〕, 계화리·월고리〔부안〕, 소응포·고리포〔무장〕, 홍농산·고도도·차음산〔영광〕, 해제·옹산〔함평〕, 고림산〔무안〕, 군산〔나주〕, 유달산〔무안〕, 황원〔해남〕, 첨찰산·여귀산〔진도〕, 관두〔해남〕, 달마산〔영암〕, 완도·좌곡·원포〔강진〕, 천관산·전일산〔장흥〕, 장기산·천등산·마북산·팔전산〔흥양〕, 백야곶·돌산도〔순천〕

봉로는 주봉主烽과 간봉間烽을 세밀하게 기록하였다. 주봉이란 봉수의 간선로를 말하고 간봉은 기타 지역을 포괄하는 보조선을 뜻하는 말이다. 봉로의 끝에는 봉수제도의 운영 원칙이 설명되어 있는데 거화법은 평상시는 1거, 적이 형태를 나타내면 2거, 경계에 가까이 오면 3거, 경계를 침범하면 4거, 접전이 되면 5거로 한다고 되어있다.

6. 해로

해로는 자통진유도저경흥입두만강로自通津留島抵慶興入豆滿江路, 제주
해로濟州海路, 자유도저의주입압록강로自留島抵義州入鴨綠江路 등 3개로
구성되어 있다.150) 특히 해로는 두만강로를 가장 먼저 서술하여 경성을
중심으로 서해, 남해, 동해를 연결하는 항로 기술에 중점을 두고 있다.

해로에 언급되는 주요 지명은 해로의 좌우로 나타나는 육지의 진포와
도서를 기술하고 있다. 두만강로는 통진 유도留島에서 경흥까지 두만강으
로 가는 해로를, 제주해로는 영암 이진梨津, 해남 관두포館頭浦, 강진
남당포南塘浦에서 각각 제주로 가는 해로를, 압록강로는 통진 유도에서
의주까지 압록강으로 가는 해로를 서술하고 있다.

〈표 20〉은 두만강로, 제주해로, 압록강로에 기술된 기종점과 대략적
거리를 구분한 것이다.

표 20. 해로 구성

명칭	구간	거리
두만강로	좌협 용산 - 개운포진	2,050여 리
	우협 용산 - 절영도	2,100여 리
	기장 - 경흥	3,050리
제주해로	이진 - 덕역도 - 소안도 - 화북, 조천양포	715리쯤
	관두포 - 백량 - 제주	685리
	남당포 - 덕역도 - 제주	779리쯤
압록강로	유도 - 인산진	960리(유도~안주 노강포진)

---

150) 필자의 논리 전개에서 「자통진유도저경흥입두만강로」는 두만강로로, 「자유도저의
주입압록강로」는 압록강로로 약칭하여 기술한다.

『여지고』에서 서남해로로 묘사한 지역을『도로고』에서는 두만강로와 압록강로로 구분하고 있다. 두만강로는 서울의 용산에서 출발하여 조강, 통진 유도, 손돌목 등을 경유하여 무치도(용산-무치도 220리)에 이른다. 이곳에서 왼편과 오른편으로 경로를 구분하고 있는데, 이는 해로의 내해와 외해 지역을 구분한 것으로 보인다.

왼편의 경로는 무치도-(220리)-평신진-(70리)-소근진-(200리)-원산도-(250리)-격포진-(60리)-법성포진-(160리)-역도-(210리)-이진진-(100리)-녹도진-(190리)-전라좌수영-(170리)-구솔비포-(100리)-통영선창-(230리)-명지도-(90리)-개운포진까지의 거리를 기술하고 있는데 약 2,050리이다.

오른편의 경로는 무치도-(110리)-덕적도진-(170리)-관장서-(380리)-고군산도진-(280리)-주지도-(330여 리)-완도-(210리)-방답도진-(180리)-두미도-(300리)-조라포진-(140리)-절영도까지의 거리를 기술하고 있는데, 약 2,100여 리이다.

이후 왼편으로 부산진, 해운대를 거쳐 기장부터는 도서가 매우 드물기 때문에 두만강 하구까지 동해를 끼고 있는 모든 군현의 해안 포구를 언급하였다. 즉 기장 북쪽으로 동해와 접하는 군현이 경상도는 울산부터 영해까지 8개, 강원도는 평해부터 흡곡까지 9개, 함경도는 안변부터 경흥까지 21개인데 각 군현의 포구를 들어 해로를 표현하고 있다. 특히 부령, 회령, 종성, 온성, 경원, 경흥 등 6진과 내륙에 위치한 무산은 이들 군현의 월경지에 위치한 포구까지 자세히 밝히고 있다.

동해의 해로는 육지 관도로 거리를 계산하여 3,050리쯤으로 수로의 대략을 추정하고 있다. 물론 오른편은 대해로 기록되어 있다. 따라서 두만강로는 경성에서 두만강까지 총 5,150여 리로 경로를 추정하였다.

제주해로는 세 가지 경로를 제시하고 있다. 이진에서 달량창, 화도, 횡간도, 소안도, 사서도, 대화탈도를 거쳐 제주 화북과 조천양포에 이르는 경로는 715리쯤으로, 해남 관두포에서 어란진, 울도, 갈두포, 광아도, 보길도를 거쳐 제주에 이르는 경로는 685리로, 강진의 남당포에서 군영포, 고금도, 사후도, 완도, 덕역도, 대화탈도를 거쳐 제주에 이르는 경로는 779리쯤으로 기록하고 있다.

압록강로는 유도에서 교동 수영, 말도, 함박도, 연평도, 등산곶, 순위도, 저작포, 오차진, 장산곶, 당관포, 증산 도람포, 정주 가마포, 신미도를 거쳐 인산진에 이르는 경로를 좌협과 우협 순으로 기록하였는데, 경로 중 유도에서 안주 노강포진까지는 대략 960리로 추정하였다.

5장 맺음말

신경준은 영조대 국학에 대한 연구가 활발히 진행되던 시기에 지리학 분야를 집대성한 대학자이다. 그는『강계고』,『산수고』,『사연고』,『여지고』,『도로고』등의 저술을 통해 지리학적 역량을 발휘하였고, 영조의 총애를 받으면서 지리학자로는 드물게 당상관을 지내면서 국가사업의 중심적 위치에 있었다.

신경준이 1770년(영조 46)에 저술한『도로고』는 조선 전기의 지리지에서 각 읍치에서 사방 경계까지의 거리만 표시되던 단계에서 조선 후기의 지리지에서 도로·도리조 단계를 넘어 전국 도로망을 기술한 최초의 단일본이다.『도로고』는 어로, 6대로, 방통지로, 사연로, 역로, 파발로, 봉로, 해로, 사행지로 등 당시에 이용되던 교통로에 대한 정보를 종합하면서 조석, 풍우, 개시 등 교통로를 보완하는 실용적인 지식을 담고 있는 지리서라고 할 수 있다.『도로고』는 이전 지리서를 바탕으로 사람들의 애매한 수치 개념을 비판하고, 거리의 변화·읍치의 변화·길의 변화에 대한 교정을 통해 위정자에게 정확한 국가의 지리 정보를 제공하기 위해 편찬된 저술이다.

신경준은『도로고』를 통해 당시에 길이라고 부를 수 있는 모든 정보들을 모아 계통적으로 정리하였다. 권1에서 우리나라의 뼈대에 해당하는 6대로를 경經, 혈관을 이루는 방통지로를 위緯, 권3에서 국토 외곽을 연결하는 사연로를 주위周圍로 보았으며, 권4에서 국토의 외연을 두르는 해로를 중심으로 도로를 구성하여 우리나라 도로망 체계를 경, 위, 주위 순으로 표현하였다. 또 도로의 위계는 6대로, 사연로, 해로 순으로 국토의 중앙에서 외곽, 외연으로 확대하여 서술하고 있다.

특히 조선 후기에 이르면 전국의 도로는 번호 붙임 등으로 조직화되어 가는데, 신경준은 대로를 1770년(영조 46)에 저술한 『도로고』에서는 6대로 체제로, 『여지고』 도리조에서는 9대로 체체로 각각 구성하고 있다. 『도로고』 6대로는 시계방향으로 번호를 붙였는데 경성에서 출발하여 제1로는 의주까지, 제2로는 경흥 서수라보까지, 제3로는 평해까지, 제4로는 동래 부산진까지, 제5로는 제주까지, 제6로는 강화까지 이른다.

더우기 6대로는 단순한 도로를 보여주는 것이 아니라 지역 전체를 포함하는 네크워크로 각 종점에서 경성으로 가는 최단 거리의 경로를 선택하였다. 6대로는 경성을 중심으로 뻗은 6개의 대로에 전국 333개 읍치를 배치하였으며, 병영·수영·통영·행영 등을 포괄하여 행정·군사 중심지까지 가는 경로와 거리를 보여주는 도로이다. 또 대로와 방통지로에서 사고와 추존 왕릉까지의 거리를 기록하여 해당 지역이 조선의 근원에 해당하는 성지로 조선 왕실의 권위와 정당성을 보여주는 상징적인 의미 또한 부여하고 있다. 또 관원들이 통행하던 사성로와 일반인들이 자주 이용하던 지름길 등을 수록하여 대로만이 사람들이 통행하는 길이 아니라 다른 길이 있다는 융통성도 보여준다.

사연로의 사연은 우리나라 동서남북의 범위로 양강연과 삼해연으로 구분된다. 신경준은 백두산을 중심으로 압록강과 두만강을 잇는 지역을 북연으로 보고, 동해·남해·서해를 삼연으로 보아 사연으로 삼았다. 사연로는 합이 10,526리로 우리나라의 둘레가 1만 리 이상이 됨을 밝히고 있는데, 이는 신경준이 기존의 지리서에 등장하지 않는 사연로의 개념을 도입하여 우리나라 영토의 범위 설정을 시도하였고, 4극을 연결하는 도로망을 제시하였다. 특히 백두산을 사연로의 출발점으로 삼는 상징적인 의미를 부여하고 있으며 백두산이 곧 우리나라의 영토라고 인식하였다. 더 나아가 사연로는 우리나라의 형상을 정확히 그리려는 동기를 마련하면서, 우리 국토의 거리를 구체화하는 과정으로 해석할 수 있다. 이러한 북쪽 영역의 설정은 신경준 이후에 제작되는『청구도』,『동여도』,『대동여지도』등의 지도에도 압록강-백두산-두만강을 잇는 지역이 지도화되는 것으로 계승되고 있다.

결국『도로고』는 개별적으로 언급된 각 도로들을 사연 안에 유기적으로 도로들을 엮어 종합적으로 표현하고 있다. 또 신경준은 기존의 축적된 지식과 성과를 바탕으로 우리 영역의 범위를『도로고』안에 고찰해 내고 있는데, 우리나라의 도로를 경위經緯 개념을 사용하여 설명하였고, 사연로는 영토, 해로는 영해의 범위를 보여준다. 이러한『도로고』에 표현된 유기적인 도로 해석은 종합적이며, 통합적인 도로 인식을 보여주는 것이며, 신경준은 여기에 영토·영해관까지 포함시켜 이 모두를 아우르고 있다.

참고문헌

1. 사료

『강계고彊界考』

『경국대전經國大典』

『기효신서紀效新書』

『대동여지도大東輿地圖』(奎10333-v.1-22, 서울대학교 규장각 소장)

『대동지지大東地志』

『도로고道路考』(古985-1, 국립중앙도서관 소장)

『도로고道路考』(奎7327-v.1-2, 서울대학교 규장각 소장)

『도로고道路考』(K2-4352, 장서각 소장)

『당의통략黨議通略』

『맹자孟子』

『동국문헌비고東國文獻備考』

『비변사등록備邊司謄錄』

『사고전서四庫全書』

『사부총간四部叢刊』

『사연고四沿考』

『산경표山經表』

『산수고山水考』

『성호사설星湖僿說』

『세종실록지리지世宗實錄地理志』

『승정원일기承政院日記』

『신증동국여지승람新增東國輿地勝覽』

『여도비지輿圖備誌』

『여암유고旅菴遺稿』

『여암집旅菴集』
『여지도서輿地圖書』
『이십오사二十五史』
『정리표程里表』(한古朝60-66, 국립중앙도서관 소장)
『조선왕조실록朝鮮王朝實錄』
『조선지도朝鮮地圖』(奎16030, 서울대학교 규장각 소장)
『주례周禮』
『청구도靑邱圖』(古2702-24, 국립중앙도서관 소장)
『청구요람靑邱要覽』(古4709-21A, 서울대학교 규장각 소장)
『해동지도海東地圖』(古大4709-41, 서울대학교 규장각 소장)

2. 단행본

강신항, 1966, 한국의 인간상 4권, 신구문화사.

강신항, 1967, (운해)훈민정음연구, 한국연구총서 24, 한국연구원.

국방부군사편찬연구소 편, 2013, 군사문헌집24 기효신서(하), 국방부군
    사편찬연구소.

김기혁, 2004, 부산·울산·경상남도 시군별 고지도1, 부산대학교 부산
    지리연구소.

김기혁, 2006, 조선 후기 고지도에 나타난 조·청·노 국경인식의 변화
    (부: 압록강·두만강 고지도), 부산대학교 부산지리연구소.

김기혁, 2008, 부산고지도, 부산광역시.

김재근, 1984, 한국선박사연구, 서울대학교출판부.

도도로키 히로시, 2000, 일본인의 영남대로 답사기, 한울.

도도로키 히로시, 2003, 도도로키의 삼남대로 답사기, 성지문화사.

류명환, 2005, 여암 신경준의 『도로고』연구-「육대로」를 중심으로-, 부
    산대학교 석사학위논문.

류명환, 2012,『도로고』·「여지고」의 도로체계와 『동역도』의 비교 연구,

부산대학교 대학원 박사학위논문.

만성대동보발행소 편, 1983, 만성대동보萬姓大同譜, 명문당.

박인호, 1996, 조선후기 역사지리학 연구 : 문헌비고 여지고를 중심으로, 한국정신문화연구원 한국학대학원 박사학위논문.

박인호, 1996, 조선후기 역사지리학 연구, 이회문화사.

박인호, 2003, 조선시기 역사가와 역사지리인식, 이회문화사.

방동인, 2001, 한국지도의 역사, 신구문화사.

배우성, 1998, 조선후기 국토관과 천하관의 변화, 일지사.

보고사 편, 1992, 한국계행보韓國系行譜, 보고사.

서울대학교 규장각 편, 2005, 조선지도, 서울대학교 규장각.

세종대왕기념사업회 편, 1978, 국역증보문헌비고, 세종대왕기념사업회.

신경준, 1976, 여암전서 Ⅰ·Ⅱ, 경인문화사.

신경준, 1999, 한국문집총간 231 여암유고, 민족문화추진회.

신홍우 편, 1927, 고령신씨세보高靈申氏世譜, 신용휴가.

이상태, 1999, 한국의 고지도 발달사, 혜안.

이찬, 1997, 한국의 고지도, 범우사.

이혜은, 1976, 조선시대의 교통로에 대한 역사지리적 연구 : 한성-의주 간을 사례로, 이화여자대학교 석사학위논문.

전용신, 1993, 한국고지명사전, 고려대학교 민족문화연구소.

정요근, 2008, 고려·조선초의 역로망과 역제 연구, 서울대학교 박사학위논문.

조동걸 외, 1994, 한국의 역사가와 역사학(상), 창작과 비평사.

지두환, 1998, 조선시대 사상과 문화, 역사문화.

지두환, 1998, 조선시대 사상사의 재조명, 역사문화.

최영준, 1990, 영남대로-한국고도로의 역사지리적 연구, 고려대학교 민족문화연구소.

최창조, 1990, 좋은 땅이란 어디를 말함인가, 서해문집.

한영우, 2003, 63인의 역사학자 쓴 한국사 인물 열전2, 돌베개.

한영우, 안휘준, 배우성, 1999, 우리 옛지도와 그 아름다움, 효형출판.

한정훈, 2009, 고려시대 교통과 조세운송체계 연구, 부산대학교 박사학위논문.

3. 논문

강석화, 2000, "조선후기의 경기남부 해로와 대부·영흥도", 기전문화연구 28, 181-207.

강석화, 2005, "조선후기 북방영토의식", 한국사연구 129, 95-115.

강신항, 1959, "신경준의 기본적 국어학 연구태도", 국어국문학 20, 30-32.

강신항, 1965, "신경준의 학문과 생애", 성대문학 11, 60-69.

고동환, 2003, "여암 신경준의 학문과 사상", 지방사와 지방문화 6(2), 179-216.

고승희, 2004, "조선후기 평안도지역 도로 방어체계의 정비", 한국문화 34, 201-233.

곽장근, 2009, "금강 상류지역 교통로의 조직망과 재편과정", 한국상고사학보 66, 45-74.

김경수, 1994, "영산강 유역의 문화역사지리 : 교통로를 중심으로", 문화역사지리 6, 81-85.

김경옥, 2009, "16~17세기 고금도 인근 해로와 수군진의 설치", 도서문화 33, 171-201.

김기혁, 2002, "부산지역 고지도 연구", 항도부산 18, 393-443.

김기혁, 2007, "우리나라 고지도의 연구 동향과 과제", 한국지역지리학회지 13(3), 301-320.

김기혁, 2007, "조선후기 방안식 군현지도의 발달 연구-『동국지도 3』을 중심으로", 문화역사지리 19(1), 19-36.

김석득, 1971, "한국 삼대운서의 언어학사적 의의", 인문과학 24-25,

1-20.

김석득, 1975, "실학과 국어학의 전개-최석정(崔錫鼎)과 신경준(申景濬)과의 학문적 거리", 동방학지 16, 117-143.

김일, 2001, "신경준의 《훈민정음운해》와 그의 역학적 언어관, 중국조선어문 113, 23-26.

김종혁, 2002, "『산경표』의 문화지리학적 해석", 문화역사지리 14(3), 88-92.

김종혁, 2004, "조선후기의 대로", 역사비평 69, 359-383.

도도로키 히로시, 2002, "'해행총재'에 나타난 일본 통신사의 공간전개", 문화역사지리 14(3), 93-96.

도도로키 히로시, 2002, ""대동지지"에 나타난 '동남지평해삼대로(관동대로)'의 경로비정", 문화역사지리 14(1), 85-108.

도도로키 히로시, 2004, "'해행총재'에 나타난 일본 통신사의 국내 사행로", 문화역사지리 16(1), 323-334.

류명환, 2010, "신경준의 『도로고』 중 「사연로」 분석", 문화역사지리 22(3), 104-121.

류명환, 2014, "의주로 도정 기록 계통 연구", 한국고지도연구 6(1), 37-61.

류명환, 김기혁, 2013, "『여지고』와 『동역도』의 9대로 비교 연구", 문화역사지리 25(1), 21-46.

류재영, 1995, "여암의 여지 문자", 국어국문학연구 17, 3-24.

박광용, 2007, "『동국문헌비고(東國文獻備考)』 편찬의 역사적 배경", 진단학보 104, 211-226.

박대길, 2009, "조선시대 사고관리의 변화", 국학연구 14(봄/여름), 521-549.

박명희, 1995, "여암 신경준의 시론고", 한국언어문학 35, 301-318.

박명희, 2005, "여암 신경준의 영물시 연구", 한국언어문학 55, 223-244.

박종기, 1985, "14~15세기 월경지에 대한 재검토", 한국사연구 37, 71-104.

박홍수, 1967, "이조 척도에 관한 연구", 대동문화연구 4, 199-228.

배우성, 1997, "17 · 18세기 청에 대한 인식과 북방영토의식의 변화", 한 국사연구 99 · 100, 305-327.

배우성, 2000, "조선후기 실학자들의 국토관과 지역인식", 한국사연구 108, 79-114.

배윤덕, 1991, "신경준의 운해 연구", 이중언어학 8(1), 538-552.

신익철, 2009, "신경준의 국토지리관과 해로 · 선박에 대한 인식", 한국 한문학연구 43, 109-135.

양보경, 1992, "신경준의 산수고와 산경표-국토의 산천에 대한 체계적 이해", 토지연구 3, 133-145.

양보경, 1994, "조선시대의 자연 인식 체계", 한국사시민강좌 14, 70-97.

양보경, 1995, "대동여지도를 만들기까지", 한국사시민강좌 16, 84-121.

양보경, 1997, "18세기 지리서 · 지도의 제작과 국가의 지방지배", 응용 지리 20, 21-42.

양보경, 1997, "조선시대의 고지도와 북방 인식", 지리학연구 29(1), 103-122.

양보경, 1999, "여암 신경준의 지리사상", 국토 211, 36-43.

오병무, 1996, "여암 신경준의 '소사문답(素沙問答)'에 관한 존재론적 조 명", 건지철학 4(1), 204-233.

오홍석, 1984, "범선 항해시대 제 · 경해로", 제주도연구 1, 97-117.

원경열, 1978, "조선시대 봉수망에 대한 고찰", 사회과교육 11, 28-35.

원영환, 1995, "조선시대 교통로와 역 · 원제의 고찰 : 서북로와 동북로 를 중심으로", 향토사연구 7, 5-21.

이강원, 2007, "조선후기 국경인식에 있어서 두만강 · 토문강 · 분계강 개 념과 그에 대한 검토", 정신문화연구 30(3), 91-118.

이건식, 2013, "조선시대 潮水 구분 계열어의 의미 대립 체계", 한민족어 문학 64, 219-264.

이규춘, 1988, "여암 신경준의 「화방재사」 연구", 한국시가연구 4(1), 287-309.

이상태, 1984, "신경준의 역사지리 인식-강계지를 중심으로", 사학연구 38, 397-426.

이용숙, 1998, "신경준의 <화방재사> 분석", 초등교육연구 9, 491-507.

이종범, 2003, "신경준-국토와 도로의 개념을 발견한 실학자", 역사비평 62, 323-339.

임덕순, 1999, "한국인의 전통적 지리관", 문화역사지리 11, 5-13.

정기범, 2002, "조선후기 충북 동북부의 교통로-음성지역을 중심으로", 실학사상연구 22, 71-106.

정대림, 1986, "신경준의 시론 연구-시법원류와 시법원류체의성삼자주해의 영향을 중심으로", 세종대논문집 13, 9-26.

정연식, 1999, "조선시대의 도로에 관하여", 한국사론 41·42, 541-581.

정요근, 2008, "조선초기 역로망의 전국적 재편-교통로의 측면을 중심으로", 조선시대사학보 46, 41-80.

조병로, 2003, "조선시대 역참의 발달과 인문지리학적 접근[한국문화역사지리학회 세미나(요약문)]", 문화역사지리 15(3), 154-155.

최신호, 1977, "신경준 「시칙」에 대하여-성의 문제", 한국한문학연구 2, 5-13.

최영준, 1975, "조선시대의 영남로 연구 : 서울-상주의 경우", 지리학 12, 53-82.

최영준, 1983, "영남로의 경관변화", 지리학 28, 1-17.

최영준, 1992, "조선후기 지리학 발달의 배경과 연구전통", 문화역사지리 4, 53-75.

최창조, 1986, "여암 신경준의 지리학 해석", 다산학보 8, 다산학연구원.

한영국, 1991, "상공업 발달의 시대적 배경", 한국사 시민강좌 9, 1-13.

한주성, 2002, "청주지역의 옛 도로망에 관한 일고찰", 중원문화논총 6, 85-119.

허호구, 1986, "여암 신경준의 「시칙(詩則)」", 한문학논집 4, 303-346.

홍경희, 박태화, 1981, "대동여지도에 나타난 역참의 분포와 입지", 교육연구지 23, 67-84.

홍금수, 2004, "역사지역지리의 기초연구: 호서지방을 사례로", 문화역사지리 16(2), 1-35.

제2편

역주 도로고

도로고 서문道路考序

옛날에는 경계를 바로잡기 위해 6척으로써 1보步1)로 삼았고, 100보로써
1묘畝로 삼았고, 100묘로써 1부夫로 삼았다. 부에는 수遂가 있고, 수의
위로는 경徑이 있다. 9부는 사방 1리로 구溝가 있고, 구의 위로는 진畛이
있다. 사방 10리에는 혁洫이 있고, 혁의 위로는 도涂가 있다. 사방 100리에
는 회澮가 있고, 회의 위로는 도道가 있다. 도道·도涂·구溝·혁洫의 너비
는 모두 차례대로 척수로써 규격을 정하였다. 또 수인과 장인의 관리를
두고 때에 맞게 검찰하고 수리하였다. 보步와 리里를 정하고 도道와 도涂를
다스리는 제도는 지극히 정밀하였다.

古者正經界 六尺爲步 步百爲畝 畝百爲夫 夫有遂 遂上有徑 九夫方一里有溝
溝上有畛 方十里有洫 洫上有涂 方百里有澮 澮上有道 道涂溝洫之廣 以次皆有
尺限 又有之設遂人匠人之官 以時檢察修理 其定步里 治道涂之制 極精且密矣

지금 『경국대전』에 따르면 도성 안에서는 영조척을 사용하여 대로는 너비
가 56척이고, 중로는 16척이고, 소로는 11척이다. 길 양쪽 가의 구는
너비가 각각 2척이다. 대개 8도에서는 주척을 사용하는데 6척이 1보이고,
300보가 1리이고, 30리가 1식이 된다.〔속칭 게憩2)라고 한다.〕 매 10리마
다 소후3)를 세우고, 30리마다 대후를 세워 역을 두었다. 그러나 아래에서
는 좇아 시행하지 않았고, 위에서는 검찰하지 않았다.

今 國典 都城內用營造尺 大路廣五十六尺 中路十六尺 小路十一尺 兩傍溝廣各
二尺 凡八道用周尺 六尺爲一步 三百步爲一里 三十里爲一息〔俗稱一曾憩〕 每十
里立小堠 三十里立大堠置驛 而下不能遵行 上無所檢察

---

1) 주척으로 여섯 자 되는 거리이다.
2) 憩=活+息으로 활은 '생기 넘치다'의 뜻이고 식은 '쉬다'의 뜻이다. 활력 회복을 위해
   쉰다는 뜻을 나타낸다.
3) 후자堠子 : 도로의 이수를 기록하기 위하여 길가에 설치하던 흙으로 쌓은 단壇. 10리마다
   소후小堠를, 30리마다 대후大堠를 설치하였다.

지정된 대로는 그 너비가 혹 말이 나란히 다니기 어려운 경우도 있다. 그 이수는 초기에 척량하여 정하지 않고 다만 나그네들의 구전에 의지해서 포점 사이의 거리를 대략적으로 칭한 것이다. 가령 7~8리 정도 되면 10리라고 하고, 12~13리 정도 되면 역시 10리라고 한다. 영수零數와 같은 작은 수는 성수成數에 대개 합쳐버렸다. 그러므로 수백 리에 이르게 되면 그 차이가 얼마나 되겠는가? 대개 이수는 서울에 가까워지면 많이 짧아지고, 원외로 갈수록 많이 길어진다. 원외에서도 읍에 가까우면 많이 짧아지고 궁벽한 곳에 이르면 많이 길어진다. 바닷가는 짧아지고 산골짜기 에 들어갈수록 길어진다. 북쪽은 짧아지고 남쪽은 길어져 장단의 차이가 심하다.

繫以大路者 其廣或難於方馬而行 其里數初不以尺量定 只憑行旅之口 以鋪店相 距皆稱之 如七八里則謂之十里 十二三里則亦謂之十里 零數之小者 多合於成數 因以至數百里 其差何如哉 大低里數近京多短 遠外多長 遠外而近邑多短 處僻多 長 濱海短 入峽長 在北短 在南長 長短之不同甚矣

옛날에 공작과 후작의 땅은 사방 100리이고, 백작은 70리, 자작과 남작은 50리였고, 40리·30리·20리는 부용이 다스렸다. 지금의 주·부·군· 현도 역시 5작위의 등급으로 나누는 이치는 같으나 토지를 나누는 제도는 꼭 3가지로 균등하게 나누기가 불가능하다. 땅은 크고 작은 것이 서로 동떨어지고, 길고 짧음이 적당하지 못하여 지역의 경계가 복잡하게 엉켜서 4방 혹은 10리 안이 이미 다른 지역이 되고, 혹은 여러 읍을 넘어서 서로 연결되지 못하여, 정령과 부역으로 왕래할 때 수고하는 것도 고르지 못하고 폐단이 많아 식견이 있는 사람들이 논의한지 이미 오래되었다.

古者公侯地方百里 伯七十里 子男五十里 四十里三十里二十里則爲附庸 今之州 府郡縣 亦如五爵之分理者也 而分土之制 不能如惟三之均 而方大小相懸 長短失 宜 地界錯雜 其四至或十里之內 已爲他境 或逾越數邑 而不相連接 政令賦役往 來之際 勞逸不均 爲弊多端 識者議之已久矣

무릇 사람이란 머물기도 하고 다니기도 한다. 머물면 집에서 머물고 다니면 길에서 다닌다. 그런 까닭으로 맹자가 '인仁은 편안한 집이고, 의義는 바른 길이다.'라고 하였다.4) 길과 집을 대조하여 말하면 그 길의 중요함이 집보다 높다고 할 것이다. 집은 나 혼자만의 것이고 길은 사람들이 함께하는 곳이다. 백성들이 집에서는 부지런히 다루다가 길에서는 소홀한 것이 진실로 그러하다. 길은 주인이 없지만 오직 그 위를 다니는 사람들이 주인이다. 그런 까닭에 옛 성왕들이 경계를 바로잡으면서 땅을 분급해 주고 도로를 다스리는 것을 아울러 일시에 행하여, 농부로 하여금 들에서 경작하게 하고, 나그네로 하여금 길에 다니게 하였으니, 모두 인정仁政 중에 큰 것인데 진실로 까닭이 있었던 것이다. 하물며 세대가 내려올수록 공사의 일이 매우 번다해져서 사람들이 길 위에 있는 것이 많구나!

夫人有止有行 止則止於宅 行則行於路 故孟子曰 仁安宅也 義正路也 路與宅對擧 則其重可謂等於宅 而宅己所獨也 路人所同也 民之勤於宅 而忽於路固然也 路者無主 而惟在上之人主之 故古聖王之定經界也 授田治道 共行於一時 而使農夫願耕於野 行旅願出於道 並列以爲仁政之大者 良有以也 況世降 而公私事爲甚繁 人之在於路上者多乎

지금 나는 이 책이 혹 방정을 맡은 사람들이 채취하도록 갖추어 두었다. 그러나 지향하는 방향, 분기되는 경계, 포점의 순서는 잘못된 것이 마땅히 적으나, 이수에 대해서는 자로 재지 못하여 반드시 정밀하지는 않다. 또 하천의 물길이 쉽게 변하고, 읍리는 많이 옮겨지고, 길의 곡직과 장단은 고금에 달라졌기에 지지에 있는 옛 기록을 기준으로 할 수가 없었다. 듣고 물어본 것에서 나온 것이 많아 반드시 오류가 있을 것이므로 뒷사람이 고쳐서 바로잡기를 기다릴 뿐이다.

지금 임금 46년 경인년5) 순주 사람 신경준申景濬 쓰다.

---

4) "인은 사람의 편안한 집이요, 의는 사람의 바른 길이다.[仁 人之安宅也 義 人之正路也]" (『맹자孟子』 이루장離婁章 상上)

今余此書 或可備掌邦政者之採取然 而指向之方 分歧之界 鋪店之次第差者宜少
而至於里數 不得尺量 已失其精 且川原易變 邑里多遷 路之迂直長短 古今有異
不可以地志舊記爲準 出於聞問者多 必有謬誤 以竢後之釐正者云爾
上之四十六年庚寅 淳州 申景濬書

이 책 머리에는 어로를 실어 놓았는데 우리 조정에서는 가령 신라의 6소경
〔지금의 충주·청주·원주·김해·남원·강릉 땅에 있었다.〕, 고려의 서
·동·남 3경, 삼랑·임해의 2궐, 좌·우·북 삼소궁〔서경은 평양, 동경은
경주, 남경은 한양, 삼랑은 강화, 임해와 좌소는 모두 풍덕, 우소는 장단,
북소는 신계〕과 같은 제경에 이궁을 세우지 않았고, 또 (이궁에서) 일찍이
사냥하거나 놀며 구경하는 일이 없었다.

此編首載 御路 而我 朝無諸京離宮 如新羅之六小京〔在今忠州 淸州 原州 金海
南原 江陵地〕高麗之西東南三京 三郎臨海二闕 左右北三蘇宮〔西京平壤 東京慶
州 南京漢陽 三郎江華 臨海左蘇並豊德 右蘇長湍 北蘇新溪〕者 且未嘗有蒐狩遊
賞之事

어로는 능원에서 저녁을 지내지 않는데, 능원묘가 모두 경기 안에서 멀지
않은 곳에 있기 때문이다. 매년 여러 능에 춘추제를 지낼 때 한 개의
능을 참배하는데 그친다. 만약에 온천은 태의가 청을 하면 부득이하게
머물렀으나 400년간 거둥한 것은 모두 여섯 차례뿐이다. 이것이 바로
우리 조정의 성덕이 전고에 비해 탁월한 점이다. 그 다음이 나라 안을
6대로로 나눈 것으로 이것은 날줄이다. 그 다음이 열읍에서 사방에 이르는
방통지로를 기록하였는데 이것은 씨줄이다. 그 다음이 사연로로서 이것은
주위에 해당된다. 그리고 변방의 관방선로가 다음 순서임을 모두 알 수
있다. 그 다음이 역발로이고, 그 다음이 봉로이다. 봉로의 길은 발이 아니라
눈으로써 지세가 통하고 막히는 것을 가히 짐작한다. 그 다음이 해로이다.

5) 1770년(영조 46).

그 다음은 사대교린을 하는 사행지로이다. 무릇 조석과 풍우는 배가 가는데 관계되는 것이어서 매우 중요하고, 시장은 사람들이 모이고 내왕을 하고, 장사치와 행려들이 마땅히 알아야 하는 곳이므로 아울러 끝에 붙인다.

御路不過 陵園墓而 陵園墓 皆在畿內 不遠之地 每歲春秋於 諸陵 展謁 一陵而止 若溫泉 太醫有請 不得已者 而四百年間 行幸凡六次 此我 朝盛德 卓越前古者也 其次於國中分六大路 此經也 其次於列邑叙四至旁通之路 此緯也 其次四沿路 此周圍也 而邊陲關防船路次第 皆可以知也 其次驛撥路 其次烽路 烽路之行 不以足而以目 地勢之通塞 可以領略也 其次海路 其次事大交隣使行之路 凡潮汐風雨係於船行者 甚重 市場衆人之聚會來往者 而商賈行旅之所宜知 故並附于末

도로고 권지일道路考 卷之一

능원묘 어로陵園墓 御路

건원릉6)〔양주에 있다.〕: 사아리〔10리. 주정소〕, 천장산 북쪽〔5리〕, 묘동
〔주정소〕, 망우리〔10리〕, 능 아래〔10리 ○모두 35리〕

健元陵〔在楊州〕沙阿里〔十里 晝停所〕天藏山北〔五里〕廟洞〔晝停所〕忘憂里
〔十里〕陵下〔十里 ○共三十五里〕

제릉7)〔풍덕에 있다.〕: 홍제원〔10리〕, 전석현〔10리〕, 검암점〔5리. 주정
소는 점의 동쪽 3리쯤에 있다.〕, 신원〔5리. 주정소〕, 고양군〔15리〕, 벽제역
〔5리〕, 분수원〔10리. 주정소〕, 광탄〔15리〕, 파주〔15리. 숙소〕, 임진〔10
리〕, 동파〔10리〕, 장단부〔10리. 주정소〕, 견양암〔10리〕, 판적교〔10리〕,
발송리 전평〔주정소〕, 취적교〔15리〕, 개성부 삼절헌〔10리. 숙소〕, 적현
〔15리〕, 능 아래〔5리 ○모두 190리〕

齊陵〔在豊德〕弘濟院〔十里〕磚石峴〔十里〕黔岩店〔五里 晝停所在店東三里許〕
新院〔五里 晝停所〕高陽郡〔十五里〕碧蹄驛〔五里〕分水院〔十里 晝停所〕廣灘
〔十五里〕坡州〔十五里 宿所〕臨津〔十里〕東坡〔十里〕長湍府〔十里 晝停所〕
見樣岩〔十里〕板積橋〔十里〕鉢松里前坪〔晝停所〕吹笛橋〔十五里〕開城府三節
軒〔十里 宿所〕赤峴〔十五里〕陵下〔五里 ○共一百九十里〕

정릉8)〔양주에 있다.〕: 사아리〔건원릉로에 보인다.〕, 능 아래〔10리 ○모
두 20리〕

---

6) 조선 태조의 능. 경기도 구리시 인창동 소재.
7) 조선 태조의 정비 신의왕후神懿王后 한씨韓氏의 능. 황해북도 개성특급시 대련리
   소재.
8) 조선 태조의 계비인 신덕왕후神德王后 강씨康氏의 능. 서울특별시 성북구 정릉동
   소재.

貞陵〔在楊州〕 沙阿里〔見 健元陵路〕 陵下〔十里 ○共二十里〕

후릉9)〔풍덕에 있다.〕: 장생우〔제릉에서 5리〕, 풍덕부〔10리〕, 능 아래〔15리 ○모두 220리〕

厚陵〔在豊德〕 長杍隅〔自 齊陵五里〕 豊德府〔十里〕 陵下〔十五里 ○共二百二十里〕

헌릉10)〔광주에 있다.〕: 영도교〔흥인문 밖 남쪽 1리에 있다.〕, 걸망포〔10리〕, 광진 은행정〔10리. 주정소〕, 삼전도 남쪽〔10리〕, 율현〔10리〕, 능 아래〔5리 ○모두 45리〕

獻陵〔在廣州〕 永渡橋〔在興仁門外南一里〕 杰望浦〔十里〕 廣津銀杏亭〔十里 晝停所〕 三田渡南〔十里〕 栗峴〔十里〕 陵下〔五里 ○共四十五里〕

영릉11)〔여주에 있다.〕: 삼전도 남쪽〔헌릉로에 보인다.〕, 장지리〔10리〕, 율목정〔10리〕, 광주산성 행궁〔5리. 숙소〕, 소신원〔10리〕, 용산동〔10리〕, 벌원〔5리. 주정소〕, 경안역〔5리〕, 수염리〔10리〕, 곤지암〔10리. 주정소〕, 석문리〔10리〕, 원기〔10리〕, 이천부 행궁〔10리. 숙소〕, 구비현〔10리〕, 두곳 용거평〔10리〕, 향교 후현〔10리〕, 능 아래〔10리 ○모두 175리〕

英陵〔在驪州〕 三田渡南〔見 獻陵路〕 長枝里〔十里〕 栗木亭〔十里〕 廣州山城 行宮〔五里 宿所〕 小新院〔十里〕 龍山洞〔十里〕 伐院〔五里 晝停所〕 慶安驛〔五里〕 水染里〔十里〕 混池岩〔十里 晝停所〕 石門里〔十里〕 院基〔十里〕 利川府 行宮〔十里 宿所〕 龜飛峴〔十里〕 斗串龍渠坪〔十里〕 鄕校後峴〔十里〕 陵下〔十里 ○共一百七十五里〕

---

9) 정종과 비 정안왕후定安王后 김씨金氏의 능. 황해북도 개성특급시 영정리 소재.
10) 태종과 비 원경왕후元敬王后 민씨閔氏의 능. 서울특별시 서초구 내곡동 소재.
11) 세종과 비 소헌왕후昭憲王后 심씨沈氏의 능. 경기도 여주시 능서면 왕대리 소재.

현릉12)〔건원릉 동쪽 언덕에 있다.〕
顯陵〔在 健元陵東岡〕

장릉13)〔강원도 영월부 북쪽 5리에 있다. 서울에서 415리 거리이다.〕
莊陵〔在江原道 寧越府北五里 自京距四百十五里〕

사릉14)〔양주에 있다.〕 : 천장산 북쪽〔건원릉로에 보인다.〕, 신현〔10리.
주정소〕, 퇴계원〔10리〕, 건천리〔10리〕, 능 아래〔5리 ○모두 50리〕
思陵〔在楊州〕 天藏山北〔見 健元陵路〕 新峴〔十里 畫停所〕 退溪院〔十里〕 乾川
里〔十里〕 陵下〔五里 ○共五十里〕

광릉15)〔양주에 있다.〕 : 건천리〔사릉로에 보인다.〕, 풍양 송우〔7리〕,
천묘원〔13리〕, 능 아래〔5리 ○모두 70리〕
光陵〔在楊州〕 乾川里〔見 思陵路〕 豊壤松隅〔七里〕 天廟院〔十三里〕 陵下〔五里
○共七十里〕

경릉16)〔고양에 있다.〕 : 검암점〔제릉로에 보인다.〕, 동산동촌〔5리〕, 능
아래〔5리 ○모두 35리〕
敬陵〔在高陽〕 黔岩店〔見 齊陵路〕 東山洞村〔五里〕 陵下〔五里 ○共三十五里〕

창릉17)〔경릉 북쪽 언덕에 있다.〕
昌陵〔在 敬陵北岡〕

---

12) 문종과 비 현덕왕후顯德王后 권씨權氏의 능. 경기도 구리시 인창동 소재.
13) 단종의 능. 강원도 영월군 영월읍 영흥리 소재.
14) 단종의 비 정순왕후定順王后 송씨宋氏의 능. 경기도 남양주시 진건읍 사능리 소재.
15) 세조와 비 정희왕후貞熹王后 윤씨尹氏의 능. 경기도 남양주시 진접읍 부평리 소재.
16) 세조의 아들인 추존왕 덕종德宗과 덕종의 비 소혜왕후昭惠王后 한씨韓氏의 능. 경기도
    고양시 덕양구 용두동 소재.
17) 예종과 계비 안순왕후安順王后 한씨韓氏의 능. 경기도 고양시 덕양구 용두동 소재.

공릉18)〔파주에 있다.〕 : 신원〔제릉로에 보인다.〕, 정송강묘현19)〔5리〕, 휴류암점〔10리〕, 능 아래〔10리 ○모두 55리〕

恭陵〔在坡州〕新院〔見 齊陵路〕鄭松江墓峴〔五里〕鵂鶹岩店〔十里〕陵下〔十里 ○共五十五里〕

선릉20)〔광주에 있다.〕 : 청파교〔5리〕, 서빙고전진〔7리〕, 압구정 뒤〔8리〕, 능 아래〔10리 ○모두 30리〕

宣陵〔在廣州〕靑坡橋〔五里〕西氷庫前津〔七里〕狎鷗亭後〔八里〕陵下〔十里 ○共三十里〕

순릉21)〔공릉 남쪽 언덕에 있다.〕

順陵〔在 恭陵南岡〕

정릉22)〔선릉 동쪽 언덕에 있다.〕

靖陵〔在 宣陵東岡〕

온릉23)〔양주에 있다.〕 : 검암점〔제릉로에 보인다.〕, 마유현〔5리〕, 월운현〔10리〕, 능 아래〔10리 ○모두 50리〕

溫陵〔在楊州〕黔岩店〔見 齊陵路〕馬踰峴〔五里〕月雲峴〔十里〕陵下〔十里 ○共五十里〕

---

18) 예종의 원비 장순왕후章順王后 한씨韓氏의 능. 경기도 파주시 조리읍 봉일천리 소재.
19) 송강松江 정철鄭澈(1536~1593)의 묘. 1594년(선조 27)에 지금의 고양시 덕양구 신원동에 묘소가 만들어졌으나 그의 사후 30년이던 1624년(인조 2)에 우암尤庵 송시열宋時烈(1607~1689)이 주도해 충청북도 진천으로 이장되었다.
20) 성종과 계비 정현왕후貞顯王后 윤씨尹氏의 능. 서울특별시 강남구 삼성동 소재.
21) 성종의 원비 공혜왕후恭惠王后 한씨韓氏의 능. 경기도 파주시 조리읍 봉일천리 소재.
22) 중종의 능. 서울특별시 강남구 삼성동 소재.
23) 중종의 원비 단경왕후端敬王后 신씨愼氏의 능. 경기도 양주시 장흥면 일영리 소재.

희릉24)〔고양에 있다.〕: 동산동촌〔경릉로에 보인다.〕, 능 아래〔10리 ○모두 40리〕

禧陵〔在高陽〕 東山洞村〔見 敬陵路〕 陵下〔十里 ○共四十里〕

태릉25)〔양주에 있다.〕: 묘동〔건원릉로에 보인다.〕, 능 아래〔2리 ○모두 20리〕

泰陵〔在楊州〕 廟洞〔見 健元陵路〕 陵下〔二里 ○共二十里〕

효릉26)〔희릉 서쪽 언덕에 있다.〕

孝陵〔在 禧陵西岡〕

강릉27)〔태릉 동쪽 언덕에 있다.〕

康陵〔在 泰陵東岡〕

목릉28)〔건원릉 동쪽 두 번째 언덕에 있다.〕

穆陵〔在 健元陵東第二岡〕

장릉29)〔김포에 있다.〕: 노량진〔10리〕, 방하곶〔일명 방학호. 15리〕, 고산〔5리. 주정소〕, 양천현〔20리〕, 부석리〔10리. 주정소〕, 천등〔10리〕, 능 아래〔15리 ○모두 85리〕

章陵〔在金浦〕 露梁津〔十里〕 方下串〔一名放鶴湖 十五里〕 孤山〔五里 畫停所〕 陽川縣〔二十里〕 浮石里〔十里 畫停所〕 天登〔十里〕 陵下〔十五里 ○共八十五里〕

---

24) 중종의 계비 장경왕후章敬王后 윤씨尹氏의 능. 경기도 고양시 덕양구 원당동 소재.
25) 중종의 계비 문정왕후文定王后 윤씨尹氏의 능. 서울특별시 노원구 공릉동 소재.
26) 인종과 비 인성왕후仁聖王后 박씨朴氏의 능. 경기도 고양시 덕양구 원당동 소재.
27) 명종과 비 인순왕후仁順王后 심씨沈氏의 능. 서울특별시 노원구 공릉동 소재.
28) 선조와 비 의인왕후懿仁王后 박씨朴氏, 계비 인목왕후仁穆王后 김씨金氏의 능. 경기도 구리시 인창동 소재.
29) 인조의 생부로서 추존된 원종元宗과 비 인헌왕후仁獻王后 구씨具氏의 능. 경기도 김포시 풍무동 소재.

장릉30)〔교하에 있다.〕: 회석우〔공릉에서 5리〕, 수유현〔5리〕, 야동 사안
〔10리〕, 능 아래〔15리 ○모두 90리〕

長陵〔在交河〕灰石隅〔自 恭陵五里〕水踰峴〔五里〕冶洞沙岸〔十里〕陵下〔十五
里 ○共九十里〕

휘릉31)〔건원릉 서쪽 언덕에 있다.〕

徽陵〔在 健元陵西岡〕

영릉32)〔영릉 동쪽 홍제동에 있다.〕

寧陵〔在 英陵東弘濟洞〕

숭릉33)〔혜릉 오른쪽 언덕에 있다.〕

崇陵〔在 惠陵右岡〕

명릉34)〔경릉 동쪽 세 번째 언덕에 있다.〕

明陵〔在 敬陵東第三岡〕

익릉35)〔경릉 동쪽 언덕에 있다.〕

翼陵〔在 敬陵東岡〕

의릉36)〔양주에 있다. 천장산 북쪽 건원릉로에 보인다.〕

懿陵〔在楊州 天藏山北 見 健元陵路〕

---

30) 인조와 비 인열왕후仁烈王后 한씨韓氏의 능. 경기도 파주시 탄현면 갈현리 소재.
31) 인조의 계비 장렬왕후莊烈王后 조씨趙氏의 능. 경기도 구리시 인창동 소재.
32) 효종과 비 인선왕후仁宣王后 장씨張氏의 능. 경기도 여주시 능서면 왕대리 소재.
33) 현종과 비 명성왕후明聖王后 김씨金氏의 능. 경기도 구리시 인창동 소재.
34) 숙종과 계비 인현왕후仁顯王后 민씨閔氏, 제2계비 인원왕후仁元王后 김씨金氏의 능.
　　경기도 고양시 덕양구 용두동 소재.
35) 숙종의 원비 인경왕후仁敬王后 김씨金氏의 능. 경기도 고양시 덕양구 용두동 소재.
36) 경종과 계비 선의왕후宣懿王后 어씨魚氏의 능. 서울특별시 성북구 석관동 소재.

혜릉37) 〔원릉 왼쪽 언덕에 있다.〕
惠陵〔在 元陵左岡〕

원릉38) 〔휘릉 오른쪽 언덕에 있다.〕
元陵〔在 徽陵右岡〕

홍릉39) 〔창릉 왼쪽 언덕에 있다.〕
弘陵〔在 昌陵左岡〕

영릉40) 〔순릉 왼쪽 언덕에 있다.〕
永陵〔在 順陵左岡〕

---

37) 경종의 원비 단의왕후端懿王后 심씨沈氏의 능. 경기도 구리시 인창동 소재.
38) 영조와 계비 정순왕후貞純王后 김씨金氏의 능. 경기도 구리시 인창동 소재.
39) 영조의 원비 정성왕후貞聖王后 서씨徐氏의 능. 경기도 고양시 덕양구 용두동 소재.
40) 영조의 맏아들인 추존왕 진종眞宗과 비 효순왕후孝純王后 조씨趙氏의 능. 경기도
  파주시 조리읍 봉일천리 소재.

온천 행궁 어로溫泉 行宮 御路

서빙고전진〔10리〕, 호현〔15리〕, 과천현〔10리. 숙소〕, 강천우〔10리〕, 기현〔10리〕, 사근천원〔일명 미륵당〕, 동변〔주정소〕, 야미현〔10리〕, 장등현, 후평석교〔10리〕, 수원부 행궁〔10리. 숙소〕, 산성 아래 지곶〔10리〕, 오산대천, 청호역전, 병장생현〔10리〕, 백토치, 진위현 행궁〔10리. 숙소〕, 소백야현, 대백야현〔10리〕, 갈원〔10리〕, 갈천, 소사〔10리. 주정소〕, 소사대천교, 아주천교, 홍경폐사 앞〔10리〕, 성환역, 광주정〔10리〕, 수헐원〔5리〕, 직산현 행궁〔10리. 숙소〕, 덕현, 병장생평〔10리〕, 갈원현〔10리〕, 천안군 행궁〔10리. 숙소〕, 대조현천〔10리〕, 애현천, 오산원평〔10리〕, 온양군〔10리〕, 온천 행궁〔7리 ○모두 257리〕

西氷庫前津〔十里〕 狐峴〔十五里〕 果川縣〔十里 宿所〕 江川隅〔十里〕 基峴〔十里〕 沙川川院〔一名 彌勒堂〕 東邊〔晝停所〕 夜味峴〔十里〕 長登峴 後坪石橋〔十里〕 水原府 行宮〔十里 宿所〕 山城下紙串〔十里〕 烏山大川 菁好驛前 並長栍峴〔十里〕 白土峙 振威縣 行宮〔十里 宿所〕 小白也峴 大白也峴〔十里〕 葛院〔十里〕 葛川 素沙〔十里 晝停所〕 素沙大川橋 牙州川橋 弘慶廢寺前〔十里〕 成歡驛 光州井〔十里〕 愁歇院〔五里〕 稷山縣 行宮〔十里 宿所〕 德峴 並長栍坪〔十里〕 乫院峴〔十里〕 天安郡 行宮〔十里 宿所〕 大棗峴川〔十里〕 艾峴川 烏山院坪〔十里〕 溫陽郡〔十里〕 溫泉 行宮〔七里 ○共二百五十七里〕

숙종 정유년41) 온천에 거둥할 당시 온천 행궁에서 직향하는 소사로가 있어 정비할까 여부를 품계하면서 약방제조 민진후閔鎭厚42)가 이르기를 "선왕조 기유년43) 온행할 당시에는 3일44) 만에 궁으로 돌아왔습니다.

---

41) 1717년(숙종 43).
42) 민진후閔鎭厚(1659~1720) : 조선 후기의 문신. 본관은 여흥驪興, 자는 정순靜純, 호는 지재趾齋, 시호는 충문忠文이다. 숙종의 비인 인현왕후仁顯王后의 오빠이다. 송시열宋時烈의 문인으로 어머니는 송준길宋浚吉의 딸이다.
43) 1669년(현종 10).
44) 원문에는 3월로 되어있지만 『승정원일기』에 3일로 되어있어 3일로 수정하였다.

온천에서 진위까지, 진위에서 과천까지 천안·직산·수원 행궁을 들리지 않고 매일 두 번 주정을 하는 도정으로는 자못 멀었습니다. 지금 임금의 환후가 결코 역참을 건너뛰어 멀리 갈 수 없으니, 천안을 경유하여 가는 것보다 좋은 것이 없습니다."라고 하고는 마침내 직향하는 소사로를 정비하지 않았다.〔온천 북쪽에서 아산의 후천신점에 이르는데 20리이다. 요로원과 탁천점을 경유하여 소사에 이르는데, 이것이 직로이다. 후천신점 북쪽 5리에 고개가 있는데 이름이 어래御來이다. 현종이 온궁에 거둥했을 때 자전45)의 환후가 있다는 것을 듣고 직로를 경유하여 거마가 이 고개를 넘어 사람들이 고개 이름으로 특별히 삼았다. 신점 북쪽에 남두훤南斗烜의 작은 정자가 있었는데, 임금이 지나가며 보고는 "아주 소쇄蕭灑하다."라고 하여 후에 남씨들이 소쇄로 정자 이름을 걸었다.

肅廟丁酉 溫幸時 有自溫 宮直向素沙路 修治與否之 稟啓 藥房提調閔鎭厚曰 先王朝己酉年 溫幸時以三月還 宮矣 自溫泉至振威 自振威至果川 而不入天安稷山水原 每日爲二晝之停程道頗遠 今 上候決不當越站遠涉 莫如由天安而 行 遂 不治直向素沙路〔自溫泉北 抵牙山後川新店二十里 歷要路院 濁川店 抵素沙 此直路也 後川新店北五里 有峴名 御來 顯廟幸溫宮 聞 慈殿患候 由直路 車駕踰此峴 人以峴名爲異 新店北有南斗烜小亭 上歷臨曰 甚蕭灑 後南氏以蕭灑揭亭名〕

"提調閔鎭厚曰 溫幸決定之日 自上有先朝三日得達之敎 而不能詳對矣 退而考見日記 則戊申年因上候未寧 先王疾馳還宮之時 始有取路茅山之擧 己酉年往還 皆由茅山 似其以便近也 上曰 己酉往還 皆以三日得達矣 鎭厚曰 自溫泉至振威 自振威至果川 皆以三站 而不入天安·水原 每日爲二晝停 則程途頗遠矣 臣頃以每日一站排定事 仰達者 蓋以卽今上候 決不當越站遠涉故也 依前定站 從天安大路而行 實合愼重之道矣."(『승정원일기』숙종 43년(1717) 2월 22일(정미))
45) 임금의 어머니. 대비로 효종의 비 인선왕후仁宣王后 장씨張氏.

팔도 6대로 소속 제읍 목록八道六大路所屬諸邑目

의주제1로義州第一路

고양, 파주, 장단, 개성, 교하, 삭녕, 풍덕〔우도 ○위는 경기 7읍〕, 금천, 평산, 서흥, 봉산, 황주, 토산〔좌도〕, 연안, 해주, 옹진, 배천, 송화, 풍천, 은율, 장연, 강령〔우도〕, 신계, 곡산, 수안, 재령, 신천, 안악, 장련, 문화〔좌도 ○위는 황해도 23읍〕, 중화, 평양, 순안, 숙천, 안주, 가산, 정주, 곽산, 선천, 철산, 용천, 의주, 강서, 함종, 용강, 삼화, 증산〔서도〕, 삼등, 상원, 강동, 성천, 양덕, 자산, 은산, 순천, 개천, 덕천, 맹산, 영원〔동도〕, 영유〔서도〕, 박천, 태천〔동도〕, 구성, 삭주〔서도〕, 영변, 희천, 강계, 운산, 벽동, 위원, 초산〔동도〕, 창성〔서도 ○위는 평안도 42읍〕

高陽 坡州 長湍 開城 交河 朔寧 豊德〔右道 ○右京畿七邑〕金川 平山 瑞興 鳳山 黃州 兎山〔左道〕延安 海州 瓮津 白川 松禾 豊川 殷栗 長淵 康翎〔右道〕 新溪 谷山 遂安 載寧 信川 安岳 長連 文化〔左道 ○右黃海道二十三邑〕中和 平壤 順安 肅川 安州 嘉山 定州 郭山 宣川 鐵山 龍川 義州 江西 咸從 龍岡 三和 甑山〔西道〕三登 祥原 江東 成川 陽德 慈山 殷山 順川 价川 德川 孟山 寧遠〔東道〕永柔〔西道〕博川 泰川〔東道〕龜城 朔州〔西道〕寧邊 熙川 江界 雲山 碧潼 渭原 楚山〔東道〕昌城〔西道 ○右平安道四十二邑〕

경흥제2로慶興第二路

연천, 양주, 적성, 마전, 포천, 영평〔우도 ○위는 경기 6읍〕, 김화, 금성, 회양, 철원, 평강, 안협, 이천〔영서〕, 통천, 흡곡, 고성〔영동 ○위는 강원도 10읍〕, 안변, 덕원, 문천, 고원, 영흥, 정평, 함흥, 홍원, 북청, 이성, 단천〔남도〕, 길주, 명천, 경성, 부령, 무산, 회령, 종성, 온성, 경원, 경흥〔북도〕, 갑산, 삼수〔남도 ○위는 함경도 23읍〕

漣川 楊州 積城 麻田 抱川 永平〔右道 ○右京畿六邑〕金化 金城 淮陽 鐵原
平康 安峽 伊川〔嶺西〕通川 歙谷 高城〔嶺東 ○右江原道十邑〕安邊 德源 文川
高原 永興 定平 咸興 洪原 北靑 利城 端川〔南道〕吉州 明川 鏡城 富寧 茂山
會寧 鍾城 穩城 慶源 慶興〔北道〕甲山 三水〔南道 ○右咸鏡道二十三里邑〕

평해제3로平海第三路

양근, 지평〔좌도〕, 가평〔우도 ○위는 경기 3읍〕, 원주〔영서〕, 강릉, 삼척,
울진, 평해〔영동〕, 춘천, 양구, 낭천, 홍천, 인제〔영서〕, 간성〔영동〕, 횡성
〔영서〕, 양양〔영동〕, 영월, 평창, 정선〔영서46) ○위는 강원도 16읍〕
楊根 砥平〔左道〕加平〔右道 ○右京畿三邑〕原州〔嶺西〕江陵 三陟 蔚珍 平海〔嶺
東〕春川 楊口 狼川 洪川 麟蹄〔嶺西〕杆城〔嶺東〕橫城〔嶺西〕襄陽〔嶺東〕寧越
平昌 旌善〔嶺東 ○右江原道十六邑〕

동래제4로東萊第四路

용인, 양지, 양성, 안성, 죽산, 광주, 이천, 음죽, 여주〔좌도 ○위는 경기
9읍〕, 충주, 진천, 괴산, 연풍, 음성, 청안, 청풍, 단양, 제천, 영춘〔좌도
○위는 충청도 10읍〕, 문경〔우도〕, 대구, 청도, 밀양, 양산, 동래, 풍기,
영천榮川, 봉화, 순흥, 예안, 용궁, 예천, 안동, 진보, 영해, 청송, 영양,
영덕〔좌도〕, 함창, 상주, 성주, 현풍, 칠원, 함안, 진해, 고성, 거제, 개령,
지례, 거창, 안의, 김산, 선산, 고령, 초계, 합천, 삼가, 의령〔우도〕, 창녕,
영산〔좌도〕, 창원, 웅천〔우도〕, 비안, 군위, 신녕, 영천永川, 경주, 울산,
의성, 의흥, 하양, 언양, 홍해, 청하, 영일, 장기〔좌도〕, 인동, 칠곡, 경산,
자인, 김해〔우도〕, 기장〔좌도 ○위는 경상도 63읍〕

---

46) 원문에는 嶺東으로 되어있어 영서로 수정하였다.

龍仁 陽智 陽城 安城 竹山 廣州 利川 陰竹 驪州〔左道 ○右京畿九邑〕忠州
鎭川 槐山 延豊 陰城 淸安 淸風 丹陽 堤川 永春〔左道 ○右忠淸道十邑〕聞慶〔右
道〕大丘 淸道 密陽 梁山 東萊 豊基 榮川 奉化 順興 禮安 龍宮 醴泉 安東
眞寶 寧海 靑松 英陽 盈德〔左道〕咸昌 尙州 星州 玄風 岺原 咸安 鎭海 固城
巨濟 開寧 知禮 居昌 安義 金山 善山 高靈 草溪 陜川 三嘉 宜寧〔右道〕昌寧
靈山〔左道〕昌原 熊川〔右道〕比安 軍威 新寧 永川 慶州 蔚山 義城 義興 河陽
彦陽 興海 淸河 迎日 長鬐〔左道〕仁同 岺谷 慶山 慈仁 金海〔右道〕機張〔左道
○右慶尙道六十三邑〕

제주제5로濟州第五路

과천, 수원, 진위, 남양, 시흥, 안산〔좌도 ○위는 경기 6읍〕, 직산, 천안〔좌
도〕, 공주, 이성, 은진, 평택, 신창, 보령, 아산, 온양, 예산, 대흥, 청양,
해미, 서산, 태안, 덕산, 면천, 당진, 홍주, 결성, 남포, 비인〔우도〕, 목천,
청주, 문의, 영동, 황간, 회인, 보은, 청산, 옥천〔좌도〕, 전의, 연기, 진잠,
회덕, 정산, 홍산, 한산, 임천, 서천, 부여, 석성〔우도〕, 연산〔우도47〕
○위는 충청도 44읍〕, 여산, 금구, 태인, 정읍, 장성, 나주, 영암, 해남,
제주, 대정, 정의, 진산, 금산〔우도〕, 무주, 용담〔좌도〕, 용안, 함열, 고산,
익산, 만경, 임피, 옥구, 김제, 부안, 전주〔우도〕, 남원, 곡성, 순천, 진안,
장수, 순창, 담양, 창평, 옥과, 동복, 임실, 운봉, 흥양, 낙안, 구례, 광양〔좌
도〕, 고부, 흥덕, 무장, 영광, 함평, 무안, 고창〔우도〕, 광주, 화순, 능주,
장흥, 남평, 보성, 강진〔좌도〕, 진도〔우도 ○위는 전라도 56읍〕, 함양,
산청, 단성, 진주, 사천, 곤양, 하동, 남해〔우도 ○위는 경상도 8읍〕
果川 水原 振威 南陽 始興 安山〔左道 ○右京畿六邑〕稷山 天安〔左道〕公州
尼城 恩津 平澤 新昌 保寧 牙山 溫陽 禮山 大興 靑陽 海美 瑞山 泰安 德山

---

47) 원문에는 연산이 左道로 되어있으나『동국문헌비고』권9『여지고』4 건치연혁
　　충청도에 우도 소속으로 되어있어 우도로 수정하였다. 연산현은 예로부터 우도소속으
　　로 공주에서 관할하였다.

沔川 唐津 洪州 結城 藍浦 庇仁〔右道〕 木川 淸州 文義 永同 黃澗 懷仁 報恩
靑山 沃川〔左道〕 全義 燕岐 鎭岑 懷德 定山 鴻山 韓山 林川 舒川 扶餘 石城〔右道〕
連山〔左道 ○右忠淸道四十四邑〕 礪山 金溝 泰仁 井邑 長城 羅州 靈岩 海南
濟州 大靜 旌義 珍山 錦山〔右道〕 茂朱 龍潭〔左道〕 龍安 咸悅 高山 益山 萬頃
臨陂 沃溝 金堤 扶安 全州〔右道〕 南原 谷城 順天 鎭安 長水 淳昌 潭陽 昌平
玉果 同福 任實 雲峰 興陽 樂安 求禮 光陽〔左道〕 古阜 興德 茂長 靈光 咸平
務安 高敞〔右道〕 光州 和順 綾州 長興 南平 寶城 康津〔左道〕 珍島〔右道 ○右全
羅道五十六邑〕 咸陽 山淸 丹城 晋州 泗川 昆陽 河東 南海〔右道 ○右慶尙道八邑〕

강화제6로江華第六路

양천, 김포, 통진〔좌도〕, 강화〔우도〕, 부평, 인천〔좌도〕, 교동〔우도 ○위는
경기 7읍〕
陽川 金浦 通津〔左道〕 江華〔右道〕 富平 仁川〔左道〕 喬桐〔右道 ○右京畿七邑〕

6대로六大路[48]

○경성에서 서북쪽으로 의주에 이르는 제1로京城西北抵義州路第一

경성에서 홍제원[10리], 전석현[10리], 검암점[5리. 속칭 창릉점], 신원
[10리], 고양군[15리], 벽제역[5리], 분수원[10리], 광탄[15리], 파주
[15리], 임진[15리], 동파역[10리], 장단[10리], 견양암[10리], 판적교
[10리], 취적[15리], 개성부[10리 ○위는 모두 경기 소속], 청석동발참
[25리], 두석우[15리], 금천[5리], 구금천[30리], 오질고개[15리], 금
양현[12리], 평산[3리], 차령[10리], 금교역[10리], 총수참[10리], 안
성발참[20리], 상차령[10리], 서흥[20리], 서산발참[15리], 검수역[25
리], 봉산[30리], 동선령[7리], 사인암[8리], 황주[30리 ○위는 모두
황해도 소속], 구현[30리 ○고개 북쪽은 중화 땅], 중화[12리], 지돌발참
[25리], 제교[10리], 대동강[10리], 평양[3리], 강동교[10리], 부산발
참[15리], 순안[15리], 암적천[15리], 냉정발참[15리], 어파원[10리],
숙천[15리], 신행원[15리], 운암발참[15리], 장야[15리], 묵현[10리],
안주[10리], 청천강[5리], 적현[15리], 광통원[10리], 대정강[10리],
가산[20리], 효성령[5리], 납청정[15리], 구정성발참[10리], 월내교
[20리], 정주[10리], 당아령[15리], 곽산[15리], 선천[40리], 동림산성
[25리], 철산[25리], 서림산성[15리], 용천[15리 ○서쪽으로 가는 대로
가 양책역을 거쳐 부의 북쪽에 이르는데 또한 15리이다.], 관진강[40리],
소곶발참[5리], 전문령[15리], 의주[20리 ○위는 모두 평안도 소속],
압록강[10리]에 이른다.

---

48) 원문에는 6대로라는 표제가 없지만 후술되는 내용을 포괄하는 제목으로 필자가
   사용하였다.

自京至弘濟院〔十里〕磚石峴〔十里〕黔岩店〔五里 俗稱昌陵店〕新院〔十里〕高陽
郡〔十五里〕碧蹄驛〔五里〕分水院〔十里〕廣灘〔十五里〕坡州〔十五里〕臨津〔十
五里〕東坡驛〔十里〕長湍〔十里〕見樣岩〔十里〕板積橋〔十里〕吹笛〔十五里〕
開城府〔十里 ○右並屬京畿〕靑石洞撥站〔二十五里〕豆石隅〔十五里〕金川〔五
里〕舊金川〔三十里〕五叱古介〔十五里〕金陽峴〔十二里〕平山〔三里〕車嶺〔十
里〕金郊驛〔十里〕葱秀站〔十里〕安城撥站〔二十里〕上車嶺〔十里〕瑞興〔二十
里〕西山撥站〔十五里〕劒水驛〔二十五里〕鳳山〔三十里〕洞仙嶺〔七里〕舍人岩
〔八里〕黃州〔三十里 ○右並屬黃海道〕駒峴〔三十里 ○峴北中和地〕中和〔十二
里〕地突撥站〔二十五里〕濟橋〔十里〕大同江〔十里〕平壤〔三里〕江東橋〔十里〕
釜山撥站〔十五里〕順安〔十五里〕岩赤川〔十五里〕冷井撥站〔十五里〕於波院
〔十里〕肅川〔十五里〕新行院〔十五里〕雲岩撥站〔十五里〕長野〔十五里〕墨峴
〔十里〕安州〔十里〕淸川江〔五里〕赤峴〔十五里〕廣通院〔十里〕大定江〔十里〕
嘉山〔二十里〕曉星嶺〔五里〕納靑亭〔十五里〕九鼎城撥站〔十里〕月乃橋〔二十
里〕定州〔十里〕堂峨嶺〔十五里〕郭山〔十五里〕宣川〔四十里〕東林山城〔二十五
里〕鐵山〔二十五里〕西林山城〔十五里〕龍川〔十五里 ○西行大路 由良策驛 至
北府 亦十五里〕串津江〔四十里〕所串撥站〔五里〕箭門嶺〔十五里〕義州〔二十里
○右並屬平安道〕鴨綠江〔十里〕

신원에서 서쪽으로 가면 휴류암점〔15리〕, 교하〔35리〕

파주에서 동북쪽으로 가면 이천평〔10리〕, 진목정〔10리〕, 고랑진〔20
리〕, 판부리〔10리〕, 사미천장〔10리〕, 진평점〔10리〕, 감오리현〔30리〕,
대문치〔10리〕, 삭녕〔10리 ○위는 경기 소속〕, 토산〔30리 ○위는 황해도
소속〕

自新院西行 鵂鶹岩店〔十五里〕交河〔三十五里〕

自坡州東北行 梨川坪〔十里〕眞木亭〔十里〕高浪津〔二十里〕板浮里〔十里〕
沙彌川場〔十里〕榛坪店〔十里〕甘五里峴〔三十里〕垈門峙〔十里〕朔寧〔十里 ○
右屬京畿〕兎山〔三十里 ○右屬黃海道〕

장단에서 서쪽으로 가면 전초점[20리], 제릉 아래[20리], 풍덕부[20리 ○위는 경기 소속]

개성부에서 서쪽으로 가면 죽백현[15리], 태성[5리], 벽란도[20리 ○진 서쪽은 배천 땅], 금곡역[5리], 토산점[15리], 번지교[15리], 화분교[15리], 연안[15리], 신천점[15리], 삽교[20리], 청단역[20리], 석장생점[20리], 읍천[10리], 해주[30리 ○금천에서 북쪽으로 가면 조음포창[30리], 평산온정[40리], 석탄[40리], 홍수원[30리], 작천[30리], 해주[30리]인데, 벽란도가 얼음이 설얼어 건너기 어려우면 이 길로 간다.], 영전평[20리], 취야정[10리], 점석원[20리], 황곡[20리], 옹진[40리], 소강행영[50리 ○포구를 건너서 가면 30리이다.]

自長湍西行 前哨店[二十里] 齊陵下[二十里] 豊德府[二十里 ○右屬京畿]
自開城府西行 竹栢峴[十五里] 胎城[五里] 碧瀾渡[二十里 ○津西白川地] 金谷驛[五里] 兎山店[十五里] 番之橋[十五里] 火焚橋[十五里] 延安[十五里] 薪川店[十五里] 挿橋[二十里] 靑丹驛[二十里] 石長柱店[二十里] 泣川[十里] 海州[三十里 ○自金川北行 助音浦倉三十里 平山溫井四十里 石灘四十里 弘壽院三十里 鵲川三十里 海州三十里 碧瀾渡 氷澌難渡 則由此] 永田坪[二十里] 翠野亭[十里] 粘石院[二十里] 黃谷[二十里] 瓮津[四十里] 所江行營[五十里 ○越浦以行 則三十里]

벽란도에서 서쪽으로 가면 배천[30리]

해주에서 서쪽으로 가면 석담서원[40리], 별지점[40리], 학령[10리], 장호령[20리], 송화[30리], 풍천[40리]

장호령에서 서쪽으로 가면 문화온정[40리], 차현[10리], 은율[20리]

영전평[해주 땅]에서 서쪽으로 가면 안현[10리], 대천평[40리], 군영현[30리], 목감원[10리], 장연[40리], 오차진[70리], 장산곶[장연에서 130리]

취야정〔해주 땅〕에서 남쪽으로 가면 우치〔20리〕, 강령〔30리〕

自碧瀾渡西行 白川〔三十里〕

自海州西行 石潭書院〔四十里〕 鼇池店〔四十里〕 鶴嶺〔十里〕 長浩嶺〔二十里〕 松禾〔三十里〕 豊川〔四十里〕

自長浩嶺西行 文化溫井〔四十里〕 車峴〔十里〕 殷栗〔二十里〕

自永田坪〔海州地〕西行 鞍峴〔十里〕 大川平〔四十里〕 軍營峴〔三十里〕 牧甘院〔十里〕 長淵〔四十里〕 吾叉鎭〔七十里〕 長山串〔自長淵壹百三十里〕

自翠野亭〔海州地〕南行 牛峙〔二十里〕 康翎〔三十里〕

금교역에서 동북쪽으로 가면 가인탄〔20리〕, 답동점〔10리〕, 방하교〔10리〕, 신계〔20리〕, 유천〔15리〕, 검을원〔25리〕, 곡산〔50리〕

서흥에서 동북쪽으로 가면 입암〔10리〕, 아오현〔25리〕, 신당〔10리〕, 조산〔10리〕, 위라진〔15리〕, 수안〔15리〕

검수에서 서북쪽으로 가면 갈로개점〔20리〕, 분포장점〔10리〕, 은파장점〔20리〕, 당탄〔15리〕, 재령〔15리〕, 신천〔30리〕, 안악〔40리〕, 이현〔10리〕, 양소현〔10리〕, 장련〔20리〕

신천에서 서쪽으로 가면 문화〔30리 ○위는 모두 황해도 소속〕

自金郊驛東北行 加仁灘〔二十里〕 沓洞店〔十里〕 方下橋〔十里〕 新溪〔二十里〕 楡川〔十五里〕 儉乙院〔二十五里〕 谷山〔五十里〕

自瑞興東北行 鵁岩〔十里〕 阿吾峴〔二十五里〕 神堂〔十里〕 造山〔十里〕 位羅鎭〔十五里〕 遂安〔十五里〕

自劍水西北行 葛路介店〔二十里〕 粉浦場店〔十里〕 銀波場店〔二十里〕 唐灘〔十五里〕 載寧〔十五里〕 信川〔三十里〕 安岳〔四十里〕 梨峴〔十里〕 楊召峴〔十里〕 長連〔二十里〕

自信川西行 文化〔三十里 ○右並屬黃海道〕

평양에서 서쪽으로 가면 융교〔30리〕, 대평동점〔15리〕, 운천교〔10리〕, 강서〔25리〕, 매현〔15리〕, 함종〔5리〕

강서에서 남쪽으로 가면 용강[40리], 마현[10리], 삼화[10리]

평양에서 서쪽으로 가면 둔전평[50리], 증산[40리]

평양에서 동쪽으로 가면 유구강[20리], 강동남창[10리], 고치장점[20리], 탄현[30리], 삼등[10리]

평양에서 동남쪽으로 가면 소알리현[10리], 지경원[25리], 신장[10리], 비립점[15리], 상원[10리]

평양에서 동북쪽으로 가면 장수원[30리], 지경점[20리], 강동[40리], 무누소점[25리], 성천[20리], 별창[60리], 파읍점[50리], 원창[50리], 양덕[30리]

自平壤西行 戎橋[三十里] 大平洞店[十五里] 雲川橋[十里] 江西[二十五里] 每峴[十五里] 咸從[五里]

自江西南行 龍岡[四十里] 馬峴[十里] 三和[十里]

自平壤西行 屯田坪[五十里] 甑山[四十里]

自平壤東行 琉球江[二十里] 江東南倉[十里] 古致場店[二十里] 炭峴[三十里] 三登[十里]

自平壤東南行 所謁里峴[十里] 地境院[二十五里] 新場[十里] 碑立店[十五里] 祥原[十里]

自平壤東北行 長水院[三十里] 地境店[二十里] 江東[四十里] 無累所店[二十五里] 成川[二十里] 別倉[六十里] 破邑店[五十里] 院倉[五十里] 陽德[三十里]

평양 강동교에서 동북쪽으로 가면 와현[5리], 입미륵점[5리], 와미륵점[10리], 석현[5리], 신원[10리], 이성원[20리], 자산[20리], 자산강[5리], 은산[25리], 순천신창[25리], 순천[30리], 은산북창[30리], 무진대[25리], 개천[25리]

순천신창에서 서북쪽으로 가면 미륵령[40리], 순천가창[15리], 북창[20리], 신점[20리], 덕천강[25리], 덕천[5리]

순천북창에서 동북쪽으로 가면 광천점[15리], 매현[15리], 맹산[20리], 적현[10리], 조암조현[15리], 영원[20리]

순안에서 서북쪽으로 가면 영유[30리]

自平壤江東橋東北行 臥峴[五里] 立彌勒店[五里] 臥彌勒店[十里] 石峴[五里] 新院[十里] 利城院[二十里] 慈山[二十里] 慈山江[五里] 殷山[二十五里] 順川新倉[二十五里] 順川[三十里] 殷山北倉[三十里] 無盡臺[二十五里] 价川[二十五里]

自順川新倉西北行 彌勒嶺[四十里] 順川加倉[十五里] 北倉[二十里] 新店[二十里] 德川江[二十五里] 德川[五里]

自順川北倉東北行 廣川店[十五里] 梅峴[十五里] 孟山[二十里] 赤峴[十里] 弔岩調峴[十五里] 寧遠[二十里]

自順安西北行 永柔[三十里]

청천강에서 서북쪽으로 가면 광통원발참[10리], 박천[20리], 율현[40리], 외강[15리], 태천[5리], 구성[60리], 대관[80리], 계반령[30리], 삭주[30리]

청천강에서 동북쪽으로 가면 소착강변창[20리], 수현[15리], 영변[15리], 신풍천[20리], 석창관[15리], 어천역[20리], 동래소곶[50리], 행장참[40리], 황경래참[40리], 희천[20리], 장동관[40리], 적남관[50리], 백석산[30리], 백석발참[30리], 적유령[20리], 파원발참[40리], 소적령[10리], 청파점[5리], 신광진[5리], 입암발참[10리], 갈산점[10리], 무천발참[10리], 장안빙애[10리], 성우발참[10리], 별하발참[30리], 금산참[10리], 부로지령[25리], 개야물동발참[5리], 공귀천점[10리], 신점[10리], 강계[10리]

自淸川江西北行 廣通院撥站[十里] 博川[二十里] 栗峴[四十里] 外江[十五里] 泰川[五里] 龜城[六十里] 大舘[八十里] 鷄盤嶺[三十里] 朔州[三十里]

自淸川江東北行 疏鑿江邊倉[二十里] 水峴[十五里] 寧邊[十五里] 新豊川[二十里] 石倉舘[十五里] 魚川驛[二十里] 東萊所串[五十里] 行場站[四十里]

黃京來站〔四十里〕 熙川〔二十里〕 長洞舘〔四十里〕 狄南官〔五十里〕 白石山〔三十里〕 白石撥站〔三十里〕 狄踰嶺〔二十里〕 坡院撥站〔四十里〕 小狄嶺〔十里〕 靑坡店〔五里〕 神光鎭〔五里〕 立岩撥站〔十里〕 葛山店〔十里〕 茂川撥站〔十里〕 長安硤崖〔十里〕 城于撥站〔十里〕 別何撥站〔三十里〕 禁山站〔十里〕 夫老只嶺〔二十五里〕 介也勿洞撥站〔五里〕 公貴川店〔十里〕 新店〔十里〕 江界〔十里〕

입석참에서 동쪽으로 가면 평남진〔50리〕, 진창〔30리〕, 설한령〔100리. 함흥 경계 ○이 고개에서 강계까지 360리〕

신풍천〔영변 땅〕에서 동북쪽으로 가면 자작현〔20리〕, 화옹정〔10리〕, 운산〔10리〕, 백자동창〔20리〕, 위곡진창〔20리〕, 지경금산〔10리〕, 청산산성〔20리〕, 용소석점〔10리〕, 탁타항 아래 대창〔20리〕, 신창〔30리〕, 시채진〔20리〕, 구계령〔25리〕, 벽동 성창천〔20리〕, 소구계천〔20리〕, 남하창〔10리〕, 벽동〔40리〕

운산에서 서북쪽으로 가면 석장발참〔50리〕, 우현진〔50리〕, 우장창〔50리〕, 판창령〔50리〕, 초산고창〔50리〕, 유파창〔30리〕, 소내월령〔30리〕, 위원남창〔30리〕, 구읍〔30리〕, 위원〔10리〕, 북쪽으로 오노량진〔30리〕에 이른다.

우장창에서 북쪽으로 가면 판막령〔30리〕, 판창〔20리〕, 고중창〔50리〕, 남창〔30리〕, 동창〔30리〕, 초산〔30리〕

시채진에서 (서쪽으로) 가면 와룡령〔10리〕, 시채진창〔20리〕, 소고리창〔40리〕, 자작령〔10리〕, 창성〔20리 ○위는 모두 평안도 소속〕

自立石站東行 平南鎭〔五十里〕 鎭倉〔三十里〕 雪寒嶺〔百里 咸興界 ○自此嶺抵江界三百六十里〕

自新豊川〔寧邊地〕東北行 自作峴〔二十里〕 化翁亭〔十里〕 雲山〔十里〕 栢子洞倉〔二十里〕 委曲鎭倉〔二十里〕 地鏡禁山〔十里〕 靑山山城〔二十里〕 龍所石店〔十里〕 橐駝項下大倉〔二十里〕 新倉〔三十里〕 恃寨鎭〔二十里〕 九溪嶺〔二十五里〕 碧潼城倉川〔二十里〕 小九溪川〔二十里〕 南下倉〔十里〕 碧潼〔四十里〕

自雲山西北行 石墻撥站〔五十里〕 牛峴鎭〔五十里〕 牛場倉〔五十里〕 板倉
嶺〔五十里〕 楚山古倉〔五十里〕 兪坡倉〔三十里〕 所乃月嶺〔三十里〕 渭原南倉
〔三十里〕 舊邑〔三十里〕 渭原〔十里〕 北抵吾老梁鎭〔三十里〕

自牛場倉北行 板幕嶺〔三十里〕 板倉〔二十里〕 古中倉〔五十里〕 南倉
〔三十里〕 東倉〔三十里〕 楚山〔三十里〕

自恃寨鎭行 臥龍嶺〔十里〕 恃寨鎭倉〔二十里〕 所古里倉〔四十里〕 自作嶺
〔十里〕 昌城〔二十里 ○右並屬平安道〕

의주에서 강계에 이르는 강변로自義州抵江界江邊路

의주에서 동북쪽으로 건천・수구 등의 보를 경유하여 위원 오노량에 이른
다. 아래에 보이는 압록강연로는 오노량에서 고산리진〔40리 ○이하 강계
소속〕, 벌등보〔30리〕, 만포진〔30리 ○위 진보는 모두 강변에 있다. 이로부
터 서쪽에서 꺾여 남쪽으로 향하여 간다.〕, 윗괴보〔30리〕, 상토진〔30리〕,
종포보〔40리〕, 추파보〔20리〕, 마마해보〔20리〕, 강계〔20리. 이곳은 감사
와 병사가 대로를 순회한다. 위원에서 강계까지 바로 가면 170리이다.〕에
이른다.

自義州東北行 由乾川水口等堡 抵渭原吾老梁 見下鴨綠江沿路 自吾老梁 抵高山
里鎭〔四十里 ○以下屬江界〕 伐登堡〔三十里〕 滿浦鎭〔三十里 ○右鎭堡皆在江
邊 自此折西向南行〕 崐怪堡〔三十里〕 上土鎭〔三十里〕 從浦堡〔四十里〕 楸坡堡
〔二十里〕 馬馬海堡〔二十里〕 江界〔二十里 此監兵使巡歷大路也 自渭原直抵江
界一百七十里〕

○경성에서 동북쪽으로 경흥에 이르는 제2로京城東北抵慶興路第二

경성에서 수유리점〔10리〕, 누원〔20리〕, 서오랑점〔20리〕, 축석령〔10리〕,
송우점〔20리〕, 파발막〔10리〕, 장거리〔10리〕, 만세교〔20리〕, 양문역〔10
리 ○위는 경기 소속〕, 풍전역〔40리. 철원 땅〕, 가로개령〔20리〕, 장림천

〔10리〕, 김화〔20리〕, 금성〔50리〕, 창도역〔30리 ○창도에서 기성창〔50
리〕, 추정촌〔50리〕, 단발령〔20리〕, 금강산 장안사〔40리〕에 이른다.〕,
재오현〔20리〕, 송포강〔10리〕, 신안역〔20리〕, 회양〔30리〕, 철령〔45리
○고개 북쪽은 안변 땅〕, 고산역〔15리〕, 용지원〔20리 ○평강에서 북쪽으
로 가면 검불랑점〔40리〕, 분수령원〔20리〕, 삼방점〔30리〕, 재천점〔30
리〕, 금기〔20리〕, 용지원〔30리〕이다. 이 길이 지름길인데, 철령을 넘지
않는다.〕, 남산역〔30리 ○남산 동쪽에서 색안〔30리〕, 화등역〔30리〕에
이른다. 이 길은 강원도 흡곡대로와 통한다.〕,

自京至水踰里店〔十里〕 樓院〔二十里〕 西五郞店〔二十里〕 祝石嶺〔十里〕 松隅店
〔二十里〕 擺撥幕〔十里〕 場巨里〔十里〕 萬歲橋〔二十里〕 梁文驛〔十里 ○右並屬
京畿〕 豊田驛〔四十里 鐵原地〕 可老介嶺〔二十里〕 長林川〔十里〕 金化〔二十里〕
金城〔五十里〕 昌道驛〔三十里 ○自昌道抵歧城倉五十里 楸亭村五十里 斷髮嶺
二十里 金剛山長安寺四十里〕 才五峴〔二十里〕 松包江〔十里〕 新安驛〔二十里〕
淮陽〔三十里〕 鐵嶺〔四十五里 ○嶺北安邊地〕 高山驛〔十五里〕 龍池院〔二十里
○自平康北行 儉佛浪店四十里 分水嶺院二十里 三防店三十里 才川店三十里
禁基二十里 龍池院三十里 此徑路也 不踰鐵嶺〕 南山驛〔三十里 ○自南山東抵色
鞍三十里 火燈驛三十里 此通江原道歙谷大路〕

안변〔20리 ○지릉[49]은 부의 서쪽 30리 서곡현 봉용역에 있다.〕, 원산촌
〔30리 ○남산에서 원산까지 바로 가면 40리이다. 이 길이 지름길이다.〕,
덕원〔15리〕, 문천〔35리 ○숙릉[50]은 군의 동쪽 (15리) 초한사에 있다.
○남산에서 파발막〔20리〕, 봉용역〔30리〕, 덕원 철궐역〔35리〕, 양기역
〔35리〕에 이르는데, 문천읍 동쪽 2리에 있다. 이 길은 사성대로이다.〕,
고원〔50리〕, 영흥〔40리 ○준원역은 부의 동남쪽 13리 흑석리에 있다.〕,
금파원〔30리〕, 초원역〔15리〕, 고성현〔10리〕, 정평〔30리〕, 봉대역〔5리〕,

---

49) 조선 태조의 증조부 익조翼祖(李行里)의 능.
50) 조선 태조의 증조모 정숙왕후貞淑王后 최씨崔氏의 능.

함흥〔45리 ○같은 언덕에 있는 덕릉51)과 안릉52)은 부의 서북쪽 60리 가평사에 있다. 의릉53)은 부의 동남쪽 15리 운전사에 있다. 순릉54)은 부의 동쪽 33리 동명사에 있다. 같은 언덕에 있는 정릉55)과 화릉56)은 부의 동쪽 13리 귀주동에 있다.〕, 덕산역〔30리〕, 임동원〔20리〕, 함관령〔10리〕, 함원역〔10리〕, 홍원〔25리〕, 평포〔45리〕, 쌍가령〔25리〕, 북청〔20리〕, 장모로점〔30리〕, 거산역〔25리〕, 시중대〔15리〕, 다보동점〔15리〕, 이성〔20리 ○북청 자항원에서 동북쪽으로 가면 궐파령〔30리〕, 이성〔30리〕이다. 이 길이 지름길이다.〕, 곡구역〔35리〕, 마운령〔10리〕, 단천〔45리〕, 마곡역〔40리〕, 마천령〔역 뒤에 있다.〕,

安邊〔二十里 ○智陵在府西三十里 瑞谷縣奉龍驛〕圓山村〔三十里 ○自南山直抵圓山四十里 此徑路也〕德源〔十五里〕文川〔三十五里 ○淑陵在郡東 里 草閑社 ○自南山抵擺撥幕二十里 奉龍驛三十里 德源鐵闕驛三十五里 良騏驛三十五里 在文川邑東二里 此使星大路也〕高原〔五十里〕永興〔四十里 ○濬源驛府在東南十三里 黑石里〕金坡院〔三十里〕草原驛〔十五里〕高城峴〔十里〕定平〔三十里〕蓬臺驛〔五里〕咸興〔四十五里 ○德陵安陵同原在府西北六十里 加平社 義陵在府東南十五里 雲田社 純陵在府東三十三里 東溟社 定陵和陵同原在府東十三里 歸州洞〕德山驛〔三十里〕林東院〔二十里〕咸關嶺〔十里〕咸原驛〔十里〕洪原〔二十五里〕平浦〔四十五里〕雙加嶺〔二十五里〕北青〔二十里〕長毛老店〔三十里〕居山驛〔二十五里〕侍中臺〔十五里〕多寶洞店〔十五里〕利城〔二十里 ○自北青慈航院北東行 蕨坡嶺三十里 利城三十里 此徑路也〕谷口驛〔三十五里〕磨雲嶺〔十里〕端川〔四十五里〕磨谷驛〔四十里〕磨天嶺〔在驛後〕

---

51) 조선 태조의 고조부 목조穆祖(李安社)의 능.
52) 조선 태조의 고조모 효공왕후孝恭王后 이씨李氏의 능.
53) 조선 태조의 조부 도조度祖(李椿)의 능.
54) 조선 태조의 조모 경순왕후敬順王后 박씨朴氏의 능.
55) 조선 태조의 부 환조桓祖(李子春)의 능.
56) 조선 태조의 모 의혜왕후懿惠王后 최씨崔氏의 능.

성진진〔55리〕, 임명역〔30리〕, 길주〔60리〕, 고참〔35리〕, 재덕보〔15리〕,
명천〔25리〕, 귀문령〔30리 ○중두덕과 모두덕이 있다.〕, 주촌역〔30리〕,
영강역〔45리〕, 경성〔45리〕, 수성역〔40리〕, 부령〔60리〕, 폐무산보〔45
리〕, 마전원〔45리〕, 무산〔55리〕, 양영만동보〔27리〕, 풍산진〔60리〕, 볼
하진〔25리〕, 회령〔25리 ○부령에서 고풍산진까지 65리, 회령까지 55리에
바로 간다. ○회령에서 동쪽으로 가면 북절도사행영〔55리〕에 이르는데,
영은 종성 땅에 있다. 영에서 북쪽으로 종성〔85리〕, 온성〔70리〕에 이른다.
동쪽으로 경원〔90리〕에 이른다. 덕명참까지 바로 가면 75리이고, 고령진
까지 바로 가면 30리이다.〕, 고령진〔23리〕, 방원보〔39리〕, 종성〔35리〕,
동관진〔15리〕, 영달보〔25리〕, 유원진〔40리. 온성 서북쪽 강변에 있다.〕,
온성〔18리 ○영달에서 온성까지 바로 가면 30리이다. ○회령에서 온성까
지 바로 가면 78리이다.〕, 미전진〔25리. 온성 동북쪽 강변에 있다.〕,
황척파보〔17리 ○온성에서 황척파까지 바로 가면 30리이다.〕, 훈술진〔30
리〕, 경원〔30리 ○온성에서 경원까지 바로 가면 75리이다. 북쪽에서 정남
쪽으로 향해 간다.〕, 안원보〔30리〕, 건원보〔20리〕, 아산보〔25리〕, 아오지
보〔30리〕, 무이보〔20리〕, 경흥〔35리〕, 조산보〔30리〕, 서수라보〔30리
○위는 모두 함경도 소속〕에 이른다.

城津鎭〔五十五里〕 臨溟驛〔三十里〕 吉州〔六十里〕 古站〔三十五里〕 在德堡〔十
五里〕 明川〔二十五里〕 鬼門嶺〔三十里 ○有中頭德车頭德〕 朱村驛〔三十里〕 永
康驛〔四十五里〕 鏡城〔四十五里〕 輸城驛〔四十里〕 富寧〔六十里〕 廢茂山堡〔四
十五里〕 麻田院〔四十五里〕 茂山〔五十五里〕 梁永萬洞堡〔二十七里〕 豊山鎭〔六
十里〕 乶下鎭〔二十五里〕 會寧〔二十五里 ○自富寧直抵古豊山鎭六十五里 會寧
五十五里 ○自會寧東行抵北節度使行營五十五里 營在鍾城地 自營北抵鍾城八
十五里 抵穩城七十里 東抵慶源九十里 直抵德明站七十五里 直抵高嶺鎭三十
里〕 高嶺鎭〔二十三里〕 防垣堡〔三十九里〕 鍾城〔三十五里〕 潼關鎭〔十五里〕 永
達堡〔二十五里〕 柔遠鎭〔四十里 在穩城西北江邊〕 穩城〔十八里 ○自永達直抵
穩城三十里 ○自會寧直抵穩城七十八里〕 美錢鎭〔二十五里 在穩城東北江邊〕

黃拓坡堡〔十七里 ○自穩城直抵黃拓坡三十里〕訓戎鎭〔三十里〕慶源〔三十里
○自穩城直抵慶源七十五里 自北向正南行〕安原堡〔三十里〕乾原堡〔二十里〕
阿山堡〔二十五里〕阿吾地堡〔三十里〕撫夷堡〔二十里〕慶興〔三十五里〕造山堡
〔三十里〕西水羅堡〔三十里 ○右並屬咸鏡道〕

누원에서 동북쪽으로 가면 비립가〔20리〕, 가정자〔40리〕, 한대탄〔20
리〕, 통현〔20리〕, 연천〔10리 ○위는 모두 경기 소속〕, 용담〔50리〕, 철원
〔10리〕, 월내정점〔30리〕, 평강〔30리 ○위는 모두 강원도 소속〕

비립원〔양주 땅〕에서 동북쪽으로 가면 양주〔10리〕, 상수현〔30리〕,
광수원〔10리〕, 적성〔20리 ○위는 모두 경기 소속〕

양주에서 북쪽으로 가면 가라비점〔10리〕, 상수역〔10리〕, 관패현
〔20리〕, 서근추진〔20리〕, 마전〔10리 ○위는 모두 경기 소속〕

연천에서 북쪽으로 가면 고내현〔20리〕, 승량점〔20리〕, 안협〔40리〕,
유교현〔20리〕, 이천〔40리 ○위는 모두 강원도 소속〕

파발막〔영평 땅〕에서 북쪽으로 가면 포천〔10리〕

양문역에서 서쪽으로 가면 영평〔10리 ○위는 모두 경기 소속〕

自樓院東北行 碑立街〔二十里〕柯亭子〔四十里〕漢大灘〔二十里〕通峴〔二十
里〕漣川〔十里 ○右並屬京畿〕龍潭〔五十里〕鐵原〔十里〕月乃井店〔三十里〕
平康〔三十里 ○右並屬江原道〕

自碑立院〔楊州地〕東北行 楊州〔十里〕湘水峴〔三十里〕光邃院〔十里〕積城
〔二十里 ○右並屬京畿〕

自楊州北行 加羅非店〔十里〕湘水驛〔十里〕官牌峴〔二十里〕鋤斤湫津
〔二十里〕麻田〔十里 ○右並屬京畿〕

自漣川北行 古乃峴〔二十里〕升良店〔二十里〕安峽〔四十里〕鑰橋峴〔二十
里〕伊川〔四十里 ○右並屬江原道〕

自擺撥幕〔永平地〕北行 抱川〔十里〕

自梁文驛西行 永平〔十里 ○右並屬京畿〕

신안역에서 동북쪽으로 가면 불록령〔20리〕, 화천점〔20리〕, 추지령〔10 리〕, 통천〔40리〕, 무치령〔20리〕, 흡곡〔10리〕

　추지령에서 북쪽으로 가면 효경동점〔30리〕, 통천동창〔30리〕, 고성 〔50리 ○위는 모두 강원도 소속〕

　북청에서 서북쪽으로 가면 자항원〔40리〕, 제인관〔30리〕, 후치령〔30 리〕, 황수원〔30리〕, 교항역〔20리〕, 허화령〔5리〕, 마저령〔20리 ○고개 서쪽은 갑산 땅〕, 종포역〔15리〕, 응덕령〔15리〕, 웅이역〔35리〕, 호린원 〔27리〕, 갑산〔48리〕, 허린역〔45리〕, 삼수〔45리 ○위는 모두 함경도 소속〕

　自新安驛東北行 佛綠嶺〔二十里〕花川店〔二十里〕楸池嶺〔十里〕通川〔四十 里〕無置嶺〔二十里〕歙谷〔十里〕

　自楸池嶺北行 孝經洞店〔三十里〕通川東倉〔三十里〕高城〔五十里 ○右並 屬江原道〕

　自北青西北行 慈航院〔四十里〕濟仁舘〔三十里〕厚致嶺〔三十里〕黃水院〔三 十里〕橋項驛〔二十里〕虛火嶺〔五里〕馬底嶺〔二十里 ○嶺西甲山地〕終浦驛〔十 五里〕鷹德嶺〔十五里〕熊耳驛〔三十五里〕呼麟院〔二十七里〕甲山〔四十八里〕 虛麟驛〔四十五里〕三水〔四十五里 ○右並屬咸鏡道〕

함흥에서 별해를 거쳐 길주로 나오는 길自咸興抵別害出吉州路

함흥에서 기천창〔40리〕, 중령보〔60리〕, 황초령〔20리〕, 화피창〔30리〕, 가모로〔30리〕, 신대창〔20리〕, 장진신읍〔20리〕, 마이수점〔30리〕, 양거 수보〔20리〕, 장항〔30리〕, 별해진〔35리〕, 묘파보〔60리〕, 신방구비보〔50 리〕, 강구보〔30리 ○기천에서 왼쪽으로 가면 200리이다. 부전령을 넘어 병풍파까지 함흥에서 300리 거리이다. 황철파, 상서이령, 하서이령을 넘어 강구에 이른다. 이 길이 지름길이다.〕, 이송동원〔20리〕, 어면보〔40 리〕, 자작구비보〔40리〕, 구가을파지보〔80리 ○이로부터 서쪽으로 가면 후주까지 70리이다.〕, 가을파지진〔20리〕, 소농보〔25리〕, 나난보〔25리〕,

인차외보[40리], 삼수[40리 ○자작에서 삼수까지 바로 가면 100리이다. ○소농에서 삼수까지 바로 가면 60리이다.], 혜산진[45리], 운총보[20 리], 동인보[45리], 갑산[30리], 운허원[40리], 황토령 황토기보[45 리], 쌍청보[40리], 올족보[80리], 숭의보[30리], 덕만동[64리], 사하 북[80리], 길주[40리]에 이른다.

自咸興至歧川倉[四十里] 中嶺堡[六十里] 黃草嶺[二十里] 樺皮倉[三十里] 加 毛老[三十里] 新大倉[二十里] 長津新邑[二十里] 亇伊水店[三十里] 梁巨水堡 [三十里] 獐項[三十里] 別害鎭[三十五里] 廟坡堡[六十里] 神方仇非堡[五十 里] 江口堡[三十里 ○自歧川左行二百里 踰赴戰嶺抵屛風坡距咸興三百里 歷黃 鐵坡上下鋤耳嶺抵江口 此徑路也] 李松洞院[二十里] 魚面堡[四十里] 自作仇 非堡[四十里] 舊茄乙波知堡[八十里 ○自此西抵厚州七十里] 茄乙波知鎭[二 十里] 小農堡[二十五里] 羅暖堡[二十五里] 仁遮外堡[四十里] 三水[四十里 ○自自作直抵三水一百里 ○自小農直抵三水六十里] 惠山鎭[四十五里] 雲寵 堡[二十里] 同仁堡[四十五里] 甲山[三十里] 雲虛院[四十里] 黃土嶺黃土歧堡 [四十五里] 雙靑堡[四十里] 乻足堡[八十里] 崇義堡[三十里] 德萬洞[六十四 里] 斜下北[八十里] 吉州[四十里]

갑산에서 바로 단천에 이르는 길自甲山直抵端川路

갑산에서 올족[위에 보인다.], 이동보[90리], 마곡역[40리. 마곡에서 단천까지는 위에 보인다.]에 이른다.

自甲山至乻足[見上] 梨洞堡[九十里] 磨谷驛[四十里 自磨谷至端川 見上]

명천에서 육산보로 들어가 부령으로 돌아나오는 길
自明川入六山堡轉出富寧路

명천에서 삼삼파보[80리], 보화보[28리], 보로지보[19리], 주을온보 [70리], 오촌보[28리], 경성 어유간진[45리], 수성역[45리. 수성에서 부령까지는 위에 보인다.]에 이른다.

自明川至森森坡堡〔八十里〕 寶化堡〔二十八里〕 甫老知堡〔十九里〕 朱乙溫堡〔七十里〕 吾村堡〔二十八里〕 鏡城魚遊澗鎭〔四十五里〕 輸城驛〔四十五里 自輸城至富寧 見上〕

명천 사마동에서 마파에 이르는 길自明川斜亇洞抵亇坡路

사마동에서 북쪽으로 삼삼파〔60리〕, 남쪽으로 명천〔35리〕, 서쪽으로 적로추요격처 토란동〔50리〕, 체탐처〔120리〕, 대장고항〔140리〕, 삼기〔20리〕, 마파〔85. 동쪽에는 대동산, 서쪽에는 갑산 두리산, 북쪽에는 장백산이 보인다.]에 이른다.

自斜亇洞北距森森坡〔六十里〕 南距明川〔三十五里〕 西距賊路追邀擊處 土卵洞〔五十里〕 体探處〔一百二十里〕 大長鼓項〔一百四十里〕 三歧〔二十里〕 亇坡〔八十五里 東望大東山 西望甲山豆里山 北望長白山〕

○경성에서 동쪽으로 평해에 이르는 제3로京城東抵平海路第三

경성에서 망우리현〔25리〕, 왕산탄〔13리〕, 평구역〔7리〕, 봉안역〔25리〕, 고랑진〔7리〕, 이수두리〔3리〕, 월계〔10리〕, 덕곡〔20리〕, 양근〔10리〕, 백현〔15리〕, 지평〔15리 ○위는 모두 경기 소속〕, 전양현〔20리〕, 송치〔25리〕, 안창역〔15리〕, 원주〔30리〕, 식송점〔20리〕, 오동원역〔30리〕, 안흥역〔20리〕, 운교역창〔30리〕, 방림역〔30리〕, 대화역창〔20리〕, 청심대〔40리〕, 진보역〔10리〕, 월정가점〔10리 ○이 점에서 북쪽으로 가면 오대산 월정사〔20리〕, 사고〔15리〕에 이른다.〕, 홍계역〔15리〕, 대관령상〔10리. 고개 동쪽에 제민원이 있다.〕, 구산역〔20리〕, 강릉〔20리〕, 우계〔60리. 이곳에서 남쪽으로 향한다.〕, 평릉역〔30리〕, 삼척〔30리〕, 교헐역〔20리〕, 용화역〔30리〕, 오원창〔40리〕, 갈령〔20리〕, 울진〔40리〕, 수산역〔10리〕,

덕신역〔20리〕, 망양정〔10리〕, 월송진〔30리〕, 달수역〔5리〕, 평해〔5리〕
에 이른다.

自京至忘憂里峴〔二十五里〕 王山灘〔十三里〕 平邱驛〔七里〕 奉安驛〔二十五里〕
高浪津〔七里〕 二水頭里〔三里〕 月溪〔十里〕 德谷〔二十里〕 楊根〔十里〕 百峴〔十
五里〕 砥平〔十五里 ○右並屬京畿〕 前陽峴〔二十里〕 松峙〔二十五里〕 安昌驛〔十
五里〕 原州〔三十里〕 植松店〔二十里〕 梧桐院驛〔三十里〕 安興驛〔二十里〕 雲橋
驛倉〔三十里〕 芳林驛〔三十里〕 大和驛倉〔二十里〕 淸心臺〔四十里〕 珍寶驛〔十
里〕 月精街店〔十里 ○自此店北行抵五臺山月精寺二十里 史庫十五里〕 洪溪驛
〔十五里〕 大關嶺上〔十里 嶺東有濟民院〕 丘山驛〔二十里〕 江陵〔二十里〕 牛溪
〔六十里 自此向南行〕 平陵驛〔三十里〕 三陟〔三十里〕 交歊驛〔二十里〕 龍化驛
〔三十里〕 梧院倉〔四十里〕 竕嶺〔二十里〕 蔚珍〔四十里〕 守山驛〔十里〕 德新驛
〔二十里〕 望洋亭〔十里〕 越松鎭〔三十里〕 達水驛〔五里〕 平海〔五里〕

평구역에서 동북쪽으로 가면 굴운역〔40리 ○경성에서 동쪽으로 가면
퇴계원〔35리〕, 사릉하점〔20리〕, 마치〔18리〕, 굴운〔22리〕인데, 이 길이
지름길이다.〕, 청평천점〔15리〕, 감천역〔16리〕, 가평〔24리 ○위는 모두
경기 소속〕, 안보역〔20리〕, 석파령〔10리〕, 덕도원〔10리〕, 신연강〔10
리〕, 춘천〔10리〕, 소양강〔5리〕, 부침현〔20리〕, 가락동〔20리〕, 시락현〔5
리〕, 양구〔20리〕

가평에서 동북쪽으로 가면 장현〔20리〕, 홍적점〔10리〕, 물의령〔5리〕,
지검점〔15리〕, 원천역〔15리〕, 낭천〔10리〕

自平丘驛東北行 屈雲驛〔四十里 ○自京東行退溪院三十五里 思陵下店二十
里 磨峙十八里 屈雲二十二里 此徑路也〕 靑平川店〔十五里〕 甘泉驛〔十六里〕
加平〔二十四里 ○右屬京畿〕 安保驛〔二十里〕 石坡嶺〔十里〕 德道院〔十里〕 新淵
江〔十里〕 春川〔十里〕 昭陽江〔五里〕 浮沈峴〔二十里〕 加洛洞〔二十里〕 時洛峴
〔五里〕 楊口〔二十里〕

自加平東北行 獐峴〔二十里〕 洪赤店〔十里〕 物衣嶺〔五里〕 至儉店〔十五里〕
原川驛〔十五里〕 狼川〔十里〕

지평에서 동북쪽으로 가면 광탄[10리], 신대치[30리], 홍천[40리], 장송현[30리], 감천역[35리], 마노점[50리], 인제[30리], 낭교역[60리], 연수파령[40리], 원암[20리], 청간정[20리], 간성[40리]

광탄[지평 땅]에서 동북쪽으로 가면 갈현점[30리], 어로현[20리], 초원점[20리], 횡성[10리]

원암에서 동북쪽으로 가면 강선역[20리], 낙산사[15리], 양양[15리]

원주에서 동쪽으로 가면 광암[20리], 신림역[20리], 주천역[40리], 용정원[40리], 양인역[25리], 서강[15리], 영월[10리]

주천역[원주 땅]에서 동북쪽으로 가면 거슬갑치[30리], 평창[20리]

방림역에서 동쪽으로 가면 벽파현[20리], 벽탄역[25리], 정선[15리 ○위는 모두 강원도 소속]

自砥平東北行 廣灘[十里] 新大峙[三十里] 洪川[四十里] 長松峴[三十里] 甘泉驛[三十五里] 馬奴店[五十里] 麟蹄[三十里] 狼郊驛[六十里] 延壽坡嶺[四十里] 遠岩[二十里] 淸澗亭[二十里] 杆城[四十里]

自廣灘[砥平地]東北行 葛峴店[三十里] 於路峴[二十里] 草院店[二十里] 橫城[十里]

自遠岩東北行 降仙驛[二十里] 洛山寺[十五里] 襄陽[十五里]

自原州東行 廣岩[二十里] 神林驛[二十里] 酒泉驛[四十里] 龍亭院[四十里] 良仁驛[二十五里] 西江[十五里] 寧越[十里]

自酒泉驛[原州地]東北行 巨瑟岬峙[三十里] 平昌[二十里]

自芳林驛東行 碧坡峴[二十里] 碧灘驛[二十五里] 旌善[十五里 ○右並屬江原道]

○경성에서 동남쪽으로 동래에 이르는 제4로京城東南抵東萊路第四

경성에서 한강[10리], 신원점[20리], 현천현[10리], 판교점[10리], 험

천[15리], 열원[10리], 용인[5리], 박군이현[10리], 직곡점[10리], 김
령장[10리], 양지[10리], 좌찬역[10리], 기안점[20리], 진촌[10리],
광암[20리], 석원[20리. 음죽 땅 ○위는 모두 경기 소속], 모도원[30리],
숭선점[10리], 용안점[7리], 검단점[20리], 달천진[10리], 충주[10리
○경성에서 송파진을 건너 광주와 음죽을 거처 충주에 이르는 한길은
아래에 보인다.], 단월역[10리], 수교[30리], 안부역[30리 ○위는 모두
충청도 소속], 조령 동화원[20리], 초곡[10리], 문경[10리 ○연풍에서
동남쪽으로 10리를 가서 이화령을 넘으면 문경에 이르는데 20리이다.
이 길이 지름길이다. 고개 아래에 요광원이 있다. ○청주 송면에서 이화남
령을 넘으면 문경과 상주에 다다른다. 모두 지름길이다.], 신원[20리],
유곡역[20리], 덕통역[20리], 낙원역[30리], 불현[30리], 낙동진[10
리], 여차리점[20리], 영향역[10리], 고리곡[10리], 장천[20리], 동명
원현[20리], 우암창[10리], 금호강[20리], 대구[10리], 오동원[30리],
팔조령[20리], 청도[20리], 유천[30리], 밀양[30리], 이창[10리], 무흘
현[10리], 내포진[30리], 황산역[20리], 양산[20리], 동래[40리], 좌수
영[10리], 부산진[20리 ○위는 모두 경상도 소속]에 이른다.

自京至漢江[十里] 新院店[二十里] 懸川峴[十里] 板橋店[十里] 險川[十五里]
列院[十里] 龍仁[五里] 朴君伊峴[十里] 直谷店[十里] 金嶺場[十里] 陽智[十
里] 左贊驛[十里] 機鞍店[二十里] 陣村[十里] 廣岩[二十里] 石院[二十里 陰
竹地 ○右並屬京畿] 慕道院[三十里] 崇善店[十里] 用安店[七里] 檢丹店[二十
里] 達川津[十里] 忠州[十里 ○自京渡松波津由廣州陰竹抵忠州一路 見下] 丹
月驛[十里] 水橋[三十里] 安富驛[三十里 ○右並屬忠淸道] 鳥嶺桐華院[二十
里] 草谷[十里] 聞慶[十里 ○自延豊東南行十里 踰伊火嶺抵聞慶二十里 此徑路
也 嶺下有要光院 ○自淸州松面 踰伊火南嶺 抵聞慶又抵尙州 皆徑路也] 新院
[二十里] 幽谷驛[二十里] 德通驛[二十里] 洛原驛[三十里] 佛峴[三十里] 洛東
津[十里] 餘次里店[二十里] 迎香驛[十里] 古里谷[十里] 丈川[二十里] 東明院
峴[二十里] 牛岩倉[十里] 琴湖江[二十里] 大丘[十里] 梧桐院[三十里] 八助嶺

〔二十里〕淸道〔二十里〕楡川〔三十里〕密陽〔三十里〕耳倉〔十里〕無屹峴〔十里〕
內浦津〔三十里〕黃山驛〔二十里〕梁山〔二十里〕東萊〔四十里〕左水營〔十里〕
釜山鎭〔二十里〕 ○右並屬慶尙道〕

직곡〔용인 땅〕에서 남쪽으로 가면 천동점〔20리〕, 장수리〔20리〕, 양성
〔10리〕, 안성〔20리〕

진촌〔죽산 땅〕에서 동남쪽으로 가면 분행역〔10리〕, 죽산〔10리 ○위는
모두 경기 소속〕, 광혜원〔20리〕, 장양역〔20리〕, 진천〔20리 ○안성에서
남쪽으로 10리를 가서 협탄치를 넘으면 본현에 이르는데 45리이다. 이
길이 지름길이다. ○위는 충청도 소속〕

석원에서 남쪽으로 가면 금곡점〔20리〕, 오촌〔20리〕, 신점〔20리〕, 괴산
〔20리〕, 연풍〔40리〕, 조령〔30리〕

금곡에서 남쪽으로 가면 음성〔25리〕

오촌에서 남쪽으로 가면 송오현〔10리〕, 청안〔30리〕

自直谷〔龍仁地〕南行 泉洞店〔二十里〕長水里〔二十里〕陽城〔十里〕安城〔二
十里〕

自陣村〔竹山地〕東南行 分行驛〔十里〕竹山〔十里 ○右並屬京畿〕廣惠院〔二
十里〕長楊驛〔二十里〕鎭川〔二十里 ○自安城南行十里 踰鷔呑峙 抵本縣四十五
里 此徑路也 ○右屬忠淸道〕

自石院南行 金谷店〔二十里〕午村〔二十里〕新店〔二十里〕槐山〔二十里〕延豐
〔四十里〕鳥嶺〔三十里〕

自金谷南行 陰城〔二十五里〕

自午村南行 松午峴〔十里〕淸安〔三十里〕

충주에서 동남쪽으로 가면 황강역〔30리〕, 서창〔10리〕, 청풍〔20리〕

서창〔청풍 땅〕에서 동남쪽으로 가면 수산역〔20리〕, 장위점〔10리〕,
단양〔20리 ○위는 모두 충청도 소속〕, 죽령〔30리 ○고개 남쪽은 순흥
땅〕, 창락역〔10리〕, 풍기〔10리〕, 영천〔30리〕, 내성참〔30리〕, 봉화〔20리

○계속 가면 태백산 각화사[50리]인데, 위에 사고가 있다.]

　　풍기에서 동쪽으로 나란히 가면 순흥[30리]

　　영천에서 동쪽으로 가면 두돌창[20리], 오천[10리], 예안[30리
○위는 모두 경상도 소속]

　自忠州東南行 黃江驛[三十里] 西倉[十里] 淸風[二十里]

　　自西倉[淸風地]東南行 水山驛[二十里] 長渭店[十里] 丹陽[二十里 ○右
並屬忠淸道] 竹嶺[三十里 ○嶺南順興地] 昌樂驛[十里] 豊基[十里] 榮川[三十
里] 乃城站[三十里] 奉化[二十里 ○並行太白山覺華寺五十里 上有史庫]

　　　自豊基東北行 順興[三十里]

　　　自榮川東行 斗突倉[二十里] 烏川[十里] 禮安[三十里 ○右並屬慶尙道]

경성에서 동남쪽으로 송파진을 경유하여 충주에 이르는 한길
自京城東南由松波津抵忠州一路

경성에서 전곶교[10리], 송파진[20리 ○한강 상류], 광주[20리], 경안역
[30리 ○송파진에서 심점[20리], 이배현[5리], 신현점[15리], 경안[10
리]에 이르는데, 이 길이 지름길이다.], 쌍령점[10리], 곤지암[10리],
광현보발참[20리], 이천[20리], 장등점[30리], 음죽[20리], 장해원[10
리 ○장등에서 문현리를 거쳐 바로 장해원에 이르는데, 이 길이 지름길이다.
○위는 경기 소속], 오갑[10리], 용당[15리], 가흥창[25리], 목계[10
리], 달아현[20리], 원창[10리], 박달현[10리], 충주[15리 ○가흥창에
서 충주까지 바로 가면 30리이다. ○위는 모두 충청도 소속]에 이른다.

　이천에서 동남쪽으로 가면 신은천[20리], 영릉[10리], 여주[10리 ○위
는 모두 경기 소속]

　박달현에서 동쪽으로 가면 주포창[10리], 제천[20리], 노원치[20리],
중치[20리], 남진강[25리], 영춘[5리 ○위는 모두 충청도 소속]

自京至箭串橋〔十里〕松波津〔二十里 ○漢江上流〕廣州〔二十里〕慶安驛〔三十里 ○自松波津至深店二十里 二北峴五里 新峴店十五里 慶安十里 此徑路也〕雙嶺店〔十里〕昆池岩〔十里〕廣峴步撥站〔二十里〕利川〔二十里〕長登店〔三十里〕陰竹〔二十里〕長海院〔十里 ○自長登由門縣里直抵長海院 此徑路也 ○右屬京畿〕烏岬〔十里〕龍堂〔十五里〕嘉興倉〔二十五里〕木溪〔十里〕達阿峴〔二十里〕院倉〔十里〕朴達峴〔十里〕忠州〔十五里 ○自嘉興倉直抵忠州三十里 ○右並屬忠淸道〕

自利川東南行 新恩川〔二十里〕英陵〔十里〕驪州〔十里 ○右並屬京畿〕

自朴達峴東行 周浦倉〔十里〕堤川〔二十里〕蘆院峙〔二十里〕中峙〔二十里〕南津江〔二十五里〕永春〔五里 ○右並屬忠淸道〕

문경 신원에서 동쪽으로 가면 상주 산양장〔40리〕, 용궁〔10리〕, 우두원〔10리〕, 예천〔20리〕, 오천포〔15리〕, 풍산창〔15리〕, 이송원〔15리〕, 안동〔15리〕, 책가〔50리〕, 진보〔30리〕, 영해 서면창〔30리〕, 울령현〔30리〕, 황정장〔10리〕, 당현〔20리〕, 영해〔25리〕

안동에서 동쪽으로 가면 금소역〔30리〕, 산하리〔20리〕, 지경참〔20리〕, 청송〔10리〕

책가〔안동 땅〕에서 동북쪽으로 가면 동령〔20리〕, 영양〔30리〕

황정장〔영해 땅〕에서 동쪽으로 가면 지품점〔50리〕, 영덕〔50리〕

自聞慶新院東行 尙州山陽場〔四十里〕龍宮〔十里〕牛頭院〔十里〕醴泉〔二十里〕烏川浦〔十五里〕豊山倉〔十五里〕二松院〔十五里〕安東〔十五里〕冊街〔五十里〕眞寶〔三十里〕寧海西面倉〔三十里〕鬱嶺峴〔三十里〕黃丁場〔十里〕糖峴〔二十里〕寧海〔二十五里〕

自安東東行 琴昭驛〔三十里〕山下里〔二十里〕地境站〔二十里〕靑松〔十里〕

自冊街〔安東地〕東北行 東嶺〔二十里〕英陽〔三十里〕

自黃丁場〔寧海地〕東行 地品店〔五十里〕盈德〔五十里〕

유곡역〔문경 땅〕에서 동남쪽으로 가면 함창〔20리〕, 공검지〔20리〕, 상

주[20리], 안실역[40리], 비천[30리], 부상현[30리], 성주[40리], 성현
[10리], 안원역[10리], 무계진[10리], 상산현[20리], 현풍[10리], 누포
[40리], 상포진[40리], 칠원[20리], 함안[30리], 진해[40리], 배둔역
[30리], 고성[30리], 통제영[50리 ○운봉 팔량치에서 함양 사근역을
경유하여 전곡[30리], 도천[30리], 진주[30리], 사천[30리], 고성[50
리]에 이른다. 이는 통영에 이르는 한길이다. ○황간 추풍령에서 김천역,
지례, 거창을 경유하여 진주에 이른다. 거창에서 진주까지 160리이다.
이 또한 통영에 이르는 한길이다.], 유방진[20리. 즉 견내량], 포동현[30
리], 거제[10리 ○고성읍에서 견내량까지 바로 가면 55리이다.]

　　自幽谷驛[聞慶地]東南行 咸昌[二十里] 公檢池[二十里] 尙州[二十里] 安實
驛[四十里] 比川[三十里] 扶桑峴[三十里] 星州[四十里] 星峴[十里] 安院驛
[十里] 武溪津[十里] 常山峴[二十里] 玄風[十里] 漏浦[四十里] 上浦津[四十
里] 㳌原[二十里] 咸安[三十里] 鎭海[四十里] 背屯驛[三十里] 固城[三十里]
統制營[五十里 ○自雲峰八良峙歷咸陽沙斤驛抵戰谷三十里 道川三十里 晋州
三十里 泗川三十里 固城五十里 此抵統營一路也 ○自黃澗秋風嶺 由金泉驛知禮
居昌至晋州 自居昌至晋州一百六十里 此又抵統營一路也] 留防津[二十里 則見
乃梁] 布洞峴[三十里] 巨濟[十里 ○自固城邑直抵見乃梁五十五里]

　　상주에서 서남쪽으로 가면 안곡역[40리], 개령[30리], 김천역[20리
○황간 추풍령에서 황간창촌[20리], 김산[10리], 김천[10리]에 이른다.
이 길이 지름길인데 사성들이 많이 지나간다.], 지례[40리], 죽곡[30리],
우두현[15리], 신창점[15리], 거창[30리], 안의[40리]

　　상주에서 서남쪽으로 가면 공성점[40리], 두화원[15리], 김산[25
리], 추풍역[서쪽으로 35리]

　　상주에서 동남쪽으로 가면 죽현[40리], 선산[30리]

　　성주에서 서남쪽으로 가면 안원역[20리], 고령[30리], 안림역[10
리], 초계[40리], 합천[30리], 삼가[20리]

초계에서 남쪽으로 가면 팔진역〔5리〕, 신반점〔30리〕, 의령〔50리〕

현풍에서 동남쪽으로 가면 죽현〔20리〕, 창녕〔20리〕, 영산〔30리〕

칠원에서 동쪽으로 가면 창원〔30리〕, 안민원〔30리〕, 웅천〔30리〕

自尙州西南行 安谷驛〔四十里〕 開寧〔三十里〕 金泉驛〔二十里 ○自黃澗秋風嶺抵黃澗倉村二十里 金山十里 金泉十里 此徑路也 使星多由之〕知禮〔四十里〕 竹谷〔三十里〕 牛頭峴〔十五里〕 新昌店〔十五里〕 居昌〔三十里〕 安義〔四十里〕

自尙州西南行 功成店〔四十里〕 斗華院〔十五里〕 金山〔二十五里〕 秋風驛〔西距三十五里〕

自尙州東南行 竹峴〔四十里〕 善山〔三十里〕

自星州西南行 安院驛〔二十里〕 高靈〔三十里〕 安林驛〔十里〕 草溪〔四十里〕 陜川〔三十里〕 三嘉〔二十里〕

自草溪南行 八鎭驛〔五里〕 新反店〔三十里〕 宜寧〔五十里〕

自玄風東南行 竹峴〔二十里〕 昌寧〔二十里〕 靈山〔三十里〕

自柒原東行 昌原〔三十里〕 安民院〔三十里〕 熊川〔三十里〕

덕통역에서 동남쪽으로 가면 광대별로〔20리〕, 삼탄강〔5리〕, 수산역〔10리〕, 심천점〔20리〕, 안계역〔20리〕, 비안〔30리〕, 도리원장〔20리〕, 군위〔10리〕, 구주리〔20리〕, 신원〔20리〕, 신녕〔30리〕, 질음점〔20리〕, 영천〔20리〕, 아우점〔30리〕, 건천점〔10리〕, 경주〔40리〕, 구애점〔40리〕, 좌병영〔30리〕, 울산〔10리〕

도리원〔의성 땅〕에서 동쪽으로 가면 의성〔30리〕

군위에서 동쪽으로 가면 의흥〔40리〕

신녕에서 남쪽으로 가면 하양〔50리〕

영천에서 동남쪽으로 가면 아화점〔30리〕, 몰양점〔30리〕, 답곡〔30리〕, 잉보창〔30리〕, 언양〔20리〕

영천에서 동북쪽으로 가면 이곡〔20리〕, 천경역〔20리〕, 노오곡〔10리〕, 달성점〔30리〕, 흥해〔30리〕, 청하〔20리〕

영천에서 동쪽으로 가면 동창〔30리〕, 청경역〔10리〕, 안강역〔30리〕, 영일〔30리〕, 장기〔40리〕

自德通驛東南行 廣大別路〔二十里〕三灘江〔五里〕水山驛〔十里〕深川店〔二十里〕安溪驛〔二十里〕比安〔三十里〕桃李院場〔二十里〕軍威〔十里〕九珠里〔二十里〕薪院〔二十里〕新寧〔三十里〕叱乙音店〔二十里〕永川〔二十里〕阿雩店〔三十里〕乾川店〔十里〕慶州〔四十里〕仇愛店〔四十里〕左兵營〔三十里〕蔚山〔十里〕

自桃李院〔義城地〕東行 義城〔三十里〕

自軍威東行 義興〔四十里〕

自新寧南行 河陽〔五十里〕

自永川東南行 阿火店〔三十里〕沒陽店〔三十里〕沓谷〔三十里〕芿保倉〔三十里〕彦陽〔二十里〕

自永川東北行 梨谷〔二十里〕天慶驛〔二十里〕老吾谷〔十里〕達成店〔三十里〕興海〔三十里〕清河〔二十里〕

自永川東行 東倉〔三十里〕青景驛〔十里〕安康驛〔三十里〕迎日〔三十里〕長鬐〔四十里〕

고리동〔선산 땅〕에서 남쪽으로 가면 인동〔20리〕

우암창〔칠곡 땅〕에서 동북쪽으로 가면 칠곡〔20리〕

대구에서 동쪽으로 가면 경산〔30리〕, 자인〔20리〕

이창〔밀양 땅〕에서 남쪽으로 가면 삼랑점〔30리〕, 김해〔40리〕

양산에서 동쪽으로 가면 송정점〔20리〕, 기장〔30리 ○위는 모두 경상도 소속〕

自古里洞〔善山地〕南行 仁同〔二十里〕

自牛岩倉〔漆谷地〕東北行 漆谷〔二十里〕

自大丘東行 慶山〔三十里〕慈仁〔二十里〕

自耳倉〔密陽地〕南行 三浪店〔三十里〕金海〔四十里〕

自梁山東行 松亭店〔二十里〕機張〔三十里 ○右並屬慶尚道〕

○경성에서 서남쪽으로 제주에 이르는 제5로京城西南抵濟州路第五

경성에서 동작진〔10리〕, 과천〔20리〕, 갈산점〔13리 ○경성에서 노량진을 건너 시흥을 경유하여 갈산에 이르는 한길이 아래에 보인다.〕, 벌사근천〔7리〕, 사근천〔10리 ○일명 미륵당으로 옛날에 원이 있었다.〕, 수원〔30리〕, 오산신점〔20리 ○미륵당에서 동남쪽으로 가면 석천점〔20리〕, 중두점〔20리〕, 오매〔10리〕이다. 이 길이 지름길이다. 행인들이 많이 다닌다.〕, 청호역〔2리 ○경성에서 한강을 건너 열원을 경유하여 석우점〔20리〕, 청호〔20리〕에 이르고 중두에서 길이 합친다.〕, 진위〔8리〕, 갈원〔18리〕, 소사점〔12리. 양성 땅〕, 아주교〔3리 ○다리 남쪽은 직산 땅이다.〕, 성환역〔15리〕, 수헐원점〔10리〕, 직산〔10리 ○아주교 남쪽 5리에서 동남쪽으로 15리를 가서 저현을 경유하여 직산〔5리〕에 이른다. 이 길이 지름길이다.〕, 병장생우〔7리 ○수헐원에서 병장생까지 바로 가면 7리이다. 이 또한 대로이다. 행인들이 모두 이를 지나가고, 오직 사성 때에 직산을 경유하여 간다.〕, 비토리〔13리〕, 천안〔10리〕, 삼거리〔5리〕, 금계역〔15리〕, 덕평〔10리〕, 원기〔10리〕, 차령〔5리〕, 인제원〔5리〕, 광정창〔10리〕, 궁원〔10리〕, 모로원〔15리〕, 신점〔20리〕, 금강, 공주〔5리〕, 효가점〔13리〕, 판치〔15리〕, 경천역〔15리〕, 이성〔12리〕, 초포교〔10리〕, 사교〔12리〕, 은진〔10리 ○위는 모두 충청도 소속〕,

自京至銅雀津〔十里〕果川〔二十里〕葛山店〔十三里 ○自京渡鷺梁津 由始興 抵葛山一路 見下〕伐沙斤川〔七里〕沙斤川〔十里 ○一名彌勒堂 旧有院〕水原〔三十里〕烏山新店〔二十里 ○自彌勒堂東南行 析川店二十里 中迻店二十里 烏梅十里 此徑路也 行人多由之〕菁好驛〔二里 ○自京渡漢江 由列院 至石隅店二十里 菁好二十里 與中迻路合〕振威〔八里〕葛院〔十八里〕素沙店〔十二里 陽城地〕牙州橋〔三里 ○橋南稷山地〕成歡驛〔十五里〕愁歇院店〔十里〕稷山〔十里 ○自牙州橋南五里 東南行十五里 踰抵猪峴稷山五里 此徑路也〕並長栍隅〔七里 ○自愁歇院直去並長栍七里 此亦大路也 行人皆由此 惟使星時 由稷山行〕肥土里〔十

三里〕 天安〔十里〕 三巨里〔五里〕 金溪驛〔十五里〕 德坪〔十里〕 院基〔十里〕 車嶺
〔五里〕 仁諸院〔五里〕 廣亭倉〔十里〕 弓院〔十里〕 毛老院〔十五里〕 新店〔二十里〕
錦江 公州〔五里〕 孝家店〔十三里〕 板峙〔十五里〕 敬天驛〔十五里〕 尼城〔十二里〕
草浦橋〔十里〕 沙橋〔十二里〕 恩津〔十里 ○右並屬忠淸道〕

여산〔30리〕, 탄현〔20리〕, 삼례역〔20리〕, 금구〔50리〕, 원교〔20리〕, 태인
〔20리〕, 대교〔20리〕, 정읍〔13리〕, 천원〔22리 ○대교에서 천원까지 바로
가면 30리이다. 이는 심히 지름길은 아니나 길이 자못 평탄하여 이 길을
사객들이 많이 경유한다.〕, 원덕리〔20리〕, 청암역〔20리〕, 장성〔10리〕,
선암역〔40리. 광주 땅〕, 나주〔50리 ○장성에서 나주북창〔40리〕, 나주〔40
리〕에 이른다. 이 길이 지름길이다.〕, 부소원〔40리〕, 영암〔30리 ○소사에
서 탁천, 아산, 후천신점, 온양을 지나 남쪽으로 공주 유구역〔45리〕, 정산
〔50리〕, 은산역〔30리〕, 임천〔30리〕, 함열〔40리〕, 임피〔30리〕, 만경〔40
리〕, 부안〔40리〕, 고부〔33리〕, 홍덕〔35리〕에 이른다. 무장, 영광, 함평,
무안을 지나 나주남창〔20리. 40리라고도 한다.〕, 영암〔50리〕에 이른다.
이 길은 사성이 분행하는 대로이다.〕, 월남점〔20리〕, 석제원〔10리〕, 별진
역〔20리〕, 해남〔30리〕, 해창〔25리〕, 관두량〔25리〕, 제주·대정·정의
〔수륙로는 모두 아래에 보인다. ○위는 모두 전라도 소속〕에 이른다.
　갈산점〔광주 땅〕에서 남쪽으로 가면 부곡점〔10리〕, 인현〔20리〕, 구포
〔10리〕, 남양〔20리〕

礪山〔三十里〕 炭峴〔二十里〕 參禮驛〔二十里〕 金溝〔五十里〕 院橋〔二十里〕 泰仁
〔二十里〕 大橋〔二十里〕 井邑〔十三里〕 川院〔二十二里 ○自大橋直抵川院三十
里 此不甚徑路 而路頗平坦 此使客亦多由之〕 院德里〔二十里〕 靑巖驛〔二十里〕
長城〔十里〕 仙岩驛〔四十里 光州地〕 羅州〔五十里 ○自長城抵羅州北倉四十里
羅州四十里 此徑路也〕 夫小院〔四十里〕 靈岩〔三十里 ○自素沙歷濁川牙山後川
新店溫陽 南抵公州維鳩驛四十五里 定山五十里 銀山驛三十里 林川三十里 咸悅
四十里 臨陂三十里 萬頃四十里 扶安四十里 古阜三十三里 興德三十五里 歷茂

長靈光咸平務安 抵羅州南倉二十里 一云四十里 靈岩五十里 此使星分行大路
也〕月南店〔二十里〕石梯院〔十里〕別鎭驛〔二十里〕海南〔三十里〕海倉〔二十五
里〕館頭梁〔二十五里〕濟州 大靜 旌義〔水陸路 皆見下 ○右並屬全羅道〕

自葛山店〔廣州地〕南行 富谷店〔十里〕鱗峴〔二十里〕鳩浦〔十里〕南陽〔二十
里〕

경성에서 노량진을 경유하여 벌사근천에 이르는 한길
自京城由鷺梁津抵伐沙斥川一路

경성에서 노량진〔10리. 동작진 하류〕, 마장내현〔10리〕, 시흥〔12리〕, 안
양리〔10리〕, 갈산전로〔12리〕, 벌사근천점〔7리〕에 이른다.

시흥에서 남쪽으로 가면 사대우점〔10리〕, 안산〔20리 ○위는 모두 경기
소속〕

自京至鷺梁津〔十里 銅雀津下流〕馬場內峴〔十里〕始興〔十二里〕安養里〔十里〕
葛山前路〔十二里〕伐沙斥川店〔七里〕

自始興南行 賜大隅店〔十里〕安山〔二十里 ○右並屬京畿〕

아주교에서 서남쪽으로 가면 맹간교〔3리〕, 평택〔7리〕, 탁천점〔8리 ○맹
간교에서 탁천까지 바로 가면 12리이다. 행인들은 모두 이 길을 경유한
다.〕, 요로원〔20리〕, 어래현〔5리〕, 후천신점〔5리. 아산 땅〕, 곡교천〔10
리〕, 신창〔10리〕, 용호원〔5리〕, 신례원〔15리〕, 인후원〔20리〕, 수오랑점
〔20리〕, 광천〔25리〕, 보령〔20리〕

탁천〔천안 땅〕에서 서남쪽으로 가면 아산〔40리 ○동남쪽으로 후천신
점까지 30리〕

후천신점에서 동남쪽으로 가면 온양〔20리 ○온천 어로는 천안을 경유
하는 것이 위에 보인다.〕

自牙州橋西南行 盲看橋〔三里〕平澤〔七里〕濁川店〔八里 ○自盲看橋直抵濁
川十二里 行人皆由此〕要路院〔二十里〕御來峴〔五里〕後川新店〔五里 牙山地〕

曲橋川〔十里〕新昌〔十里〕龍虎院〔五里〕新禮院〔十五里〕仁厚院〔二十里〕愁五浪店〔二十里〕廣川〔二十五里〕保寧〔二十里〕

　　　自濁川〔天安地〕西南行 牙山〔四十里 ○東南抵後川新店三十里〕

　　　自後川新店東南行 溫陽〔二十里 ○溫泉 御路由天安 見上〕

　　　신례원〔예산 땅〕에서 동남쪽으로 가면 예산〔10리〕

　　　신례원에서 서남쪽으로 가면 대흥〔30리〕, 청양〔40리〕

　　　신례원에서 서쪽으로 가면 선천교〔20리〕, 봉중천점〔20리〕, 대치〔15리〕, 해미〔15리〕, 대교촌〔10리〕, 서산〔20리〕, 태안〔30리 ○대교에서 망치점〔20리〕, 태안〔20리〕에 이른다. 이 길이 지름길이다. 사성들이 태안에서 돌아올 때 모두 이 길을 경유한다.〕

　　　　　선천교에서 북쪽으로 가면 덕산〔20리〕

　　　　　선천교에서 북쪽으로 가면 한천〔20리〕, 면천〔20리〕, 당진〔20리〕

　　　인후원에서 남쪽으로 가면 홍주〔20리〕, 결성〔30리〕

　　　광천〔결성 땅〕에서 서쪽으로 가면 수영〔40리 ○홍주에서 서남쪽으로 가면 홍령리까지 50리인데, 한산사 앞 포구를 건너면 수영에 이른다. 이 길이 지름길이다. 용천리까지 40리인데, 앞 포구를 건너면 수로로 10리이다. 이 또한 지름길이다.〕

　　　　　보령에서 서남쪽으로 가면 남포〔20리〕, 비인〔50리〕

　　　自新禮院〔禮山地〕東南行 禮山〔十里〕

　　　自新禮院西南行 大興〔三十里〕青陽〔四十里〕

　　　自新禮院西行 宣川橋〔二十里〕峯中川店〔二十里〕大峙〔十五里〕海美〔十五里〕大橋村〔十里〕瑞山〔二十里〕泰安〔三十里 ○自大橋抵芒峙店二十里 泰安二十里 此徑路也 使星自泰安還時皆由此〕

　　　　自宣川橋北行 德山〔二十里〕

　　　　自宣川橋北行 寒川〔二十里〕沔川〔二十里〕唐津〔二十里〕

　　　自仁厚院南行 洪州〔二十里〕結城〔三十里〕

　　　自廣川〔結城地〕西行 水營〔四十里 ○自洪州西南行 興寧里五十里 渡寒山

寺前浦抵水營 此徑路也 抵用川里四十里 渡前浦水路十里 此又徑路也〕
　　自保寧西南行 藍浦〔二十里〕庇仁〔五十里〕

　천안 삼거리에서 동남쪽으로 가면 승천점〔20리〕, 목천〔10리 ○직산에
서 남쪽으로 가면 망일령〔15리〕, 목천〔15리〕이다. 이 길이 지름길이다.〕,
송정점〔20리〕, 신원창〔20리〕, 작천〔10리〕, 청주〔20리 ○진천에서 청주
까지 바로 가면 60리이다. 이 길이 지름길이다.〕, 문의〔30리〕, 증약역〔50
리〕, 적등진〔50리〕, 영동〔30리〕, 황간〔30리〕, 추풍령〔20리〕

　　청주에서 남쪽으로 가면 관기점〔20리〕, 두산〔10리〕, 피반령〔5리〕,
회인〔15리〕, 보은〔30리 ○괴산에서 굴치〔20리〕, 청천창〔20리〕, 율포곡
〔40리〕에 이른다. 이 길이 보은에 이르는 한길이다.〕, 원암역〔30리〕,
조척치〔10리〕, 청산〔20리〕

　　증약역에서 동남쪽으로 가면 옥천〔30리〕

　自天安三巨里東南行 升川店〔二十里〕木川〔十里 ○自稷山南至望日嶺十五
里 木川十五里 此徑路也〕松亭店〔二十里〕新院倉〔二十里〕鵲川〔十里〕淸州
〔二十里 ○自鎭川直抵淸州六十里 此徑路也〕文義〔三十里〕增若驛〔五十里〕
赤登津〔五十里〕永同〔三十里〕黃澗〔三十里〕秋風嶺〔二十里〕

　　自淸州南行 官基店〔二十里〕斗山〔十里〕皮盤嶺〔五里〕懷仁〔十五里〕報恩
〔三十里 ○自槐山至崛峙二十里 菁川倉二十里 栗浦谷四十里 此抵報恩一路也〕
元岩驛〔三十里〕鳥斥峙〔十里〕靑山〔二十里〕

　　自增若驛東南行 沃川〔三十里〕

　덕평에서 동남쪽으로 가면 전의〔10리〕, 연기〔40리〕, 내황령〔20리〕,
진잠〔40리〕

　　전의에서 남쪽으로 가면 갈기리점〔20리〕, 미곶강〔20리〕, 얼어리〔20
리〕, 두저포〔20리〕, 회덕〔20리〕

　모로원〔공주 땅〕에서 서남쪽으로 가면 동천〔20리〕, 정산〔30리 ○탁천

을 경유하여 온양으로 간다. 이 길이 지름길이다. 위에 보인다.〕

　　동천〔공주 땅〕에서 서남쪽으로 가면 미륵당〔30리〕, 금강천〔15리〕, 은산역〔5리〕, 쌍방등점〔20리〕, 홍산〔20리〕, 팔지동〔10리〕, 한산〔20리〕

　　　은산역〔부여 땅〕에서 남쪽으로 가면 굴포〔15리〕, 임천〔15리〕, 남당진〔14리〕

　　　홍산에서 남쪽으로 가면 저현〔10리〕, 도마교〔20리〕, 서천〔20리〕

　自德坪東南行 全義〔十里〕 燕岐〔四十里〕 乃皇嶺〔二十里〕 鎭岑〔四十里〕

　　自全義南行 葛歧里店〔二十里〕 彌串江〔二十里〕 笒魚里〔二十里〕 斗底浦〔二十里〕 懷德〔二十里〕

　自毛老院〔公州地〕西南行 銅川〔二十里〕 定山〔三十里 ○油濁川溫陽行 此徑路也 見上〕

　　自銅川〔公州地〕西南行 彌勒堂〔三十里〕 金剛川〔十五里〕 恩山驛〔五里〕 雙防等店〔二十里〕 鴻山〔二十里〕 八枝洞〔十里〕 韓山〔二十里〕

　　　自恩山驛〔扶餘地〕南行 堀浦〔十五里〕 林川〔十五里〕 南堂津〔十四里〕

　　　自鴻山南行 猪峴〔十里〕 道磨橋〔二十里〕 舒川〔二十里〕

　　공주에서 남쪽으로 가면 이인역〔20리〕, 창강〔20리〕, 부여〔20리〕

　　　이인에서 남쪽으로 가면 건평〔30리〕, 석성〔20리〕

　　경천역에서 동쪽으로 가면 사포현〔10리〕, 연산〔30리 ○위는 모두 충청도 소속〕, 배태현〔10리〕, 흑암〔20리〕, 진산〔20리〕, 송치〔15리〕, 금산〔15리〕, 산성천〔20리〕, 무주57)〔20리 ○남쪽으로 가면 적상산성사고까지 30리에 이른다.〕

　　　금산에서 남쪽으로 가면 용담〔50리〕

　　이성에서 남쪽으로 가면 황산교〔20리〕, 미라교〔20리〕, 나암〔10리〕, 용안〔10리〕, 함열〔10리〕

　　　여산에서 동남쪽으로 가면 포치〔10리〕, 고산〔30리〕

---

57) 원문에는 茂州와 茂朱가 혼재되어 있어 茂朱로 통일하였다.

여산에서 남쪽으로 가면 익산[20리], 율포[30리], 만경[30리]

여산에서 서남쪽으로 가면 황등장[30리], 임피[30리], 옥구[40리]

自公州南行 利仁驛〔二十里〕 滄江〔二十里〕 扶餘〔二十里〕

　自利仁南行 乾坪〔三十里〕 石城〔二十里〕

　自敬天驛東行 沙浦峴〔十里〕 連山〔三十里〕 ○右並屬忠淸道〕 陪泰峴〔十里〕
黑岩〔二十里〕 珍山〔二十里〕 松峙〔十五里〕 錦山〔十五里〕 山城川〔二十里〕 茂朱
〔二十里 ○南行抵赤裳山城史庫三十里〕

　　自錦山南行 龍潭〔五十里〕

　自尼城南行 黃山橋〔二十里〕 彌羅橋〔二十里〕 羅岩〔十里〕 龍安〔十里〕 咸悅
〔十里〕

　自礪山東南行 布峙〔十里〕 高山〔三十里〕

　自礪山南行 益山〔二十里〕 栗浦〔三十里〕 萬頃〔三十里〕

　自礪山西南行 黃登場〔三十里〕 臨陂〔三十里〕 沃溝〔四十里〕

삼례역에서 서쪽으로 가면 김제[60리], 동진[20리], 부안[20리]

삼례역에서 남쪽으로 가면 추천점[20리], 전주[10리], 만마동[20리],
노구암[20리], 오원역[10리], 마치[20리], 오수역[20리], 율치[30리],
남원[10리], 중진원진[30리], 곡성[10리], 압록원[30리], 잔수역[20리
○남원에서 동남쪽으로 30리를 가서 남율치를 넘어 구례[30리], 잔수[10
리]에 이른다. 이 길이 지름길이다. 율치 위에는 수성치가 있고 고개 아래에
는 둔산치가 있다.], 송원현[35리], 순천[30리], 성성원[45리], 좌수영
[45리]

　自參禮驛西行 金堤〔六十里〕 東津〔二十里〕 扶安〔二十里〕

　自參禮驛南行 楸川店〔二十里〕 全州〔十里〕 萬馬洞〔二十里〕 爐口岩〔二十里〕
烏院驛〔十里〕 馬峙〔二十里〕 獒樹驛〔二十里〕 栗峙〔三十里〕 南原〔十里〕 重鎭院
津〔三十里〕 谷城〔十里〕 鴨綠院〔三十里〕 潺水驛〔二十里 ○自南原東南行三十
里 踰南栗峙至求禮三十里 潺水十里 此徑路也 栗峙上有宿星峙下有屯山峙〕 松
院峴〔三十五里〕 順天〔三十里〕 星省院〔四十五里〕 左水營〔四十五里〕

전주에서 동남쪽으로 가면 구존리〔20리〕, 웅치〔20리〕, 한평점〔30리〕, 진안〔10리〕, 율치〔30리〕, 송탄〔10리〕, 장수〔15리〕

전주에서 남쪽으로 가면 헌현점〔25리 ○추천에서 헌현까지 바로 가면 30리이다. 이 길이 지름길이다.〕, 염암〔20리〕, 유점〔10리〕, 운남진〔10리〕, 율치, 갈담역〔20리 ○임실에서 서남쪽으로 갈담〔40리〕에 이른다. 또한 대로이다.〕, 갈령〔20리〕, 순창〔25리〕, 담양〔40리 ○운남진 북변에서 태인 종산점 용두촌〔20리〕, 순창 묵산촌〔30리〕, 부로지치〔15리〕, 사가〔3리〕, 담양〔30리〕을 경유한다. 만약 홍수가 나서 운남진 길이 막히면 이 길을 경유한다.〕, 애교점〔20리〕, 창평〔10리〕

순창에서 남쪽으로 가면 우치〔20리〕, 옥과〔8리〕, 남치〔30리〕, 수곡〔20리〕, 동복〔20리〕

오원역에서 서남쪽으로 가면 임실〔20리〕

自全州東南行 九尊里〔二十里〕熊峙〔二十里〕漢坪店〔三十里〕鎭安〔十里〕栗峙〔三十里〕松灘〔十里〕長水〔十五里〕

自全州南行 軒峴店〔二十五里 ○自楸川直抵軒峴三十里 此徑路也〕塩岩〔二十里〕鑰店〔十里〕雲南津〔十里〕栗峙 葛潭驛〔二十里 ○自任實西南抵葛潭四十里 亦大路也〕葛嶺〔二十里〕淳昌〔二十五里〕潭陽〔四十里 ○自雲南津北邊由泰仁鍾山店龍頭村二十里 淳昌墨山村三十里 夫老只峙十五里 四街三里 潭陽三十里 若値潦水雲南津路塞 則由此〕艾橋店〔二十里〕昌平〔十里〕

自淳昌南行 牛峙〔二十里〕玉果〔八里〕藍峙〔三十里〕水谷〔二十里〕同福〔二十里〕

自烏原驛西南行 任實〔二十里〕

남원에서 동쪽으로 가면 요천점〔10리〕, 여원치〔20리〕, 운봉〔10리 ○위는 모두 전라도 소속〕, 팔량치〔20리. 고개 동쪽은 함양 땅〕, 함양〔20리〕, 사근역〔20리〕, 산청〔40리〕, 조오점〔20리〕, 단성〔20리〕, 진주〔50리〕, 사천〔30리〕

진주에서 서남쪽으로 가면 곤양〔50리 ○위는 모두 경상도 소속〕

곡성에서 서남쪽으로 가면 석곡원〔40리〕, 낙수역〔30리〕, 동점〔40리〕, 벌교〔40리 ○속칭 부언교〕, 탄포치〔30리〕, 양강점〔10리〕, 흥양〔30리〕

낙수〔순천 땅〕에서 남쪽으로 가면 분사현〔35리〕, 낙안〔5리〕

잔수〔구례 땅〕에서 동쪽으로 가면 구례〔10리 ○위는 모두 전라도 소속〕, 화개점〔40리. 하동 경계〕, 하동〔40리〕, 범조현〔20리〕, 노량진〔40리. 곤양 땅. 본군에서 45리〕, 남해〔40리〕

송원〔순천 땅〕에서 동남쪽으로 가면 강청점〔15리〕, 광양〔20리〕

自南原東行 蓼川店〔十里〕 女院峙〔二十里〕 雲峰〔十里 ○右並屬全羅道〕 八良峙〔二十里 峙東咸陽地〕 咸陽〔二十里〕 沙斤驛〔二十里〕 山淸〔四十里〕 鳥鳥店〔二十里〕 丹城〔二十里〕 晉州〔五十里〕 泗川〔三十里〕

自晉州西南行 昆陽〔五十里 ○右並屬慶尙道〕

自谷城西南行 石谷院〔四十里〕 洛水驛〔三十里〕 銅店〔四十里〕 筏橋〔四十里 ○俗稱夫言橋〕 炭浦峙〔三十里〕 陽江店〔十里〕 興陽〔三十里〕

自洛水〔順天地〕南行 分槎峴〔三十五里〕 樂安〔五里〕

自潺水〔求禮地〕東行 求禮〔十里 ○右並屬全羅道〕 花開店〔四十里 河東界〕 河東〔四十里〕 範鳥峴〔二十里〕 露梁津〔四十里 昆陽地 距本郡四十五里〕 南海〔四十里〕

自松院〔順天地〕東南行 江淸店〔十五里〕 光陽〔二十里〕

태인에서 서쪽으로 가면 고부〔40리〕

태인에서 서남쪽으로 가면 연조원〔30리. 정읍 땅〕, 와석점〔20리〕, 흥덕〔20리〕, 무장〔40리〕, 영광〔40리〕, 가리역〔40리〕, 함평〔20리〕, 무안〔20리〕

정읍에서 서남쪽으로 가면 율치〔30리〕, 고창〔20리〕

장성에서 남쪽으로 가면 동창〔40리〕, 광주〔20리〕, 화순〔30리〕, 능주

[20리], 화아문장[30리], 웅치점[25리], 보림사[15리], 장흥[40리]

광주에서 서남쪽으로 가면 남평[30리]

화아문장[능주 땅]에서 남쪽으로 가면 유점[20리], 보성[25리]

영암에서 남쪽으로 가면 병영[30리. 강진 30리]

석제원에서 남쪽으로 가면 강진[20리], 신풍촌[40리], 이진진[30리. 영암 땅]

해남에서 서남쪽으로 가면 남화역[40리], 우수영[30리], 삼지원[20리], 벽파정[20리 ○수로 10리], 진도[20리 ○위는 모두 전라도 소속]

自泰仁西行 古阜[四十里]

自泰仁西南行 連朝院[三十里 井邑地] 臥石店[二十里] 興德[二十里] 茂長[四十里] 靈光[四十里] 加里驛[四十里] 咸平[二十里] 務安[二十里]

自井邑西南行 栗峙[三十里] 高敞[二十里]

自長城南行 東倉[四十里] 光州[二十里] 和順[三十里] 綾州[二十里] 和衙門場[三十里] 熊峙店[二十五里] 寶林寺[十五里] 長興[四十里]

自光州西南行 南平[三十里]

自和衙門場[綾州地]南行 鍮店[二十里] 寶城[二十五里]

自靈岩南行 兵營[三十里 康津三十里]

自石梯院南行 康津[二十里] 新豊村[四十里] 梨津鎭[三十里 靈岩地]

自海南西南行 南和驛[四十里] 右水營[三十里] 三池院[二十里] 碧波亭[二十里 ○水路十里] 珍島[二十里 ○右並屬全羅道]

제주3읍로濟州三邑路

방영에서 동쪽으로 가면 화북진[10리], 조천진[20리], 김녕원[25리], 별방진[35리], 개마소[10리 ○이상은 제주에 속한다.], 수산진[15리], 정의[30리], 의귀촌[35리], 서귀진[30리], 법한촌[20리 ○이상은 정의에 속한다.], 천지연[20리], 대정[30리], 모슬진[10리], 차귀진[20리 ○이상은 대정에 속한다.], 두모촌[10리], 명월진[30리], 애월진[25리],

방영〔45리 ○이상은 제주에 속한다. ○위는 연포대로이다.〕

방영에서 서쪽으로 가면 노형촌〔10리〕, 이생촌〔5리〕, 유신촌〔5리〕, 금물덕〔10리〕, 광판〔20리 ○이상은 제주에 속한다.〕, 자단촌〔10리〕, 대정〔20리 ○이상은 대정에 속한다.〕

방영에서 동쪽으로 가면 봉개악〔15리〕, 대흘촌〔15리〕, 빈래촌〔20리 ○이상은 제주에 속한다.〕, 정의〔20리 ○위는 산록 지름길로 한라산 북쪽에 있다. 산 남쪽에는 다만 연포대로가 있다.〕

自防營東行 禾北鎭〔十里〕 朝天鎭〔二十里〕 金寧院〔二十五里〕 別防鎭〔三十五里〕 改馬所〔十里 ○已上係濟州〕 水山鎭〔十五里〕 旌義〔三十里〕 衣貴村〔三十五里〕 西歸鎭〔三十里〕 法漢村〔二十里 ○已上係旌義〕 天池淵〔二十里〕 大靜〔三十里〕 摹瑟鎭〔十里〕 遮歸鎭〔二十里 ○已上係大靜〕 頭毛村〔十里〕 明月鎭〔三十里〕 涯月鎭〔二十五里〕 防營〔四十五里 ○已上係濟州 ○右沿浦大路〕

自防營西行 老衡村〔十里〕 伊生村〔五里〕 有信村〔五里〕 今勿德〔十里〕 廣坂〔二十里 ○已上係濟州〕 自丹村〔十里〕 大靜〔二十里 ○已上係大靜〕

自防營東行 奉蓋岳〔十五里〕 大屹村〔十五里〕 賓來村〔二十里 ○已上係濟州〕 旌義〔二十里 ○右山麓徑路 在漢拏山北者也 山南則只有沿浦大路〕

○경성에서 서북쪽으로 강화에 이르는 제6로京城西北抵江華路第六

경성에서 양화도〔10리. 동작진 하류〕, 철곶천〔5리〕, 양천〔15리〕, 굴포교〔15리 ○경성에서 고마진〔25리〕, 굴포〔10리〕에 이르는데, 이 길이 지름길이다.〕, 김포〔15리〕, 백석현〔20리〕, 통진〔20리〕, 갑곶진〔10리〕, 강화부〔10리 ○남쪽으로 가면 정족산사고까지 30리이다.〕에 이른다.

철곶〔양천 땅〕에서 서쪽으로 가면 고음달내현〔15리〕, 부평〔20리〕

고음달내에서 서남쪽으로 가면 성현〔25리〕, 인천〔15리〕

갑곶진에서 수로로 서북쪽으로 가면 교동〔70리 ○위는 모두 경기 소속〕

自京至楊花渡〔十里 銅雀津下流〕鐵串川〔五里〕陽川〔十五里〕掘浦橋〔十五里
○自京至顧馬津二十五里 掘浦十里 此徑路也〕金浦〔十五里〕白石峴〔二十里〕
通津〔二十里〕甲串津〔十里〕江華府〔十里 ○南行鼎足山史庫三十里〕

自鐵串〔陽川地〕西行 古音達乃峴〔十五里〕富平〔二十里〕

自古音達乃西南行 星峴〔二十五里〕仁川〔十五里〕

自甲串津水路西北行 喬洞〔七十里 ○右並屬京畿〕

도로고 권지이道路考 卷之二

팔도 각읍〔6대로 차례로 썼다〕의 네 방향 경계 및 경성과 제영에 이르는 이수 모음

八道各邑〔用六大路次第〕界四至及抵京城諸營里數摠

경기京畿

감사 겸 개성·강화 2부의 유수영은 경성 돈의문 밖에 있다. 개성유수 겸 관리사는 개성에 있다. 강화유수 겸 진무사 삼도통어사는 강화에 있다. 監司兼開城江華二府留守營在京城敦義門外 開城留守兼管理使在開城 江華留守兼鎭撫使三道通禦使在江華

고양군수高陽郡

동쪽으로 양주 경계까지 14리, 서쪽으로 교하 경계까지 21리, 남쪽으로 양주 경계까지 26리, 북쪽으로 파주 경계까지 30리이다. 동남쪽으로 서울까지 47리 거리이다.
東至楊州界十四里 西至交河界二十一里 南至楊州界二十六里 北至坡州界三十里 東南距京四十七里

파주목사坡州牧

동쪽으로 양주 경계까지 23리, 서쪽으로 교하 경계까지 17리, 남쪽으로 고양 경계까지 35리, 북쪽으로 장단 경계까지 20리·적성 경계까지 23리이다. 동남쪽으로 서울까지 92리 거리이다.

東至楊州界二十三里 西至交河界十七里 南至高陽界三十五里 北至長湍界二十里 積城界二十三里 東南距京九十二里

장단도호부사長湍府

동쪽으로 파주 경계까지 20리・적성 경계까지 20리・마전 경계까지 40리, 서쪽으로 풍덕 경계까지 20리・개성 경계까지 20리・교동 경계까지 100리, 북쪽으로 황해도 금천 경계까지 30리, 동북쪽으로 연천 경계까지 70리・삭녕 경계까지 70리이다. 남쪽으로 서울까지 127리 거리이다.

東至坡州界二十 積城界二十 麻田界四十里 西至豊德界二十里 開城界二十里 喬桐界一百里 北至黃海道金川界三十里 東北至漣川界七十里 朔寧界七十里 南距京一百二十七里

개성유수開城留

동쪽으로 장단 경계까지 11리, 남쪽으로 풍덕 경계까지 19리, 서쪽으로 황해도 배천 경계 벽란도까지 36리・황해도 금천 경계까지 35리, 북쪽으로 금천 경계까지 57리이다. (남쪽으로) 서울까지 172리 거리이다.

東至長湍界十一里 南至豊德界十九里 西至碧瀾渡黃海道白川界三十六里 同道金川界三十五里 北至同郡界五十七里 距京一百七十二里

교하군수交河郡

동쪽으로 파주 경계까지 10리, 서쪽으로 풍덕 경계까지 20리・통진 경계까지 15리, 남쪽으로 김포 경계까지 15리, 북쪽으로 장단 경계까지 25리, 동남쪽으로 고양 경계까지 15리이다. 동쪽으로 서울까지 82리 거리이다.

東至坡州界十里 西至豊德界二十里 通津界十五里 南至金浦界十五里 北至長湍界二十五里 東南至高陽界十五里 東距京八十二里

삭녕군수朔寧郡

동쪽으로 연천 경계까지 22리·강원도 철원 경계까지 41리, 북쪽으로 강원도 안협 경계까지 21리·강원도 평강 경계까지 61리, 서쪽으로 황해도 토산 경계까지 11리, 남쪽으로 장단 경계까지 28리이다. 동남쪽으로 서울까지 212리 거리이다.

東至漣川界二十二里 江原道鐵原界四十一里 北至同道安峽界二十一里 同道平康界六十一里 西至黃海道兎山界十一里 南至長湍界二十八里 東南距京二百十二里

풍덕도호부사豊德府

동쪽으로 교하 경계 바다까지 40리·장단 경계까지 40리, 서쪽으로 교동 경계 바다까지 15리, 또 황해도 배천 경계 바다까지 20리, 남쪽으로 통진 경계 바다까지 30리, 또 강화 (경계) 바다까지 10리, 북쪽으로 개성 경계까지 15리이다. 동남쪽으로 서울까지 187리 거리이다.

東至交河界海四十里 長湍界四十里 西至海十五里喬桐界 又至海二十里黃海道白川界 南至海三十里通津界 又至海十里江華 北至開城界十五里 東南距京一百八十七里

과천현감果川監

동쪽으로 광주 경계까지 13리, 서쪽으로 안산 경계까지 25리, 남쪽으로 광주 경계까지 30리, 북쪽으로 시흥 경계까지 25리이다. (북쪽으로) 서울까지 30리 거리이다.

東至廣州界十三里 西至安山界二十五里 南至廣州界三十里 北至始興界二十五里 距京三十里

수원유수水原留

동쪽으로 용인 경계까지 21리, 서쪽으로 남양 경계까지 21리·동부 경계까지 113리, 남쪽으로 진위 경계까지 21리·충청도 평택 경계까지 50리, 서북쪽으로 교동 경계까지 230리, 북쪽으로 과천 경계까지 39리이다. (북쪽으로) 서울까지 90리 거리이다.

東至龍仁界二十一里 西至南陽界二十一里 同府界一百十三里 南至振威界二十一里 忠淸道平澤界五十里 西北喬桐界二百三十里 北至果川界三十九里 距京九十里

진위현령振威令

동쪽으로 양성 경계까지 10리, 서쪽으로 수원 경계까지 20리, 남쪽으로 충청도 평택 경계까지 30리, 북쪽으로 용인 경계까지 10리이다. (북쪽으로) 서울까지 120리 거리이다.

東至陽城界十里 西至水原界二十里 南至忠淸道平澤界三十里 北至龍仁界十里 距京一百二十里

시흥현감始興監

동쪽으로 과천 경계까지 30리, 서쪽으로 인천 경계까지 40리, 남쪽으로 안산 경계까지 30리, 북쪽으로 노량진까지 22리, 서북쪽으로 양천 경계까지 30리이다. (북쪽으로) 서울까지 32리 거리이다.

東至果川界三十里 西至仁川界四十里 南至安山界三十里 北至露梁津二十二里 西北至陽川界三十里 距京三十二里

안산군수安山郡

동쪽으로 과천 경계까지 5리, 서쪽으로 인천 경계까지 11리, 남쪽으로 남양 경계까지 35리·광주 경계까지 10리, 북쪽으로 시흥 경계까지 40리이다. (북쪽으로) 서울까지 62리 거리이다.

東至果川界五里 西至仁川界十一里 南至南陽界三十五里 廣州界十里 北至始興界四十里 距京六十二里

남양도호부사南陽府

동쪽으로 수원 경계까지 30리, 서쪽으로 화량까지 41리, 남쪽으로 충청도 아산·면천 경계 바다까지 20리, 북쪽으로 인천 경계까지 20리이다. (북쪽으로) 서울까지 103리 거리이다.

東至水原界三十里 西至花梁四十一里 南至忠淸道牙山沔川界海二十里 北至仁川界二十里 距京一百三里

용인현령龍仁令

동쪽으로 양지 경계까지 24리, 서쪽으로 수원 경계까지 16리, 남쪽으로 양성 경계까지 45리, 북쪽으로 광주 경계까지 20리, 서북쪽으로 광주 (경계)까지 15리이다. 북쪽으로 서울까지 80리 거리이다.

東至陽智界二十四里 西至水原界十六里 南至陽城界四十五里 北至廣州界二十里 西北至同州十五里 北距京八十里

양지현감陽智監

동쪽으로 이천 경계까지 12리, 서쪽으로 용인 경계까지 15리, 남쪽으로 죽산 경계까지 47리·안성 경계까지 50리, 북쪽으로 광주 경계까지 10리이다. 서쪽으로 서울까지 120리 거리이다.

東至利川界十二里 西至龍仁界十五里 南至竹山界四十七里 安城界五十里 北至廣州界十里 西距京一百二十里

양성현감陽城監

동쪽으로 안성 경계까지 5리, 서쪽으로 진위 경계까지 20리, 남쪽으로 충청도 직산 경계까지 37리, 북쪽으로 용인 경계까지 15리이다. (북쪽으로) 서울까지 150리 거리이다.

東至安城界五里 西至振威界二十里 南至忠淸道稷山界三十七里 北至龍仁界十五里 距京一百五十里

안성군수安城郡

동쪽으로 죽산 경계까지 16리, 서쪽으로 양성 경계까지 17리, 남쪽으로 충청도 직산 경계까지 25리·충청도 진천 경계까지 20리, 북쪽으로 양지 경계까지 19리이다. (북쪽으로) 서울까지 170리 거리이다.

東至竹山界十六里 西至陽城界十七里 南至忠淸道稷山界二十五里 同道鎭川界二十里 北至陽智界十九里 距京一百七十里

죽산도호부사竹山府

동쪽으로 음죽 경계까지 20리, 서쪽으로 안성 경계까지 20리, 남쪽으로 충청도 진천 경계까지 20리, 북쪽으로 양지 경계까지 50리이다. 서쪽으로 서울까지 180리 거리이다.

東至陰竹界二十里 西至安城界二十里 南至忠淸道鎭川界二十里 北至陽智界五十里 西距京一百八十里

광주부윤廣州尹

동쪽으로 이천 경계까지 70리, 서쪽으로 과천 경계까지 30리, 남쪽으로 용인 경계까지 40리, 북쪽으로 양주 경계까지 30리이다. 서쪽으로 서울까지 50리 거리이다.

東至利川界七十里 西至果川界三十里 南至龍仁界四十里 北至楊州界三十里 西距京五十里

이천도호부사利川府

동쪽으로 여주 경계까지 22리, 서쪽으로 양지 경계까지 37리, 남쪽으로 음죽 경계까지 40리, 북쪽으로 광주 경계까지 21리이다. 서북쪽으로 서울까지 140리 거리이다.

東至驪州界二十二里 西至陽智界三十七里 南至陰竹界四十里 北至廣州界二十一里 西北距京一百四十里

음죽현감陰竹監

동쪽으로 여주 경계까지 15리, 서쪽으로 양지 경계까지 17리, 남쪽으로 충청도 충주 경계까지 30리, 북쪽으로 이천 경계까지 14리이다. 서북쪽으로 서울까지 190리 거리이다.

東至驪州界十五里 西至陽智界十七里 南至忠清道忠州界三十里 北至利川界十四里 西北距京一百九十里

여주목사驪州牧

동쪽으로 충청도 충주 경계까지 30리, 서쪽으로 광주 경계까지 70리,

남쪽으로 음죽 경계까지 30리, 북쪽으로 지평 경계까지 30리이다. 서쪽으로 서울까지 180리 거리이다.

東至忠淸道忠州界三十里 西至廣州界七十里 南至陰竹界三十里 北至砥平界三十里 西距京一百八十里

양근군수楊根郡

동쪽으로 지평 경계까지 15리, 서쪽으로 광주 경계까지 50리, 남쪽으로 여주 경계까지 13리, 북쪽으로 양주 경계까지 52리·가평 경계까지 70리이다. 서쪽으로 서울까지 120리 거리이다.

東至砥平界十五里 西至廣州界五十里 南至驪州界十三里 北至楊州界五十二里 加平界七十里 西距京一百二十里

지평현감砥平監

동쪽으로 강원도 원주 경계까지 47리, 서쪽으로 양근 경계까지 21리, 남쪽으로 여주 경계까지 16리, 북쪽으로 강원도 홍천 경계까지 43리이다. 서쪽으로 서울까지 150리 거리이다.

東至江原道原州界四十七里 西至楊根界二十一里 南至驪州界十六里 北至江原道洪川界四十三里 西距京一百五十里

양주목사楊州牧

동쪽으로 포천 경계까지 30리·가평 경계까지 110리·영평 경계까지 70리, 서쪽으로 파주 경계까지 30리·적성 경계까지 30리, 동남쪽으로 광주 경계까지 60리·양근 경계까지 150리·지평 경계까지 180리, 서남쪽으로 고양 경계까지 40리, 북쪽으로 연천 경계까지 17리이다. 서남쪽으로 서울까지 60리 거리이다.

東至抱川界三十里 加平界一百十里 永平界七十里 西至坡州界三十里 積城界三十里 東南至廣州界六十里 楊根界一百五十里 砥平界一百八十里 西南至高陽界四十里 北至漣川界十七里 西南距京六十里

적성현감積城監

동쪽으로 마전 경계까지 17리, 서쪽으로 장단 경계까지 8리, 남쪽으로 양주 경계까지 31리, 북쪽으로 장단 경계까지 20리이다. 남쪽으로 서울까지 120리 거리이다.

東至麻田界十七里 西至長湍界八里 南至楊州界三十一里 北至長湍界二十里 南距京一百二十里

포천현감抱川監

동쪽으로 가평 경계까지 20리, 서쪽으로 양주 경계까지 30리, 남쪽으로 양주 경계까지 36리, 북쪽으로 영평 경계까지 20리, 서남쪽으로 양주 경계까지 40리이다. 남쪽으로 서울까지 100리 거리이다.

東至加平界二十里 西至楊州界三十里 南至楊州界三十六里 北至永平界二十里 西南至楊州界四十里 南距京一百里

영평현령永平令

동쪽으로 가평 경계까지 60리, 서쪽으로 연천 경계까지 30리, 남쪽으로 포천 경계까지 10리, 북쪽으로 강원도 철원 경계까지 30리, 동북쪽으로 강원도 춘천 경계까지 60리, 서남쪽으로 양주 경계까지 20리이다. 남쪽으로 서울까지 140리 거리이다.

東至加平界六十里 西至漣川界三十里 南至抱川界十里 北至江原道鐵原界三十里 東北至同道春川界六十里 西南至楊州界二十里 南距京一百四十里

연천현감漣川監

동쪽으로 영평 경계까지 20리, 서쪽으로 장단 경계까지 30리·마전 경계까지 20리, 남쪽으로 양주 경계까지 15리, 북쪽으로 삭녕 경계까지 30리·강원도 철원 경계까지 15리이다. 서남쪽으로 서울까지 140리 거리이다.
東至永平界二十里 西至長湍界三十里 麻田界二十里 南至楊州界十五里 北至朔寧界三十里 江原道鐵原界十五里 西南距京一百四十里

마전군수麻田郡

동쪽으로 연천 경계까지 19리, 서쪽으로 장단 경계까지 17리, 남쪽으로 적성 경계까지 7리, 북쪽으로 삭녕 경계까지 21리이다. 남쪽으로 서울까지 130리 거리이다.
東至漣川界十九里 西至長湍界十七里 南至積城界七里 北至朔寧界二十一里 南距京一百三十里

가평군수加平郡

동쪽으로 강원도 춘천 경계까지 13리, 서쪽으로 포천 경계까지 79리, 남쪽으로 양근 경계까지 43리, 북쪽으로 영평 경계까지 54리이다. 서남쪽으로 서울까지 136리 거리이다.
東至江原道春川界十三里 西至抱川界七十九里 南至楊根界四十三里 北至永平界五十四里 西南距京一百三十六里

양천현령陽川令

동쪽으로 양화도까지 17리·시흥 경계까지 20리, 서쪽으로 부평 경계까지 14리, 남쪽으로 부평 경계까지 15리, 북쪽으로 북포까지 4리·김포 경계까지 13리이다. 동쪽으로 서울까지 30리 거리이다.

東至楊花渡十七里 始興界二十里 西至富平界十四里 南至同府界十五里 北至北浦四里 金浦界十三里 東距京三十里

김포군수金浦郡

동쪽으로 양천 경계까지 22리, 서쪽으로 바다까지 26리, 남쪽으로 부평 경계까지 10리, 북쪽으로 통진 경계까지 17리이다. 동쪽으로 서울까지 60리 거리이다.

東至陽川界二十二里 西至海二十六里 南至富平界十里 北至通津界十七里 東距京六十里

통진도호부사通津府

동쪽으로 교하 경계 한강 하류까지 20리, 서쪽으로 강화 경계 갑곶진까지 10리, 남쪽으로 김포 경계까지 30리, 북쪽으로 풍덕 경계 조강 하류까지 10리이다. 동쪽으로 서울까지 100리 거리이다.

東至漢江下流二十里交河界 西至甲串鎭十里江華界 南至金浦界三十里 北至祖江下流十里豊德界 東南距京一百里

강화유수江華留

동쪽으로 통진 경계 갑곶진까지 10리, 서쪽으로 교동 경계 인화석진까지

26리, 남쪽으로 바다까지 40리, 북쪽으로 풍덕 경계 천포까지 15리이다. 동남쪽으로 서울까지 120리 거리이다.

東至甲串鎭十里通津界 西至寅火石津二十六里喬桐界 南至海四十里 北至界天浦十五里豊德界 東南距京一百二十里

부평도호부사富平府

동쪽으로 시흥 경계까지 34리 · 양천 경계까지 15리, 서쪽으로 바다까지 14리, 남쪽으로 안산 경계까지 48리, 북쪽으로 김포 경계까지 17리 · 통진 경계까지 36리이다. 동쪽으로 서울까지 50리 거리이다.

東至始興界三十四里 陽川界十五里 西至海十四里 南至四十八里安山界 北至金浦界十七里 通津界三十六里 東距京五十里

인천도호부사仁川府

동쪽으로 시흥 (경계)까지 30리, 서쪽으로 영종 경계 진도까지 10리, 동남쪽으로 안산 경계까지 40리, 북쪽으로 부평 경계까지 13리, 서북쪽으로 강화까지 ○○리58)이다. 동쪽으로 서울까지 70리 거리이다.

東至始興三十里 西至永宗界津渡十里 東南至安山界四十里 北至富平界十三里 西北至江華里 東距京七十里

교동도호부사喬桐府

동쪽으로 강화 경계 인화석진까지 10리, 서쪽으로 바다까지 27리, 남쪽으로 바다까지 11리, 북쪽으로 황해도 배천 경계 각산도까지 21리이다. 동쪽으로 서울까지 180리 거리이다. ○예전에는 수사를 겸하였는데 지금

---

58) 원문에는 강화까지의 거리가 생략되어 있다.

은 강화로 옮겼다.

東至寅火石津十里江華界 西至海二十七里 南至海十一里 北至角山渡二十一里
黃海道白川界 東距京一百八十里 ○舊兼水使 今移江華

황해도黃海道

감사 겸 해주목사영은 해주에 있다. 병사영은 황주에 있다. 수사 겸 옹진부
사영은 옹진에 있다.

監司兼海州牧使營在海州 兵使營在黃州 水使兼瓮津府使營在瓮津

금천군수金川郡

동쪽으로 경기 장단 경계까지 90리, 서쪽으로 평산 경계까지 50리, 남쪽으
로 개성 경계까지 5리, 북쪽으로 신계 경계까지 100리이다. 서북쪽으로
감영까지 210리, 북쪽으로 병영까지 250리, 서쪽으로 수영까지 340리,
동남쪽으로 서울까지 217리 거리이다.

東至京畿長湍界九十里 西至平山界五十里 南至開城界五里 北至新溪界一百里
西北距監營二百十里 北距兵營二百五十里 西距水營三百四十里 東南距京二百
十七里

평산도호부사平山府

동쪽으로 금천 경계까지 15리, 서쪽으로 해주 경계까지 103리·봉산
경계까지 100리, 남쪽으로 바다까지 120리·금천 경계까지 22리, 북쪽으
로 신계 경계까지 64리·서흥 경계까지 62리이다. 서쪽으로 감영까지
180리, 북쪽으로 병영까지 190리, 남쪽으로 수영까지 300리, 동남쪽으로
서울까지 277리 거리이다.

東至金川界十五里 西至海州界一百三里 鳳山界一百里 南至海一百二十里 金川
界二十二里 北至新溪界六十四里 瑞興界六十二里 西距監營一百八十里 北距兵
營一百九十里 南距水營三百里 東南距京二百七十七里

서흥도호부사瑞興府

동쪽으로 신계 경계까지 40리, 서쪽으로 봉산 경계까지 30리·황주 경계까
지 80리, 남쪽으로 평산 경계까지 25리, 북쪽으로 평안도 상원 경계까지
80리, 동북쪽으로 수안 경계까지 50리이다. 서남쪽으로 감영까지 180리,
서북쪽으로 병영까지 110리, 동남쪽으로 서울까지 357리 거리이다.
東至新溪界四十里 西至鳳山界三十里 黃州界八十里 南至平山界二十五里 北至
平安道祥原界八十里 東北至遂安界五十里 西南距監營一百八十里 西北距兵營
一百十里 東南距京三百五十七里

봉산군수鳳山郡

동쪽으로 평산 경계까지 70리·서흥 경계까지 40리, 서쪽으로 바다까지
45리, 남쪽으로 재령 경계까지 50리, 북쪽으로 황주 극성까지 40리이다.
남쪽으로 감영까지 150리, 북쪽으로 병영까지 40리, 동쪽으로 서울까지
427리 거리이다.
東至平山界七十里 瑞興界四十里 西至海四十五里 南至載寧界五十里 北至黃州
棘城四十里 南距監營一百五十里 北距兵營四十里 東距京四百二十七里

황주목사黃州牧

동쪽으로 서흥 경계까지 51리, 서쪽으로 바다까지 50리, 남쪽으로 봉산
경계까지 23리, 북쪽으로 평안도 중화 경계까지 30리·상원 경계까지

60리이다. 병영은 성내에 있다. 남쪽으로 감영까지 210리, 동남쪽으로 서울까지 472리 거리이다.

東至瑞興界五十一里 西至海五十里 南至鳳山界二十三里 北至平安道中和界三十里 祥原界六十里 兵營在城內 南距監營二百十里 東南距京四百七十二里

신계현령新溪令

동쪽으로 강원도 이천 경계까지 50리, 서쪽으로 서흥 경계까지 40리, 남쪽으로 평산 경계까지 25리, 북쪽으로 수안 경계까지 50리, 동남쪽으로 토산 경계까지 40리, 동북쪽으로 곡산 경계까지 45리이다. 서남쪽으로 감영까지 170리, 서쪽으로 병영까지 190리, 동남쪽으로 서울까지 357리 거리이다.

東至江原道伊川界五十里 西至瑞興界四十里 南至平山界二十五里 北至遂安界五十里 東南至兎山界四十里 東北至谷山界四十五里 西南至監營百七十里 西距兵營一百九十里 東南距京三百五十七里

곡산도호부사谷山府

동쪽으로 함경도 안변 경계까지 92리, 서쪽으로 수안 경계까지 34리, 남쪽으로 신계 경계까지 45리, 북쪽으로 평안도 성천 경계까지 90리·평안도 양덕 경계까지 99리이다. 남쪽으로 감영까지 360리, 서쪽으로 병영까지 210리, 동남쪽으로 서울까지 447리 거리이다.

東至咸鏡道安邊界九十二里 西至遂安界三十四里 南至新溪界四十五里 北至平安道成川界九十里 同道陽德界九十九里 南距監營三百六十里 西距兵營二百十里 東南距京四百四十七里

수안군수遂安郡

동쪽으로 곡산 경계까지 60리, 서쪽으로 서흥 경계까지 40리, 남쪽으로 서흥 경계까지 34리·신계 경계까지 35리, 북쪽으로 평안도 상원 경계까지 70리·평안도 삼등 경계까지 90리이다. 남쪽으로 감영까지 270리, 서쪽으로 병영까지 130리, 동남쪽으로 서울까지 442리 거리이다.

東至谷山界六十里 西至瑞興界四十里 南至瑞興界三十四里 新溪界三十五里 北至平安道祥原界七十里 同道三登界九十里 南距監營二百七十里 西距兵營一百三十里 東南距京四百四十二里

재령군수載寧郡

동쪽으로 평산 경계까지 70리, 서쪽으로 신천 경계까지 10리, 남쪽으로 해주 경계까지 70리, 북쪽으로 봉산 경계까지 20리이다. 남쪽으로 감영까지 120리, 북쪽으로 병영까지 90리, 동남쪽으로 서울까지 477리 거리이다.

東至平山界七十里 西至信川界十里 南至海州界七十里 北至鳳山界二十里 南距監營一百二十里 北距兵營九十里 東南距京四百七十七里

신천군수信川郡

동쪽으로 재령 경계까지 20리, 서쪽으로 송화 경계까지 10리, 남쪽으로 해주 경계까지 50리, 북쪽으로 안악 경계까지 25리이다. 남쪽으로 감영까지 110리, 북쪽으로 병영까지 129리, 동남쪽으로 서울까지 507리 거리이다.

東至載寧界二十里 西至松禾界十里 南至海州界五十里 北至安岳界二十五里 南距監營一百十里 北距兵營一百二十里 東南距京五百七里

안악군수安岳郡

동쪽으로 바닷가까지 40리, 서쪽으로 장련 경계까지 36리, 남쪽으로 신천 경계까지 15리, 북쪽으로 평안도 삼화 경계 절양해까지 60리이다. 남쪽으로 감영까지 150리, 동북쪽으로 병영까지 160리, 남쪽으로 수영까지 160리, 동남쪽으로 서울까지 547리이다.

東至浦辺四十里 西至長連界三十六里 南至信川界十五里 北至絶瀁海六十里平安道三和界 南距監營一百五十里 東北距兵營一百六十里 南距水營一百六十里 東南距京五百四十七里

장련현감長連監

동쪽으로 안악 경계까지 10리, 서쪽으로 은율 경계까지 20리, 남쪽으로 문화 경계까지 30리, 북쪽으로 평안도 삼화 경계 절양해까지 30리이다. 남쪽으로 감영까지 190리, 동쪽으로 병영까지 180리, 서남쪽으로 청룡포를 경유하는 지름길 120리, 남쪽으로 수영까지 220리, 동남쪽으로 서울까지 587리 거리이다.

東至安岳界十里 西至殷栗界二十里 南至文化界三十里 北至絶瀁海十五里平安道三和界 南距監營一百九十里 東距兵營一百八十里 西南由靑龍浦徑路則一百二十里 南距水營二百二十里 東南距京五百八十七里

문화현령文化令

동쪽으로 안악 경계까지 19리, 서쪽으로 송화 경계까지 47리·은율 경계까지 40리, 남쪽으로 신천 경계까지 15리, 북쪽으로 장련 경계까지 42리이다. 동남쪽으로 감영까지 130리, 동북쪽으로 병영까지 140리, 동남쪽으로 서울까지 531리 거리이다.

東至安岳界十九里 西至松禾界四十七里 殷栗界四十里 南至信川界十五里 北至長連界四十二里 東南距監營一百三十里 東北距兵營一百四十里 東南距京五百三十一里

연안도호부사延安府

동쪽으로 배천 (경계) 독산까지 30리, 서쪽으로 평산 경계 신원까지 30리, 남쪽으로 경기 교동 경계 바다까지 29리, 북쪽으로 평산 경계까지 30리이다. 서쪽으로 감영까지 120리, 서북쪽으로 병영까지 240리, 서쪽으로 수영까지 230리, 동쪽으로 서울까지 277리 거리이다.

東至白川禿山三十里 西至平山界新院三十里 南至海二十九里京畿喬桐界 北至平山界三十里 西距監營一百二十里 西北距兵營二百四十里 西距水營二百三十里 東距京二百七十七里

해주판관海州判

동쪽으로 평산 경계까지 69리·용매량까지 95리, 서쪽으로 옹진 경계까지 94리·장연 경계까지 92리, 남쪽으로 강령 경계까지 49리, 북쪽으로 신천 경계까지 56리·재령 경계까지 41리이다. 감영은 해주 성내에 있다. 동북쪽으로 병영까지 210리, 서쪽으로 수영까지 110리, 동남쪽으로 서울까지 397리 거리이다.

東至平山界六十九里 龍媒梁九十五里 西至瓮津界九十四里 長淵界九十二里 南至康翎界四十九里 北至信川界五十六里 載寧界四十一里 監營在州城內 東北距兵營二百十里 西距水營一百十里 東南距京三百九十七里

옹진도호부사瓮津府

동쪽으로 해주 경계까지 15리, 서쪽으로 바다까지 60리, 남쪽으로 바다까지 20리, 북쪽으로 해주 경계까지 20리이다. 수영은 성내에 있다. 동쪽으로 감영까지 110리, 북쪽으로 병영까지 250리, 동쪽으로 서울까지 507리 거리이다.

東至海州界十五里 西至海六十里 南至海二十里 北至海州界二十里 水營在城內 東距監營一百十里 北距兵營二百五十里 東距京五百七里

배천군수白川郡

동쪽으로 경기 개성 경계까지 20리, 서쪽으로 연안 경계까지 30리, 남쪽으로 바다까지 38리, 북쪽으로 평산 경계까지 30리이다. 서쪽으로 감영까지 160리, 북쪽으로 병영까지 280리, 서쪽으로 수영까지 340리, 동남쪽으로 서울까지 242리 거리이다.

東至京畿開城界二十里 西至延安界三十里 南至海三十八里 北至平山界三十里 西距監營一百六十里 北距兵營二百八十里 西距水營三百四十里 東南距京二百四十二里

송화현감松禾監

동쪽으로 신천 경계까지 72리, 서쪽으로 풍천 경계까지 10리, 남쪽으로 장연 경계까지 50리, 북쪽으로 은율 경계까지 10리이다. 동남쪽으로 감영까지 150리, 북쪽으로 병영까지 190리, 동남쪽으로 서울까지 537리 거리이다.

東至信川界七十二里 西至豊川界十里 南至長淵界五十里 北至殷栗界十里 東南距監營一百五十里 北距兵營一百九十里 東南距京五百三十七里

풍천도호부사豊川府

동쪽으로 은율 경계까지 25리, 서쪽으로 업청포까지 10리, 남쪽으로 장연 경계까지 33리, 북쪽으로 허사해까지 41리이다. 동남쪽으로 감영까지 190리, 동북쪽으로 병영까지 230리, 남쪽으로 수영까지 150리, 동남쪽으로 서울까지 577리 거리이다.

東至殷栗界二十五里 西至業淸浦十里 南至長淵界三十三里 北至許沙海四十一里 東南距監營一百九十里 東北距兵營二百三十里 南距水營一百五十里 東南距京五百七十七里

은율현감殷栗監

동쪽으로 문화 경계까지 25리, 서쪽으로 풍천 경계까지 19리, 남쪽으로 송화 경계까지 20리, 북쪽으로 장연 경계까지 15리이다. 동남쪽으로 감영까지 190리, 동쪽으로 병영까지 210리, 남쪽으로 수영까지 180리, 동남쪽으로 서울까지 577리 거리이다.

東至文化界二十五里 西至豊川界十九里 南至松禾界三十里 北至長淵界十五里 東南距監營一百九十里 東距兵營二百十里 南距水營一百八十里 東南距京五百七十七里

장연도호부사長淵府

동쪽으로 해주 경계까지 65리, 서쪽으로 조니진포까지 47리, 남쪽으로 바다까지 40리, 북쪽으로 송화 경계까지 20리, 서북쪽으로 풍천 경계까지 25리이다. 동쪽으로 감영까지 150리, 동북쪽으로 병영까지 220리, 남쪽으로 수영까지 120리, 동남쪽으로 서울까지 547리 거리이다.

東至海州界六十五里 西至助泥鎭浦四十七里 南至海四十里 北至松禾界二十里 西北至豊川界二十五里 東距監營一百五十里 東北距兵營二百二十里 南距水營一百二十里 東南距京五百四十七里

강령현감康翎監

동쪽으로 해주 경계까지 20리, 서쪽으로 해주 경계까지 10리, 남쪽으로 바다까지 90리, 북쪽으로 해주 경계까지 30리이다. 동쪽으로 감영까지 80리, 북쪽으로 병영까지 230리, 서쪽으로 수영까지 50리, 동쪽으로 서울까지 477리 거리이다.

東至海州界二十里 西至同州界十里 南至海九十里 北至海州界三十里 東距監營八十里 北距兵營二百三十里 西距水營五十里 東距京四百七十七里

토산현감兎山監

동쪽으로 강원도 안협 경계까지 20리, 서쪽으로 금천 경계까지 35리, 남쪽으로 경기 장단 경계까지 30리, 서북쪽으로 신계 경계까지 60리, 동쪽으로 경기 삭녕 경계까지 20리, 북쪽으로 강원도 이천 경계까지 50리이다. 서쪽으로 감영까지 270리, 북쪽으로 병영까지 270리, 남쪽으로 서울까지 240리 거리이다.

東至江原道安峽界二十里 西至金川界三十五里 南至京畿長湍界三十里 西北至新溪界六十里 東至京畿朔寧界二十里 北至江原道伊川界五十里 西距監營二百七十里 北距兵營二百七十里 南距京二百四十里

평안도平安道

감사 겸 평양부윤영은 평양에 있다. 병사영은 안주에 있다.

監司兼平壤府尹營在平壤 兵使營在安州

중화도호부사中和府

동쪽으로 상원 경계까지 40리, 서쪽으로 강서 경계까지 55리, 남쪽으로 황해도 황주 경계까지 12리, 북쪽으로 평양 경계까지 10리이다. 북쪽으로 감영까지 50리·병영까지 220리, 동남쪽으로 서울까지 514리 거리이다.
東至祥原界四十里 西至江西界五十五里 南至黃海道黃州界十二里 北至平壤界十里 北距監營五十里 兵營二百二十里 東南距京五百十四里

평양서윤平壤庶

동쪽으로 상원 경계까지 50리, 서쪽으로 강서 경계까지 57리·증산 경계까지 72리·바다까지 90리, 남쪽으로 중화 경계까지 40리, 북쪽으로 순안 경계까지 40리·자산 경계까지 61리이다. 감영은 평양 성내에 있다. 북쪽으로 병영까지 170리, 동남쪽으로 서울까지 562리 거리이다.
東至祥原界五十里 西至江西界五十七里 甑山界七十二里 海九十里 南至中和界四十里 北至順安界四十里 慈山界六十一里 監營在府城內 北距兵營一百七十里 東南距京五百六十二里

순안현령順安令

동쪽으로 자산 경계까지 20리, 서쪽으로 영유 경계까지 30리, 남쪽으로 평양 경계까지 10리, 북쪽으로 숙천 경계까지 40리이다. 남쪽으로 감영까지 50리, 북쪽으로 병영까지 120리, (남쪽으로) 서울까지 602리 거리이다.
東至慈山界二十里 西至永柔界三十里 南至平壤界十里 北至肅川界四十里 南距監營五十里 北距兵營一百二十里 距京六百二里

숙천도호부사肅川府

동쪽으로 자산 경계까지 30리, 서남쪽으로 영유 경계까지 15리, 남쪽으로 순안 경계까지 20리, 북쪽으로 안주 경계까지 15리, 서쪽으로 바다까지 80리이다. 동쪽으로 감영까지 110리, 북쪽으로 병영까지 60리, 남쪽으로 서울까지 657리 거리이다.

東至慈山界三十里 西南至永柔界十五里 南至順安界二十里 北至安州界十五里 西至海八十里 東距監營一百十里 北距兵營六十里 南距京六百五十七里

안주목사安州牧

동쪽으로 개천 경계까지 35리, 서쪽으로 바다까지 90리, 남쪽으로 숙천 경계까지 45리, 북쪽으로 박천 경계까지 10리, 동남쪽으로 순천 경계까지 52리, 동북쪽으로 영변 경계까지 10리이다. 병영은 안주 성내에 있다. 동쪽으로 감영까지 170리, 동남쪽으로 서울까지 722리 거리이다.

東至价川界三十五里 西至海九十里 南至肅川界四十五里 北至博川界十里 東南至順川界五十二里 東北至寧邊界十里 兵營在州城內 東距監營一百七十里 東南距京七百二十二里

가산군수嘉山郡

동쪽으로 박천 경계까지 20리, 서쪽으로 정주 경계까지 20리, 남쪽으로 박천 경계까지 17리, 북쪽으로 태천 경계까지 25리이다. 동남쪽으로 감영까지 220리, 동쪽으로 병영까지 60리, 동남쪽으로 서울까지 782리 거리이다.

東至博川界二十里 西至定州界二十里 南至博川界十七里 北至泰川界二十五里 東南距監營二百二十里 東距兵營六十里 東南距京七百八十二里

정주목사定州牧

동쪽으로 가산 경계까지 42리, 서쪽으로 곽산 경계까지 15리, 남쪽으로 바다까지 40리, 북쪽으로 구성 경계까지 42리, 동북쪽으로 태천 경계까지 44리이다. 동남쪽으로 감영까지 290리, 동쪽으로 병영까지 120리, 동남쪽으로 서울까지 842리 거리이다.

東至嘉山界四十二里 西至郭山界十五里 南至海四十里 北至龜城界四十二里 東北至泰川界四十四里 東南距監營二百九十里 東距兵營一百二十里 東南距京八百四十二里

곽산군수郭山郡

동쪽으로 정주 경계까지 15리, 서쪽으로 선천 경계까지 15리, 남쪽으로 바다까지 40리, 북쪽으로 구성 경계까지 30리이다. 동남쪽으로 감영까지 320리, 동쪽으로 병영까지 150리, 동남쪽으로 서울까지 872리 거리이다.

東至定州界十五里 西至宣川界十五里 南至海四十里 北至龜城界三十里 東南距監營三百二十里 東距兵營一百五十里 東南距京八百七十二里

선천도호부사宣川府

동쪽으로 곽산 경계까지 25리, 서쪽으로 철산 경계까지 45리, 남쪽으로 바다까지 50리, 북쪽으로 구성 경계까지 50리이다. 동남쪽으로 감영까지 360리, 동쪽으로 병영까지 190리, 동쪽으로 서울까지 920리 거리이다.

東至郭山界二十五里 西至鐵山界四十五里 南至海五十里 北至龜城界五十里 東南距監營三百六十里 東距兵營一百九十里 東距京九百二十里

철산도호부사鐵山府

동쪽으로 선천 경계까지 5리, 서쪽으로 용천 경계까지 30리, 남쪽으로 바다까지 60리, 북쪽으로 의주 경계까지 15리이다. 동남쪽으로 감영까지 420리, 동쪽으로 병영까지 230리, 동남쪽으로 서울까지 962리 거리이다.

東至宣川界五里 西至龍川界三十里 南至海六十里 北至義州界十五里 東南距監營四百二十里 東距兵營二百三十里 東南距京九百六十二里

용천도호부사龍川府

동쪽으로 의주 경계까지 25리, 서쪽으로 압록강까지 30리, 남쪽으로 철산 경계까지 23리, 서남쪽으로 바다까지 30리, 북쪽으로 의주 경계까지 15리이다. 동남쪽으로 감영까지 460리, 동남쪽으로 병영까지 280리, 동남쪽으로 서울까지 992리 거리이다.

東至義州界二十五里 西至鴨綠江三十里 南至鐵山界二十三里 西南至海三十里 北至義州界十五里 東南距監營四百六十里 東南距兵營二百八十里 東南距京九百九十二里

의주부윤義州尹

동쪽으로 삭주 경계까지 116리·구성 경계까지 82리, 서쪽으로 압록강까지 14리, 남쪽으로 용천 경계까지 60리·양책관까지 76리·철산 경계까지 79리·바다까지 100리, 북쪽으로 압록강까지 2리이다. 동남쪽으로 감영까지 510리·병영까지 340리·서울까지 1,072리 거리이다.

東至朔州界一百十六里 龜城界八十二里 西至鴨綠江十四里 南至龍川界六十里 良策舘七十六里 鐵山界七十九里 至海一百里 北至鴨綠江二里 東南距監營五百十里 兵營三百四十里 京一千七十二里

자산도호부사慈山府

동쪽으로 은산 경계까지 4리, 서쪽으로 숙천 경계까지 34리, 남쪽으로 평양 경계까지 36리·순안 경계까지 39리, 북쪽으로 순천 경계까지 11리·개천 경계까지 22리이다. 동남쪽으로 감영까지 90리, 북쪽으로 병영까지 100리, 남쪽으로 서울까지 637리 거리이다.

東至殷山界四里 西至肅川界三十四里 南至平壤界三十六里 順安界三十九里 北至順川界十一里 价川界二十二里 東南距監營九十里 北距兵營一百里 南距京六百三十七里

은산현감殷山監

동쪽으로 순천 경계까지 20리, 서쪽으로 순천 경계까지 10리, 남쪽으로 자산 경계까지 25리, 북쪽으로 개천 경계까지 50리이다. 남쪽으로 감영까지 120리, 서쪽으로 병영까지 110리, 동남쪽으로 서울까지 667리 거리이다.

東至順川界二十里 西至順川界十里 南至慈山界二十五里 北至价川界五十里 南距監營一百二十里 西距兵營一百十里 東南距京六百六十七里

순천군수順川郡

동쪽으로 은산 경계까지 10리·맹산 (경계)까지 150리·덕천 경계까지 150리·양덕 경계까지 150리·성천 경계까지 40리, 서쪽으로 개천 경계까지 11리, 남쪽으로 자산 경계까지 10리, 북쪽으로 개천 경계까지 20리이다. 남쪽으로 감영까지 110리, 서쪽으로 병영까지 90리, 동남쪽으로 서울까지 722리 거리이다.

東至殷山界十里 孟山一百五十里 德川界一百五十里 陽德界一百五十里 成川界
四十里 西至价川界十一里 南至慈山界十里 北至价川界二十里 南距監營一百十
里 西距兵營九十里 東南距京七百二十二里

개천군수价川郡

동쪽으로 덕천 경계까지 44리, 서쪽으로 안주 경계까지 32리, 남쪽으로
은산 경계까지 51리, 북쪽으로 영변 경계까지 63리이다. 서남쪽으로 감영
까지 180리, 서쪽으로 병영까지 60리, 동남쪽으로 서울까지 802리 거리이
다.
東至德川界四十四里 西至安州界三十二里 南至殷山界五十一里 北至寧邊界六
十三里 西南距監營一百八十里 西距兵營六十里 東南距京八百二里

강서현령江西令

동쪽으로 평양 경계까지 13리, 서쪽으로 함종 경계까지 18리, 남쪽으로
용강 경계까지 18리, 북쪽으로 증산 경계까지 39리이다. 동쪽으로 감영까
지 70리, 북쪽으로 병영까지 180리, 남쪽으로 서울까지 632리 거리이다.
東至平壤界十三里 西至咸從界十八里 南至龍岡界十八里 北至甑山界三十九里
東距監營七十里 北距兵營一百八十里 南距京六百三十二里

함종도호부사咸從府

동쪽으로 강서 경계까지 14리, 서쪽으로 바다까지 20리, 남쪽으로 용강
경계까지 20리, 북쪽으로 증산 경계까지 21리이다. 동쪽으로 감영까지
120리, 북쪽으로 병영까지 210리, 동남쪽으로 서울까지 652리 거리이다.
東至江西界十四里 西至海二十里 南至龍岡界二十里 北至甑山界二十一里 東距
監營一百二十里 北距兵營二百十里 東南距京六百五十二里

강동현감江東監

동쪽으로 성천 경계까지 5리, 서쪽으로 평양 경계까지 39리, 남쪽으로
삼등 경계까지 8리·상원 경계까지 46리, 북쪽으로 성천 경계까지 32리이
다. 서쪽으로 감영까지 90리, 북쪽으로 병영까지 200리, 동남쪽으로 서울
까지 652리 거리이다.

東至成川界五里 西至平壤界三十九里 南至三登界八里 祥原界四十六里 北至成
川界三十二里 西距監營九十里 北距兵營二百里 東南距京六百五十二里

성천도호부사成川府

동쪽으로 황해도 곡산 경계까지 126리, 서쪽으로 은산 경계까지 46리,
남쪽으로 삼등 경계까지 38리·강동 경계까지 45리, 북쪽으로 맹산 경계까
지 95리·양덕 경계까지 65리이다. 남쪽으로 감영까지 150리, 서쪽으로
병영까지 180리, 남쪽으로 서울까지 702리 거리이다.

東至黃海道谷山界一百二十六里 西至殷山界四十六里 南至三登界三十八里 江
東界四十五里 北至孟山界九十五里 陽德界六十五里 南距監營一百五十里 西距
兵營一百八十里 南距京七百二里

양덕현감陽德監

동쪽으로 함경도 고원 경계까지 35리·함경도 문천 경계까지 35리·함경
도 안변 경계까지 37리, 서쪽으로 성천 경계까지 135리, 남쪽으로 황해도
곡산 경계까지 30리, 북쪽으로 순천 경계까지 160리·맹산 경계까지
160리·함경도 영흥 경계까지 51리이다. 서남쪽으로 감영까지 330리,
서쪽으로 병영까지 340리, 남쪽으로 서울까지 892리 거리이다.

東至咸鏡道高原界三十五里 同道文川界三十五里 同道安邊界三十七里 西至成川界一百三十五里 南至黃海道谷山界三十里 北至順川界一百六十里 孟山界一百六十里 咸鏡道永興界五十一里 西南距監營三百三十里 西距兵營三百四十里 南距京八百九十二里

상원군수祥原郡

동쪽으로 황해도 수안 경계까지 40리, 서쪽으로 평양 경계까지 20리·중화 경계까지 15리, 남쪽으로 황해도 황주 경계까지 47리·황해도 서흥 경계까지 50리, 북쪽으로 삼등 경계까지 40리·강동 경계까지 35리이다. 북쪽으로 감영까지 70리, 서북쪽으로 병영까지 240리, 동남쪽으로 서울까지 632리 거리이다.

東至黃海道遂安界四十里 西至平壤界二十里 中和界十五里 南至黃海道黃州界四十七里 同道瑞興界五十里 北至三登界四十里 江東界三十五里 北距監營七十里 西北距兵營二百四十里 東南距京六百三十二里

증산현령甑山令

동쪽으로 평양 경계까지 12리, 서쪽으로 바다까지 15리, 남쪽으로 함종 경계까지 25리·강서 경계까지 12리, 북쪽으로 평양 경계까지 12리이다. 동쪽으로 감영까지 90리, 북쪽으로 병영까지 170리, 동남쪽으로 서울까지 652리 거리이다.

東至平壤界十二里 西至海十五里 南至咸從界二十五里 江西界十二里 北至平壤界十二里 東距監營九十里 北距兵營一百七十里 東南距京六百五十二里

삼등현령三登令

동쪽으로 성천 경계까지 19리, 서쪽으로 상원 경계까지 31리·강동 경계까지 27리, 남쪽으로 황해도 수안 경계까지 2리, 북쪽으로 성천 경계까지 43리이다. 서쪽으로 감영까지 100리, 북쪽으로 병영까지 270리, 동남쪽으로 서울까지 652리 거리이다.

東至成川界十九里 西至祥原界三十一里 江東界二十七里 南至黃海道遂安界二里 北至成川界四十三里 西距監營一百里 北距兵二百七十里 東南距京六百五十二里

영유현령永柔令

동쪽으로 순안 경계까지 9리, 서쪽으로 평양 경계까지 35리 · 바다까지 30리, 남쪽으로 순안 경계까지 12리, 북쪽으로 숙천 경계까지 13리이다. 남쪽으로 감영까지 90리, 북쪽으로 병영까지 90리, 남쪽으로 서울까지 632리 거리이다.

東至順安界九里 西至平壤界三十五里 海三十里 南至順安界十二里 北至肅川界十三里 南距監營九十里 北距兵營九十里 南距京六百三十二里

덕천군수德川郡

동쪽으로 영원 경계까지 39리, 서쪽으로 개천 경계까지 46리, 남쪽으로 맹산 경계까지 36리, 북쪽으로 영변 경계까지 49리이다. 남쪽으로 감영까지 270리, 서쪽으로 병영까지 150리, 남쪽으로 서울까지 847리 거리이다.

東至寧遠界三十九里 西至价川界四十六里 南至孟山界三十六里 北至寧邊界四十九里 南距監營二百七十里 西距兵營一百五十里 南距京八百四十七里

맹산현감孟山監

동쪽으로 함경도 영흥 경계까지 31리, 서쪽으로 순천 경계까지 20리 · 덕천 경계까지 33리, 남쪽으로 양덕 경계까지 54리, 북쪽으로 영원 경계까지 50리이다. 남쪽으로 감영까지 270리, 서쪽으로 병영까지 210리, 남쪽으로 서울까지 817리 거리이다.

東至咸鏡道永興界三十一里 西至順川界二十里 德川界三十三里 南至陽德界五十四里 北至寧遠界五十里 南距監營二百七十里 西距兵營二百十里 南距京八百十七里

영원군수寧遠郡

동쪽으로 함경도 정평 경계까지 180리, 서쪽으로 덕천 경계까지 20리, 남쪽으로 맹산 경계까지 20리, 북쪽으로 희천 경계까지 70리・강계 경계까지 250리이다. 남쪽으로 감영까지 340리, 서쪽으로 병영까지 210리, 남쪽으로 서울까지 862리 거리이다.

東至咸鏡道定平界一百八十里 西至德川界二十里 南至孟山界二十里 北至熙川界七十里 江界界二百五十里 南距監營三百四十里 西距兵營二百十里 南距京八百六十二里

용강현령龍岡令

동쪽으로 강서 경계까지 20리, 서쪽으로 바다까지 40리, 남쪽으로 삼화 경계까지 12리, 북쪽으로 함종 경계까지 20리이다. 동쪽으로 감영까지 110리, 북쪽으로 병영까지 240리, 동남쪽으로 서울까지 672리 거리이다.

東至江西界二十里 西至海四十里 南至三和界十二里 北至咸從界二十里 東距監營一百十里 北距兵營二百四十里 東南距京六百七十二里

삼화도호부사三和府

동쪽으로 용강 경계까지 10리, 서쪽으로 바다까지 45리, 남쪽으로 호도까지 30리, 북쪽으로 용강 경계까지 11리이다. 동쪽으로 감영까지 130리, 북쪽으로 병영까지 240리, 동남쪽으로 서울까지 692리 거리이다.
東至龍岡界十里 西至海四十五里 南至虎島三十里 北至龍岡界十一里 東距監營一百三十里 北距兵營二百四十里 東南距京六百九十二里

박천군수博川郡

동쪽으로 영변 경계까지 11리, 서쪽으로 가산 경계까지 16리, 남쪽으로 안주 경계까지 33리, 북쪽으로 영변 경계까지 12리이다. 남쪽으로 감영까지 220리・병영까지 50리・서울까지 757리 거리이다.
東至寧邊界十一里 西至嘉山界十六里 南至安州界三十三里 北至寧邊界十二里南距監營二百二十里 兵營五十里 京七百五十七里

태천현감泰川監

동쪽으로 영변 경계까지 25리, 서쪽으로 구성 경계까지 20리, 남쪽으로 가산 경계까지 40리, 북쪽으로 창성 경계까지 40리이다. 동남쪽으로 감영까지 270리・병영까지 100리・서울까지 817리 거리이다.
東至寧邊界二十五里 西至龜城界二十里 南至嘉山界四十里 北至昌城界四十里東南距監營二百七十里 兵營百里 京八百十七里

구성도호부사龜城府

동쪽으로 태천 경계까지 40리, 서쪽으로 의주 경계까지 100리, 남쪽으로 정주 경계까지 40리・바다까지 120리, 서남쪽으로 곽산 경계까지 50리・선천 경계까지 60리, 북쪽으로 삭주 경계까지 40리이다. 동남쪽으로 감영까지 340리, 동쪽으로 병영까지 170리, 동남쪽으로 서울까지 877리 거리이다.

東至泰川界四十里 西至義州界一百里 南至定州界四十里 海一百二十里 西南至郭山界五十里 宣川界六十里 北至朔州界四十里 東南距監營三百四十里 東距兵營一百七十里 東南距京八百七十里

삭주도호부사朔州府

동쪽으로 창성 경계까지 70리·태천 경계까지 160리, 서쪽으로 의주 경계까지 20리·압록강까지 40리, 남쪽으로 구성 경계까지 90리, 북쪽으로 창성 경계까지 20리이다. 동남쪽으로 감영까지 480리, 남쪽으로 병영까지 300리, 동남쪽으로 서울까지 1,017리 거리이다.

東至昌城界七十里 泰川界一百六十里 西至義州界二十里 鴨綠江四十里 南至龜城界九十里 北至昌城界二十里 東南距監營四百八十里 南距兵營三百里 東南距京千十七里

영변대도호부사寧邊大

동쪽으로 개천 경계까지 21리·덕천 경계까지 109리, 서쪽으로 태천 경계까지 40리·박천 경계까지 46리, 남쪽으로 안주 경계까지 56리, 북쪽으로 희천 경계까지 102리·운산 경계까지 41리이다. 남쪽으로 감영까지 230리, 서쪽으로 병영까지 60리, 남쪽으로 서울까지 777리 거리이다.

東至价川界二十一里 德川界一百九里 西至泰川界四十里 博川界四十六里 南至安州界五十六里 北至熙川界一百二里 雲山界四十一里 南距監營二百三十里 西距兵營六十里 南距京七百七十七里

운산군수雲山郡

동쪽으로 영변 경계까지 15리, 서쪽으로 태천 경계까지 34리, 남쪽으로 영변 경계까지 15리, 북쪽으로 초산 경계까지 81리이다. 남쪽으로 감영까지 290리, 서남쪽으로 병영까지 120리, 남쪽으로 서울까지 837리 거리이다.

東至寧邊界十五里 西距泰川界三十四里 南至寧邊界十五里 北至楚山界八十一里 南距監營二百九十里 西南距兵營一百二十里 南距京八百三十七里

희천군수熙川郡

동쪽으로 영변 경계까지 150리, 서쪽으로 초산 경계까지 74리, 남쪽으로 영변 경계까지 46리, 북쪽으로 강계 경계까지 180리, 동남쪽으로 영변 경계까지 94리이다. 남쪽으로 감영까지 370리・병영까지 190리・서울까지 982리 거리이다.

東至寧邊界一百五十里 西至楚山界七十四里 南至寧邊界四十六里 北至江界界一百八十里 東南至寧邊界九十四里 南距監營三百七十里 兵營一百九十里 京九百八十二里

강계도호부사江界府

동쪽으로 자산폐군까지 130리, 자산에서 함경도 삼수 경계까지 190리, 서쪽으로 감양령까지 130리・두읍령까지 140리〔모두 위원 경계〕, 남쪽으로 희천 경계까지 210리, 북쪽으로 압록강까지 130리, 또 우항령까지 70리・마전령까지 110리이다. 남쪽으로 감영까지 750리・병영까지 570리・서울까지 1,317리 거리이다.

東至慈山廢郡一百三十里 自慈山至咸鏡道三水界一百九十里 西至甘陽嶺一百三十里 豆邑嶺一百四十里 皆渭原界 南至熙川界二百十里 北至鴨綠江一百三十里 又至牛項嶺七十里 麻田嶺一百十里 南距監營七百五十里 兵營五百七十里 京一千三百十七里

벽동군수碧潼郡

동쪽으로 초산 경계 동건강까지 80리, 서쪽으로 압록강까지 5리·창성 경계까지 70리, 남쪽으로 창성 경계까지 90리, 북쪽으로 압록강까지 15리이다. 남쪽으로 감영까지 760리·병영까지 650리·서울까지 1,177리 거리이다.

東至楚山界童巾江八十里 西至鴨綠江五里 至昌城界七十里 南至同府界九十里 北至鴨綠江十五里 南距監營七百六十里 兵營六百五十里 京一千一百七十七里

초산도호부사楚山府

동쪽으로 위원 경계까지 15리, 서쪽으로 벽동 경계까지 70리, 남쪽으로 운산 경계까지 250리·희천 경계까지 250리, 북쪽으로 압록강까지 15리이다. 남쪽으로 감영까지 760리·병영까지 650리·서울까지 1,177리 거리이다.

東至渭原界十五里 西至碧潼界七十里 南至雲山界二百五十里 熙川界二百五十里 北至鴨綠江十五里 南距監營七百六十里 兵營六百五十里 京一千一百七十七里

위원군수渭原郡

동쪽으로 강계 경계까지 140리, 서쪽으로 초산 경계 합지현까지 75리, 남쪽으로 초산 경계까지 50리, 북쪽으로 압록강까지 10리이다. 남쪽으로 감영까지 690리 · 병영까지 530리 · 서울까지 1,217리 거리이다.

東至江界界一百四十里 西至蛤池峴楚山界七十五里 南至同府界五十里 北至鴨綠江十里 南距監營六百九十里 兵營五百三十里 京一千二百十七里

창성도호부사昌城府

동쪽으로 운산 경계까지 190리 · 태천 경계까지 220리, 서쪽으로 압록강까지 2리, 남쪽으로 삭주 경계까지 20리, 북쪽으로 벽동 경계까지 63리이다. 동남쪽으로 감영까지 550리, 남쪽으로 병영까지 330리, 동남쪽으로 서울까지 1,087리 거리이다.

東至雲山界一百九十里 泰川界二百二十里 西至鴨綠江二里 南至朔州界二十里 北至碧潼界六十三里 東南距監營五百五十里 南距兵營三百三十里 東南距京一千八十七里

강원도江原道

감사 겸 원주목사영은 원주에 있다.

監司兼原州牧使營在原州

원주판관原州判

동쪽으로 평창 경계까지 125리, 동남쪽으로 영월 경계까지 120리 · 충청도 제천 경계까지 50리, 남쪽으로 충청도 충주 경계까지 55리, 서쪽으로 경기 지평 경계까지 70리 · 경기 여주 경계까지 70리, 북쪽으로 횡성 경계까지 30리이다. 감영은 원주 (성내)에 있다. 서쪽으로 서울까지 240리 거리이다.

東至平昌界一百二十五里 東南至寧越界一百二十里 忠淸道堤川界五十里 南至
同道忠州界五十五里 西至京畿砥平界七十里 同道驪州界七十里 北至橫城界三
十里 監營在州 西距京二百四十里

강릉대도호부사江陵大

동쪽으로 바다까지 10리, 서쪽으로 평창 경계까지 160리·횡성 경계까지
190리, 남쪽으로 삼척 경계까지 80리, 북쪽으로 양양 경계까지 60리,
서남쪽으로 정선 경계까지 90리이다. 서남쪽으로 감영까지 300리, 서쪽으
로 서울까지 530리 거리이다.

東至海十里 西至平昌界一百六十里 橫城界一百九十里 南至三陟界八十里 北至
襄陽界六十里 西南至旌善界九十里 西南距監營三百里 西距京五百三十里

삼척도호부사三陟府

동쪽으로 바다까지 8리, 서쪽으로 영월 경계까지 180리·정선 경계까지
100리, 남쪽으로 울진 경계까지 117리·경상도 봉화 경계까지 157리·경
상도 안동 경계까지 140리, 북쪽으로 강릉 경계까지 42리이다. 서쪽으로
감영까지 360리·서울까지 650리 거리이다.

東至海八里 西至寧越界一百八十里 旌善界一百里 南至蔚珍界一百十七里 慶尙
道奉化界一百五十七里 同道界安東界一百四十里 北至江陵界四十二里 西距監
營三百六十里 京六百五十里

울진현령蔚珍令

동쪽으로 바다까지 5리, 서쪽으로 경상도 안동 경계까지 140리, (남쪽으
로) 평해 경계까지 40리, 북쪽으로 삼척 경계까지 52리이다. 서북쪽으로

감영까지 560리, 북쪽으로 서울까지 800리 거리이다.
東至海五里 西至慶尙道安東界一百四十里 平海界四十里 北至三陟界五十二里
西北距監營五百六十里 北距京八百里

평해군수平海郡

동쪽으로 바다까지 7리, 서쪽으로 경상도 영양 경계까지 50리, 남쪽으로
경상도 영해 (경계)까지 20리, 북쪽으로 울진 경계까지 40리이다. 서쪽으
로 감영까지 580리·서울까지 880리 거리이다.
東至海七里 西至慶尙道英陽界五十里 南至同道寧海界二十里 北至蔚珍界四十
里 西距監營五百八十里 京八百八十里

정선군수旌善郡

동쪽으로 삼척 경계까지 70리, 서쪽으로 평창 경계까지 35리, 남쪽으로
평창 경계까지 43리, 북쪽으로 강릉 경계까지 44리이다. 서쪽으로 감영까
지 230리, 서쪽으로 서울까지 430리 거리이다.
東至三陟界七十里 西至平昌界三十五里 南至同郡界四十三里 北至江陵界四十
四里 西距監營二百三十里 西距京四百三十里

영월도호부사寧越府

동쪽으로 충청도 영춘 경계까지 58리, 서쪽으로 충청도 제천 경계까지
45리, 남쪽으로 충청도 영춘 경계까지 20리, 북쪽으로 평창 경계까지
44리이다. 서북쪽으로 감영까지 160리, 서쪽으로 서울까지 410리 거리이
다.

東至忠淸道永春界五十八里 西至同道堤川界四十五里 南至同道永春界二十里
北至平昌界四十四里 西北距監營一百六十里 西距京四百十里

평창군수平昌郡

동쪽으로 정선 경계까지 45리, 서쪽으로 원주 경계까지 24리, 남쪽으로
영월 경계까지 28리, 북쪽으로 강릉 경계까지 17리이다. 서쪽으로 감영까
지 130리·서울까지 370리 거리이다.
東至旌善界四十五里 西至原州界二十四里 南至寧越界二十八里 北至江陵界十
七里 西距監營一百三十里 京三百七十里

홍천현감洪川監

동쪽으로 강릉 경계까지 110리, 서쪽으로 경기 양근 경계까지 150리,
서남쪽으로 경기 지평 경계까지 40리, 남쪽으로 횡성 경계까지 34리,
북쪽으로 춘천 경계까지 40리, 동북쪽으로 인제 경계까지 72리, 서북쪽으
로 춘천 경계까지 25리이다. 남쪽으로 감영까지 110리, 서쪽으로 서울까지
230리 거리이다.
東至江陵界一百十里 西至京畿楊根界一百五十里 西南至同道砥平界四十里 南
至橫城界三十四里 北至春川界四十里 東北至麟蹄界七十二里 西北至春川界二
十五里 南距監營一百十里 西距京二百三十里

인제현감麟蹄監

동쪽으로 양양 경계까지 72리, 서쪽으로 양구 경계까지 40리, 남쪽으로
홍천 경계까지 53리, 북쪽으로 간성 경계까지 80리이다. 남쪽으로 감영까
지 240리, 서쪽으로 서울까지 375리 거리이다.

東至襄陽界七十二里 西至楊口界四十里 南至洪川界五十三里 北至杆城界八十里 南距監營二百四十里 西距京三百七十五里

간성군수杆城郡

동쪽으로 바다까지 7리, 서쪽으로 인제 경계까지 50리, 남쪽으로 양양 경계까지 50리, 북쪽으로 고성 경계까지 67리이다. 서쪽으로 감영까지 401리·서울까지 555리 거리이다.

東至海七里 西至麟蹄界五十里 南至襄陽界五十里 北至高城界六十七里 西距監營四百一里 京五百五十五里

횡성현감橫城監

동쪽으로 강릉 경계까지 80리, 서쪽으로 원주 경계까지 42리, 남쪽으로 원주 경계까지 13리, 북쪽으로 홍천 경계까지 40리이다. 남쪽으로 감영까지 40리, 서쪽으로 서울까지 240리 거리이다.

東至江陵界八十里 西至原州界四十二里 南至同州界十三里 北至洪川界四十里 南距監營四十里 西距京二百四十里

양양도호부사襄陽府

동쪽으로 바다까지 10리, 서쪽으로 춘천 경계까지 50리, 남쪽으로 강릉 경계까지 70리, 북쪽으로 간성 경계까지 35리이다. 서남쪽으로 감영까지 400리, 서쪽으로 서울까지 545리 거리이다.

東至海十里 西至春川界五十里 南至江陵界七十里 北至杆城界三十五里 西南距監營四百里 西距京五百四十五里

김화현감金化監

동쪽으로 금성 경계까지 30리, 서남쪽으로 철원 경계까지 30리, 서쪽으로 철원 경계까지 30리, 남쪽으로 낭천 경계까지 30리, 북쪽으로 평강 경계까지 30리이다. 남쪽으로 감영까지 370리, 서남쪽으로 서울까지 220리 거리이다.

東至金城界三十里 西南至鐵原界三十里 西至同府界三十里 南至狼川界三十里 北至平康界三十里 南距監營三百七十里 西南距京二百二十里

금성현령金城令

동쪽으로 회양 경계까지 90리, 서쪽으로 김화 경계까지 40리, 남쪽으로 낭천 경계까지 50리, 서남쪽으로 김화 경계까지 18리, 북쪽으로 회양 경계까지 50리이다. 남쪽으로 감영까지 380리, 서남쪽으로 서울까지 270리 거리이다.

東至淮陽界九十里 西至金化界四十里 南至狼川界五十里 西南至金化界十八里 北至淮陽界五十里 南距監營三百八十里 西南距京二百七十里

회양도호부사淮陽府

동쪽으로 고성 경계 금강산 내수점까지 160리, 서쪽으로 함경도 안변 경계 철령까지 45리, 남쪽으로 금성 (경계) 맥판까지 45리, 북쪽으로 흡곡 경계 수치까지 70리이다. 남쪽으로 감영까지 470리, 서남쪽으로 서울까지 380리 거리이다.

東至金剛山內水岾高城界一百六十里 西至咸鏡道安邊界鐵嶺四十五里 南至金城麥坂四十五里 北至歙谷界水峙七十里 南距監營四百七十里 西南距京三百八十里

통천군수通川郡

동쪽으로 바다까지 10리, 서쪽으로 회양 경계까지 38리, 남쪽으로 고성 경계까지 88리, 북쪽으로 흡곡 경계까지 15리이다. 동남쪽으로 감영까지 540리, 서쪽으로 서울까지 440리 거리이다.

東至海十里 西至淮陽界三十八里 南至高城界八十八里 北至歙谷界十五里 東南 距監營五百四十里 西距京四百四十里

흡곡현령歙谷令

동쪽으로 바다까지 3리, 서쪽으로 함경도 안변 경계까지 7리, 남쪽으로 통천 경계까지 15리, 북쪽으로 안변 경계까지 10리이다. 남쪽으로 감영까지 570리, 서쪽으로 서울까지 470리 거리이다.

東至海三里 西至咸鏡道安邊界七里 南至通川界十五里 北至安邊界十里 南距監 營五百七十里 西距京四百七十里

고성군수高城郡

동쪽으로 바다까지 8리, 서쪽으로 회양 경계까지 90리, 남쪽으로 간성 경계까지 33리, 북쪽으로 통천 경계까지 33리이다. 남쪽으로 감영까지 450리, 서쪽으로 서울까지 510리 거리이다.

東至海八里 西至淮陽界九十里 南至杆城界三十三里 北至通川界三十三里 南距 監營四百五十里 西距京五百十里

춘천도호부사春川府

동쪽으로 양구 경계까지 89리, 서쪽으로 경기 가평 경계까지 59리, 남쪽으로 홍천 경계까지 60리, 북쪽으로 낭천 경계까지 64리이다. 남쪽으로 감영까지 190리, 서쪽으로 서울까지 196리 거리이다.

東至楊口界八十九里 西至京畿加平界五十九里 南至洪川界六十里 北至狼川界六十四里 南距監營一百九十里 西距京一百九十六里

양구현감楊口監

동쪽으로 인제 경계까지 30리, 서쪽으로 낭천 경계까지 30리, 남쪽으로 춘천 경계까지 30리, 북쪽으로 회양 경계까지 60리이다. 남쪽으로 감영까지 240리, 서쪽으로 서울까지 266리 거리이다.

東至麟蹄界三十里 西至狼川界三十里 南至春川界三十里 北至淮陽界六十里 南距監營二百四十里 西距京二百六十六里

낭천현감狼川監

동쪽으로 양구 경계까지 50리, 서쪽으로 김화 경계까지 60리, 남쪽으로 춘천 경계까지 25리, 북쪽으로 금성 경계까지 60리, 서북쪽으로 김화 경계까지 320리이다. 남쪽으로 감영까지 280리, 서남쪽으로 서울까지 211리 거리이다.

東至楊口界五十里 西至金化界六十里 南至春川界二十五里 北至金城界六十里 西北至金化界三百二十里 南距監營二百八十里 西南距京二百一十一里

철원도호부사鐵原府

동쪽으로 김화 경계까지 32리, 서쪽으로 경기 연천 경계까지 43리·경기 삭녕 경계까지 29리, 남쪽으로 경기 영평 경계까지 43리, 북쪽으로 평강 경계까지 32리 거리이다. 동남쪽으로 감영까지 440리, 서남쪽으로 서울까지 200리 거리이다.

東至金化界三十二里 西至京畿道漣川界四十三里 同道朔寧界二十九里 南至同
道永平界四十三里 北至平康界三十二里 東南距監營四百四十里 西南距京二百
里

평강현감平康監

동쪽으로 김화 경계까지 24리, 동남쪽으로 회양 경계까지 27리, 서쪽으로
안협 경계까지 63리·이천 경계까지 60리, 남쪽으로 철원 경계까지 15리,
북쪽으로 함경도 안변 경계까지 100리이다. 동남쪽으로 감영까지 450리,
남쪽으로 서울까지 260리 거리이다.

東至金化界二十四里 東南至淮陽界二十七里 西至安峽界六十三里 伊川界六十
里 南至鐵原界十五里 北至咸鏡道安邊界一百里 東南距監營四百五十里 南距京
二百六十里

안협현감安峽監

동쪽으로 평강 경계까지 40리, 서쪽으로 황해도 토산 경계까지 15리,
남쪽으로 경기 삭녕 경계까지 15리, 북쪽으로 이천 경계까지 50리이다.
남쪽으로 감영까지 500리·서울까지 220리 거리이다.

東至平康界四十里 西至黃海道兎山界十五里 南至京畿朔寧界十五里 北至伊川
界五十里 南距監營五百里 京二百二十里

이천도호부사伊川府

동쪽으로 평강 경계까지 38리, 서쪽으로 황해도 신계 경계까지 35리,
남쪽으로 안협 경계까지 14리, 북쪽으로 함경도 안변 경계까지 150리이다.

동쪽으로 감영까지 540리, 남쪽으로 서울까지 280리 거리이다.

東至平康界三十八里 西至黃海道新溪界三十五里 南至安峽界十四里 北至咸鏡道安邊界一百五十里 東距監營五百四十里 南距京二百八十里

함경도咸鏡道

감사 겸 함흥부윤영은 함흥에 있다. 남병사영은 북청에 있다. 북병사 겸 경성부사영은 경성에 있다.

監司兼咸興府尹營在咸興 南兵使營在北靑 北兵使兼鏡城府使營在鏡城

안변도호부사安邊府

동쪽으로 강원도 흡곡 경계까지 95리, 남쪽으로 강원도 회양 경계까지 85리・강원도 평강 경계까지 105리, 서남쪽으로 강원도 이천 경계까지 88리, 서쪽으로 황해도 곡산 경계까지 200리・평안도 양덕 경계까지 170리, 북쪽으로 덕원 경계까지 25리이다. 북쪽으로 감영까지 310리・남병영까지 520리, 동북쪽으로 바다까지 30리, 남쪽으로 서울까지 510리 거리이다.

東至江原道歙谷界九十五里 南至同道淮陽界八十五里 同道平康界一百五里 西南至同道界伊川八十八里 西至黃海道谷山界二百里 平安道陽德界一百七十里 北至德源界二十五里 北距監營三百十里 南兵營五百二十里 東北距海三十里 南距京五百一十里

덕원도호부사德源府

동쪽으로 바다까지 7리, 서쪽으로 안변 경계까지 30리, 남쪽으로 안변 경계까지 25리, 북쪽으로 문천 경계까지 18리이다. 북쪽으로 감영까지

250리·남병영까지 452리, 남쪽으로 서울까지 555리 거리이다.

東至海七里 西至安邊界三十里 南至安邊界二十五里 北至文川界十八里 北距監營二百五十里 南兵營四百五十二里 南距京五百五十五里

문천군수文川郡

동쪽으로 덕원 경계까지 14리, 서쪽으로 평안도 양덕 경계까지 84리, 남쪽으로 덕원 경계까지 17리, 북쪽으로 고원 경계까지 30리이다. 북쪽으로 감영까지 217리·남병영까지 417리, 남쪽으로 서울까지 590리 거리이다.

東至德源界十四里 西至平安道陽德界八十四里 南至德源界十七里 北至高原界三十里 北距監營二百十七里 南兵營四百十七里 南距京五百九十里

고원군수高原郡

동쪽으로 영흥 경계까지 30리, 서쪽으로 평안도 양덕 경계까지 110리, 남쪽으로 문천 경계까지 20리, 북쪽으로 영흥 경계까지 20리이다. 북쪽으로 감영까지 165리·남병영까지 345리, 남쪽으로 서울까지 640리 거리이다.

東至永興界三十里 西至平安道陽德界一百十里 南至文川界二十里 北至永興界二十里 北距監營一百六十五里 南兵營三百四十五里 南距京六百四十里

영흥대도호부사永興大

동쪽으로 바다까지 50리, 서쪽으로 평안도 맹산 경계까지 225리·평안도 영원 경계까지 210리, 남쪽으로 고원 경계까지 14리, 북쪽으로 정평 경계까지 24리이다. 북쪽으로 감영까지 135리·남병영까지 335리, 남쪽으로 서울까지 680리 거리이다.

東至海五十里 西至平安道孟山界二百二十五里 同道寧遠界二百十里 南至高原
界十四里 北至定平界二十四里 北距監營一百三十五里 南兵營三百三十五里 南
距京六百八十里

정평도호부사定平府

동쪽으로 바다까지 30리, 서쪽으로 평안도 영원 경계까지 125리, 남쪽으로
영흥 경계까지 45리, 북쪽으로 함흥 경계까지 20리이다. 북쪽으로 감영까
지 50리·남병영까지 230리, 남쪽으로 서울까지 765리 거리이다.

東至海三十里 西至平安道寧遠界一百二十五里 南至永興界四十五里 北至咸興
界二十里 北距監營五十里 南兵營二百三十里 南距京七百六十五里

함흥판관咸興判

동쪽으로 홍원 경계까지 70리, 서쪽으로 평안도 강계 경계까지 280리,
서남쪽으로 평안도 영원 경계까지 110리, 남쪽으로 정평 경계까지 27리,
북쪽으로 북청 경계까지 175리, 서북쪽으로 삼수 경계까지 110리이다.
감영은 함흥 성내에 있다. 북쪽으로 남병영까지 218리, 남쪽으로 서울까지
815리 거리이다.

東至洪原界七十里 西至平安道江界界二百八十里 西南至同道寧遠界一百十里
南至定平界二十七里 北至北青界一百七十五里 西北至三水界一百十里 監營在
府城內 北距南兵營二百十八里 南距京八百十五里

홍원현감洪原監

동쪽으로 북청 경계까지 45리, 서쪽으로 함흥 경계까지 30리, 남쪽으로

바다까지 4리, 북쪽으로 함흥 경계까지 64리·북청 경계까지 65리이다.
서쪽으로 감영까지 95리, 동쪽으로 남병영까지 90리, 남쪽으로 서울까지
910리 거리이다.
東至北靑界四十五里 西至咸興界三十里 南至海四里 北至咸興界六十四里 北靑
界六十五里 西距監營九十五里 東距南兵營九十里 南距京九百十里

북청도호부사北靑府

동쪽으로 이성 경계까지 68리, 서쪽으로 홍원 경계까지 45리, 남쪽으로
바다까지 60리, 북쪽으로 갑산 경계까지 168리·함흥 경계까지 140리,
동북쪽으로 단천 경계까지 113리이다. 남병영은 북청 성내에 있다. 서쪽으
로 감영까지 185리, 남쪽으로 서울까지 1,000리 거리이다.
東至利城界六十八里 西至洪原界四十五里 南至海六十里 北至甲山界一百六十
八里 咸興界一百四十里 東北至端川界一百十三里 南兵營在府城內 西距監營一
百八十五里 南距京一千里

이성현감利城監

동쪽으로 단천 경계까지 37리, 서쪽으로 북청 경계까지 35리, 남쪽으로
북청 경계까지 30리, 북쪽으로 단천 경계까지 30리이다. 남쪽으로 감영까
지 290리·남병영까지 100리, 동쪽으로 바다까지 10리, 남쪽으로 서울까
지 1,105리 거리이다.
東至端川界三十七里 西至北靑界三十五里 南至同府界三十里 北至端川界三十
里 南距監營二百九十里 南兵營一百里 東距海十里 南距京一千一百五里

단천도호부사端川府

동쪽으로 길주 경계 마천령까지 66리, 서쪽으로 이성 경계 범삭령까지 90리, 남쪽으로 이성 경계까지 37리, 북쪽으로 북청 경계 금창령까지 190리, 서북쪽으로 갑산 경계 조가령까지 204리·갑산 경계 천수령까지 206리·갑산 경계 황토령까지 250리, 동남쪽으로 바다까지 10리이다. 남쪽으로 (감)영까지 356리·남병영까지 175리·서울까지 1,195리 거리이다.

東至吉州界摩川嶺六十六里 西至利城界凡朔嶺九十里 南至同府界三十七里 北至北靑界金昌嶺一百九十里 西北至甲山界趙哥嶺二百四里 同府界天秀嶺二百六里 同府界黃土嶺二百五十里 東南距海十里 南距營三百五十六里 南兵營一百七十五里 京一千一百九十五里

길주목사吉州牧

동쪽으로 명천 경계까지 10리, 북쪽으로 명천 경계까지 30리, 서쪽으로 단천 경계까지 119리, 남쪽으로 단천 경계까지 120리, 서북쪽으로 갑산 참도령까지 110리이다. 남쪽으로 감영까지 546리, 북쪽으로 북병영까지 225리, 남쪽으로 서울까지 1,384리 거리이다.

東至明川界十里 北至同府界三十里 西至端川界一百十九里 南至同府界一百二十里 西北至甲山斬刀嶺一百十里 南距監營五百四十六里 北距北兵營二百二十五里 南距京一千三百八十四里

명천도호부사明川府

동쪽으로 경성 경계까지 6리, 북쪽으로 경성 경계까지 10리, 서쪽으로 길주 경계까지 45리, 남쪽으로 바다까지 120리이다. 남쪽으로 감영까지 640리, 북쪽으로 북병영까지 150리, 남쪽으로 서울까지 1,495리 거리이다.

東至鏡城界六里 北至同府界十里 西至吉州界四十五里 南至海一百二十里 南距
監營六百四十里 北距北兵營一百五十里 南距京一千四百九十五里

경성판관鏡城判

동쪽으로 바다까지 6리, 서쪽으로 무산 경계 마유령까지 61리・명천 경계
까지 110리, 남쪽으로 명천 경계까지 142리, 북쪽으로 부령 경계까지
48리이다. 북병영은 경성 성내에 있다. 남쪽으로 감영까지 700리, 북쪽으
로 행영까지 260리, (남쪽으로) 서울까지 1,606리 거리이다.

東至海六里 西至茂山界馬踰嶺六十一里 明川界一百十里 南至同府界一百四十
二里 北至富寧界四十八里 北兵營在府城內 南距監營七百里 北距行營二百六十
里 京一千六百五里

부령도호부사富寧府

동쪽으로 바다까지 83리, 서쪽으로 무산 경계까지 35리, 남쪽으로 경성
경계까지 62리, 북쪽으로 회령 경계까지 38리이다. 남쪽으로 감영까지
900리・북병영까지 100리, 북쪽으로 행영까지 160리, 남쪽으로 서울까
지 1,705리 거리이다.

東至海八十三里 西至茂山界三十五里 南至鏡城界六十二里 北至會寧界三十八
里 南距監營九百里 北兵營一百里 北距行營一百六十里 南距京一千七百五里

무산도호부사茂山府

동쪽으로 부령 경계까지 75리, 서쪽으로 두만강까지 5리, 남쪽으로 장백산
까지 300여 리이다. 길주 서북진과 명천 사료동이 경계를 접하는데 산이
험하고 길이 끊어져서 이수가 명확하지 않다. 서남쪽으로 갑산 경계까지

225리, 북쪽으로 회령 경계까지 105리이다. 남쪽으로 감영까지 1,020리
·북병영까지 150리, 북쪽으로 행영까지 205리, 남쪽으로 서울까지
1,850리 거리이다.

東至富寧界七十五里 西至豆滿江五里 南至長白山三百餘里 與吉州西北鎭明川
斜了洞接界 而山險路絶里數不明 西南至甲山界二百二十五里 北至會寧界一百
五里 南距監營一千二十里 北兵營一百五十里 北距行營二百五里 南距京一千八
百五十里

회령도호부사會寧府

동쪽으로 바다까지 150리, 서쪽으로 무산 경계 노전항까지 60리, 남쪽으로
부령 경계 무산령까지 80리, 북쪽으로 종성 경계까지 40리이다. 남쪽으로
감영까지 1,038리·북병영까지 230리, 북쪽으로 행영까지 40리, 남쪽으
로 서울까지 1,987리 거리이다.

東至海一百五十里 西至茂山界盧田項六十里 南至富寧界茂山嶺八十里 北至鍾
城界四十里 南距監營一千三十八里 北兵營二百三十里 北距行營四十里 南距京
一千九百八十七里

종성도호부사鍾城府

동쪽으로 경원 경계까지 40리, 서쪽으로 두만강까지 1리, 남쪽으로 바다까
지 210리·회령 경계까지 50리, 북쪽으로 온성 경계까지 30리, 동남쪽으
로 온성 경계까지 100리이다. 남쪽으로 감영까지 1,200리·행영까지
70리·서울까지 2,084리 거리이다.

東至慶源界四十里 西至豆滿江一里 南至海二百十里 會寧界五十里 北至穩城界
三十里 東南至同府界一百里 南距監營一千二百里 行營七十里 京二千八十四里

온성도호부사穩城府

동쪽으로 경원 경계까지 250리, (서쪽으로) 종성 경계까지 37리, 남쪽으로 바다까지 261리·종성 경계까지 250리, 북쪽으로 두만강까지 5리이다. 남쪽으로 감영까지 1,248리·행영까지 110리·서울까지 2,180리 거리이다.

東至慶源界二百五十里 至鍾城界三十七里 南至海二百六十一里 鍾城界二百五十里 北至豆滿江五里 南距監營一千二百四十八里 行營一百十里 京二千一百八十里

경원도호부사慶源府

동쪽으로 경흥 경계까지 96리, 서쪽으로 온성 경계까지 19리, 남쪽으로 온성 경계까지 130리, 바다까지 260리, 북쪽으로 두만강까지 16리이다. 남쪽으로 감영까지 1,220리·북병영까지 400리·행영까지 110리·서울까지 2,284리 거리이다.

東至慶興界九十六里 西至穩城界十九里 南至同府界一百三十里 海二百六十里 北至豆滿江十六里 南距監營一千二百二十里 北兵營四百里 行營一百十里 京二千二百八十四里

경흥도호부사慶興府

동쪽으로 두만강까지 2리, 서쪽으로 경원 경계까지 60리, 남쪽으로 바다까지 60리, 북쪽으로 경원 경계까지 60리이다. 남쪽으로 감영까지 1,629리, 서쪽으로 행영까지 148리, 남쪽으로 서울까지 2,444리 거리이다.

東至豆滿江二里 西至慶源界六十里 南至海六十里 北至慶源界六十里 南距監營一千六百二十九里 西距行營一百四十八里 南距京二千四百四十四里

갑산도호부사甲山府

남행영이 있다. 동쪽으로 단천 경계까지 75리, 서쪽으로 삼수 경계까지 75리, 남쪽으로 북청 경계까지 120리・함흥 경계까지 110리, 북쪽으로 압록강까지 90리・백두산까지 330리이다. 남쪽으로 감영까지 470리・남병영까지 280리・서울까지 1,315리 거리이다.

有南行營 東至端川界七十五里 西至三水界七十五里 南至北靑界一百二十里 咸興界一百十里 北至鴨綠江九十里 白頭山三百三十里 南距監營四百七十里 南兵營二百八十里 京一千三百十五里

삼수도호부사三水府

동쪽으로 갑산 경계까지 15리・갑산 혜산진 경계까지 20리, 서쪽으로 평안도 강계 경계 후주까지 225리, 남쪽으로 함흥 경계 황초령까지 470리, 북쪽으로 압록강까지 1리이다. 남쪽으로 감영까지 560리・남병영까지 374리・서울까지 1,405리 거리이다. ○부의 읍치가 옛날에는 가을파지에 있었는데, 지금은 인차외 동쪽 10리에 있다.

東至甲山界十五里 同府惠山鎭界二十里 西至平安道江界界厚州二百二十五里 南至咸興界黃草嶺四百七十里 北至鴨綠江一里 南距監營五百六十里 南兵營三百七十五里 京一千四百五里 ○府治旧在茄乙坡知 今仁遮外東十里

충청도忠淸道[59]

감사 겸 공주목사영은 공주에 있다. 병사영은 청주에 있다. 수사영은 보령에 있다.

---

59) 국립중앙도서관 소장본에는 충청도 54개 군현 중에서 46개 군현만 기록되어 있어 공주・이성・은진・온양・부여・석성・연산・목천 등 8개 군현은 규장각 소장본에 실린 원문을 이용하였다.

監司兼公州牧使營在公州 兵使營在淸州 水使營在保寧

직산현감稷山監

동쪽으로 진천 경계까지 30리, 서쪽으로 아산 경계까지 20리, 남쪽으로 천안 경계까지 20리, 북쪽으로 경기 양성 경계까지 25리이다. 남쪽으로 감영까지 120리, 동쪽으로 병영까지 120리, 북쪽으로 서울까지 188리 거리이다.

東至鎭川界三十里 西至牙山界二十里 南至天安界二十里 北至京畿陽城界二十五里 南距監營一百二十里 東距兵營一百二十里 北距京一百八十八里

천안군수天安郡

동쪽으로 목천 경계까지 10리, 서쪽으로 온양 경계까지 10리, 남쪽으로 공주 경계까지 50리, 북쪽으로 직산 경계까지 20리, 서북쪽으로 아산 경계까지 15리이다. 남쪽으로 감영까지 90리, 북쪽으로 서울까지 218리 거리이다.

東至木川界十里 西至溫陽界十里 南至公州界五十里 北至稷山界二十里 西北至牙山界十五里 南距監營九十里 北距京二百十八里

공주목사公州牧

동쪽으로 회덕 경계까지 69리・진잠 경계까지 64리, 동쪽으로 전라도 진산 경계까지 80리, 서쪽으로 대흥 경계까지 69리, 남쪽으로 부여 경계까지 49리・이성 경계까지 43리・연산 경계까지 50리, 북쪽으로 천안 경계까지 57리・연기 경계까지 27리이다. 감영은 공주에 있다. 동쪽으로 병영까지 90리, 북쪽으로 서울까지 328리 거리이다.

東至懷德界六十九里 鎭岑界六十四里 東至全羅道珍山界八十里 西至大興界六
十九里 南至扶餘界四十九里 尼城界四十三里 連山界五十里 北至天安界五十七
里 燕歧界二十七里 監營在州 東距兵營九十里 北距 京都三百二十八里

이성현감尼城監

동쪽으로 연산 경계까지 11리, 서쪽으로 석성 경계까지 25리, 남쪽으로
연산 경계까지 16리, 북쪽으로 공주 경계까지 10리이다. 북쪽으로 감영까
지 50리, 동쪽으로 병영까지 140리, 북쪽으로 서울까지 383리 거리이다.
東至連山界十一里 西至石城界二十五里 南至連山界十六里 北至公州界十里 北
距監營五十里 東距兵營一百四十里 北距 京都三百八十三里

은진현감恩津監

동쪽으로 연산 경계까지 8리, 서쪽으로 강경포까지 20리・석성 경계까지
13리・임천 경계까지 25리, 남쪽으로 전라도 여산 경계까지 17리, 북쪽으
로 이성 경계까지 21리이다. 북쪽으로 감영까지 80리, 동북쪽으로 병영까
지 160리, 북쪽으로 서울까지 415리 거리이다.
東至連山界八里 西至江景浦二十里 石城界十三里 林川界二十五里 南至全羅道
礪山界十七里 北至尼城界二十一里 北距監營八十里 東北距兵營一百六十里 北
距 京都四百十五里

온양군수溫陽郡

동쪽으로 천안 경계까지 22리, 서쪽으로 신창 경계까지 13리, 남쪽으로
예산 경계까지 26리, 북쪽으로 아산 경계까지 13리이다. 동쪽으로 감영까
지 95리, 동쪽으로 병영까지 120리, 북쪽으로 서울까지 221리 거리이다.

東至天安界二十二里 西至新昌界十三里 南至禮山界二十六里 北至牙山界十三
里 東距監營九十五里 東距兵營一百二十里 北距 京都二百二十一里

부여현감扶餘監

동쪽으로 공주 경계까지 20리·석성 경계까지 15리, 서쪽으로 청양 경계까
지 37리·홍산 경계까지 20리, 남쪽으로 임천 경계까지 20리, 북쪽으로
정산 경계까지 22리이다. 동쪽으로 감영까지 70리, 동북쪽으로 병영까지
160리, 북쪽으로 서울까지 388리 거리이다.

東至公州界二十里 至石城界十五里 西至靑陽界三十七里 鴻山界二十里 南至林
川界二十里 北至定山界二十二里 東距監營七十里 東北距兵營一百六十里 北距
京都三百八十八里

석성현감石城監

동쪽으로 이성 경계까지 16리, 서쪽으로 임천 경계까지 12리, 남쪽으로
은진 경계까지 24리, 북쪽으로 부여 경계까지 15리이다. 북쪽으로 감영까
지 70리, 동북쪽으로 병영까지 160리, 서쪽으로 수영까지 120리, 북쪽으
로 서울까지 398리 거리이다.

東至尼城界十六里 西至林川界十二里 南至恩津界二十四里 北至扶餘界十五里
北距監營七十里 東北距兵營一百六十里 西距水營一百二十里 北距 京都三百九
十八里

연산현감連山監

동쪽으로 전라도 진산 경계까지 30리, 서쪽으로 은진 경계까지 30리,
남쪽으로 전라도 고산 경계까지 15리, 북쪽으로 공주 경계까지 30리,

동북쪽으로 진잠 경계까지 20리・이성 경계까지 25리이다. 서북쪽으로 감영까지 70리, 동북쪽으로 병영까지 120리, 북쪽으로 서울까지 410리 거리이다.

東至全羅道珍山界三十里 西至恩津界三十里 南至全羅道高山界十五里 北至公州界三十里 東北至鎭岑界二十里 至尼城界二十五里 西北距監營七十里 東北距兵營一百二十里 北距 京都四百十里

목천현감木川監

동쪽으로 청주 경계까지 19리, 서쪽으로 천안 경계까지 17리, 남쪽으로 전의 경계까지 22리, 북쪽으로 직산 경계까지 19리이다. 남쪽으로 감영까지 100리, 동남쪽으로 병영까지 70리, 북쪽으로 서울까지 253리 거리이다.

東至淸州界十九里 西至天安界十七里 南至全義界二十二里 北至稷山界十九里 南距監營一百里 東南距兵營七十里 北距 京都二百五十三里

청주목사淸州牧

동쪽으로 직산 경계까지 80리・경상도 상주 경계까지 100리・경상도 문경 경계까지 100리・보은 경계까지 80리・청안 경계까지 42리, 서쪽으로 전의 경계까지 54리・목천 경계까지 55리・연기 경계까지 38리, 남쪽으로 문의 경계까지 20리・회인 경계까지 22리, 북쪽으로 진천 경계까지 32리이다. 병영은 성내에 있다. 서쪽으로 감영까지 90리, 북쪽으로 서울까지 323리 거리이다.

東至稷山界八十里 慶尙道尙州界一百里 同道聞慶界一百里 報恩界八十里 淸安界四十二里 西至全義界五十四里 木川界五十五里 燕歧界三十八里 南至文義界二十里 懷仁界二十二里 北至鎭川界三十二里 兵營在城內 西距監營九十里 北距

京三百二十三里

문의현령文義令

동쪽으로 회인 경계까지 12리, 서쪽으로 연기 경계까지 30리, 남쪽으로
회덕 경계까지 10리, 북쪽으로 청주 경계까지 10리이다. 서쪽으로 감영까
지 90리, 북쪽으로 병영까지 30리・서울까지 393리 거리이다.

東至懷仁界十二里 西至燕歧界三十里 南至懷德界十里 北至淸州界十里 西距監
營九十里 北距兵營三十里 京三百九十三里

영동현감永同監

동쪽으로 황간 경계까지 20리, 서쪽으로 옥천 경계까지 30리, 남쪽으로
전라도 무주 경계까지 50리, 북쪽으로 청산 경계까지 40리이다. 서쪽으로
감영까지 170리, 북쪽으로 병영까지 160리・서울까지 483리 거리이다.

東至黃澗界二十里 西至沃川界三十里 南至全羅道茂朱界五十里 北至靑山界四
十里 西距監營一百七十里 北距兵營一百六十里 京四百八十三里

황간현감黃澗監

동쪽으로 경상도 김산 경계까지 40리, 서쪽으로 영동 경계까지 30리,
남쪽으로 경상도 지례 경계까지 60리, 북쪽으로 경상도 상주 경계까지
15리이다. 서쪽으로 감영까지 200리, 북쪽으로 병영까지 190리・서울까
지 513리 거리이다.

東至慶尙道金山界四十里 西至永同界三十里 南至慶尙道知禮界六十里 北至同
道尙州界十五里 西距監營二百里 北距兵營一百九十里 京五百十三里

회인현감懷仁監

동쪽으로 보은 경계까지 16리, 서쪽으로 문의 경계까지 16리, 남쪽으로 청주 경계까지 32리, 북쪽으로 청주 경계까지 29리이다. 서쪽으로 감영까지 120리, 북쪽으로 병영까지 50리·서울까지 373리 거리이다.

東至報恩界十六里 西至文義界十六里 南至淸州界三十二里 北至同州界二十九里 西距監營一百二十里 北距兵營五十里 京三百七十三里

보은현감報恩監

동쪽으로 경상도 상주 경계까지 40리, 서쪽으로 회인 경계까지 15리, 남쪽으로 청산 경계까지 25리, 북쪽으로 청주 경계까지 30리이다. 서쪽으로 감영까지 140리, 북쪽으로 병영까지 80리·서울까지 403리 거리이다.

東至慶尙道尙州界四十里 西至懷仁界十五里 南至靑山界二十五里 北至淸州界三十里 西距監營一百四十里 北距兵營八十里 京四百三里

옥천군수沃川郡

동쪽으로 보은 경계까지 51리·청산 경계까지 51리, 서쪽으로 진산 경계까지 31리·회덕 경계까지 21리, 남쪽으로 영동 경계까지 46리·전라도 무주 경계까지 89리·전라도 금산 경계까지 50리, 북쪽으로 청주 경계까지 37리·회인 경계까지 35리이다. 서쪽으로 감영까지 110리, 북쪽으로 병영까지 90리, 남쪽으로 통영까지 540리, 북쪽으로 서울까지 433리 거리이다.

東至報恩界五十一里 靑山界五十一里 西至珍山界三十一里 懷德界二十一里 南至永同界四十六里 全羅道茂朱界八十九里 同道錦山界五十里 北至淸州界三十七里 懷仁界三十五里 西距監營一百十里 北距兵營九十里 南距統營五百四十里

北距京四百三十三里

청산현감靑山監

동쪽으로 경상도 상주 경계까지 24리, 서쪽으로 옥천 경계까지 20리, 남쪽으로 영동 경계까지 13리, 북쪽으로 보은 경계까지 22리이다. 서쪽으로 감영까지 160리, 북쪽으로 병영까지 120리·서울까지 413리 거리이다.

東至慶尙道尙州界二十四里 西至沃川界二十里 南至永同界十三里 北至報恩界二十二里 西距監營一百六十里 北距兵營一百二十里 京四百六十三里

전의현감全義監

동쪽으로 청주 경계까지 20리, 서쪽으로 천안 경계까지 10리, 남쪽으로 연기 경계까지 15리, 북쪽으로 목천 경계까지 10리, 서남쪽으로 공주 경계까지 15리이다. 서남쪽으로 감영까지 70리, 동쪽으로 병영까지 70리, 북쪽으로 서울까지 258리 거리이다.

東至淸州界二十里 西至天安界十里 南至燕歧界十五里 北至木川界十里 西南至公州界十五里 西南距監營七十里 東距兵營七十里 北距京二百五十八里

연기현감燕歧監

동쪽으로 청주 경계까지 15리, 서쪽으로 공주 경계까지 15리, 남쪽으로 공주 경계까지 15리, 북쪽으로 전의 경계까지 20리이다. 남쪽으로 감영까지 40리, 동쪽으로 병영까지 50리, 북쪽으로 서울까지 298리 거리이다.

東至淸州界十五里 西至公州界十五里 南至同州界十五里 北至全義界二十里 南距監營四十里 東距兵營五十里 北距京二百九十八里

진잠현감鎭岑監

동쪽으로 공주 경계까지 10리, 서쪽으로 연산 경계까지 10리, 남쪽으로 전라도 진산 경계까지 10리, 북쪽으로 연기 경계까지 60리이다. 서쪽으로 감영까지 70리, 북쪽으로 병영까지 100리·서울까지 358리 거리이다.

東至公州界十里 西至連山界十里 南至全羅道珍山界十里 北至燕歧界六十里 西距監營七十里 北距兵營一百里 京三百五十八里

회덕현감懷德監

동쪽으로 옥천 경계까지 22리, 서쪽으로 공주 경계까지 9리, 남쪽으로 전라도 진산 경계까지 30리, 북쪽으로 문의 경계까지 29리, 동북쪽으로 청주 경계까지 20리이다. 서쪽으로 감영까지 70리, 북쪽으로 병영까지 70리·서울까지 358리 거리이다.

東至沃川界二十二里 西至公州界九里 南至全羅道珍山界三十里 北至文義界二十九里 東北至淸州界二十里 西距監營七十里 北距兵營七十里 京三百五十八里

홍산현감鴻山監

동쪽으로 부여 경계까지 21리·임천 경계까지 18리, 서쪽으로 남포 경계까지 16리·비인 경계까지 15리, 남쪽으로 한산 경계까지 9리·서천 경계까지 18리, 북쪽으로 홍주 경계까지 50리이다. 북쪽으로 감영까지 110리, 동북쪽으로 병영까지 210리, 북쪽으로 서울까지 413리 거리이다.

東至扶餘界二十一里 林川界十八里 西至藍浦界十六里 庇仁界十五里 南至韓山界九里 舒川界十八里 北至洪州界五十里 北距監營一百十里 東北距兵營二百十里 北距京四百十三里

한산군수韓山郡

동쪽으로 임천 경계까지 15리, 서쪽으로 서천 경계까지 19리, 남쪽으로 전라도 임피 경계까지 14리·전라도 함열 경계까지 13리, 북쪽으로 홍산 경계까지 29리이다. 북쪽으로 감영까지 120리, 동쪽으로 병영까지 210리, 북쪽으로 서울까지 443리 거리이다.

東至林川界十五里 西至舒川界十九里 南至全羅道臨陂界十四里 同道咸悅界十三里 北至鴻山界二十九里 北距監營一百二十里 東距兵營二百十里 北距京四百四十三里

정산현감定山監

동쪽으로 공주 경계까지 21리, 서쪽으로 청양 경계까지 17리, 남쪽으로 부여 경계까지 31리, 북쪽으로 공주 경계까지 15리이다. 동쪽으로 감영까지 50리·병영까지 140리, 북쪽으로 서울까지 353리 거리이다. ○온양을 경유하면 300리이다.

東至公州界二十一里 西至青陽界十七里 南至扶餘界三十一里 北至公州界十五里 東距監營五十里 兵營一百四十里 北距京三百五十三里 ○由溫陽則三百里

임천군수林川郡

동쪽으로 석성 경계까지 29리·은진 경계까지 31리·전라도 용안 경계까지 22리, 서쪽으로 홍산 경계까지 16리, 남쪽으로 전라도 함열 경계까지 16리·한산 경계까지 27리, 북쪽으로 부여 경계까지 16리이다. 북쪽으로 감영까지 95리, 동북쪽으로 병영까지 190리, 서쪽으로 수영까지 120리, 북쪽으로 서울까지 403리 거리이다.

東至石城界二十九里 恩津界三十一里 全羅道龍安界二十二里 西至鴻山界十六
里 南至全羅道咸悅界十六里 韓山界二十七里 北至扶餘界十六里 北距監營九十
五里 東北距兵營一百九十里 西北距水營一百二十里 北距京四百三里

서천군수舒川郡

동쪽으로 한산 경계까지 11리, 서쪽으로 비인 경계까지 10리, 남쪽으로
전라도 옥구 경계까지 25리, 북쪽으로 홍산 경계까지 41리이다. 동쪽으로
감영까지 140리, 북쪽으로 병영까지 230리, 서쪽으로 수영까지 100리,
북쪽으로 서울까지 463리 거리이다.
東至韓山界十一里 西至庇仁界十里 南至全羅道沃溝界二十五里 北至鴻山界四
十一里 東距監營一百四十里 北距兵營二百三十里 西北距水營一百里 北距京四
百六十三里

평택현감平澤監

동쪽으로 직산 경계까지 15리, 서쪽으로 경기 수원 경계까지 15리, 남쪽으
로 아산 경계까지 10리, 북쪽으로 경기 진위 경계까지 10리이다. 남쪽으로
감영까지 140리, 동쪽으로 병영까지 140리, 북쪽으로 서울까지 163리
거리이다.
東至稷山界十五里 西至京畿水原界十五里 南至牙山界十里 北至京畿振威界十
里 南至監營一百四十里 東距兵營一百四十里 北距京一百六十三里

신창현감新昌監

동쪽으로 아산 경계까지 15리, 서쪽으로 예산 경계까지 20리, 남쪽으로
온양 경계까지 15리, 북쪽으로 면천 경계까지 20리이다. 남쪽으로 감영까

지 130리, 동쪽으로 병영까지 130리, 북쪽으로 서울까지 221리 거리이다.
東至牙山界十五里 西至禮山界二十里 南至溫陽界十五里 北至沔川界二十里 南
距監營一百三十里 東距兵營一百三十里 北距京二百二十一里

보령현감保寧監

동쪽으로 청양 경계까지 47리·홍주 경계까지 31리, 서쪽으로 바다까지
19리, 남쪽으로 남포 경계까지 29리, 북쪽으로 결성 경계까지 25리이다.
동쪽으로 감영까지 150리·병영까지 300리, 북쪽으로 서울까지 326리
거리이다.
東至靑陽界四十七里 洪州界三十一里 西至海十九里 南至藍浦界二十九里 北至
結城界二十五里 東距監營一百五十里 兵營三百里 北距京三百二十六里

아산현감牙山監

동쪽으로 천안 경계까지 40리, 서쪽으로 면천 경계까지 32리, 남쪽으로
신창 경계까지 26리·온양 경계까지 28리, 북쪽으로 평택 경계까지 42리
이다. 남쪽으로 감영까지 125리, 동쪽으로 병영까지 140리, 서북쪽으로
바다까지 15리, 북쪽으로 서울까지 221리 거리이다.
東至天安界四十里 西至沔川界三十二里 南至新昌界二十六里 溫陽界二十八里
北至平澤界四十二里 南距監營一百二十五里 東距兵營一百四十里 西北至海十
五里 北距京二百二十一里

홍주목사洪州牧

동쪽으로 대흥 경계까지 25리·청양 경계까지 50리, 서쪽으로 결성 경계까
지 9리·바다까지 30리, 남쪽으로 홍산 경계까지 52리·보령 경계까지

29리, 북쪽으로 덕산 경계까지 16리·경내의 신평 경계 대진까지 100리이다. 동남쪽으로 감영까지 120리, 동북쪽으로 병영까지 230리, 서쪽으로 수영까지 60리, 북쪽으로 서울까지 281리 거리이다.

東至大興界二十五里 靑陽界五十里 西至結城界九里 海三十里 南至鴻山界五十二里 保寧界二十九里 北至德山界十六里 任內新平界大津一百里 東南距監營一百二十里 東北距兵營二百三十里 西距水營六十里 北距京二百八十一里

결성현감結城監

동쪽으로 홍주 경계까지 20리, 서쪽으로 바다까지 18리, 남쪽으로 홍주 경계까지 14리, 북쪽으로 홍주 경계까지 14리이다. 동쪽으로 감영까지 150리, 동북쪽으로 병영까지 240리, 남쪽으로 수영까지 30리, 북쪽으로 서울까지 311리 거리이다.

東至洪州界二十里 西至海十八里 南至洪州界十四里 北至同州界十四里 東距監營一百五十里 東北距兵營二百四十里 南距水營三十里 北距京三百十一里

남포현감藍浦監

동쪽으로 홍산 경계까지 49리, 서쪽으로 바다까지 7리, 남쪽으로 비인 경계까지 40리, 북쪽으로 보령 경계까지 9리이다. 동쪽으로 감영까지 130리·병영까지 210리, 북쪽으로 수영까지 40리·서울까지 346리 거리이다.

東至鴻山界四十九里 西至海七里 南至庇仁界四十里 北至保寧界九里 東距監營一百三十里 兵營二百十里 北距水營四十里 京三百四十六里

비인현감庇仁監

동쪽으로 홍산 경계까지 34리, 서쪽으로 바다까지 5리, 남쪽으로 서천 경계까지 20리, 북쪽으로 남포 경계까지 9리이다. 동쪽으로 감영까지 150리·병영까지 230리, 북쪽으로 수영까지 100리·서울까지 396리 거리이다.

東至鴻山界三十四里 西至海五里 南至舒川界二十里 北至藍浦界九里 東距監營 一百五十里 兵營二百三十里 北距水營一百里 京三百九十六里

해미현감海美監

동쪽으로 덕산 경계까지 10리, 서쪽으로 서산 경계까지 9리, 남쪽으로 홍주 경계까지 2리, 북쪽으로 당진 경계까지 43리이다. 동남쪽으로 감영까지 150리, 동쪽으로 병영까지 230리, 남쪽으로 수영까지 70리, 북쪽으로 서울까지 317리 거리이다.

東至德山界十里 西至瑞山界九里 南至洪州界二里 北至唐津界四十三里 東南監 營一百五十里 東距兵營二百三十里 南距水營七十里 北距京三百十七里

서산군수瑞山郡

동쪽으로 해미 경계까지 20리, 서쪽으로 태안 경계까지 20리, 남쪽으로 안면도 요아량까지 130리, 북쪽으로 대산포까지 70리이다. 동남쪽으로 감영까지 220리, 동쪽으로 병영까지 310리, 남쪽으로 수영까지 120리, 북쪽으로 서울까지 341리 거리이다.

東至海美界二十里 西至泰安界二十里 南至安眠島要兒梁一百三十里 北至大山 浦七十里 東南距監營二百二十里 東距兵營三百十里 南距水營一百二十里 北距 京三百四十一里

태안군수泰安郡

동쪽으로 서산 경계까지 12리, 서쪽으로 안흥진까지 40리, 남쪽으로 서산 경계 안면도까지 50리, 북쪽으로 만대동 해안까지 70리이다. 동쪽으로 감영까지 220리·병영까지 310리·수영까지 120리, 북쪽으로 서울까지 371리 거리이다.

東至瑞山界十二里 西至安興鎭四十里 南至安眠島瑞山界五十里 北距万垈洞海岸七十里 東距監營二百二十里 兵營三百十里 水營一百二十里 北距京三百七十一里

덕산현감德山監

동쪽으로 예산 경계까지 20리, 서쪽으로 해미 경계까지 15리, 남쪽으로 홍주 경계까지 15리, 북쪽으로 면천 경계까지 23리이다. 동쪽으로 감영까지 90리·병영까지 181리, 북쪽으로 서울까지 270리 거리이다.

東至禮山界二十里 西至海美界十五里 南至洪州界十五里 北至沔川界二十三里 東距監營九十里 兵營一百八十一里 北距京二百七十里

면천군수沔川郡

동쪽으로 홍주 경계까지 20리, 서쪽으로 당진 경계까지 15리, 남쪽으로 덕산 경계까지 10리, 북쪽으로 경기 수원 경계 바다까지 50리이다. 남쪽으로 감영까지 150리, 동쪽으로 병영까지 240리, 남쪽으로 수영까지 130리, 북쪽으로 서울까지 301리 거리이다.

東至洪州界二十里 西至唐津界十五里 南至德山界十里 北至京畿水原界海五十里 南距監營一百五十里 東距兵營二百四十里 南距水營一百三十里 北距京三百一里

당진현감唐津監

동쪽으로 면천 경계까지 10리, 서쪽으로 바다까지 40리, 남쪽으로 해미 경계까지 13리, 북쪽으로 바다까지 10리이다. 남쪽으로 감영까지 160리, 동쪽으로 병영까지 260리, 남쪽으로 수영까지 120리, 북쪽으로 서울까지 321리 거리이다.

東至沔川界十里 西至海四十里 南至海美界十三里 北至海十里 南距監營一百六十里 東距兵營二百六十里 南距水營一百二十里 北距京三百二十一里

예산현감禮山監

동쪽으로 온양 경계까지 28리, 서쪽으로 덕산 경계까지 22리, 남쪽으로 대흥 경계까지 9리, 북쪽으로 신창 경계까지 22리이다. 남쪽으로 감영까지 110리, 동쪽으로 병영까지 150리, 북쪽으로 서울까지 251리 거리이다.

東至溫陽界二十八里 西至德山界二十二里 南至大興界九里 北至新昌界二十二里 南距監營一百十里 東距兵營一百五十里 北距京二百五十一里

대흥군수大興郡

동쪽으로 공주 경계까지 30리, 서쪽으로 홍주 경계까지 9리, 남쪽으로 청양 경계까지 20리, 북쪽으로 예산 경계까지 19리이다. 동쪽으로 감영까지 90리·병영까지 180리, (북쪽으로) 서울까지 271리 거리이다.

東至公州界三十里 西至洪州界九里 南至青陽界二十里 北至禮山界十九里 東距監營九十里 兵營一百八十里 距京二百七十一里

청양현감青陽監

동쪽으로 정산 경계까지 21리, 서쪽으로 홍주 경계까지 11리, 남쪽으로
부여 경계까지 31리, 북쪽으로 대흥 경계까지 33리이다. 동쪽으로 감영까
지 90리·병영까지 180리, 북쪽으로 서울까지 341리 거리이다.
東至定山界二十一里 西至洪州界十一里 南至扶餘界三十一里 北至大興界三十
三里 東距監營九十里 兵營一百八十里 北距京三百四十一里

충주목사忠州牧

동쪽으로 청풍 경계까지 28리·경상도 예천 경계까지 80리·경상도 문경
경계까지 78리, 서쪽으로 음성 경계까지 51리·진천 경계까지 100리,
남쪽으로 괴산 경계까지 48리·연풍 경계까지 31리, (북쪽으로) 경기
안성 경계까지 115리·경기 죽산 경계까지 110리·경기 음죽 경계까지
50리·경기 여주 경계까지 78리·제천 경계까지 45리·강원도 원주 경계
까지 58리이다. 서남쪽으로 감영까지 240리, 남쪽으로 병영까지 150리,
서북쪽으로 서울까지 287리 거리이다.
東至淸風界二十八里 慶尙道醴泉界八十里 同道聞慶界七十八里 西至陰城界五
十一里 鎭川界一百里 南至槐山界四十八里 延豊界三十一里 京畿安城界一百十
五里 同道竹山界一百十里 同道陰竹界五十里 同道驪州界七十八里 北至堤川界
四十五里 江原道原州界五十八里 西南距監營二百四十里 南距兵營一百五十里
西北距京二百八十七里

괴산군수槐山郡

동쪽으로 연풍 경계까지 22리, 서쪽으로 음성 경계까지 29리, 남쪽으로
청안 경계까지 38리, 북쪽으로 충주 경계까지 17리이다. 서남쪽으로 감영
까지 180리, 남쪽으로 병영까지 90리, 서북쪽으로 서울까지 280리 거리이
다.

東至延豊界二十二里 西至陰城界二十九里 南至淸安界三十八里 北至忠州界十七里 西南距監營一百八十里 南距兵營九十里 西北距京二百八十里

연풍현감延豊監

동쪽으로 경상도 문경 경계까지 10리, 서쪽으로 괴산 경계까지 28리, 남쪽으로 문경 경계까지 10리, 북쪽으로 충주 경계까지 40리이다. 서남쪽으로 감영까지 230리, 서쪽으로 병영까지 140리, 북쪽으로 서울까지 320리 거리이다.

東至慶尙道聞慶界十里 西至槐山界二十八里 南至聞慶界十里 北至忠州界四十里 西南距監營二百三十里 西距兵營一百四十里 北距京三百二十里

음성현감陰城監

동쪽으로 충주 경계까지 8리, 서쪽으로 진천 경계까지 40리, 남쪽으로 괴산 경계까지 18리·청안 경계까지 35리, 북쪽으로 충주 경계까지 25리이다. 서남쪽으로 감영까지 180리, 남쪽으로 병영까지 90리, 북쪽으로 서울까지 245리 거리이다.

東至忠州界八里 西至鎭川界四十里 南至槐山界十八里 淸安界三十五里 北至忠州界二十五里 西南距監營一百八十里 南距兵營九十里 北距京二百四十五里

청안현감淸安監

동쪽으로 청주 경계까지 30리, 서쪽으로 청주 경계까지 22리, 남쪽으로 청주 경계까지 12리, 북쪽으로 괴산 경계까지 9리·음성 경계까지 19리이다. 서남쪽으로 감영까지 130리, 서남쪽으로 병영까지 60리, 북쪽으로 서울까지 280리 거리이다.

東至淸州界三十里 西至同州界二十二里 南至同州界十二里 北至槐山界九里 陰城界十九里 西南距監營一百三十里 西南距兵營六十里 北距京二百八十里

청풍도호부사淸風府

동쪽으로 단양 경계까지 30리, 서쪽으로 충주 경계까지 30리, 남쪽으로 경상도 문경 경계까지 60리, 북쪽으로 제천 경계까지 20리이다. 서남쪽으로 감영까지 290리, 남쪽으로 병영까지 200리, 서북쪽으로 서울까지 347리 거리이다.

東至丹陽界三十里 西至忠州界三十里 南至慶尙道聞慶界六十里 北至堤川界二十里 西南距監營二百九十里 南距兵營二百里 西北距京三百四十七里

단양군수丹陽郡

동쪽으로 경상도 순흥 경계까지 29리, 서쪽으로 청풍 경계까지 22리, 남쪽으로 경상도 예천 경계까지 39리, 북쪽으로 제천 경계까지 52리, 동북쪽으로 영춘 경계까지 35리이다. 서남쪽으로 감영까지 340리·병영까지 240리, 서북쪽으로 서울까지 377리 거리이다.

東至慶尙道順興界二十九里 西至淸界二十二里 南至慶尙道醴泉界三十九里 北至堤川界五十二里 東北至永春界三十五里 西南距監營三百四十里 兵營二百四十里 西北距京三百七十七里

제천현감堤川監

동쪽으로 강원도 영월 경계까지 15리, 서쪽으로 충주 경계까지 45리, 남쪽으로 청풍 경계까지 20리, 북쪽으로 강원도 원주 경계까지 44리이다. 서남쪽으로 감영까지 330리, 남쪽으로 병영까지 240리, 서쪽으로 서울까지 330리 거리이다.

東至江原道寧越界十五里 西至忠州界四十五里 南至淸風界二十里 北至江原道
原州界四十四里 西南距監營三百三十里 南距兵營二百四十里 西距京三百三十
里

영춘현감永春監

동쪽으로 경상도 순흥 경계까지 30리, 서쪽으로 제천 경계까지 55리,
남쪽으로 단양 경계까지 58리, 북쪽으로 강원도 영월 경계까지 21리이다.
서남쪽으로 감영까지 400리·병영까지 300리, 서쪽으로 서울까지 400리
거리이다.

東至慶尙道順興界三十里 西至堤川界五十五里 南至丹陽界五十八里 北至江原
道寧越界二十一里 西南距監營四百里 兵營三百里 西距京四百里

진천현감鎭川監

동쪽으로 충주 경계까지 27리, 서쪽으로 직산 경계까지 38리, 남쪽으로
청주 경계까지 28리, 북쪽으로 경기 죽산 경계까지 39리이다. 서남쪽으로
감영까지 140리, 남쪽으로 병영까지 60리, 북쪽으로 서울까지 240리
거리이다.

東至忠州界二十七里 西至稷山界三十八里 南至淸州界二十八里 北至京畿竹山
界三十九里 西南距監營一百四十里 南距兵營六十里 北距京二百四十里

경상도慶尙道

감사 겸 대구도호부사영은 대구60)에 있다. 삼도통제사 우수사영은 고성에

---

60) 원문에는 大丘와 大邱가 함께 기록되어 있다.

있다. 좌병사영은 울산에 있다. 우병사영은 진주에 있다. 좌수사영은 동래에 있다.

監司兼大邱都護府使營在大邱 三道統制使右水使營在固城 左兵使營兼在蔚山 右兵使營在晉州 左水使營在東萊

문경현감聞慶監

동쪽으로 상주 경계까지 20리, 서쪽으로 충청도 연풍 경계까지 18리, 남쪽으로 함창 경계까지 54리, 북쪽으로 연풍 경계까지 36리이다. 남쪽으로 감영까지 270리·우병영까지 489리·통영까지 605리, 북쪽으로 서울까지 387리 거리이다.

東至尙州界二十 西至忠淸道延豐界十八里 南至咸昌界五十四里 北至延豐界三十六里 南距監營二百七十里 右兵營四百八十九里 統營六百五里 北距京三百八十七里

대구판관大丘判

동쪽으로 경산 경계까지 18리, 서쪽으로 성주 경계까지 52리, 남쪽으로 청도 경계까지 47리, 북쪽으로 의흥 경계까지 43리이다. 감영은 대구 성내에 있다. 동남쪽으로 좌병영까지 240리, 서남쪽으로 통영까지 330리, 북쪽으로 서울까지 657리 거리이다.

東至慶山界十八里 西至星州界五十二里 南至淸道界四十七里 北至義興界四十三里 監營在府城內 東南距左兵營二百四十里 西南距統營三百三十里 北距京六百五十七里

청도군수淸道郡

동쪽으로 언양 경계까지 118리·경주 경계까지 92리, 서쪽으로 대구 경계까지 16리, 남쪽으로 밀양 경계까지 41리, 북쪽으로 대구 경계까지 24리, 동북쪽으로 경산 경계까지 23리이다. 북쪽으로 감영까지 70리, 동쪽으로 좌병영까지 180리, 서남쪽으로 통영까지 300리, 서북쪽으로 서울까지 727리 거리이다.

東至彦陽界一百十八里 慶州界九十二里 西至大邱界十六里 南至密陽界四十一里 北至大丘界二十四里 東北至慶山界二十三里 北距監營七十里 東距左兵營一百八十里 西南距統營三百里 西北距京七百二十七里

밀양도호부사密陽府

동쪽으로 양산 경계까지 49리·언양 경계까지 93리, 서쪽으로 영산 경계까지 38리, 남쪽으로 김해 경계까지 47리, 북쪽으로 청도 경계까지 31리이다. 북쪽으로 감영까지 140리, 동쪽으로 좌병영까지 200리, 서남쪽으로 통영까지 200리, 북쪽으로 서울까지 787리 거리이다.

東至梁山界四十九里 彦陽界九十三里 西至靈山界三十八里 南至金海界四十七里 北至淸道界三十一里 北距監營一百四十里 東距左兵營二百里 西南距統營二百里 北距京七百八十七里

양산군수梁山郡

동쪽으로 기장 경계까지 23리·동래 경계까지 17리, 서쪽으로 밀양 경계까지 41리·김해 경계까지 18리, 남쪽으로 동래 경계까지 46리, 북쪽으로 언양 경계까지 41리이다. 북쪽으로 감영까지 220리, 동쪽으로 좌병영까지 110리, 서쪽으로 통영까지 280리, 북쪽으로 서울까지 877리 거리이다.

東至機張界二十三里 東萊界十七里 西至密陽界四十一里 金海界十八里 南至東萊界四十六里 北距彦陽界四十一里 北距監營二百二十里 東距左兵營一百十里

西距統營二百八十里 北距京八百七十七里

동래도호부사東萊府

동쪽으로 기장 경계까지 20리, 서쪽으로 양산 경계까지 8리, 남쪽으로 바다까지 15리, 북쪽으로 양산 경계까지 29리이다. 북쪽으로 감영까지 280리, 동쪽으로 좌병영까지 110리, 서쪽으로 통영까지 340리, 북쪽으로 서울까지 917리 거리이다.

東至機張界二十里 西至梁山界八里 南至海十五里 北至梁山界二十九里 北距監營二百八十里 東距左兵營一百十里 西距統營三百四十里 北距京九百十七里

인동도호부사仁同府

동쪽으로 칠곡 경계까지 32리, 서쪽으로 개령 경계까지 30리, 남쪽으로 성주 경계까지 50리, 북쪽으로 선산 경계까지 10리이다. 남쪽으로 감영까지 80리, 동남쪽으로 좌병영까지 310리, 남쪽으로 통영까지 410리, 서북쪽으로 서울까지 597리 거리이다.

東至漆谷界三十二里 西至開寧界三十里 南至星州界五十里 北至善山界十里 南距監營八十里 東南距左兵營三百十里 南距統營四百十里 西北距京五百九十七里

칠곡도호부사漆谷府

동쪽으로 대구 경계까지 15리, 서쪽으로 인동 경계까지 10리 · 성주 경계까지 60리, 남쪽으로 대구 경계까지 40리, 북쪽으로 군위 경계까지 30리, 동북쪽으로 의흥 경계까지 11리이다. 남쪽으로 감영까지 50리, 동쪽으로 좌병영까지 300리, 서남쪽으로 통영까지 430리, 북쪽으로 서울까지 647

리 거리이다.

東至大丘界十五里 西至仁同界十里 星州界六十里 南至大丘界四十里 北至軍威
界三十里 東北至義興界十一里 南距監營五十里 東距左兵營三百里 西南距統營
四百三十里 北距京六百四十七里

경산현령慶山令

동쪽으로 자인 경계까지 9리, 서쪽으로 대구 경계까지 21리, 남쪽으로
청도 경계까지 29리, 북쪽으로 하양 경계까지 21리이다. 서북쪽으로 감영
까지 40리, 동쪽으로 좌병영까지 200리, 서남쪽으로 통영까지 360리,
북쪽으로 서울까지 687리 거리이다.

東至慈仁界九里 西至大丘界二十一里 南至清道界二十九里 北至河陽界二十一
里 西北距監營四十里 東距左兵營二百里 西南距統營三百六十里 北距京六百八
十七里

자인현감慈仁監

동쪽으로 경주 경계까지 30리, 서쪽으로 경산 경계까지 10리, 남쪽으로
청도 경계까지 20리, 북쪽으로 하양 경계까지 15리, 동북쪽으로 영천
경계까지 20리이다. 서쪽으로 감영까지 50리, 동쪽으로 좌병영까지 180
리, 서남쪽으로 통영까지 340리, 서북쪽으로 서울까지 707리 거리이다.

東至慶州界三十里 西至慶山界十里 南至清道界二十里 北至河陽界十五里 東北
至永川界二十里 西距監營五十里 東距左兵營一百八十里 西南距統營三百四十
里 西北距京七百七里

김해도호부사金海府

동쪽으로 양산 경계까지 42리, 서쪽으로 창원 경계까지 44리, 남쪽으로

웅천 경계까지 40리, 북쪽으로 밀양 경계까지 44리이다. 북쪽으로 감영까지 200리, 서쪽으로 우병영까지 200리, 서남쪽으로 통영까지 210리, 북쪽으로 서울까지 867리 거리이다.

東至梁山界四十二里 西至昌原界四十四里 南至熊川界四十里 北至密陽界四十四里 北距監營二百里 西距右兵營二百里 西南距統營二百十里 北距京八百六十七里

기장현감機張監

동쪽으로 바다까지 8리, 서쪽으로 양산 경계까지 30리, 남쪽으로 동래까지 14리, 북쪽으로 울산 경계까지 49리이다. 서북쪽으로 감영까지 290리, 북쪽으로 좌병영까지 100리, 남쪽으로 좌수영까지 30리, 서쪽으로 통영까지 330리, 북쪽으로 서울까지 927리 거리이다.

東至海八里 西至梁山界三十里 南至東萊界十四里 北至蔚山界四十九里 西北距監營二百九十里 北距左兵營一百里 南距左水營三十里 西距統營三百三十里 北距京九百二十七里

함창현감咸昌監

동쪽으로 상주 경계까지 8리, 서쪽으로 상주 경계까지 23리, 남쪽으로 상주 경계까지 17리, 북쪽으로 문경 경계까지 7리이다. 동남쪽으로 감영까지 230리, 남쪽으로 우병영까지 400리·통영까지 520리, 북쪽으로 서울까지 447리 거리이다.

東至尙州界八里 西至同州界二十三里 南至同州界十七里 北至聞慶界七里 東南距監營二百三十里 南距右兵營四百里 統營五百二十里 北距京四百四十七里

상주목사尙州牧

동쪽으로 비안 경계까지 77리, 서쪽으로 충청도 보은 경계까지 70리, 남쪽으로 선산 경계까지 39리·김산 경계까지 47리, 북쪽으로 함창 경계까지 29리이다. 동남쪽으로 감영까지 180리, 남쪽으로 우병영까지 389리·통영까지 480리, 북쪽으로 서울까지 487리 거리이다.

東至比安界七十七里 西至忠淸道報恩界七十里 南至善山界三十九里 金山界四十七里 北至咸昌界二十九里 東南距監營一百八十里 南距右兵營三百八十九里 統營四百八十里 北距京四百八十七里

성주목사星州牧

동쪽으로 대구 경계까지 26리·칠곡 경계까지 24리, 서쪽으로 지례 경계까지 62리, 남쪽으로 고령 경계까지 49리·현풍 경계까지 54리, 북쪽으로 개령 경계까지 38리·인동 경계까지 20리이다. 동쪽으로 감영까지 70리, 남쪽으로 우병영까지 220리·통영까지 330리, 북쪽으로 서울까지 627리 거리이다.

東至大丘界二十六里 漆谷界二十四里 西至知禮界六十二里 南至高靈界四十九里 玄風界五十四里 北至開寧界三十八里 仁同界二十里 東距監營七十里 南距右兵營二百二十里 統營三百三十里 北距京六百二十七里

현풍현감玄風監

동쪽으로 대구 경계까지 30리, 서쪽으로 고령 경계까지 16리, 남쪽으로 창녕 경계까지 16리, 북쪽으로 성주 경계까지 20리이다. 북쪽으로 감영까지 60리, 동쪽으로 좌병영까지 340리, 남쪽으로 통영까지 320리, 북쪽으로 서울까지 687리 거리이다.

東至大丘界三十里 西至高靈界十六里 南至昌寧界十六里 北至星州界二十里 北至監營六十里 東距左兵營三百四十里 南距統營三百二十里 北距京六百八十七里

칠원현감漆原監

동쪽으로 창원 경계까지 10리, 서쪽으로 함안 경계까지 11리, 남쪽으로 창원 경계까지 8리, 북쪽으로 영산 경계까지 23리이다. 북쪽으로 감영까지 160리, 서쪽으로 우병영까지 120리, 서남쪽으로 통영까지 110리, 북쪽으로 서울까지 787리 거리이다.

東至昌原界十里 西至咸安界十一里 南至昌原界八里 北至靈山界二十三里 北距監營一百六十里 西距右兵營一百二十里 西南距統營一百十里 北距京七百八十七里

함안군수咸安郡

동쪽으로 창원 경계까지 25리, 서쪽으로 진주 경계까지 31리, 남쪽으로 진해 경계까지 27리, 북쪽으로 의령 경계까지 38리이다. 북쪽으로 감영까지 180리, 서쪽으로 우병영까지 90리, 남쪽으로 통영까지 130리, 북쪽으로 서울까지 817리 거리이다.

東至昌原界二十五里 西至晉州界三十一里 南至鎭海界二十七里 北至宜寧界三十八里 北距監營一百八十里 西距右兵營九十里 南距統營一百三十里 北距京八百十七里

진해현감鎭海監

동쪽으로 칠원 경계까지 13리, 서쪽으로 진주 경계까지 11리, 남쪽으로 고성 경계까지 16리, 북쪽으로 함안 경계까지 9리이다. 북쪽으로 감영까지

220리, 서쪽으로 우병영까지 90리, 남쪽으로 통영까지 100리, 북쪽으로 서울까지 857리 거리이다.

東至㗡原界十三里 西至晋州界十一里 南至固城界十六里 北至咸安界九里 北距監營二百二十里 西距右兵營九十里 南距統營一百里 北距京八百五十七里

고성현령固城令

동쪽으로 거제 경계까지 53리, 서쪽으로 진주 경계까지 25리·사천 경계까지 40리, 남쪽으로 바다까지 1리, 북쪽으로 진해 경계까지 43리이다. 동북쪽으로 감영까지 300리, 서쪽으로 우병영까지 90리, 남쪽으로 통영까지 50리, 북쪽으로 서울까지 917리 거리이다.

東至巨濟界五十三里 西至晋州界二十五里 泗川界四十里 南至海一里 北至鎭海界四十三里 東北距監營三百里 西距右兵營九十里 南距統營五十里 北距京九百十七里

거제도호부사巨濟府

동쪽으로 바다까지 40리, 서쪽으로 고성 경계 바다까지 40리, 남쪽으로 바다까지 40리, 북쪽으로 웅천 경계 바다까지 70리이다. 북쪽으로 감영까지 370리, 서쪽으로 우병영까지 170리·통영까지 50리, 북쪽으로 서울까지 997리 거리이다.

東至海四十里 西至海四十里固城界 南至海四十里 北至海七十里熊川界 北距監營三百七十里 西距右兵營一百七十里 統營五十里 北距京九百九十七里

개령현감開寧監

동쪽으로 선산 경계까지 19리·인동 경계까지 42리, 서쪽으로 김산 경계까지 14리, 남쪽으로 진주 경계까지 38리, 북쪽으로 선산 경계까지 30리이다. 동남쪽으로 감영까지 120리, 남쪽으로 우병영까지 290리·통영까지 420리, 북쪽으로 서울까지 557리 거리이다.

東至善山界十九里 仁同界四十二里 西至金山界十四里 南至晋州界三十八里 北至善山界三十里 東南距監營一百二十里 南距右兵營二百九十里 統營四百二十里 北距京五百五十七里

지례현감知禮監

동쪽으로 성주 경계까지 13리, 서쪽으로 전라도 무주 경계까지 38리, 남쪽으로 거창 경계까지 46리, 북쪽으로 김산 경계까지 15리이다. 동쪽으로 감영까지 140리, 남쪽으로 우병영까지 280리·통영까지 340리, 북쪽으로 서울까지 617리 거리이다.

東至星州界十三里 西至全羅道茂朱界三十八里 南至居昌界四十六里 北至金山界十五里 東距監營一百四十里 南距右兵營二百八十里 統營三百四十里 北距京六百十七里

거창도호부사居昌府

동쪽으로 합천 경계까지 28리, 서쪽으로 안의 경계까지 25리, 남쪽으로 삼가 경계까지 28리·산청 경계까지 34리, 북쪽으로 지례 경계까지 48리·전라도 무주 경계까지 66리이다. 동쪽으로 감영까지 180리, 남쪽으로 우병영까지 160리·통영까지 280리, 북쪽으로 서울까지 707리 거리이다.

東至陜川界二十八里 西至安義界二十五里 南至三嘉界二十八里 山清界三十四里 北至知禮界四十八里 全羅道茂朱界六十六里 東距監營一百八十里 南距右兵營一百六十里 統營二百八十里 北距京七百七里

안의현감安義監

동쪽으로 거창 경계까지 21리, 서쪽으로 전라도 장수 경계까지 57리, 남쪽으로 함양 경계까지 5리, 북쪽으로 거창 경계까지 50리이다. 동쪽으로 감영까지 210리, 남쪽으로 우병영까지 150리, 동남쪽으로 통영까지 300리, 북쪽으로 서울까지 747리 거리이다.

東至居昌界二十一里 西至全羅道長水界五十七里 南至咸陽界五里 北至居昌界五十里 東距監營二百十里 南距右兵營一百五十里 東南距統營三百里 北距京七百四十七里

김산군수金山郡

동쪽으로 개령 경계까지 15리, 서쪽으로 충청도 황간 경계까지 41리, 남쪽으로 지례 경계까지 41리, 북쪽으로 상주 경계까지 34리이다. 동남쪽으로 감영까지 150리, 남쪽으로 우병영까지 300리·통영까지 420리, 북쪽으로 서울까지 567리 거리이다.

東至開寧界十五里 西至忠淸道黃澗界四十一里 南至知禮界四十一里 北至尙州界三十四里 東南距監營一百五十里 南距右兵營三百里 統營四百二十里 北距京五百六十七里

선산도호부사善山府

동쪽으로 군위 경계까지 50리, 서쪽으로 개령 경계까지 20리, 남쪽으로 인동 경계까지 40리, 북쪽으로 상주 경계까지 45리이다. 동남쪽으로 감영까지 120리, 남쪽으로 우병영까지 350리·통영까지 460리, 북쪽으로 서울까지 557리 거리이다.

東至軍威界五十里 西至開寧界二十里 南至仁同界四十里 北至尙州界四十五里
東南距監營一百二十里 南距右兵營三百五十里 統營四百六十里 北距京五百五
十七里

고령현감高靈監

동쪽으로 현풍 경계까지 30리, 서쪽으로 합천 경계까지 32리, 남쪽으로
초계 경계까지 28리, 북쪽으로 성주 경계까지 10리이다. 동쪽으로 감영까
지 80리, 남쪽으로 우병영까지 170리·통영까지 300리, 북쪽으로 서울까
지 677리 거리이다.
東至玄風界三十里 西至陜川界三十二里 南至草溪界二十八里 北至星州界十里
東距監營八十里 南距右兵營一百七十里 統營三百里 北距京六百七十七里

초계군수草溪郡

동쪽으로 창녕 경계까지 20리, 서쪽으로 합천 경계까지 15리, 남쪽으로
의령 경계까지 30리, 북쪽으로 고령 경계까지 30리이다. 동쪽으로 감영까
지 120리, 남쪽으로 우병영까지 140리·통영까지 240리, 북쪽으로 서울
까지 727리 거리이다.
東至昌寧界二十里 西至陜川界十五里 南至宜寧界三十里 北至高靈界三十里 東
距監營一百二十里 南距右兵營一百四十里 統營二百四十里 北距京七百二十七
里

합천군수陜川郡

동쪽으로 초계 경계까지 17리, 서쪽으로 거창 경계까지 50리, 남쪽으로
삼가 경계까지 24리, 북쪽으로 고령 경계까지 26리이다. 동쪽으로 감영까

지 130리, 남쪽으로 우병영까지 120리·통영까지 240리, 북쪽으로 서울까지 757리 거리이다.

東至草溪界十七里 西至居昌界五十里 南至三嘉界二十四里 北至高靈界二十六里 東距監營一百三十里 南距右兵營一百二十里 統營二百四十里 北距京七百五十七里

삼가현감三嘉監

동쪽으로 의령 경계까지 13리, 서쪽으로 단성 경계까지 13리, 남쪽으로 의령 경계까지 14리, 북쪽으로 합천 경계까지 25리이다. 동쪽으로 감영까지 180리, 남쪽으로 우병영까지 70리·통영까지 190리, 북쪽으로 서울까지 777리 거리이다.

東至宜寧界十三里 西至丹城界十三里 南至宜寧界十四里 北至陜川界二十五里 東距監營一百八十里 南距右兵營七十里 統營一百九十里 北距京七百七十七里

의령현감宜寧監

동쪽으로 함안 경계까지 8리, 서쪽으로 삼가 경계까지 37리, 남쪽으로 진주 경계까지 30리, 북쪽으로 초계 경계까지 65리이다. 동쪽으로 감영까지 170리, 서남쪽으로 우병영까지 70리, 남쪽으로 통영까지 160리, 북쪽으로 서울까지 812리 거리이다.

東至咸安界八里 西至三嘉界三十七里 南至晋州界三十里 北至草溪六十五里 東距監營一百七十里 西南距右兵營七十里 南距統營一百六十里 北距京八百十二里

창녕현감昌寧監

동쪽으로 밀양 경계까지 27리, 서쪽으로 초계 경계까지 41리, 남쪽으로
영산 경계까지 10리, 북쪽으로 현풍 경계까지 30리이다. 북쪽으로 감영까
지 100리, 동쪽으로 좌병영까지 300리, 남쪽으로 통영까지 295리, 북쪽으
로 서울까지 727리 거리이다.

東至密陽界二十七里 西至草溪界四十一里 南至靈山界十里 北至玄風界三十里
北距監營一百里 東距左兵營三百里 南距統營二百九十五里 北距京七百二十七
里

영산현감靈山監

동쪽으로 밀양 경계까지 40리, 서쪽으로 창녕 경계까지 25리, 남쪽으로
칠원 경계까지 15리, 북쪽으로 창녕 경계까지 15리이다. 북쪽으로 감영까
지 130리, 동쪽으로 좌병영까지 280리, 남쪽으로 통영까지 210리, 북쪽으
로 서울까지 757리 거리이다.

東至密陽界四十里 西至昌寧界二十五里 南至漆原界十五里 北至昌寧界十五里
北距監營一百三十里 東距左兵營二百八十里 南距統營二百十里 北距京七百五
十七里

창원대도호부사昌原大

동쪽으로 김해 경계까지 23리, 서쪽으로 함안 경계까지 37리 · 칠원 경계까
지 33리, 남쪽으로 웅천 경계까지 33리, 북쪽으로 영산 경계까지 40리이다.
북쪽으로 감영까지 180리, 서쪽으로 우병영까지 140리, 서남쪽으로 통영
까지 160리, 북쪽으로 서울까지 817리 거리이다.

東至金海界二十三里 西至咸安界三十七里 漆原界三十三里 南至熊川界三十三
里 北至靈山界四十里 北距監營一百八十里 西距右兵營一百四十里 西南距統營
一百六十里 北距京八百十七里

웅천현감熊川監

동쪽으로 김해 경계까지 15리, 서쪽으로 창원 경계까지 25리, 남쪽으로
제포까지 2리, 북쪽으로 김해 경계까지 15리이다. 북쪽으로 감영까지
260리, 서쪽으로 우병영까지 190리, 서남쪽으로 통영까지 210리, 북쪽으
로 서울까지 877리 거리이다.

東至金海界十五里 西至昌原界二十五里 南至薺浦二里 北至金海界十五里 北距
監營二百六十里 西距右兵營一百九十里 西南距統營二百十里 北距京八百七十
七里

비안현감比安監

동쪽으로 의성 경계까지 16리, 서쪽으로 선산 경계까지 22리 · 상주 경계까
지 21리, 남쪽으로 군위 경계까지 7리, 북쪽으로 예천 경계까지 30리이다.
남쪽으로 감영까지 130리, 동남쪽으로 좌병영까지 300리, 서남쪽으로
통영까지 520리, 북쪽으로 서울까지 525리 거리이다.

東至義城界十六里 西至善山界二十二里 尙州界二十一里 南至軍威界七里 北至
醴泉界三十里 南距監營一百三十里 東南距左兵營三百里 西南距統營五百二十
里 北距京五百二十五里

군위현감軍威監

동쪽으로 의성 경계까지 15리, 서쪽으로 선산 경계까지 20리, 남쪽으로
의흥 경계까지 30리, 북쪽으로 비안 경계까지 15리이다. 남쪽으로 감영까
지 120리, 동남쪽으로 좌병영까지 280리, 서남쪽으로 통영까지 540리,
북쪽으로 서울까지 555리 거리이다.

東至義城界十五里 西至善山界二十里 南至義興界三十里 北至比安界十五里 南距監營一百二十里 東南距左兵營二百八十里 西南距統營五百四十里 北距京五百五十五里

신녕현감新寧監

동쪽으로 영천 경계까지 15리, 서쪽으로 의흥 경계까지 15리, 남쪽으로 영천 경계까지 5리, 북쪽으로 의흥 경계까지 10리이다. 남쪽으로 감영까지 90리, 동남쪽으로 좌병영까지 190리·수영까지 320리, 서남쪽으로 통영까지 495리, 북쪽으로 서울까지 625리 거리이다.

東至永川界十五里 西至義興界十五里 南至永川界五里 北至義興界十里 南距監營九十里 東南距左兵營一百九十里 水營三百二十里 西南統營四百九十五里 北距京六百二十五里

영천군수永川郡

동쪽으로 경주 경계까지 42리, 서쪽으로 하양 경계까지 23리, 남쪽으로 자인 경계까지 30리, 북쪽으로 신녕 경계까지 25리이다. 서쪽으로 감영까지 90리, 동남쪽으로 좌병영까지 165리, 서남쪽으로 통영까지 460리, 북쪽으로 서울까지 665리 거리이다.

東至慶州界四十二里 西至河陽界二十三里 南至慈仁界三十里 北至新寧界二十五里 西距監營九十里 東南距左兵營一百六十五里 西南距統營四百六十里 北距京六百六十五里

경주부윤慶州尹

동쪽으로 장기 경계까지 83리, 서쪽으로 영천 경계까지 53리·자인 경계까지 70리·청도 경계까지 90리·언양 경계까지 90리, 남쪽으로 울산 경계까지 61리·언양 경계까지 62리, 북쪽으로 영일 경계까지 36리·흥해 경계까지 50리·영덕 경계까지 140리이다. 서북쪽으로 감영까지 160리, 동쪽으로 좌병영까지 80리, 서쪽으로 통영까지 440리, 북쪽으로 서울까지 745리 거리이다.

東至長鬐界八十三里 西至永川界五十三里 慈仁界七十里 清道界九十里 彦陽界九十里 南至蔚山界六十一里 彦陽界六十二里 北至迎日界三十六里 興海界五十里 盈德界一百四十里 西北距監營一百六十里 東距左兵營八十里 西距統營四百四十里 北距京七百四十五里

울산도호부사蔚山府

동쪽으로 경주 경계까지 45리, 서쪽으로 언양 경계까지 30리, 남쪽으로 기장 경계까지 71리, 북쪽으로 경주 경계까지 37리, 동남쪽으로 바다까지 30리이다. 서북쪽으로 감영까지 240리, 동쪽으로 좌병영까지 10리, 남쪽으로 수영까지 120리, 서쪽으로 통영까지 380리, 북쪽으로 서울까지 825리 거리이다.

東至慶州界四十五里 西至彦陽界三十里 南至機張界七十一里 北至慶州界三十七里 東南至海三十里 西北距監營二百四十里 東距左兵營十里 南距水營一百二十里 西距統營三百八十里 北距京八百二十五里

의성현령義城令

동쪽으로 청송 경계까지 45리, 서쪽으로 비안 경계까지 37리, 남쪽으로 의흥 경계까지 40리, 북쪽으로 안동 경계까지 27리이다. 남쪽으로 감영까지 150리, 동남쪽으로 좌병영까지 290리, 서남쪽으로 통영까지 490리, 북쪽으로 서울까지 575리 거리이다.

東至靑松界四十五里 西至比安界三十七里 南至義興界四十里 北至安東界二十
七里 南距監營一百五十里 東南距左兵營二百九十里 西南距統營四百九十里 北
距京五百七十五里

의흥현감義興監

동쪽으로 신녕 경계까지 30리, 서쪽으로 군위 경계까지 20리, 남쪽으로
대구 경계까지 50리, 북쪽으로 의성 경계까지 15리이다. 남쪽으로 감영까
지 120리, 동남쪽으로 좌병영까지 240리, 서남쪽으로 통영까지 540리,
북쪽으로 서울까지 595리 거리이다.

東至新寧界三十里 西至軍威界二十里 南至大丘界五十里 北至義城界十五里 南
距監營一百二十里 東南距左兵營二百四十里 西南距統營五百四十里 北距京五
百九十五里

하양현감河陽監

동쪽으로 영천 경계까지 15리, 서쪽으로 경산 경계까지 30리, 남쪽으로
자인 경계까지 15리, 북쪽으로 신녕 경계까지 15리이다. 서쪽으로 감영까
지 50리, 동쪽으로 좌병영까지 180리, 서남쪽으로 통영까지 320리, 북쪽
으로 서울까지 605리 거리이다.

東至永川界十五里 西至慶山界三十里 南至慈仁界十五里 北至新寧界十五里 西
距監營五十里 東距左兵營一百八十里 西南距統營三百二十里 北距京六百五里

언양현감彦陽監

동쪽으로 울산 경계까지 19리, 서쪽으로 청도 경계까지 31리·밀양 경계까
지 31리, 남쪽으로 양산 경계까지 21리, 북쪽으로 경주 경계까지 13리이다.

서북쪽으로 감영까지 150리, 동쪽으로 좌병영까지 50리, 서남쪽으로 통영까지 330리, 북쪽으로 서울까지 805리 거리이다.

東至蔚山界十九里 西至淸道界三十一里 密陽界三十一里 南至梁山界二十一里 北至慶州界十三里 西北距監營一百五十里 東距左兵營五十里 西南距統營三百三十里 北距京八百五里

홍해군수興海郡

동쪽으로 바다까지 16리, 동남쪽으로 영일 경계까지 21리, 서쪽으로 경주 경계까지 9리, 남쪽으로 경주 경계까지 31리, 북쪽으로 청하 경계까지 13리이다. 서남쪽으로 감영까지 190리, 서쪽으로 좌병영까지 160리, 서남쪽으로 통영까지 490리, 서북쪽으로 서울까지 775리 거리이다.

東至海十六里 東南至迎日界二十一里 西至慶州界九里 南至同州界三十一里 北至淸河界十三里 西南距監營一百九十里 西距左兵營一百六十里 西南距統營四百九十里 西北距京七百七十五里

청하현감淸河監

동쪽으로 바다까지 7리, 서쪽으로 경주 경계까지 13리, 남쪽으로 홍해 경계까지 11리, 북쪽으로 영덕 경계까지 20리이다. 서쪽으로 감영까지 200리, 남쪽으로 좌병영까지 180리, 서남쪽으로 통영까지 520리, 북쪽으로 서울까지 795리 거리이다.

東至海七里 西至慶州界十三里 南至興海界十一里 北至盈德界二十里 西距監營二百里 南距左兵營一百八十里 西南距統營五百二十里 北距京七百九十五里

영일현감迎日監

동쪽으로 장기 경계까지 30리, 서쪽으로 경주 경계까지 15리, 남쪽으로
경주 경계까지 20리, 북쪽으로 홍해 경계까지 20리이다. 서북쪽으로 감영
까지 200리, 남쪽으로 좌병영까지 130리, 서남쪽으로 통영까지 500리,
북쪽으로 서울까지 765리 거리이다.
東至長鬐界三十里 西至慶州界十五里 南至同州界二十里 北至興海界二十里 西
北距監營二百里 南距左兵營一百三十里 西南距統營五百里 北距京七百六十五
里

장기현감長鬐監

동쪽으로 바다까지 6리, 서쪽으로 영일 경계까지 28리, 남쪽으로 경주
경계까지 16리, 북쪽으로 영일 경계까지 50리이다. 서북쪽으로 감영까지
220리, 동쪽으로 좌병영까지 100리, 서남쪽으로 통영까지 440리, 북쪽으
로 서울까지 850리 거리이다.
東至海六里 西至迎日界二十八里 南至慶州界十六里 北至迎日界五十里 西北距
監營二百二十里 東距左兵營一百里 西南距統營四百四十里 北距京八百五里

용궁현감龍宮監

동쪽으로 안동 경계까지 40리, 서쪽으로 예천 경계까지 15리, 서쪽으로
상주 경계까지 12리, 남쪽으로 예천 경계까지 35리, 북쪽으로 상주 경계까
지 10리이다. 남쪽으로 감영까지 220리, 동남쪽으로 좌병영까지 400리,
서남쪽으로 통영까지 530리, 서북쪽으로 서울까지 457리 거리이다.
東至安東界四十里 西至醴泉界十五里 西至尙州界十二里 南至醴泉界三十五里
北至尙州界十里 南距監營二百二十里 東南距左兵營四百里 西南距統營五百三
十里 西北距京四百五十七里

예천군수醴泉郡

동쪽으로 안동 경계까지 22리 · 풍기 경계까지 34리, 서쪽으로 용궁 경계까지 33리, 남쪽으로 용궁 경계까지 21리 · 비안 경계까지 70리, 북쪽으로 충청도 단양 경계까지 70리이다. 남쪽으로 감영까지 240리, 동남쪽으로 좌병영까지 400리, 서남쪽으로 통영까지 600리, 서북쪽으로 서울까지 487리 거리이다.

東至安東界二十二里 豊基界三十四里 西至龍宮界三十三里 南至同縣界二十一里 比安界七十里 北至忠淸道丹陽界七十里 南距監營二百四十里 東南距左兵營四百里 西南距統營六百里 西北距京四百八十七里

안동대도호부사安東大

동쪽으로 진보 경계까지 65리 · 청송 경계까지 44리, 서쪽으로 예천 경계까지 54리, 남쪽으로 의성 경계까지 40리, 북쪽으로 영천 경계까지 42리 · 예안 경계까지 32리이다. 남쪽으로 감영까지 210리, 동남쪽으로 좌병영까지 360리, 서남쪽으로 통영까지 580리, 서북쪽으로 서울까지 547리 거리이다.

東至眞寶界六十五里 靑松界四十四里 西至醴泉界五十四里 南至義城界四十里 北至榮川界四十二里 禮安界三十二里 南距監營二百十里 東南距左兵營三百六十里 西南距統營五百八十里 西北距京五百四十七里

진보현감眞寶監

동쪽으로 영덕 경계까지 30리 · 영해 경계까지 15리, 서쪽으로 안동 경계까지 20리, 남쪽으로 청송 경계까지 28리, 북쪽으로 영양 경계까지 23리이다. 남쪽으로 감영까지 260리, 동남쪽으로 좌병영까지 280리, 서남쪽으로 통영까지 650리, 서북쪽으로 서울까지 627리 거리이다.

東至盈德界三十里　寧海界十五里　西至安東界二十里　南至靑松界二十八里　北至
英陽界二十三里　南距監營二百六十里　東南距左兵營二百八十里　西南距統營六
百五十里　西北距京六百二十七里

영해도호부사寧海府

동쪽으로 바다까지 7리, 서쪽으로 진보 경계까지 80리·영양 경계까지
60리, 남쪽으로 영덕 경계까지 22리, 북쪽으로 강원도 평해 경계까지
30리이다. 서남쪽으로 감영까지 300리, 남쪽으로 좌병영까지 320리,
서남쪽으로 통영까지 740리, 서북쪽으로 서울까지 742리 거리이다.

東至海七里　西至眞寶界八十里　英陽界六十里　南至盈德界二十二里　北至江原道
平海界三十里　西南距監營三百里　南距左兵營三百二十里　西南距統營七百四十
里　西北距京七百四十二里

영양현감英陽監

동쪽으로 영해 경계까지 30리, 서쪽으로 예안 경계까지 30리, 남쪽으로
진보 경계까지 25리, 북쪽으로 강원도 울진 경계까지 80리이다. 서남쪽으
로 감영까지 320리, 남쪽으로 좌병영까지 370리, 서남쪽으로 통영까지
560리, 북쪽으로 서울까지 647리 거리이다.

東至寧海界三十里　西至禮安界三十里　南至眞寶界二十五里　北至江原道蔚珍界
八十里　西南距監營三百二十里　南距左兵營三百七十里　西南距統營五百六十里
北距京六百四十七里

청송도호부사靑松府

동쪽으로 영덕 경계까지 49리, 서쪽으로 안동 경계까지 19리, 남쪽으로

영천 경계까지 74리, 북쪽으로 진보 경계까지 5리이다. 서남쪽으로 감영까지 250리, 남쪽으로 좌병영까지 280리, 서남쪽으로 통영까지 600리, 서북쪽으로 서울까지 627리 거리이다.

東至盈德界四十九里 西至安東界十九里 南至永川界七十四里 北至眞寶界五里 西南距監營二百五十里 南距左兵營二百八十里 西南距統營六百里 西北距京六百二十七里

영덕현령盈德令

동쪽으로 바다까지 13리・영해 경계까지 15리, 서쪽으로 청송 경계까지 46리, 남쪽으로 청하 경계까지 40리, 북쪽으로 진보 경계까지 57리이다. 서남쪽으로 감영까지 270리, 남쪽으로 좌병영까지 240리, 서남쪽으로 통영까지 610리, 서북쪽으로 서울까지 797리 거리이다.

東至海十三里 寧海界十五里 西至靑松界四十六里 南至淸河界四十里 北至眞寶界五十七里 西南距監營二百七十里 南距左兵營二百四十里 西南距統營六百十里 西北距京七百九十七里

풍기군수豊基郡

동쪽으로 영천 경계까지 18리, 서쪽으로 순흥 경계까지 10리, 남쪽으로 안동 경계까지 30리, 북쪽으로 순흥 경계까지 10리이다. 남쪽으로 감영까지 300리, 동남쪽으로 좌병영까지 480리, 서남쪽으로 통영까지 630리, 서북쪽으로 서울까지 427리 거리이다.

東至榮川界十八里 西至順興界十里 南至安東界三十里 北至順興界十里 南距監營三百里 東南距左兵營四百八十里 西南距統營六百三十里 西北距京四百二十七里

영천군수榮川郡

동쪽으로 예안 경계까지 51리, 서쪽으로 풍기 경계까지 12리, 남쪽으로
안동 경계까지 41리, 북쪽으로 순흥 경계까지 15리, 동북쪽으로 순흥
경계까지 10리, 서남쪽으로 안동 경계까지 30리이다. 서남쪽으로 감영까
지 300리, 동남쪽으로 좌병영까지 440리, 서남쪽으로 통영까지 630리,
서북쪽으로 서울까지 457리 거리이다.

東至禮安界五十一里 西至豊基界十二里 南至安東界四十一里 北至順興界十五
里 東北至同府界十里 西南至安東界三十里 西南距監營三百里 東南距左兵營四
百四十里 西南距統營六百三十里 西北距京四百五十七里

봉화현감奉化監

동쪽으로 안동 경계까지 31리, 서쪽으로 안동 경계까지 12리, 남쪽으로
예안 경계까지 25리, 북쪽으로 강원도 삼척 경계까지 74리이다. 서남쪽으
로 감영까지 300리, 남쪽으로 좌병영까지 480리, 서남쪽으로 통영까지
725리, 서북쪽으로 서울까지 507리 거리이다.

東至安東界三十一里 西至同府界十二里 南至禮安界二十五里 北至江原道三陟
界七十四里 西南距監營三百里 南距左兵營四百八十里 西南距統營七百二十五
里 西北距京五百七里

순흥도호부사順興府

동쪽으로 안동 경계까지 35리, 서쪽으로 풍기 경계까지 10리·충청도
단양 경계까지 30리, 남쪽으로 영천 경계까지 15리, 북쪽으로 충청도
영춘 경계까지 50리·강원도 영월 경계까지 50리이다. 남쪽으로 감영까지
330리·좌병영까지 470리, 서남쪽으로 통영까지 660리, 서북쪽으로 서

울까지 457리 거리이다.

東至安東界三十五里 西至豊基界十里 忠淸道丹陽界四十里 南至榮川界十五里
北至忠淸道永春界五十里 江原道寧越界五十里 南距監營三百三十里 左兵營四
百七十里 西南距統營六百六十里 西北距京四百五十七里

예안현감禮安監

동쪽으로 영양 경계까지 41리, 서쪽으로 영천 경계까지 49리, 남쪽으로
안동 경계까지 12리, 북쪽으로 봉화 경계까지 41리이다. 서남쪽으로 감영
까지 240리, 남쪽으로 좌병영까지 450리, 서남쪽으로 통영까지 700리,
서북쪽으로 서울까지 517리 거리이다.

東至英陽界四十一里 西至榮川界四十九里 南至安東界十二里 北至奉化界四十
一里 西南距監營二百四十里 南距左兵營四百五十里 西南距統營七百里 西北距
京五百十七里

함양도호부사咸陽府

동쪽으로 안의 경계까지 37리, 서쪽으로 전라도 운봉 경계까지 27리,
남쪽으로 산청 경계까지 26리, 북쪽으로 안의 경계까지 37리이다. 동북쪽
으로 감영까지 230리, 동남쪽으로 우병영까지 150리·통영까지 280리,
북쪽으로 서울까지 725리 거리이다.

東至安義界三十七里 西至全羅道雲峰界二十七里 南至山淸界二十六里 北至安
義界三十七里 東北距監營二百三十里 東南距右兵營一百五十里 統營二百八十
里 北距京七百二十五里

산청현감山淸監

동쪽으로 단성 경계까지 20리, 서쪽으로 함양 경계까지 31리, 남쪽으로

단성 경계까지 19리, 북쪽으로 거창 경계까지 49리이다. 동북쪽으로 감영
까지 250리, 동남쪽으로 우병영까지 90리·통영까지 230리, 북쪽으로
서울까지 785리 거리이다.

東至丹城界二十里 西至咸陽界三十一里 南至丹城界十九里 北至居昌界四十九
里 東北距監營二百五十里 東南距右兵營九十里 統營二百三十里 北距京七百八
十五里

단성현감丹城監

동쪽으로 진주 경계까지 12리, 서쪽으로 진주 경계까지 12리, 남쪽으로
진주 경계까지 8리, 북쪽으로 산청 경계까지 21리이다. 동북쪽으로 감영까
지 230리, 동남쪽으로 우병영까지 50리·통영까지 180리, 북쪽으로 서울
까지 825리 거리이다.

東至晉州界十二里 西至同州界十二里 南至同州界八里 北至山清界二十一里 東
北距監營二百三十里 東南距右兵營五十里 統營一百八十里 北距京八百二十五
里

진주목사晋州牧

동쪽으로 함안 경계까지 67리, 서쪽으로 단성 경계까지 38리, 남쪽으로
사천 경계까지 28리, 북쪽으로 삼가 경계까지 70리이다. 우병영은 진주
성외에 있다. 동북쪽으로 감영까지 240리, 동남쪽으로 통영까지 120리,
북쪽으로 서울까지 873리 거리이다.

東至咸安界六十七里 西至丹城界三十八里 南至泗川界二十八里 北至三嘉界七
十里 右兵營在州城外 東北距監營二百四十里 東南距統營一百二十里 北距京八
百七十三里

사천현감泗川監

동쪽으로 고성 경계까지 23리, 서쪽으로 진주 경계까지 5리, 남쪽으로
진주 경계까지 25리, 북쪽으로 진주 경계까지 6리이다. 동북쪽으로 감영까
지 260리, 서북쪽으로 우병영까지 30리, 동쪽으로 통영까지 100리, 북쪽
으로 서울까지 905리 거리이다.

東至固城界二十三里 西至晋州界五里 南至同州界二十五里 北至同州界六里 東
北距監營二百六十里 西北距右兵營三十里 東距統營一百里 北距京九百五里

곤양군수昆陽郡

동쪽으로 사천 경계까지 30리, 서쪽으로 하동 경계까지 10리, 남쪽으로
남해 경계까지 40리, 북쪽으로 진주 경계까지 37리이다. 동북쪽으로 감영
까지 300리·우병영까지 70리, 동쪽으로 통영까지 150리, 북쪽으로 서울
까지 915리 거리이다.

東至泗川界三十里 西至河東界十里 南至南海界四十里 北至晋州界三十七里 東
北距監營三百里 右兵營七十里 東距統營一百五十里 北距京九百十五里

하동도호부사河東府

동쪽으로 곤양 경계까지 45리, 서쪽으로 전라도 광양 경계까지 5리, 남쪽으
로 곤양 경계까지 40리, 북쪽으로 진주 경계까지 20리이다. 동북쪽으로
감영까지 330리, 동쪽으로 우병영까지 100리·통영까지 190리, 북쪽으
로 서울까지 825리 거리이다.

東至昆陽界四十五里 西至全羅道光陽界五里 南至昆陽界四十里 北至晋州界二
十里 東北距監營三百三十里 東距右兵營一百里 統營一百九十里 北距京八百二
十五里

남해현령南海令

동쪽으로 진주 경계 바다까지 40리, 서쪽으로 바다까지 15리, 남쪽으로 바다까지 36리, 북쪽으로 곤양 경계 노량까지 38리이다. 동북쪽으로 감영까지 400리·우병영까지 120리, 동쪽으로 통영까지 220리, 북쪽으로 서울까지 925리 거리이다.

東至海四十里晋州界 西至海十五里 南至海三十六里 北至露梁三十八里昆陽界 東北距監營四百里 右兵營一百二十里 東距統營二百二十里 北距京九百二十五里

전라도全羅道

감사 겸 전주부윤영은 전주에 있다. 병사영은 강진에 있다. 좌수사영은 순천에 있다. 우수사영은 해남에 있다.

監司兼全州府尹營在全州 兵使營在康津 左水使營在順天 右水使營在海南

여산도호부사礪山府

동쪽으로 고산 경계까지 13리, 서쪽으로 용안 경계까지 19리, 남쪽으로 전주 경계까지 11리·익산 경계까지 10리, 북쪽으로 충청도 은진 경계까지 15리이다. 남쪽으로 감영까지 70리·병영까지 440리, 동남쪽으로 통영까지 523리, 북쪽으로 서울까지 445리 거리이다.

東至高山界十三里 西至龍安界十九里 南至全州界十一里 益山界十里 北至忠淸道恩津界十五里 南距監營七十里 兵營四百四十里 東南距統營五百二十三里 北距京四百四十五里

전주판관全州判

동쪽으로 진안 경계까지 47리, 서쪽으로 임피 경계까지 74리·김제 경계까지 25리·금구 경계까지 19리, 남쪽으로 금구 경계까지 38리·태인 경계까지 40리·임실 경계까지 42리, 북쪽으로 익산 경계까지 37리·여산 경계까지 61리·고산 경계까지 40리이다. 감영은 전주 성내에 있다. 남쪽으로 병영까지 330리, 동남쪽으로 통영까지 480리, 북쪽으로 서울까지 515리 거리이다.

東至鎭安界四十七里 西至臨陂界七十四里 金堤界二十五里 金溝界十九里 南至同縣界三十八里 泰仁界四十里 任實界四十二里 北至益山界三十七里 礪山界六十一里 高山界四十里 監營在州城內 南距兵營三百三十里 東南距統營四百八十里 北距京五百十五里

남원도호부사南原府

동쪽으로 운봉 경계까지 30리·경상도 함양 경계까지 40리·경상도 안의 경계까지 110리, 서쪽으로 순창 경계까지 37리, 서쪽으로 옥과 경계까지 62리, 남쪽으로 구례 경계까지 50리·곡성 경계까지 33리, 북쪽으로 임실 경계까지 50리·장수 경계까지 60리이다. 북쪽으로 감영까지 130리, 서남쪽으로 병영까지 320리, 동남쪽으로 통영까지 360리, 북쪽으로 서울까지 645리 거리이다.

東至雲峰界三十里 慶尙道咸陽界四十里 同道安義界一百十里 西至淳昌界三十七里 西至玉果界六十二里 南至求禮界五十里 谷城界三十三里 北至任實界五十里 長水界六十里 北距監營一百三十里 西南距兵營三百二十里 東南距統營三百六十里 北距京六百四十五里

곡성현감谷城監

동쪽으로 구례 경계까지 30리, 서쪽으로 동복 경계까지 40리·옥과 경계까지 26리, 남쪽으로 순천 경계까지 60리, 북쪽으로 남원 경계까지 10리이다. 북쪽으로 감영까지 160리, 서남쪽으로 병영까지 280리, 동남쪽으로 통영까지 490리, 북쪽으로 서울까지 685리 거리이다.

東至求禮界三十里 西至同福界四十里 玉果界二十六里 南至順天界六十里 北至南原界十里 北距監營一百六十里 西南距兵營二百八十里 東南距統營四百九十里 北距京六百八十五里

순천도호부사順天府

동쪽으로 광양 경계까지 15리, 서쪽으로 낙안 경계까지 30리·보성 경계까지 90리·동복 경계까지 90리, 남쪽으로 바다까지 25리, 북쪽으로 구례 경계까지 60리·곡성 경계까지 80리이다. 북쪽으로 감영까지 270리, 동쪽으로 통영까지 420리, 북쪽으로 서울까지 800리 거리이다.

東至光陽界十五里 西至樂安界三十里 寶城界九十里 同福界九十里 南至海二十五里 北至求禮界六十里 谷城界八十里 北距監營二百七十里 東距統營四百二十里 北距京八百里

고산현감高山監

동쪽으로 용담 경계까지 34리·금산 경계까지 20리, 서쪽으로 전주 경계까지 15리·여산 경계까지 27리, 남쪽으로 전주 경계까지 10리, 북쪽으로 충청도 은진 경계까지 30리이다. 남쪽으로 감영까지 50리, 서남쪽으로 병영까지 450리, 남쪽으로 통영까지 670리, 북쪽으로 서울까지 483리 거리이다.

東至龍潭界三十四里 錦山界二十里 西至全州界十五里 礪山界二十七里 南至全
州界十里 北至忠淸道恩津界三十里 南距監營五十里 西南距兵營四百十里 南距
統營六百七十里 北距京四百八十三里

익산군수益山郡

동쪽으로 여산 경계까지 10리, 서쪽으로 함열 경계까지 20리, 남쪽으로
전주 경계까지 20리, 북쪽으로 용안 경계까지 20리이다. 남쪽으로 감영까
지 50리, 서남쪽으로 병영까지 440리, 동남쪽으로 통영까지 500리, 북쪽
으로 서울까지 465리 거리이다.

東至礪山界十里 西至咸悅界二十里 南至全州界二十里 北至龍安界二十里 南距
監營五十里 西南距兵營四百四十里 東南距統營五百里 北距京四百六十五里

만경현령萬頃令

동쪽으로 김제 경계까지 10리, 서쪽으로 바다까지 30리, 남쪽으로 김제
경계까지 15리, 북쪽으로 전주 경계까지 10리이다. 동쪽으로 감영까지
70리, 남쪽으로 병영까지 310리, 동남쪽으로 통영까지 560리, 북쪽으로
서울까지 525리 거리이다.

東至金堤界十里 西至海三十里 南至同郡界十五里 北至全州界十里 東距監營七
十里 南距兵營三百十里 東南距統營五百六十里 北距京五百二十五里

임피현령臨陂令

동쪽으로 함열 경계까지 15리, 서쪽으로 옥구 경계까지 20리, 남쪽으로
만경 경계까지 20리, 북쪽으로 충청도 한산 경계까지 20리, 동남쪽으로
전주 경계까지 10리이다. 동남쪽으로 감영까지 80리, 남쪽으로 병영까지

370리, 동쪽으로 통영까지 720리, 북쪽으로 서울까지 505리 거리이다.
東至咸悅界十五里 西至沃溝界二十里 南至萬頃界二十里 北至忠淸道韓山界二
十里 東南至全州界十里 東南距監營八十里 南距兵營三百七十里 東距統營七百
二十里 北距京五百五里

옥구현감沃溝監

동쪽으로 임피 경계까지 15리, 서쪽으로 바다까지 15리, 남쪽으로 만경
경계까지 20리, 북쪽으로 충청도 서천 경계까지 20리이다. 동쪽으로 감영
까지 110리, 남쪽으로 병영까지 420리, 동남쪽으로 통영까지 720리,
북쪽으로 서울까지 545리 거리이다.
東至臨陂界十五里 西至海十五里 南至萬頃界二十里 北至忠淸道舒川界二十里
東距監營一百十里 南距兵營四百二十里 東南距統營七百二十里 北距京五百四
十五里

진안현감鎭安監

동쪽으로 장수 경계까지 28리, 서쪽으로 전주 경계까지 35리, 남쪽으로
임실 경계까지 49리, 북쪽으로 용담 경계까지 23리이다. 서쪽으로 감영까
지 90리, 서남쪽으로 병영까지 380리, 동남쪽으로 통영까지 450리, 북쪽
으로 서울까지 595리 거리이다.
東至長水界二十八里 西至全州界三十五里 南至任實界四十九里 北至龍潭界二
十三里 西距監營九十里 西南距兵營三百八十里 東南距統營四百五十里 北距京
五百九十五里

장수현감長水監

동쪽으로 경상도 안의 경계까지 50리, 서쪽으로 진안 경계까지 40리,

남쪽으로 남원 경계까지 20리, 북쪽으로 무주 경계까지 50리·용담 경계까지 40리이다. 서쪽으로 감영까지 140리, 서남쪽으로 병영까지 440리, 동남쪽으로 통영까지 610리, 서북쪽으로 서울까지 650리 거리이다.
東至慶尙道安義界五十里 西至鎭安界四十里 南至南原界二十里 北至茂朱界五十里 龍潭界四十里 西距監營一百四十里 西南距兵營四百四十里 東南距統營六百十里 西北距京六百五十里

임실현감任實監

동쪽으로 진안 경계까지 20리·장수 경계까지 15리, 서쪽으로 태인 경계까지 60리, 남쪽으로 남원 경계까지 25리·순창 경계까지 60리, (북쪽으로) 전주 경계까지 30리이다. 북쪽으로 감영까지 70리, 서남쪽으로 병영까지 310리, 동남쪽으로 통영까지 550리, 북쪽으로 서울까지 585리 거리이다.
東至鎭安界二十里 長水界十五里 西至泰仁界六十里 南至南原界二十五里 淳昌界六十里 全州界三十里 北距監營七十里 西南距兵營三百十里 東南距統營五百五十里 北距京五百八十五里

순창군수淳昌郡

동쪽으로 남원 경계까지 23리, 서쪽으로 담양 경계까지 22리, 남쪽으로 옥과 경계까지 18리, 북쪽으로 임실 경계까지 28리·태인 경계까지 40리, 서북쪽으로 태인 경계까지 70리·정읍 경계까지 70리·장성 경계까지 60리이다. 북쪽으로 감영까지 120리, 서남쪽으로 병영까지 230리, 동남쪽으로 통영까지 430리, 북쪽으로 서울까지 645리 거리이다.
東至南原界二十三里 西至潭陽界二十二里 南至玉果界十八里 北至任實界二十八里 泰仁界四十里 西北至同縣界七十里 井邑界七十里 長城界六十里 北距監營一百二十里 西南距兵營二百三十里 東南距統營四百三十里 北距京六百四十五

里

담양도호부사潭陽府

동쪽으로 순창 경계까지 20리, 서쪽으로 창평 경계까지 20리, 남쪽으로
옥과 경계까지 30리·동복 경계까지 40리, 북쪽으로 장성 경계까지 20리
이다. 북쪽으로 감영까지 170리, 남쪽으로 병영까지 180리, 동남쪽으로
통영까지 440리, 북쪽으로 서울까지 685리 거리이다.

東至淳昌界二十里 西至昌平界二十里 南至玉果界三十里 同福界四十里 北至長
城界二十里 北距監營一百七十里 南距兵營一百八十里 東南距統營四百四十里
北距京六百八十五里

창평현령昌平令

동쪽으로 담양 경계까지 12리, 서쪽으로 광주 경계까지 11리, 남쪽으로
동복 경계까지 30리, 북쪽으로 담양 경계까지 11리이다. 북쪽으로 감영까
지 220리, 남쪽으로 병영까지 170리, 동남쪽으로 통영까지 570리, 북쪽으
로 서울까지 715리 거리이다.

東至潭陽界十二里 西至光州界十一里 南至同福界三十里 北至潭陽界十一里 北
距監營二百二十里 南距兵營一百七十里 東南距統營五百七十里 北距京七百十
五里

옥과현감玉果監

동쪽으로 남원 경계까지 30리·곡성 경계까지 15리, 서쪽으로 담양 경계까
지 10리, 남쪽으로 동복 경계까지 30리, 북쪽으로 순창 경계까지 10리이다.
북쪽으로 감영까지 150리, 남쪽으로 병영까지 210리, 동쪽으로 통영까지

530리, 북쪽으로 서울까지 673리 거리이다.

東至南原界三十里 谷城界十五里 西至潭陽界十里 南至同福界三十里 北至淳昌
界十里 北距監營一百五十里 南距兵營二百十里 東距統營五百三十里 北距京六
百七十三里

동복현감同福監

동쪽으로 순천 경계까지 16리, 서쪽으로 화순 경계까지 10리, 남쪽으로
보성 경계까지 30리, 북쪽으로 옥과 경계까지 38리이다. 북쪽으로 감영까
지 220리, 서남쪽으로 병영까지 160리, 동쪽으로 통영까지 400리, 북쪽으
로 서울까지 743리 거리이다.

東至順天界十六里 西至和順界十里 南至寶城界三十里 北至玉果界三十八里 北
距監營二百二十里 西南距兵營一百六十里 東距統營四百里 北距京七百四十三
里

운봉현감雲峰監

동쪽으로 경상도 함양 경계까지 20리, 서쪽으로 남원 경계까지 7리, 남쪽으
로 남원 경계까지 10리, 북쪽으로 함양 경계까지 30리이다. 북쪽으로
감영까지 150리, 서쪽으로 병영까지 320리, 동쪽으로 통영까지 320리,
북쪽으로 서울까지 685리 거리이다.

東至慶尙道咸陽界二十里 西至南原界七里 南至同府界十里 北至咸陽界三十里
北距監營一百五十里 西距兵營三百二十里 東南距統營三百二十里 北距京六百
八十五里

흥양현감興陽監

동쪽으로 순천 경계까지 43리, 서쪽으로 보성 경계까지 78리, 남쪽으로

바다까지 40리, 북쪽으로 낙안 경계까지 82리이다. 북쪽으로 감영까지 440리, 서쪽으로 병영까지 200리, 동쪽으로 좌수영까지 220리·통영까지 430리, 북쪽으로 서울까지 905리 거리이다.

東至順天界四十三里 西至寶城界七十八里 南至海四十里 北至樂安界八十二里 北距監營四百四十里 西距兵營二百里 東距左水營二百二十里 統營四百三十里 北距京九百五里

낙안군수樂安郡

동쪽으로 순천 경계까지 14리, 서쪽으로 보성 경계까지 25리, 남쪽으로 흥양 경계까지 25리, 북쪽으로 순천 경계까지 23리이다. 북쪽으로 감영까지 340리, 서쪽으로 병영까지 140리, 동쪽으로 좌수영까지 120리·통영까지 300리, 북쪽으로 서울까지 795리 거리이다.

東至順天界十四里 西至寶城界二十五里 南至興陽界二十五里 北至順天界二十三里 北距監營三百四十里 西距兵營一百四十里 東距左水營一百二十里 統營三百里 北距京七百九十五里

구례현감求禮監

동쪽으로 경상도 하동 경계까지 40리, 서쪽으로 곡성 경계까지 30리, 남쪽으로 순천 경계까지 10리, 북쪽으로 남원 경계까지 10리이다. 북쪽으로 감영까지 200리, 서쪽으로 병영까지 270리, 동쪽으로 통영까지 270리, 북쪽으로 서울까지 745리 거리이다.

東至慶尙道河東界四十里 西至谷城界三十里 南至順天界十里 北至南原界十里 北距監營二百里 西距兵營二百七十里 東距統營二百七十里 北距京七百四十五里

광양현감光陽監

동쪽으로 경상도 하동 경계까지 60리, 서쪽으로 순천 경계까지 13리, 남쪽으로 바다까지 6리, 북쪽으로 구례 경계까지 90리이다. 북쪽으로 감영까지 280리, 서쪽으로 병영까지 230리, 남쪽으로 좌수영까지 80리, 동쪽으로 통영까지 280리, 북쪽으로 서울까지 800리 거리이다.

東至慶尙道河東界六十里 西至順天界十三里 南至海六里 北至求禮界九十里 北距監營二百八十里 西距兵營二百三十里 南距左水營八十里 東距統營二百八十里 北距京八百里

금구현령金溝令

동쪽으로 전주 경계까지 16리, 서쪽으로 김제 경계까지 18리, 남쪽으로 태인 경계까지 18리, 북쪽으로 전주 경계까지 8리이다. 동쪽으로 감영까지 30리, 서남쪽으로 병영까지 310리, 동남쪽으로 통영까지 440리, 북쪽으로 서울까지 535리 거리이다.

東至全州界十六里 西至金堤界十八里 南至泰仁界十八里 北至全州界八里 東距監營三十里 西南距兵營三百十里 東南距統營四百四十里 北距京五百三十五里

태인현감泰仁監

동쪽으로 임실 경계까지 40리, 서쪽으로 김제 경계까지 30리, 남쪽으로 순창 경계까지 50리, 북쪽으로 금구 경계까지 20리이다. 동쪽으로 감영까지 70리, 남쪽으로 병영까지 280리, 동남쪽으로 통영까지 500리, 북쪽으로 서울까지 575리 거리이다.

東至任實界四十里 西至金堤界三十里 南至淳昌界五十里 北至金溝界二十里 東距監營七十里 南距兵營二百八十里 東南距統營五百里 北距京五百七十五里

정읍현감井邑監

동쪽으로 순창 경계까지 20리, 서쪽으로 고부 경계까지 8리, 남쪽으로
장성 경계까지 30리, 북쪽으로 태인 경계까지 10리이다. 북쪽으로 감영까
지 100리, 남쪽으로 병영까지 240리, 동남쪽으로 통영까지 510리, 북쪽으
로 서울까지 608리 거리이다.

東至淳昌界二十里 西至古阜界八里 南至長城界三十里 北至泰仁界十里 北距監
營一百里 南距兵營二百四十里 東南距統營五百十里 北距京六百八里

장성도호부사長城府

동쪽으로 담양 경계까지 40리·창평 경계까지 25리, 서쪽으로 영광 경계까
지 20리·고창 경계까지 33리, 남쪽으로 나주 경계까지 20리·광주 경계
까지 30리, 북쪽으로 정읍 경계까지 40리이다. 북쪽으로 감영까지 170리,
서남쪽으로 우수영까지 300리, 동쪽으로 통영까지 540리, 북쪽으로 서울
까지 680리 거리이다.

東至潭陽界四十里 昌平界二十五里 西至靈光界二十里 高敞界三十三里 南至羅
州界二十里 光州界三十里 北至井邑界四十里 北距監營一百七十里 西南距右水
營三百里 東距統營五百四十里 北距京六百八十里

나주목사羅州牧

동쪽으로 남평 경계까지 7리·광주 경계까지 10리, 동북쪽으로 광주 석역
石驛까지 40리, 서쪽으로 무안 경계까지 38리, 남쪽으로 장흥 경계까지
60리·영암 경계까지 50리, 북쪽으로 장성 경계까지 60리·함평 경계까지
40리이다. 북쪽으로 감영까지 260리, 동남쪽으로 병영까지 100리, 남쪽으
로 우수영까지 240리, 동쪽으로 통영까지 480리, 북쪽으로 서울까지

770리 거리이다.

東至南平界七里 光州界十里 東北至同州石驛四十里 西至務安界三十八里 南至長興界六十里 靈巖界五十里 北至長城界六十里 咸平界四十里 北距監營二百六十里 東南距兵營一百里 南距右水營二百四十里 東距統營四百八十里 北距京七百七十里

영암군수靈巖郡

동쪽으로 나주 경계까지 14리, 서쪽으로 바다까지 90리, 남쪽으로 강진 경계까지 17리, 북쪽으로 나주 경계까지 30리이다. 북쪽으로 감영까지 320리, 동쪽으로 병영까지 30리, 남쪽으로 우수영까지 150리, 동쪽으로 통영까지 470리, 북쪽으로 서울까지 840리 거리이다.

東至羅州界十四里 西至海九十里 南至康津界十七里 北至羅州界三十里 北距監營三百二十里 東距兵營三十里 南距右水營一百五十里 東距統營四百七十里 北距京八百四十里

강진현감康津監

동쪽으로 장흥 경계까지 24리, 서쪽으로 해남 경계까지 25리, 남쪽으로 바다까지 7리, 북쪽으로 영암 경계까지 44리이다. 북쪽으로 감영까지 370리, 동북쪽으로 병영까지 30리, 동쪽으로 통영까지 560리, 북쪽으로 서울까지 860리 거리이다.

東至長興界二十四里 西至海南界二十五里 南至海七里 北至靈巖界四十四里 北距監營三百七十里 東北距兵營三十里 東距統營五百六十里 北距京八百六十里

김제군수金堤郡

동쪽으로 전주 경계까지 30리, 서쪽으로 만경 경계까지 20리, 남쪽으로 태인 경계까지 30리, 북쪽으로 익산 경계까지 40리이다. 동쪽으로 감영까지 60리, 남쪽으로 병영까지 310리, 동남쪽으로 통영까지 620리, 북쪽으로 서울까지 545리 거리이다.

東至全州界三十里 西至萬頃界二十里 南至泰仁界三十里 北至益山界四十里 東距監營六十里 南距兵營三百十里 東南距統營六百二十里 北距京五百四十五里

부안현감扶安監

동쪽으로 김제 경계까지 15리, 서쪽으로 바다까지 60리, 남쪽으로 고부 경계까지 18리, 북쪽으로 만경 경계까지 20리이다. 동쪽으로 감영까지 100리, 남쪽으로 병영까지 280리, 동남쪽으로 통영까지 630리, 북쪽으로 서울까지 585리 거리이다.

東至金堤界十五里 西至海六十里 南至古阜界十八里 北至萬頃界二十里 東距監營一百里 南距兵營二百八十里 東南距統營六百三十里 北距京五百八十五里

고부군수古阜郡

동쪽으로 태인 경계까지 37리, 서쪽으로 바다까지 39리, 남쪽으로 흥덕 경계까지 18리, 북쪽으로 부안 경계까지 17리이다. 동쪽으로 감영까지 110리, 남쪽으로 병영까지 260리, 북쪽으로 서울까지 613리 거리이다.

東至泰仁界三十七里 西至海三十九里 南至興德界十八里 北至扶安界十七里 東距監營一百十里 南距兵營二百六十里 北距京六百十三里

해남현감海南監

동쪽으로 영암 경계까지 10리, 서쪽으로 진도 경계까지 60리, 남쪽으로 영암 경계까지 50리, 북쪽으로 영암 경계까지 40리이다. 북쪽으로 감영까지 370리, 동북쪽으로 병영까지 30리, (서쪽으로) 우수영까지 110리, 동쪽으로 통영까지 560리, 북쪽으로 서울까지 920리 거리이다.

東至靈巖界十里 西至珍島界六十里 南至靈巖界五十里 北至同郡界四十里 北距監營三百七十里 東北距兵營三十里 右水營一百十里 東距統營五百六十里 北距京九百二十里

진도군수珍島郡

동쪽으로 해남 경계까지 50리, 서쪽으로 바다까지 20리, 남쪽으로 바다까지 30리, 북쪽으로 해남 경계까지 55리이다. 북쪽으로 감영까지 500리, 동남쪽으로 병영까지 170리, 북쪽으로 우수영까지 40리, 동쪽으로 통영까지 960리 거리이다. 북쪽으로 서울까지 1,060리 거리인데 수로를 10리쯤 겸한다.

東至海南界五十里 西至海二十里 南至海三十里 北海南界五十五里 北距監營五百里 東南兵營一百七十里 北距右水營四十里 東距統營九百六十里 北距京一千六十里 兼水路十里許

제주목사와 판관濟州牧判

동쪽으로 정의 경계까지 100리, 서쪽으로 대정 경계까지 100리이다. 만약 산록 지름길을 따라가면 동남쪽으로 정의 경계까지 50리, 서쪽으로 대정 경계까지 70리이다. 남쪽으로 한라산 정상 백록담까지 60리이다. 북쪽으로 바다까지 2리이다. 본섬 땅의 둘레는 472리이다. 방영은 성내에 있다. 북쪽으로 서울까지 수로로 700여 리이고 육로는 해남 관두에서 960리 거리이다.

東至旌義界一百里 西至大靜界一百里 若從山麓徑路 東南至旌義界五十里 西至大靜七十里 南至漢拏山頂白鹿潭六十里 北至海二里 本島幅圓四百七十二里 防

營在城內 北距京水路七百餘里 陸路自海南館頭九百六十里

정의현감旌義監

동쪽으로 제주 경계까지 45리이다. 만약 산록 지름길을 따라가면 서북쪽으로 제주 경계까지 20리, 서남쪽으로 대정 경계까지 50리이다. 산 남쪽에는 지름길이 없다. 서쪽으로 한라산 정상까지 ○○리이다. 동쪽으로 바다까지 10리, 남쪽으로 바다까지 10리, 북쪽으로 바다까지 5리이다. 서북쪽으로 방영까지 70리 거리이다.

東至濟州界四十五里 若從山麓徑路 西北至濟州界二十里 西南至大靜界五十里 山南無徑路 西距漢挐山頂 里 東至海十里 南至海十里 北至海五里 西北距防營 七十里

대정현감大靜監

동쪽으로 정의 경계까지 50리, 서북쪽으로 제주 경계까지 40리이다. 만약 산록 지름길을 따라가면 동북쪽으로 제주 경계까지 30리이다. 한라산 정상까지 ○○리이다. 서쪽으로 바다까지 3리, 북쪽으로 바다까지 5리이다. 동북쪽으로 방영까지 80리 거리이다.

東至旌義界五十里 西北至濟州界四十里 若從山麓徑路 東北至濟州界三十里 漢挐山頂 里 西至海三里 北至海五里 東北距防營八十里

광주목사光州牧

동쪽으로 창평 경계까지 18리, 서쪽으로 나주 경계까지 48리, 남쪽으로 화순 경계까지 21리, 북쪽으로 장성 경계까지 35리이다. 북쪽으로 감영까지 220리, 남쪽으로 병영까지 140리, 동쪽으로 통영까지 500리, 북쪽으로 서울까지 740리 거리이다.

東至昌平界十八里 西至羅州界四十八里 南至和順界二十一里 北至長城界三十五里 北距監營二百二十里 南距兵營一百四十里 東距統營五百里 北距京七百四十里

화순현감和順監

동쪽으로 동복 경계까지 30리, 서쪽으로 남평 경계까지 20리, 남쪽으로 능주 경계까지 15리, 북쪽으로 광주 경계까지 9리이다. 북쪽으로 감영까지 260리, 서남쪽으로 병영까지 110리, 동쪽으로 통영까지 420리, 북쪽으로 서울까지 770리 거리이다.

東至同福界三十里 西至南平界二十里 南至綾州界十五里 北至光州界九里 北距監營二百六十里 西南距兵營一百十里 東距統營四百二十里 北距京七百七十里

능주목사綾州牧

동쪽으로 동복 경계까지 30리·보성 경계까지 46리, 서쪽으로 남평 경계까지 17리, 남쪽으로 장흥 경계까지 44리, 북쪽으로 화순 경계까지 12리이다. 북쪽으로 감영까지 280리, 서남쪽으로 병영까지 100리, 동쪽으로 통영까지 540리, 북쪽으로 서울까지 790리 거리이다.

東至同福界三十里 寶城界四十六里 西至南平界十七里 南至長興界四十四里 北至和順界十二里 北距監營二百八十里 西南距兵營一百里 東距統營五百四十里 北距京七百九十里

장흥도호부사長興府

동쪽으로 보성 경계까지 48리, 서쪽으로 강진 경계까지 12리, 남쪽으로 바다까지 15리, 북쪽으로 능주 경계까지 15리, 서북쪽으로 나주 경계까지 50리이다. 북쪽으로 감영까지 370리, 서쪽으로 병영까지 30리, 동쪽으로 좌수영까지 240리・통영까지 460리, 북쪽으로 서울까지 900리 거리이다.

東至寶城界四十八里 西至康津界十二里 南至海十五里 北至綾州界十五里 西北至羅州界五十里 北距監營三百七十里 西距兵營三十里 東距左水營二百四十里 統營四百六十里 北距京九百里

보성군수寶城郡

동쪽으로 낙안 경계까지 43리・순천 경계까지 50리, 서쪽으로 장흥 경계까지 18리, 남쪽으로 흥양 경계까지 43리, 북쪽으로 능주 경계까지 24리이다. 북쪽으로 감영까지 310리, 서쪽으로 병영까지 70리, 동쪽으로 좌수영까지 180리・통영까지 510리, 북쪽으로 서울까지 865리 거리이다.

東至樂安界四十三里 順天界五十里 西至長興界十八里 南至興陽界四十三里 北至綾州界二十四里 北距監營三百十里 西距兵營七十里 東距左水營一百八十里 統營五百十里 北距京八百六十五里

남평현감南平監

동쪽으로 능주 경계까지 15리, 서쪽으로 나주 경계까지 20리, 남쪽으로 나주 경계까지 30리, 북쪽으로 광주 경계까지 10리이다. 북쪽으로 감영까지 240리, 남쪽으로 병영까지 100리, 동쪽으로 통영까지 540리, 북쪽으로 서울까지 770리 거리이다.

東至綾州界十五里 西至羅州界二十里 南至同州界三十里 北至光州界十里 北距監營二百四十里 南距兵營一百里 東距統營五百四十里 北距京七百七十里

흥덕현감興德監

동쪽으로 고부 경계까지 15리, 서쪽으로 고창 경계까지 14리, 남쪽으로 고창 경계까지 16리, 북쪽으로 부안 경계까지 13리이다. 동북쪽으로 감영까지 140리, 남쪽으로 병영까지 230리, 동남쪽으로 통영까지 560리, 북쪽으로 서울까지 645리 거리이다.

東至古阜界十五里 西至高敵界十四里 南至同縣界十六里 北至扶安界十三里 東北距監營一百四十里 南距兵營二百三十里 東南距統營五百六十里 北距京六百四十五里

무장현감茂長監

동쪽으로 고창 경계까지 14리, 서쪽으로 바다까지 29리, 남쪽으로 영광 경계까지 23리, 북쪽으로 고창 경계까지 16리이다. 동쪽으로 감영까지 170리, 남쪽으로 병영까지 200리, 동쪽으로 통영까지 510리, 북쪽으로 서울까지 685리 거리이다.

東至高敵界十四里 西至海二十九里 南至靈光界二十三里 北至高敵界十六里 東距監營一百七十里 南距兵營二百里 東距統營五百十里 北距京六百八十五里

영광군수靈光郡

동쪽으로 장성 경계까지 59리, 서쪽으로 바다까지 28리, 남쪽으로 함평 경계까지 28리, 북쪽으로 무장 경계까지 24리이다. 북쪽으로 감영까지 210리, 남쪽으로 병영까지 180리·우수영까지 200리, 동쪽으로 통영까지 540리, 북쪽으로 서울까지 725리 거리이다.

東至長城界五十九里 西至海二十八里 南至咸平界二十八里 北至茂長界二十四里 北距監營二百十里 南距兵營一百八十里 右水營二百里 東距統營五百四十里

北距京七百二十五里

함평현감咸平監

동쪽으로 나주 경계까지 32리, 서쪽으로 바다까지 41리, 남쪽으로 무안 경계까지 4리, 북쪽으로 영광 경계까지 35리이다. 북쪽으로 감영까지 270리, 동쪽으로 병영까지 120리, 남쪽으로 우수영까지 240리, 북쪽으로 서울까지 785리 거리이다.

東至羅州界三十二里 西至海四十一里 南至務安界四里 北至靈光界三十五里 北距監營二百七十里 東距兵營一百二十里 南距右水營二百四十里 東距統營六百二十里 北距京七百八十五里

무안현감務安監

동쪽으로 나주 경계까지 30리, 서쪽으로 바다까지 7리, 남쪽으로 목포진까지 60리, 북쪽으로 함평 경계까지 20리이다. 북쪽으로 감영까지 290리, 남쪽으로 병영까지 110리·우수영까지 220리, 동쪽으로 통영까지 620리, 북쪽으로 서울까지 805리 거리이다.

東至羅州界三十里 西至海七里 南至木浦鎭六十里 北距咸平界二十里 北距監營二百九十里 南距兵營一百十里 右水營二百二十里 東距統營六百二十里 北距京八百五里

고창현감高敞監

동쪽으로 장성 경계까지 10리, 서쪽으로 무장 경계까지 17리, 남쪽으로 영광 경계까지 20리, 북쪽으로 흥덕 경계까지 7리이다. 북쪽으로 감영까지 150리, 남쪽으로 병영까지 210리, 동남쪽으로 통영까지 550리, 북쪽으로 서울까지 658리 거리이다.

東至長城界十里 西至茂長界十七里 南至靈光界二十里 北至興德界七里 北距監營一百五十里 南距兵營二百十里 東南距統營五百五十里 北距京六百五十八里

진산군수珍山郡

동쪽으로 금산 경계까지 15리, 서쪽으로 전주 경계까지 10리·충청도 연산 경계까지 20리, 남쪽으로 고산 경계까지 20리, 북쪽으로 충청도 공주 경계까지 40리이다. 남쪽으로 감영까지 120리, 동남쪽으로 통영까지 570리, 북쪽으로 서울까지 461리 거리이다.

東至錦山界十五里 西至全州界十里 忠淸道連山界二十里 南至高山界二十里 北至忠淸道公州界四十里 南距監營一百二十里 東南距統營五百七十里 北距京四百六十一里

금산군수錦山郡

동쪽으로 무주 경계까지 50리·장수 경계까지 40리, 서쪽으로 진산 경계까지 19리·고산 경계까지 40리, 남쪽으로 용담 경계까지 40리, 북쪽으로 충청도 옥천 경계까지 21리이다. 서쪽으로 감영까지 150리, 서남쪽으로 병영까지 480리, 동남쪽으로 통영까지 600리, 북쪽으로 서울까지 491리 거리이다.

東至茂朱界五十里 長水界四十里 西至珍山界十九里 高山界四十里 南至龍潭界四十里 北至忠淸道沃川界二十一里 西距監營一百五十里 西南距兵營四百八十里 東南距統營六百里 北距京四百九十一里

무주도호부사茂朱府

동쪽으로 경상도 지례 경계까지 69리・경상도 거창 경계까지 60리, 서쪽으로 금산 경계까지 13리, 남쪽으로 장수 경계까지 60리, 북쪽으로 충청도 옥천 경계까지 10리・충청도 영동 경계까지 50리이다. 서남쪽으로 감영까지 180리・병영까지 500리, 남쪽으로 통영까지 430리, 북쪽으로 서울까지 531리 거리이다.

東至慶尙道知禮界六十九里 同道居昌界六十里 西至錦山界十三里 南至長水界六十里 北至忠淸道沃川界十里 同道永同界五十里 西南距監營一百八十里 兵營五百里 南距統營四百三十里 北距京五百三十一里

용담현령龍潭令

동쪽으로 무주 경계까지 30리, 서쪽으로 고산 경계까지 30리, 남쪽으로 진안 경계까지 30리, 북쪽으로 금산 경계까지 25리이다. 남쪽으로 감영까지 130리, 서남쪽으로 병영까지 460리, 동남쪽으로 통영까지 570리, 북쪽으로 서울까지 541리 거리이다.

東至茂朱界三十里 西至高山界三十里 南至鎭安界三十里 北至錦山界二十五里 南距監營一百三十里 西南距兵營四百六十里 東南距統營五百七十里 北距京五百四十一里

용안현감龍安監

동쪽으로 여산 경계까지 12리, 서쪽으로 함열 경계까지 4리, 남쪽으로 익산 경계까지 10리, 북쪽으로 충청도 임천 경계까지 8리이다. 동남쪽으로 감영까지 90리, 남쪽으로 병영까지 440리, 동남쪽으로 통영까지 640리, 북쪽으로 서울까지 443리 거리이다.

東至礪山界十二里 西至咸悅界四里 南至益山界十里 北至忠淸道林川界八里 東南距監營九十里 南距兵營四百四十里 東南距統營六百四十里 北距京四百四十

三里

함열현감咸悅監

동쪽으로 익산 경계까지 13리, 서쪽으로 충청도 한산 경계까지 10리, 남쪽으로 임피 경계까지 10리, 북쪽으로 용안 경계까지 14리이다. 동쪽으로 감영까지 90리, 남쪽으로 병영까지 410리, 동남쪽으로 통영까지 640리, 북쪽으로 서울까지 453리 거리이다.

東至益山界十三里 西至忠淸道韓山界十里 南至臨陂界十里 北至龍安界十四里 東距監營九十里 南距兵營四百十里 東南距統營六百四十里 北距京四百五十三里

도로고 권지삼道路考 卷之三

사연로四沿路

백두산로白頭山路

백두산의 정상에는 큰 못이 있는데, 서쪽으로 흘러 압록강이 되고 동쪽으로 흘러 두만강이 된다. 산은 두 강 사이를 경유하여 남쪽으로 비스듬이 허항령에 이른다. 허항령의 정상에는 삼지가 있다. 허항령의 서쪽은 갑산에 속하고 동쪽은 무산에 속한다. 고개 서쪽의 물은 모두 압록강으로 흘러들고, 고개 동쪽의 물은 모두 두만강으로 흘러든다. ○무산에서 백두산을 오르는 것은 삼지 동쪽 가에 이르러 길이 나누어진다. 서쪽으로 향하면 허항령을 경유하여 혜산에 이르게 된다. 북쪽으로 향하면 천포〔30리〕, 연지봉〔30리〕, 분수령입비처〔20리〕, 백두산 정상〔6리쯤. 삼지에서 백두산 정상을 바라보면 86리쯤〕에 이른다. ○갑산에서 백두산을 오르는 것은 혜산에 이르러 괘궁정 아래를 경유하여 북쪽으로 오시천 물길을 따라 백덕〔70리〕, 검문〔25리〕, 곤장우〔15리〕, 화피덕〔6리〕, 소택〔80여 리〕, 한덕립지당〔30여 리〕, 소백산 자락〔30여 리〕, 백두산 정상〔20리. 혜산에서 백두산 정상까지 330여 리쯤〕에 이른다.

白頭山頂有大池 西流爲鴨綠江 東流爲豆滿江 山由兩江之間 南迤至虛項嶺 嶺上有三池 嶺西屬甲山 嶺東屬茂山 嶺西之水皆入鴨綠江 嶺東之水皆入豆滿江 ○自茂山登白頭山者 至三池東邊分路 向西則踰虛項嶺抵惠山 向北則抵泉浦〔三十里〕 臙脂峰〔三十里〕 分水嶺立碑處〔二十里〕 白頭山頂〔六里許 自三池望山頂八十六里許〕 ○自甲山登白頭山者 至惠山由掛弓亭下 北行沿五時川抵栢德〔七十里〕 劍門〔二十五里〕 棍杖隅〔十五里〕 樺皮德〔六里〕 小澤〔八十餘里〕 韓德立支堂〔三十餘里〕 小白山趾〔三十餘里〕 白頭山頂〔二十里 自惠山至山頂 三百三十餘里許〕

압록강연로鴨綠江沿路

〔강의 근원은 백산의 큰 못에서 나와 남쪽으로 수백 리를 흘러 혜산에 이르러 서북쪽으로 흐른다. 고여연과 고우예 사이에 이르러 서남쪽으로 흐른다.〕

〔江源出白山大池 南流數百里 至惠山西北流 至古閭延虞芮之間西南流〕

압록강연로는 혜산진〔갑산 소속. 남쪽으로 본부까지 95리 거리이다.〕에서 서쪽으로 바로 가면 삼수부〔30리〕, 인차외보〔15리〕, 나난보〔40리〕, 소농보〔25리〕, 갈파지보〔30리〕, 구갈파지〔20리〕, 후주 압록강변 상파수〔70리〕, 하파수〔15리〕, 후주장항〔10리〕, 박철상구비〔5리〕, 하구비〔7리〕, 대나신동〔15리〕, 나신상구비〔10리〕, 하구비〔5리〕, 소나신동〔5리 ○위는 삼수 땅으로 모두 함경도 소속〕, 죽암상구비〔10리〕, 중구비〔10리〕, 하구비〔7리〕, 삼형제동〔10리〕, 소삼동〔10리〕, 대무창〔5리〕, 소무창〔15리〕, 무창구비〔15리〕, 포도동〔15리〕, 포도상구비〔10리〕, 중구비〔5리〕, 하구비〔5리〕, 막종동〔5리〕, 하산포〔10리〕, 두지동〔10리 ○추파보에서 괘양령까지 2일 일정. 괘양령에서 오포산까지 3일 일정. 오포산에서 죽전령까지 2일 일정. (죽전령에서) 두지동까지 2일 일정〕.

鴨綠江沿路 自惠山鎭〔屬甲山 南距本府九十五里〕西行直抵三水府〔三十里〕仁遮外堡〔十五里〕羅暖堡〔四十里〕小農堡〔二十五里〕乫坡知堡〔三十里〕舊乫坡知〔二十里〕厚州鴨綠江邊上把守〔七十里〕下把守〔十五里〕厚州獐項〔十里〕朴鐵上仇非〔五里〕下仇非〔七里〕大羅信洞〔十五里〕羅信上仇非〔十里〕下仇非〔五里〕小羅信洞〔五里 ○右三水地 並屬咸鏡道〕竹巖上仇非〔十里〕中仇非〔十里〕下仇非〔七里〕三兄弟洞〔十里〕小三洞〔十里〕大茂昌〔五里〕小茂昌〔十五里〕茂昌仇非〔十五里〕葡萄洞〔十五里〕葡萄上仇非〔十里〕中仇非〔五里〕下仇非〔五里〕莫從洞〔五里〕河山浦〔十里〕豆之洞〔十里 ○自楸坡堡至掛印嶺二日程 自掛印嶺至五浦山三日程 自五浦至竹田嶺二日程 至豆之洞二日程〕

두지상구비〔10리〕, 중구비〔10리〕, 하구비〔5리〕, 오랑합동〔5리〕, 오랑합
〔8리〕, 죽전〔7리〕, 금창구비〔10리〕, 금창동〔8리〕, 속돌상구비〔8리〕, 속
사동〔15리〕, 속사구비〔10리〕, 속돌하구비〔10리〕, 연동〔10리〕, 삼동〔10
리〕, 갈전상구비〔13리〕, 중구비〔10리〕, 하구비〔10리〕, 금동동〔10리〕,
추상구비〔10리〕, 추하구비〔10리〕, 상장항〔10리〕, 중장항〔10리〕, 하장
항〔10리〕, 이파〔10리〕, 상입암〔10리〕, 하입암〔10리〕, 상장빙애〔10리〕,
중장빙애〔10리〕, 하장빙애〔7리〕, 상덕구비〔10리〕, 하덕구비〔7리〕, 중강
〔10리〕, 중강구비〔10리〕, 건포장항〔10리〕, 호예상구비〔10리〕, 하구비
〔10리〕, 호예동구〔10리〕, 호예하변〔7리〕, 변흘동〔7리〕, 조속상구비〔10
리〕, 중구비〔10리〕, 하구비〔10리〕, 소의덕〔10리〕, 조속전〔15리〕, 벌동
〔15리〕, 노동〔15리〕, 건포〔15리〕, 자성상구비〔15리〕, 하구비〔15리〕,
자성동구〔15리〕, 이인동〔15리〕, 서해평구비〔10리〕, 서해평장항〔15리〕,
벌서해평〔10리〕, 가목덕〔10리〕, 조아평〔10리〕, 옹암〔10리〕, 지롱괴〔10
리〕, 소을삼동〔10리〕, 삼강상구비〔10리〕, 중구비〔10리〕, 하구비〔15리
○삼강구비 이상은 폐사군 지역 소속. 죽암상구비에서 여기까지 802리〕,
豆之上仇非〔十里〕中仇非〔十里〕下仇非〔五里〕吾郎哈洞〔五里〕吾郎哈〔八里〕
竹田〔七里〕金倉仇非〔十里〕金倉洞〔八里〕束乬上仇非〔八里〕束沙洞〔十五里〕
束沙仇非〔十里〕束乬下仇非〔十里〕困洞〔十里〕三洞〔十里〕葛田上仇非〔十三
里〕中仇非〔十里〕下仇非〔十里〕金同洞〔十里〕楸上仇非〔十里〕楸下仇非〔十
里〕上獐項〔十里〕中獐項〔十里〕下獐項〔十里〕梨坡〔十里〕上立巖〔十里〕下立
巖〔十里〕上長硴崖〔十里〕中長硴崖〔十里〕下長硴崖〔七里〕上德仇非〔十里〕
下德仇非〔七里〕中江〔十里〕中江仇非〔十里〕乾浦獐項〔十里〕胡芮上仇非〔十
里〕下仇非〔十里〕胡芮洞口〔十里〕胡芮下邊〔七里〕卞屹洞〔七里〕早粟上仇非
〔十里〕中仇非〔十里〕下仇非〔十里〕所儀德〔十里〕早粟田〔十五里〕伐洞〔十五
里〕蘆洞〔十五里〕乾浦〔十五里〕慈城上仇非〔十五里〕下仇非〔十五里〕慈城洞
口〔十五里〕李仁同〔十五里〕西海坪仇非〔十里〕西海坪獐項〔十五里〕伐西海坪
〔十里〕加木德〔十里〕照牙坪〔十里〕瓷巖〔十里〕知美怪〔十里〕所乙三洞〔十里〕
三江上仇非〔十里〕中仇非〔十里〕下仇非〔十五里 ○三江仇非以上屬廢四郡地

自竹巖上仇非至此八百二里〕

옥동〔10리〕, 임토〔10리〕, 최용동〔20리〕, 건포〔10리〕, 가라지〔10리〕, 적동〔10리〕, 여둔〔10리〕, 재신동〔10리〕, 별외평〔10리〕, 청해정〔10리〕, 동대〔10리〕, 분토연대〔5리〕, 분토〔15리〕, 허린포〔5리〕, 마시리〔5리〕, 양강구〔5리. 독로강이 압록강으로 흘러드는 곳. 폐사군에서 이곳까지 모두 강계 소속. ○후주장항에서 양강까지 파수 100곳. 모두 1,014리 ○삼수 관아에서 강계 관아까지 바로 가면 310리이다.〕, 오노량보〔10리〕, 위원군〔30리〕, 직동보〔40리〕, 갈헌동보〔25리〕, 초산부〔20리〕, 산양회보〔20리〕, 아이진〔40리〕, 광평보〔30리〕, 소파아보〔15리〕, 대파아〔25리〕, 벽동군〔15리〕, 추구비보〔35리〕, 벽단보〔10리〕, 소길호리보〔10리〕, 대길호리보〔15리〕, 창주진〔15리〕, 어정탄보〔10리〕, 묘동보〔10리〕, 운두보〔10리〕, 창성부〔10리〕, 갑암보〔10리〕, 삭주〔10리〕, 구령보〔30리〕, 청수보〔10리〕, 청성진〔15리〕, 방산진〔25리〕, 옥강보〔15리〕, 수구보〔25리〕, 건천보〔10리〕, 의주〔20리〕, 인산진〔60리〕, 양하보〔30리〕, 미곶보〔40리. 압록강이 바다로 흘러드는 곳. 모두 평안도 소속〕에 이른다.

玉洞〔十里〕 林土〔十里〕 崔用洞〔二十里〕 乾浦〔十里〕 加羅地〔十里〕 狄洞〔十里〕 餘屯〔十里〕 宰臣洞〔十里〕 別外坪〔十里〕 淸海亭〔十里〕 東臺〔十里〕 分土烟臺〔五里〕 分土〔十五里〕 許隣浦〔五里〕 馬時里〔五里〕 兩江口〔五里 禿魯江入鴨綠江之處也 廢四郡至此 皆屬江界 ○自厚州獐項至兩江 ○把守百處 共一千十四里 ○自三水官直抵江界官三百十里〕 吾老梁堡〔十里〕 渭原郡〔三十里〕 直洞堡〔四十里〕 乫軒洞堡〔二十五里〕 楚山府〔二十里〕 山羊會堡〔二十里〕 阿耳鎭〔四十里〕 廣坪堡〔三十里〕 小坡兒堡〔十五里〕 大坡兒〔二十五里〕 碧潼郡〔十五里〕 楸仇非堡〔三十五里〕 碧團堡〔十里〕 小吉號里堡〔十里〕 大吉號里堡〔十五里〕 昌州鎭〔十五里〕 於汀灘堡〔十里〕 廟洞堡〔十里〕 雲頭堡〔十里〕 昌城府〔十里〕 甲巖堡〔十里〕 朔州〔十里〕 仇寧堡〔三十里〕 靑水堡〔十里〕 淸城鎭〔十五里〕 方山鎭〔二十五里〕 玉江堡〔十五里〕 水口堡〔二十五里〕 乾川堡〔十里〕 義州〔二十里〕 獜山鎭〔六十里〕 楊下堡〔三十里〕 彌串堡〔四十里 鴨綠江入海處 並屬平安道〕

위 압록강 연안은 함경도 2관, 평안도와 폐사군이 모두 11관. 백산이 발원하는 곳에서 의주 미라곶까지는 육지 진보와 주군 관부의 상호 거리로 써 계산하였다. 합이 2,336리이다.

右鴨綠江沿 咸鏡道二官 平安道並廢四郡 凡十一官 自白山發源處 至義州彌羅串 以陸地鎭堡州郡官府相距 計之 合二千三百三十六里

두만강연로豆滿江沿路

〔강의 근원은 백산의 큰 못에서 나와 동쪽으로 흘러 무산 삼산사에 이르러 허항령 동쪽의 물을 합류하여 동북쪽으로 흐른다. 온성 북쪽에 이르러 남쪽으로 흐른다.〕

〔江源出白山大池 東流至茂山三山社 與虛項嶺以東之水合 東北流 至穩城北 南流〕

두만강연로는 허항령 삼지 동쪽에서 동쪽으로 가면 반교〔50리〕, 유동〔10리〕, 국사령〔38리〕, 장파참〔15리〕, 돌류거〔15리〕, 소홍단수〔15리〕, 서북천촌〔35리〕, 임강대창〔10리〕, 박하천〔30리. 이상은 모두 삼수 소속 ○한편 이르기를 장파에서 노은참까지 45리, 노은에서 풍파참까지 45리, 풍파에서 임강대까지 15리, 임강대에서 광덕까지 15리, 광덕에서 박하천까지 15리라고 한다.〕, 무산부〔30리〕, 경흥부〔570리. 위 제2대로에 상세하게 보인다.〕, 녹둔도〔56리. 두만강이 바다로 흘러드는 곳〕에 이른다.

豆滿江沿路 自虛項嶺三池東 東行 抵半橋〔五十里〕 柳洞〔十里〕 國祀嶺〔三十八里〕 長坡站〔十五里〕 乭留居〔十五里〕 小紅丹水〔十五里〕 西北川村〔三十五里〕 臨江臺倉〔十里〕 朴下川〔三十里〕 以上皆屬三水 ○一云 自長坡至蘆隱站四十五里 自蘆隱至豊坡站四十五里 自豊坡至臨江臺十五里 自臨江臺至廣德十五里 自廣德至朴下川十五里 茂山府〔三十里〕 至慶興府〔五百七十里 詳見上第二大路〕 鹿屯島〔五十六里 豆滿江入海處〕

위 두만강 연안은 함경도 6관으로 백산의 발원하는 곳에서 경흥 녹둔도까지는 육지 관부의 상호 거리로써 계산하였다. 합이 954리이다. 양강 연안은 합이 3,290리이다. 갑산 혜산진에서 북쪽으로 가면 자포[45리]에 이른다. 자포에서 허항령 삼지 동쪽 끝 무산 땅까지 50리에 이른다. 모두 강이 굽어 우회하는 곳이어서 이수가 능히 자세하지 않으므로 모두 육지 관부의 상호 거리로써 계산하였다. 해연도 또한 이를 따랐다.

右豆滿江沿 咸鏡道六官 自白山發源處 至慶興鹿屯島 以陸地官府相距 計之 合九百五十四里 兩江沿 合三千二百九十里 自甲山惠山鎭北行 抵自浦四十五里 自自浦抵虛項嶺三池東邊 茂山地五十里 ○凡江曲迂回處 里數不能詳 悉直以陸地官府相距計之 海沿亦倣此

팔도해연로八道海沿路

함경도해연로咸鏡道海沿路

경흥〔녹둔도가 동남쪽으로 56리에 있는데, 두만강이 바다로 들어가는 곳이다. 서수라곶이 남쪽으로 60리에 있는데, 바다 가운데로 쑥 들어갔다.〕
경원〔경흥 관아까지 이수는 이미 위에 보인다. ○남쪽으로 바다까지 165리이다. 즉 해진사에 창고가 있다.〕
온성〔경원 관아까지 이수는 이미 위에 보인다. ○남쪽으로 바다까지 265리이다. 즉 해진사에 창고가 있다.〕
종성〔온성 관아까지 이수는 이미 위에 보인다. ○남쪽으로 바다까지 180리이다. 즉 녹야사에 창고가 있다.〕
회령〔종성 관아까지 이수는 이미 위에 보인다. ○남쪽으로 바다까지 149리이다. 즉 역산사에 창고가 있다.〕
무산〔회령 관아까지 이수는 이미 위에 보인다. ○남쪽으로 바다까지 235리이다. 즉 가린단사에 창고가 있다. 본부와 땅이 서로 이어져있지 않고

뛰어넘어 회령부 경계 남쪽과 부령부 경계 동쪽에 있다.〕
慶興〔鹿屯島在東南五十六里 豆滿江入海處 西水羅串在南六十里 斗入海中〕
慶源〔至慶興官 里數已見上 ○南至海一百六十五里 卽海津社有倉〕
穩城〔至慶源官 里數已見上 ○南至海二百六十五里 卽海津社有倉〕
鐘城〔至穩城官 里數已見上 ○南至海一百八十里 卽鹿野社有倉〕
會寧〔至鐘城官 里數已見上 ○南至海一百四十九里 卽櫟山社有倉〕
茂山〔至會寧官 里數已見上 ○南至海二百三十五里 卽加鱗端社有倉 與本府地
不相連 越在會寧府界南 富寧府界東〕

위 5부 연안은 모두 북쪽 끝 강변에 있어서 그 한길이 마치 띠처럼 해안에
접한다. 각각 그 땅의 면적이 매우 좁아 다만 한 개의 사를 두었다. 관부의
상호 거리로써 도리를 계산하는 것은 불가하다. 경흥의 확이사 서쪽 경계에
서 부령의 맹산령 동쪽까지 150여 리쯤에 불과하다. 그 사이가 5부 해연의
땅이다.

右五府沿 皆在極北江邊 而其一路如紳 接於海岸 各其地面 甚狹 只置一社 不可
以官府相距道里計數也 自慶興之確耳社西界 至富寧孟山嶺東 不過一百五十餘
里許 其間爲五府海沿之地也

부령〔서쪽으로 무산 관아까지 135리이다. ○동쪽으로 바다까지 83리이
다.〕
경성〔북쪽으로 부령 관아까지 101리이다. ○바다는 동쪽에 있다. 대개
바다까지 10리 이하에 있으면 이수는 말하지 않는다. 뒤에도 이를 따랐다.〕
경흥에서 바로 가면 아오지〔40리〕, 덕명참〔33리〕, 녹야역〔47리〕, 역산역
〔57리〕, 회수역〔40리〕, 수성역〔75리〕, 어유간진〔45리〕, 경성〔45리. 이
해연은 지름길인데 대개 380여 리이다.〕에 이른다.
명천〔북쪽으로 경성 관아까지 150리이다. ○남쪽으로 바다까지 130리이
다. 칠보산 동쪽 기슭은 해곡으로 깊이 들어갔다. 산의 북쪽은 경성 명간사

땅이 되는데, 사진과 이진의 끝까지 부에서 130~140리 거리이다. 산의
남쪽은 명천 땅이 되는데 갈마산 동쪽 해안까지 180리쯤이다.〕

富寧〔西至茂山官一百三十五里 ○東至海八十三里〕

鏡城〔北至富寧官一百一里 ○海在東 凡海在十里以下者 不言里數 後倣此〕

自慶興直抵阿吾地〔四十里〕德明站〔三十三里〕鹿野驛〔四十七里〕櫟山驛〔五
十七里〕懷綏驛〔四十里〕輸城驛〔七十五里〕魚遊澗鎭〔四十五里〕鏡城〔四十五
里 此海沿徑路也 凡三百八十餘里〕

明川〔北至鏡城官一百五十里 ○南至海一百三十里 七寶山東麓 渶入海曲 山北
爲鏡城明澗社地 至沙津梨津終處 距府一百三四十里 山南爲明川地 至玏亇山東
海岸一百八十里許〕

길주〔동북쪽으로 명천 관아까지 75리이다. ○동쪽으로 바다까지 57리,
남쪽으로 (바다까지) 127리이다.〕

단천〔동쪽으로 길주 관아까지 185리이다. ○동쪽으로 바다까지 10리,
남쪽으로 (바다까지) 120리이다.〕

이성〔동북쪽으로 단천 관아까지 90리이다. ○바다는 동쪽에 있다.〕

북청〔동쪽으로 이성 관아까지 105리이다. ○동쪽으로 바다까지 40리,
남쪽으로 (바다까지) 60리이다.〕

홍원〔동쪽으로 북청 관아까지 90리이다. ○바다는 남쪽에 있다.〕

吉州〔東北至明川官七十五里 ○東至海五十七里 南至一百二十七里〕

端川〔東至吉州官一百八十五里 ○東至海十里 南至一百二十里〕

利城〔東北至端川官九十里 ○海在東〕

北靑〔東至利城官一百五里 ○東至海四十里 南至六十里〕

洪原〔東至北靑官九十里 ○海在南〕

함흥〔동쪽으로 홍원 관아까지 95리이다. ○남쪽으로 바다까지 30리이
다.〕

정평〔동쪽으로 함흥 관아까지 50리이다. ○동쪽으로 바다까지 30리이

다.〕

영흥〔북쪽으로 정평 관아까지 85리이다. ○동쪽으로 바다까지 50리이다.〕

고원〔북쪽으로 영흥 관아까지 41리이다. ○덕지탄이 북쪽 7리에 있는데 동남쪽으로 바다에 들어간다. 어량의 이익이 가장 많다. 바다로 들어가는 곳까지 동쪽으로는 영흥 땅이 되고 서쪽으로는 문천 땅이 된다. 그러므로 바다가 고원에 속한 곳은 없다.〕

문천〔북쪽으로 고원 관아까지 50리이다. ○동쪽으로 바다까지 30리이다.〕

덕원〔북쪽으로 문천 관아까지 35리이다. ○바다가 동쪽과 북쪽에 있다.〕

안변〔북쪽으로 덕원 관아까지 40리이다. 동쪽으로 강원도 흡곡 경계까지 90리이다. ○동쪽으로 바다까지 30리, 북쪽으로 (바다까지) 20리이다.〕

위 해연은 모두 21관으로 육지 관도로써 계산하였다. 합이 1,567리이다.

咸興〔東至洪原官九十五里 ○南至海三十里〕

定平〔東至咸興官五十里 ○東至海三十里〕

永興〔北至定平官八十五里 ○東至海五十里〕

高原〔北至永興官四十一里 ○德之灘在北七里 東南入于海 而漁梁之利最多 而至入海處 東爲永興之地 西爲文川地 故海無屬高原者〕

文川〔北至高原官五十里 ○東至海三十里〕

德源〔北至文川官三十五里 ○海在東與北〕

安邊〔北至德源官四十里 東至江原道歙谷界九十里 ○東至海三十里 北至二十里〕

右海沿 凡二十一官 以陸地官道 計之 合一千五百六十七里

강원도해연로江原道海沿路

흡곡〔서쪽으로 함경도 안변 경계까지 10리이다. ○바다는 동쪽에 있다.〕

통천〔북쪽으로 흡곡 관아까지 34리이다. ○바다는 동쪽에 있다.〕
고성〔북쪽으로 통천 관아까지 123리이다. ○바다는 동쪽에 있다.〕
간성〔북쪽으로 고성 관아까지 100리이다. ○바다는 동쪽에 있다.〕
양양〔북쪽으로 간성 관아까지 85리이다. ○동쪽으로 바다까지 12리이다.〕
강릉〔북쪽으로 양양 (관아)까지 120리이다.〕
삼척〔북쪽으로 강릉 관아까지 120리이다. ○바다는 동쪽에 있다.〕
울진〔북쪽으로 삼척 관아까지 150리이다. ○바다는 동쪽에 있다.〕
평해〔북쪽으로 울진 관아까지 81리, 남쪽으로 경상도 영해 경계까지 24리이다. ○바다는 동쪽에 있다.〕
위 해연은 모두 9관으로 육지 관도로써 계산하였다. 합이 847리이다.
歙谷〔西至咸鏡道安邊界十里 ○海在東〕
通川〔北至歙谷官三十四里 ○海在東〕
高城〔北至通川官一百二十三里 ○海在東〕
杆城〔北至高城官一百里 ○海在東〕
襄陽〔北至杆城官八十五里 ○東至海十二里〕
江陵〔北至襄陽一百二十里〕
三陟〔北至江陵官一百二十里 ○海在東〕
蔚珍〔北至三陟官一百五十里 ○海在東〕
平海〔北至蔚珍官八十一里 南至慶尙道寧海界二十四里 ○海在東〕
右海沿 凡九官 以陸地官道 計之 合八百四十七里

경상도해연로慶尙道海沿路

영해〔북쪽으로 강원도 평해 경계까지 33리이다. ○바다는 동쪽에 있다.〕
영덕〔북쪽으로 영해 관아까지 36리이다. ○바다는 동쪽에 있다.〕
청하〔북쪽으로 영덕 관아까지 60리이다. ○바다는 동쪽에 있다.〕

홍해〔북쪽으로 청하 관아까지 23리이다. ○동쪽으로 바다까지 13리이다.〕

연일〔북쪽으로 홍해 관아까지 41리이다. ○동쪽으로 바다까지 14리이다.〕

장기〔서북쪽으로 연일 관아까지 40리이다. ○바다는 동쪽에 있다.〕

경주〔동북쪽으로 장기 관아까지 90리이다. ○동쪽으로 바다까지 50리이다.〕

울산〔서북쪽으로 경주 관아까지 80리이다. ○바다는 동쪽과 남쪽에 있다.〕

기장〔북쪽으로 울산 관아까지 85리이다. ○바다는 동쪽에 있다.〕

동래〔동북쪽으로 기장 관아까지 31리이다. ○남쪽으로 바다까지 15리이다.〕

寧海〔北至江原道平海界三十三里 ○海在東〕

盈德〔北至寧海官三十六里 ○海在東〕

淸河〔北至盈德官六十里 ○海在東〕

興海〔北至淸河官二十三里 ○東至海十三里〕

延日〔北至興海官四十一里 ○東至海十四里〕

長鬐〔西北至延日官四十里 ○海在東〕

慶州〔東北至長鬐官九十里 ○東至海五十里〕

蔚山〔西北至慶州官八十里 ○海在東與南〕

機張〔北至蔚山官八十五里 ○海在東〕

東萊〔東北至機張官三十一里 ○南至海十五里〕

양산〔동쪽으로 동래 관아까지 41리이다. ○바다는 남쪽에 있다.〕

김해〔동쪽으로 양산 관아까지 60리이다. ○바다는 남쪽에 있다.〕

웅천〔동북쪽으로 김해 관아까지 60리이다. ○바다는 남쪽에 있다.〕

창원〔동남쪽으로 웅천 관아까지 60리이다. ○서쪽으로 바다까지 15리이다.〕

칠원〔동쪽으로 창원 관아까지 43리, 남쪽으로 바다까지 40여 리이다.
○즉 구산폐현이 본현의 서남쪽 40리에 있고, 본현과 땅이 서로 이어져있지
않다. 창원 땅이 본현과 구산 사이를 가로질러 끊었다. 서쪽으로 진해와
경계를 접한다. 구산의 동쪽과 남쪽은 모두 바다이다. 그 끝은 80리이다.〕
진해〔동북쪽으로 칠원 관아까지 70리, 동쪽으로 구산 경계까지 33리이다.
○바다는 남쪽에 있다.〕
고성〔북쪽으로 진해 관아까지 58리이다. 지세는 바다 가운데로 쑥 들어갔
다. 남쪽으로 두룡포까지 50리인데 통영이 있다. 견내량까지 55리인데
거제 경계이다.〕
梁山〔東至東萊官四十一里 ○海在南〕
金海〔東至梁山官六十里 ○海在南〕
熊川〔東北至金海官六十里 ○海在南〕
昌原〔東南至熊川官六十里 ○西至海十五里〕
㳆原〔東至昌原官四十三里 南至海四十餘里 ○卽龜山廢縣 在本縣西南四十里
與本縣地不相連 昌原之地 橫截 本縣與龜山之間 西與鎭海接界 龜山之東與南
皆海也 其終處八十里〕
鎭海〔東北至㳆原官七十里 東至龜山界三十三里 ○海在南〕
固城〔北至鎭海官五十八里 地勢斗入海中 南至頭龍浦五十里 有統營 至見乃梁
五十五里 巨濟界〕

진주〔본주의 남쪽 경계는 사천의 북·서·남쪽 세 방향에 이른다. 구라포까
지 말문면이 되는 까닭에 본주가 고성의 다음이 되고, 사천이 본주의
다음이 되고, 본주는 또 사천의 다음이 된다. 남쪽으로 고성 경계까지
66리이다. ○구라량은 남쪽으로 60리에 있다. 구라에서 흥선도의 적량진
에 들어가는데 113리이다.〕
사천〔동쪽으로 고성 경계까지 23리, 고성 관아까지 60리, 북쪽으로 진주
경계까지 6리, 서쪽으로 진주 경계까지 5리, 남쪽으로 진주 경계까지

25리이다. ○남쪽으로 바다까지 30리이다.〕

진주 다시 사천의 다음이 됨〔남쪽으로 사천 관아까지 30리, 사천 경계까지 26리이다. ○강주포는 남쪽 30리 사천 경계에 있다. 금양포는 남쪽 50리 곤양 경계에 있다.〕

곤양〔동북쪽으로 진주 관아까지 64리이다. ○남쪽으로 노량까지 40리쯤이다.〕

하동〔동쪽으로 곤양 관아까지 47리이다. 서쪽으로 섬강까지 5리인데 전라도 광양 경계이다. ○바다는 남쪽에 있다.〕

위 해연은 모두 21관으로 육지 관도로써 계산하였다. 합이 1,115리이다.

晉州〔本州南境 達泗川北西南三方 至九羅浦爲末文面 故本州爲固城之次 泗川爲本州之次 本州又爲泗川之次也 南至固城界六十六里 ○九羅梁在南六十里 自九羅入興善島中赤梁鎭一百十三里〕

泗川〔東至固城界二十三里 至同縣官六十里 北至晉州界六里 西至同州界五里 南至同州界二十五里 ○南至海三十里〕

晉州又爲泗川之次〔南至泗川官三十里 至同縣界二十六里 ○江州浦在南三十里泗川界 金陽浦在南五十里昆陽界〕

昆陽〔東北至晉州官六十四里 ○南至露梁四十里許〕

河東〔東至昆陽官四十七里 西至蟾江五里全羅道光陽界 ○海在南〕

右海沿凡二十一官 以陸地官道 計之 合一千一百十五里

전라도해연로全羅道海沿路

광양〔동남쪽으로 섬강까지 59리인데, 경상도 하동 경계이다. ○바다는 남쪽에 있다.〕

순천〔동쪽으로 광양 관아까지 28리이다. ○동남쪽으로 바다까지 10리 또는 35리이다. 또 바다 가운데로 90리를 쑥 들어갔는데 수영이 있다. 동서로 매우 좁고 남북으로 길다.〕

낙안〔동쪽으로 순천 관아까지 45리이다. ○남쪽으로 바다까지 15리이다.〕

홍양〔북쪽으로 낙안 관아까지 107리이다. ○동쪽으로 바다까지 10리, 서쪽으로 바다까지 8리, 남쪽으로 발포까지 40리, 서남쪽으로 녹도까지 45리, 동남쪽으로 사도까지 43리이다. 본현의 지형은 바다 가운데로 쑥 들어갔는데, 마치 고전과 같으며, 양강원이 그 자루이다. 좌우로 해포가 좁고 그 사이의 육지도 10리가 되지 않는다.〕

光陽〔東南至蟾江五十九里 慶尙道河東界 ○海在南〕

順天〔東至光陽官二十八里 ○東南至海十里 又三十五里 又斗入海中九十里 有水營 東西甚狹 南北長〕

樂安〔東至順天官四十五里 ○南至海十五里〕

興陽〔北至樂安官一百七里 ○東至海十里 西至八里 南至鉢浦四十里 西南至鹿島四十五里 東南至蛇島四十三里 本縣地形 斗入海中 如鈷鉧 楊江院其柄也 左右海浦狹之 其間陸地 不滿十里〕

보성〔동남쪽으로 홍양 관아까지 121리이다. ○동쪽으로 바다까지 30리인데, 홍양의 남당진과 경계를 접한다. 땅이 바다에 인접한 곳은 매우 적다.〕

장흥〔동쪽으로 보성 관아까지 58리이다. ○바다는 동남쪽 16리에 있다. 남쪽으로 회령포까지 70리이다.〕

강진〔동쪽으로 장흥 관아까지 36리이다. ○바다는 남쪽과 서남쪽에 있다.〕

영암〔본군의 남쪽 경계는 토천·북평·송지 세 면 지역이다. 한 줄기 띠가 굽은 듯이 강진과 해남 사이 해안으로 쑥 들어가 달량·어란·갈두가 되었다. 달량창에서 서쪽으로 해남 관아까지 40리, 동쪽으로 강진 관아까지 70리, 북쪽으로 본군 관아까지 120리이다.〕

해남〔동남쪽으로 어란진까지 70리인데 해곡으로 쑥 들어갔다. 서북쪽으로 등산곶의 대진까지 105리인데 또한 해곡으로 쑥 들어갔다. 북쪽으로 무안의 목포에 이르는데, 수로로 30리이다.〕

寶城〔東南至興陽官一百二十一里 ○東至海三十里 興陽南塘津接界 地之濱海處 甚少〕

長興〔東至寶城官五十八里 ○海在東南十六里 南至會寧浦七十里〕

康津〔東至長興官三十六里 ○海在南 又在西南〕

靈巖〔本郡南境 土泉北平松旨三面之地 一條如紳曲 康津海南之間 斗入海岸 爲達梁於蘭葛頭 自達梁倉 西至海南官四十里 東至康津官七十里 北至本郡官一百二十里〕

海南〔東南至於蘭鎭七十里 斗入海曲 西北至登山串大津一百五里 亦斗入海曲北抵務安木浦水路三十里〕

진도〔본군의 삼촌면이 동쪽으로 개를 뛰어넘어 해남 남쪽 30리 바닷가에 있는데, 본군과 땅이 서로 이어져있지 않다. 본군까지 30리 거리이다.〕

해남 다시 진도의 다음이 됨〔본현의 땅이 진도 삼촌면의 남쪽과 북쪽에 이르고 있는 까닭에 다시 진도의 다음이 된다.〕

영암 다시 해남의 다음이 됨〔남쪽으로 해남 관아까지 85리이다. ○서쪽으로 바다까지 50리이다.〕

진도 다시 해남의 다음이 됨〔본군의 명산면이 북쪽으로 개를 뛰어넘어 용당진 동쪽에 있다. 본군과 땅이 서로 이어져있지 않다. 본군까지 180리 거리이다. 남쪽은 영암 땅이고, 동쪽과 북쪽은 나주 땅이다.〕

무안〔일로촌면이 용당진 서쪽에 있다.〕

나주〔본주의 고군산·극포·삼향 땅이 뛰어넘어 무안 남쪽 주룡포 북쪽에 있는데, 땅이 서로 이어져있지 않다. 본주까지 90리 거리이다. ○본주 관아에서 서쪽으로 바다까지 70여 리이다.〕

무안 다시 나주의 다음이 됨〔본현의 땅이 나주 삼향을 북·동·남쪽 세 방향에서 주위를 둘러싸고 있는 까닭에 나주의 다음이 된다. ○서쪽으로 바다까지 7리, 남쪽으로 바다까지 30리이다.〕

함평〔본현의 다경면 땅이 정족포 서쪽 가의 윗머리에 있다.〕

나주 다시 함평의 다음이 됨〔본현의 감목관소가 정족포 서쪽 가에 있다.
동쪽으로 무안과 물을 사이에 두고 서로 마주보고 있다.〕

珍島〔本郡之三寸面 東越浦在海南南三十里海濱 與本郡地不相連 距本郡三十
里〕

海南又爲珍島之次〔本縣之地 達珍島三寸面南北 故又爲珍島之次〕

靈巖又爲海南之次〔南至海南官八十五里 ○西至海五十里〕

珍島又爲海南之次〔本郡之命山面 北越浦在龍堂津東 與本郡地不相連 距本郡
一百八十里 南爲靈巖地 東與北爲羅州地〕

務安〔一老村面在龍堂津西〕

羅州〔本州 古羣山極浦三鄕之地 越在務安南駐龍浦北 地不相連 距本州九十里
○自本州官西至海七十餘里〕

務安又爲羅州之次〔本縣之地 周抱羅州三鄕 北東南三方 故爲羅州之次也 ○西
至海七里 南至三十里〕

咸平〔本縣多慶面地 在鼎足浦西邊上頭〕

羅州又爲咸平之次〔本縣監牧官所 在鼎足浦西邊 東與務安 隔水相對〕

영광〔본군의 망운면이 뛰어넘어 다경포 옆에 있는데, 본군과 땅이 서로
이어져있지 않다. 동쪽으로 무안과는 물을 사이에 두고 경계가 된다.〕
함평 다시 영광의 다음이 됨〔서남쪽으로 영광 경계까지 20리이다. 즉
다경부곡인데 북쪽으로 35리이다. ○서쪽으로 바다까지 41리이다. 다경
포는 서쪽 20리에 있다. 향화진은 서북쪽 45리에 있는데 영광과 경계가
된다. 정족포는 서남쪽 20리에 있다. 위 삼포의 포두가 서로 모여 본현
땅으로 쑥 들어갔다. 정족과 다경 두 포구 사이에 쑥 들어간 곳은 본현의
다경면, 나주의 감목소, 영광의 망운면이 되었다. 해곡의 끝에 이르면
다경진이 있다. 다경과 향화 두 포구 사이에 쑥 들어간 곳은 본현의 해제면이
되었다. 해곡의 끝에 이르면 임치진이 있다.〕
영광 다시 함평의 다음이 됨〔남쪽으로 함평 관아까지 63리이다. ○서쪽으
로 바다까지 28리 또는 30리이다.〕

무장〔남쪽으로 영광 관아까지 45리이다. ○서쪽으로 바다까지 29리이다.〕

고부〔부안곶면이 뛰어넘어 홍덕 내진포 남쪽 가에 있는데, 본군과 땅이 서로 이어져있지 않다. 즉 제안포 입구이다. 동쪽으로 본군까지 46리, 남쪽으로 무장 관아까지 35리 거리이다. 제안에서 부안 관아까지 50리이다.〕

홍덕〔서쪽으로 고부의 부안곶까지 23리이다. ○바다는 서쪽에 있다.〕

靈光〔本郡望雲面 越在多慶浦邊 與本郡地不相連 東與務安 隔水爲界〕

咸平又爲靈光之次〔西南至靈光界二十里 卽多慶部曲北至三十五里 ○西至海四十一里 多慶浦在西二十里 向化津在西北四十五里 與靈光爲界 鼎足浦在西南二十里 右三浦浦頭相聚 以斗本縣之地 斗入鼎足多慶兩浦之間者 爲本縣多慶面 爲羅州監牧所 爲靈光望雲面 至海曲盡處 有多慶鎭 斗入多慶向化兩浦之間者 爲本縣海際面 至海曲盡 有臨淄鎭〕

靈光又爲咸平之次〔南至咸平官六十三里 ○西至海二十八里 又三十里〕

茂長〔南至靈光官四十五里 ○西至海二十九里〕

古阜〔富安串面 越在於興德內津浦南邊 與本郡地不相連 卽濟安浦口也 東距本郡四十六里 南距茂長官三十五里 自濟安至扶安官五十里〕

興德〔西至古阜扶安串二十三里 ○海在西〕

강진에서 홍덕까지 여러 읍의 지역이 해연에 있는 것은 땅이 개의 어금니와 같이 들쭉날쭉하여 상세하게 설명하는 것이 불가해서 관부 상호간의 거리로써 계산하였다. 강진 관아에서 해남 관아까지 44리, 해남 관아에서 북쪽으로 영암 관아까지 85리, 영암 관아에서 동북쪽으로 나주 관아까지 70리, 나주 관아에서 서쪽으로 무안 관아까지 68리이다. 무안 관아에서 북쪽으로 함평 관아까지 20리, 함평 관아에서 북쪽으로 영광 관아까지 63리, 영광 관아에서 북쪽으로 무장 관아까지 45리, 무장 관아에서 북쪽으로 홍덕 관아까지 40리이다.

自康津至興德 諸邑地之在海沿者 犬牙相錯 不可詳悉 而以官府相距 計之 自康
津官西至海南官四十四里 自海南官北至靈巖官八十五里 自靈巖官東北至羅州
官七十里 自羅州官西至務安官六十八里 自務安官北至咸平官二十里 自咸平官
北至靈光官六十三里 自靈光官北至茂長官四十五里 自茂長官北至興德官四十
里

부안〔남쪽으로 흥덕 관아까지 63리이다. ○서쪽으로 가야포까지 15리,
격포 앞 바다까지 60리, 북쪽으로 덕미포까지 20리이다.〕

만경〔남쪽으로 부안 관아까지 35리이다. ○서쪽으로 바다까지 30리이
다.〕

임피〔남쪽으로 만경 관아까지 33리이다. ○옥구는 현 서쪽에 있는데 해변
을 막아 가렸다. 그래서 본현이 오히려 진포가 바다로 들어가는 곳에
해당된다.〕

옥구〔동남쪽으로 임피 관아까지 28리, 북쪽으로 충청도 서천 경계까지
19리이다. ○서쪽으로 바다까지 27리, 북쪽으로 진포까지 16리이다.〕

위 해연은 모두 20관으로 육지 관도로써 계산하였다. 합이 1,064리이다.

扶安〔南至興德官六十三里 ○西至可也浦十五里 格浦前洋六十里 北至德迷浦
二十里〕

萬頃〔南至扶安官三十五里 ○西至海三十里〕

臨陂〔南至萬頃官三十三里 ○沃溝在縣西 遮蔽海邊 而本縣猶當鎭浦入海處〕

沃溝〔東南至臨陂官二十八里 北至忠淸道舒川界十九里 ○西至海二十七里 北
至鎭浦十六里〕

右海沿 凡二十官 以陸地官道 計之 合一千六十四里

     충청도해연로忠淸道海沿路

서천〔남쪽으로 진포까지 20리인데 전라도 옥구 경계이다. ○서쪽으로
바다까지 15리이다.〕

비인〔동쪽으로 서천 관아까지 29리이다. ○바다는 서쪽에 있다.〕

남포〔서쪽으로 비인 관아까지 49리이다. ○바다는 서쪽과 남쪽에 있다.〕

보령〔남쪽으로 남포 관아까지 38리이다. ○서쪽으로 바다까지 19리인데 서쪽과 남쪽이 모두 바다이다.〕

홍주〔본주의 남쪽 경계는 보령과 결성의 사이를 끊어 들어갔다. 즉 홍양폐현이다. 서쪽 경계는 결성과 해미의 사이를 끊어 들어갔다. 즉 고구폐현이다. 본주 땅이 결성의 남·동·북쪽 세 방향으로 주위를 둘러싸고 있는 까닭에 본주는 보령의 다음이 되고, 결성은 본주의 다음이 되고, 본주는 다시 결성의 다음이 된다. ○홍양은 남쪽 50리에 있고, 고구는 북쪽 30리에 있는데 모두 해빈이다.〕

舒川〔南至鎭浦二十里 全羅道沃溝界 ○西至海十五里〕

庇仁〔東至舒川官二十九里 ○海在西〕

藍浦〔西至庇仁官四十九里 ○海在西與南〕

保寧〔南至藍浦官三十八里 ○西至海十九里 西南皆海〕

洪州〔本州南境 截入保寧結城之間 卽興陽廢縣 西境截入結城海美之間 卽高丘廢縣 本州之地 周抱結城南東北三方 故本州爲保寧之次 結城爲本州之次 本州又爲結城之次也 ○興陽在南五十里 高丘在北三十里 皆海濱〕

결성〔북쪽으로 홍주 경계까지 18리, 남쪽으로 홍주 경계까지 14리, 보령 관아까지 40리이다. ○서쪽으로 바다까지 18리쯤이다.〕

홍주 다시 결성의 다음이 됨〔즉 고구 땅이다. 본주 관아에서 서남쪽으로 결성 관아까지 30리, 보령 관아까지 바로 가면 60리이다. ○바다는 서쪽에 있다.〕

해미〔남쪽으로 홍주 경계까지 6리, 홍주 관아까지 40리이다. ○서쪽으로 양릉포까지 10리, 서북쪽으로 고조천포까지 40리인데, 모두 해포이다.〕

서산〔동쪽으로 해미 관아까지 26리이다. ○남쪽으로 왜현포까지 50리, 북쪽으로 대산곶 끝까지 90리이다.〕

태안〔동쪽으로 서산 관아까지 33리이다. 서쪽으로 안흥량까지 40리, 북쪽
으로 이산곶까지 43리, 남쪽으로 안면곶까지 30리, 동쪽으로 굴포까지
30리인데, 모두 해포이다. 굴포내와 서산은 서로 이어져있는 곳으로 좌우
해포가 좁아 그 사이의 육지는 10리도 되지 않아 실상 해도이다.〕

해미 다시 서산의 다음이 됨〔서산과 태안의 지세는 바다 가운데로 쑥
들어가 삼면이 바다를 접하고 있다. 서산은 태안의 입구에 해당한다. 해미
의 양포는 서남쪽에 있고, 고조포는 서북쪽에 있어서 서산의 입구에 해당한
다. 이 고조포가 경계를 접하는 곳이다. 고조포에서 서산까지 25리이다.〕

結城〔北至洪州界十八里 南至洪州界十四里 至保寧官四十里 ○西至海十八里
許〕

洪州又爲結城之次〔卽高丘地 自本州官西南至結城官三十里 直抵保寧官六十
里 ○海在西〕

海美〔南至洪州界六里 至同州官四十里 ○西至陽陵浦十里 西北至顧祖川浦四
十里 皆海浦也〕

瑞山〔東至海美官二十六里 ○南至倭懸浦五十里 北至大山串終處九十里〕

泰安〔東至瑞山官三十三里 西至安興梁四十里 北至梨山串四十三里 南至安眠
串三十里 東至掘浦三十里 皆海浦也 掘浦乃與瑞山相連處 而左右海浦挾之 其間
陸地不滿十里 實海島也〕

海美又爲瑞山之次〔瑞泰地勢斗入海中 三面際海 而瑞山當泰安之口 海美之陽
浦在西南 顧祖浦在西北 以當瑞山之口 此顧祖浦之接界處也 自顧祖浦至瑞山二
十五里〕

당진〔남쪽으로 해미 관아까지 50리, 서산 관아까지 55리이다. ○바다는
북쪽에 있다.〕

면천〔서쪽으로 당진 관아까지 20리, 동북쪽으로 홍주 신평 경계까지 40리,
동쪽으로 신평 경계까지 20리, 아산 경계까지 30리이다. ○북쪽으로 대진
포까지 45리이다.〕

홍주 다시 면천의 다음이 됨〔본주의 신평폐현 땅이 본주와 서로 이어져있지

않고 뛰어넘어 면천 동북쪽 경계에 있다. 북쪽 경계인 대진은 수원과
서로 마주보고 있다. 동쪽 경계인 우평진은 아산과 서로 접한다. ○본주
관아에서 대진까지 바로 가면 111리이다.〕

아산〔본현의 땅은 서남쪽으로 우평에 이르러 신평과 경계가 되고, 범근내포
가에 이르러 면천과 경계를 접한다. 서남쪽으로 면천 관아까지 80리이다.
○서북쪽으로 바다까지 15리이다. ○천안군 소속 바닷가 4면 중 모산면은
시포 가에 있어 아산·평택과 경계를 접하고, 돈의면은 양단포 가에 있어
아산·신창과 경계를 접한다.〕

唐津〔南至海美官五十里 至瑞山官五十五里 ○海在北〕

沔川〔西至唐津官二十里 東北至洪州新平界四十里 東至新平界二十里 至牙山
界三十里 ○北至大津浦四十五里〕

洪州又爲沔川之次〔本州新平廢縣之地 與本州不相連 越在沔川東北境 北界大
津與水原相對 東界牛坪津與牙山相接 ○自本州官直抵大津一百十一里〕

牙山〔本縣之地 西南至牛坪者與新平界 至犯斤乃浦邊者與沔川界接 西南至沔
川官八十里 ○西北至海十五里 ○天安郡所屬海四面中 毛山面在市浦邊 與牙山
平澤接界 頓義面在陽丹浦邊 與牙山新昌接界〕

직산〔본현 경양면과 본현 지역은 서로 막혀 이어져있지 않고 뛰어넘어
아산과 평택 사이에 있다. 남쪽으로 시포와 임하고, 서쪽으로 곤지진을
끼고 있어 이곳이 아산의 다음이 된다. 남쪽으로 아산 관아까지 30리
거리이다. 또 외야곶면이 대진의 북서쪽에 있는데 양성 괴태곶과 접한다.〕

평택〔서남쪽으로 직산의 경양면까지 15리, 남쪽으로 아산 관아까지 50리,
북쪽으로 경기 수원 경계까지 10리, 서쪽으로 수원 경계까지 20리이다.
○바다는 서쪽에 있다.〕

위 해연은 모두 14관으로 육지 관도로써 계산하였다. 합이 563리이다.
태안은 배수이다.

稷山〔本縣慶陽面與本縣地不相連 越在於牙山平澤之間 南臨市浦 西狹鵬池津

此爲牙山之次也 南距牙山官三十里 又外也串面在大津北西 接陽城槐台串〕
平澤〔西南至稷山慶陽面十五里 南至牙山官五十里 北至京畿水原界十里 西至
同州界二十里 ○海在西〕
右海沿 凡十四官 以陸地官道 計之 合五百六十三里 泰安倍數

경기해연로京畿海沿路

수원〔남쪽으로 충청도 평택 경계까지 50리, 또는 59리이다. 평택 관아까지
70리이다. ○남쪽으로 대진포까지 80리, 서쪽으로 바다까지 50리이다.
○평택의 소북면이 곤지포 서쪽 가에 있는데 본부와 경계를 접한다. 그
다음으로 양성의 감미동면, 그 다음으로 직산의 언리면, 그 다음으로 경양
이 있는데, 서쪽으로 개를 사이에 두고 서로 마주보고 있다. 그 다음으로
본부의 가사·신수·감암·포내 4면, 그 다음으로 직산의 외야곶, 그
다음으로 양성의 괴태곶, 그 다음으로 남양의 분향이 유매포 동쪽에 있다.
그 다음으로 본부의 쌍부폐현이 건매포 서쪽에 있다. 그 다음은 남양
땅이다. 위 여러 땅은 곤지포에서 남쪽으로 대진포를 따라가다 서쪽으로
괴태곶에 이르러 북쪽으로 비스듬히 건매포 동쪽 가에 이른다. 양성 및
직산 땅은 본현과 서로 이어져있지 않다. 각각 그 지역이 또 오래도록
서로 이어져있지 못하고 수원 땅에 섞여있다. 그 사이에 분산된 나머지
진들은 너무 많아서 두루 다 기록하지 못하고 잘라냈다.〕
水原〔南至忠淸道平澤界五十里 又五十九里 至同縣官七十里 ○南至大津浦八
十里 西至海五十里 ○平澤小北面 在鷗池浦西邊 與本府接界 其次陽城甘味洞面
其次稷山彦里面 其次在慶陽 西隔浦相對 其次本府 加士新水甘岩浦內 四面 其
次稷山外也串 其次陽城槐台串 其次南陽分鄕 在乳每浦東 其次本府雙阜廢縣
在乾每浦西 其次南陽地 右諸地 自鷗池浦 南循大津浦 西至槐台串 北迤至乾每
浦東邊者 而陽城稷山之地 與本縣地不相連 各其地 又不相連 水原地錯出 其間
分散零鎭 不得悉記 其決焉〕

양성〔본현의 서신, 감미동 등은 수원 남쪽 경계로 쑥 들어갔는데, 본현 관아까지 75리 거리이다. 승장면 괴태곶은 땅이 서로 이어져있지 않고 뛰어넘어 대진포 북쪽 해염에 있는데, 본현 관아까지 100리 거리이다.〕
수원이 다시 양성의 다음이 됨〔바로 괴태곶 서쪽 땅이다. ○서남쪽으로 유매포까지 100리이다.〕
남양〔동쪽으로 수원 관아까지 44리이다. ○서쪽으로 바다까지 50리이다.〕
인천〔본부 이포면이 뛰어넘어 남양과 광주 사이에 있는데 땅이 서로 이어져 있지 않다. 북쪽으로 본주까지 80리 거리이다.〕
광주〔본주의 송곶과 성곶 두 면 땅의 한길이 마치 띠처럼 남양과 안산 사이에 쑥 들어갔다. ○구포는 서쪽으로 90리에 있다. 이포에서 남쪽으로 남양 관아까지 40여 리이다.〕
陽城〔本縣西新甘味洞等 斗入水原南境 距本縣官七十五里 升長面槐台串 地不相連 越在大津浦北海淡 距本縣官一百里〕
水原又爲陽城之次〔卽槐台串以西之地 ○西南至乳每浦一百里〕
南陽〔東至水原官四十四里 ○西至海五十里〕
仁川〔本府梨浦面 越在於南陽廣州之間 地不相連 北距本州八十里〕
廣州〔本州松串聲串二面之地 一路如紳 斗入南陽安山之間 ○鳩浦在西九十里 自梨浦南至南陽官四十餘里〕

안산〔남쪽으로 광주 이포까지 30리, 남양 관아까지 78리이다. ○서쪽으로 바다까지 20리이다.〕
인천이 다시 안산의 다음이 됨〔동쪽으로 안산 관아까지 55리이다. ○바다는 서남쪽에 있다.〕
부평〔남쪽으로 인천 관아까지 39리이다. ○서쪽으로 바다까지 14리이다.〕
김포〔남쪽으로 부평 관아까지 30리이다. ○서쪽으로 바다까지 26리이

다.]

통진[동남쪽으로 김포 관아까지 40리이다. 북쪽으로 조강까지 15리인데 풍덕과 경계를 나눈다. 서쪽으로 갑곶진까지 9리이다. ○서남쪽으로 바다까지 22리이다.]

풍덕[남쪽으로 통진 경계까지 34리이다. 동남쪽으로 조강까지 30리인데 통진과 경계를 접한다. ○서쪽으로 바다까지 20리이다.]

개성부[남쪽으로 풍덕 관아까지 30리이다. ○서쪽으로 벽란도까지 40리인데 황해도 배천 경계로 교동 바다에 접한다.]

위 해연은 9관으로 육지 관도로써 계산하였다. 합이 489리이다.

安山[南至廣州梨浦三十里 至南陽官七十八里 ○西至海二十里]

仁川又爲安山之次[東至安山官五十五里 ○海在西南]

富平[南至仁川官三十九里 ○西至海十四里]

金浦[南至富平官三十里 ○西至海二十六里]

通津[東南至金浦官四十里 北至祖江十五里 與豊德分界 西至甲串津九里 ○西南至海二十二里]

豊德[南至通津界三十四里 東南至祖江三十里 通津接界 ○西至海二十里]

開城府[南至豊德官三十里 ○西至碧瀾渡四十里 黃海道白川界 接于喬桐海]

右海沿 九官 以陸地官道 計之 合四百八十九里

평안도해연로平安道海沿路

[팔도해연은 동북쪽으로 함경도에서 시작하여 경기에 이른다. 서북쪽으로 평안도에서 시작하여 경기에 이른다. 팔도해연은 모두 조강을 경유하여 경사에 도달한다.]

[八道海沿 東北自咸鏡而始抵京畿 西北自平安而始抵京畿 以八道海路 皆由祖江 達于京師也]

의주[미곶이 남쪽 123리에 있는데 압록강이 바다로 들어가는 곳이다.]

용천〔서쪽으로 의주 미곶까지 50리, 서북쪽으로 의주 관아까지 80리이다.
○서남쪽으로 바다까지 40리이다.〕

철산〔서쪽으로 용천 관아까지 50리이다. 혹 30리라고도 한다. ○남쪽으로
바다까지 23리 또는 41리이다.〕

선천〔서쪽으로 철산 관아까지 50리이다. ○남쪽으로 바다까지 21리이
다.〕

곽산〔서쪽으로 선천 관아까지 40리이다. ○남쪽으로 바다까지 36리이
다.〕

구성〔본부의 염리면이 뛰어넘어 정주의 동남쪽 해곡과 곽산의 남면 사이에
있는데, 본부와 땅이 서로 이어져있지 않다. 북쪽으로 본부까지 120리
거리이다.〕

義州〔彌串在南一百二十里 鴨綠江入海處〕

龍川〔西至義州彌串五十里 西北至同州官八十里 ○西南至海四十里〕

鐵山〔西至龍川官五十里 一云三十里 ○南至海二十三里 又四十一里〕

宣川〔西至鐵山官五十里 ○南至海二十一里〕

郭山〔西至宣川官四十里 ○南至海三十六里〕

龜城〔本府塩里面 越在於定州東南海曲郭山南面 與本府地不相連 北距本府一
百二十里〕

정주〔서쪽으로 곽산 관아까지 30리이다. ○남쪽으로 바다까지 21리이
다.〕

가산〔서쪽으로 정주 관아까지 60리이다. ○남쪽으로 바다까지 20리이
다.〕

박천〔서쪽으로 가산 관아까지 38리이다. 본군의 땅은 대정강에 쑥 들어갔
는데 청천강과 합류하여 바다로 들어가는 입구이다.〕

안주〔서북쪽으로 박천 관아까지 41리이다. ○서남쪽으로 바다까지 60리
이다.〕

숙천〔북쪽으로 안주 관아까지 65리이다. ○서쪽으로 바다까지 44리이
다.〕

영유〔북쪽으로 숙천 관아까지 50리, 서쪽으로 평양 경계까지 35리이다.
○북쪽으로 바다까지 35리, 서쪽으로 바다까지 40리이다.〕

定州〔西至郭山官三十里 ○南至海二十一里〕

嘉山〔西至定州官六十里 ○南至海二十里〕

博川〔西至嘉山官三十八里 本郡之地 斗入于大定江 與淸川江合流 入海之口〕

安州〔西北至博川官四十一里 ○西南至海六十里〕

肅川〔北至安州官六十五里 ○西至海四十四里〕

永柔〔北至肅川官五十里 西至平壤界三十五里 ○北至海三十五里 西至四十里〕

순안〔본현의 진리면이 뛰어넘어 영유 서남쪽에서 평양의 불곡과 접하는데,
본현과 땅이 서로 이어져있지 않다. 동쪽으로 본현 관아까지 80리 거리이
다.〕

평양〔본부에서 서북쪽으로 한길이 순안 경계를 지나 영유의 서쪽 가에
쑥 들어갔다. 북쪽으로 순안의 진리면과 접하기 때문에 순안이 영유의
다음이 되고 평양이 순안의 다음이 된다. 평양 지역이 순안과 증산 사이에
있는 것은 20리쯤에 불과한데, 모두 빈해이다. 북쪽으로 본부까지 90리
거리이다.〕

順安〔本縣鎭里面 越在於永柔西南 接平壤佛谷 與本縣地不相連 東距本縣官八
十里〕

平壤〔本府至西北一路 過順安界 斗入於永柔之西邊 北接順安鎭里面 故順安爲
永柔之次 平壤爲順安之次 平壤地之在順安甑山間者 不過二十里許 皆濱海 北距
本府九十里〕

증산〔동쪽으로 평양 경계까지 10리, 북쪽으로 영유까지 90리이다. ○서쪽
으로 바다까지 11리이다.〕

함종〔북쪽으로 증산 관아까지 43리이다. ○서쪽으로 바다까지 15리이

다.〕

용강〔북쪽으로 함종 관아까지 37리이다. ○서쪽으로 바다까지 23리이다.〕

삼화〔동쪽으로 용강 관아까지 20리, 북쪽으로 용강 경계까지 11리이다. ○서쪽으로 바다까지 34리, 남쪽으로 절양해까지 30리이다.〕

용강이 다시 삼화의 다음이 됨〔삼화의 서쪽 경계는 대해이다. 남쪽으로 절양해 하류에 임해있다. 용강 지역이 삼화의 동쪽과 북쪽 양면을 둘러싸고 있기 때문에 용강이 다시 삼화의 다음이 된다. ○급수문이 동남쪽으로 90리에 있는데 대동강과 절양해가 모이는 곳이다.〕

위 해연은 모두 17관으로 육지 관도로 계산하였다. 합이 754리이다.

甑山〔東至平壤界十里 北至永柔九十里 ○西至海十一里〕

咸從〔北至甑山官四十三里 ○西至海十五里〕

龍岡〔北至咸從官三十七里 ○西至海二十三里〕

三和〔東至龍岡官二十里 北至同縣界十一里 ○西至海三十四里 南至絶瀼海三十里〕

龍岡又爲三和之次〔三和西界大海 南臨絶瀼海下流 而龍岡之地 周抱三和東北兩面 故龍岡又爲三和之次 ○急水門在東南九十里 大同江與絶瀼海會處〕

右海沿 凡十七官 以陸地官道 計之 合七百五十四里

황해도해연로黃海道海沿路

황주〔서쪽으로 급수문까지 30리인데, 평안도 용강과 물을 사이에 두고 경계가 된다. ○서쪽으로 절양해까지 50리이다.〕

봉산〔북쪽으로 황주 관아까지 45리이다. ○서쪽으로 절양해까지 30리 또는 45리이다.〕

재령〔동북쪽으로 봉산 관아까지 70리이다. ○본군의 율곶면은 율포와 연포가 절양해로 들어가는 사이에 있다. 관아에서 북쪽으로 율포까지

20리, 서북쪽으로 연포까지 20리이다.〕

안악〔동남쪽으로 재령 관아까지 70리, 재령에서 북쪽으로 봉산 경계까지 20리, 북쪽으로 안악 경계까지 25리이다. 봉산 경계에서 안악 경계까지 멀지 않은 거리이며, 율포와 연포를 그 사이에 두고 있을 뿐이다. 봉산 경계에서 율포까지 40리, 안악 경계에서 연포까지 28리이다. 봉산에서 재령 관아를 경유하여 안악 관아까지 140리가 되고, 두 포를 경유하는 지름길은 100리도 되지 않는다. ○동쪽으로 절양해까지 15리, 북쪽으로 80리인데 용강과 물을 사이에 두고 서로 마주보고 있다.〕

장련〔동남쪽으로 안악 관아까지 45리이다. ○북쪽으로 바다까지 16리인데 삼화와 물을 사이에 두고 서로 마주보고 있다.〕

黃州〔西至急水門三十里 與平安道龍岡 隔水爲界 ○西至絶瀼海五十里〕

鳳山〔北至黃州官四十五里 ○西至絶瀼海三十里 又四十五里〕

載寧〔東北至鳳山官七十里 ○本郡栗串面在栗浦延浦 入絶瀼海之間 自官北至栗浦二十里 西北至延浦二十里〕

安岳〔東南至載寧官七十里 而自載寧北至鳳山界二十里 北至安岳界二十五里 自鳳山界 距安岳界不遠 栗浦延浦隔其間而已 鳳山界至栗浦四十里 安岳界至延浦二十八里 自鳳山由載寧官至安岳官 爲一百四十里 而由二浦徑路 則不滿百里 ○東至絶瀼海十五里 北至八十里 與龍岡 隔水相對〕

長連〔東南至安岳官四十五里 ○北至海十六里 與三和 隔水相對〕

은율〔동북쪽으로 장련 관아까지 37리이다. ○서북쪽으로 바다까지 30리이다.〕

풍천〔동쪽으로 은율 관아까지 40리이다. ○서쪽으로 업청포까지 10리, 북쪽으로 허사포까지 41리이다.〕

장연〔서북쪽으로 풍천 관아까지 50리이다. ○서쪽으로 아랑포까지 47리, 서남쪽으로 오차포까지 60리이다.〕

해주〔본주의 서쪽 경계인 흑두포 땅이 장연과 옹진 사이에 쑥 들어갔는데

본주 관아까지 130리 거리이다. 북쪽으로 장연 대곶과 서로 마주보고 있다.〕

옹진〔동쪽으로 해주 경계까지 11리, 북쪽으로 해주 경계까지 20리이다. 해주에서 서쪽으로 장연 경계까지 92리, 서쪽으로 옹진 경계까지 94리이다. 장연과 옹진은 비록 서로 접해있지 않지만 해주 땅이 그 사이에 있다. 대략 대곶의 한 포구로 멀리 떨어져있지 않다. ○남쪽으로 바다까지 5리, 서쪽으로 저작포까지 64리이다. 저작에서 북쪽으로 흑두까지 수로로 20리 거리이다.〕

해주가 다시 옹진의 다음이 됨〔본주 마산면이 옹진과 강령의 사이에 쑥 들어갔는데, 강령을 서・북・동쪽 세 방향에서 둘러싸고 있다.〕

강령〔서쪽으로 해주 경계까지 30리, 북쪽으로 해주 경계까지 35리이다. ○남쪽으로 바다까지 30리, 서남쪽으로 등산곶 해곡 끝까지 90리이다.〕

殷栗〔東北至長連官三十七里 ○西北至海三十里〕

豊川〔東至殷栗官四十里 ○西至業淸浦十里 北至許沙浦四十一里〕

長淵〔西北至豊川官五十里 ○西至阿郎浦四十七里 西南至吾叉浦六十里〕

海州〔本州西境黑頭浦之地 斗入長淵瓮津之間 距本州官一百三十里 北與長淵 大串相對〕

瓮津〔東至海州界十一里 北至同州二十里 自海州西至長淵界九十二里 西至瓮 津界九十四里 淵瓮雖不相接 而海州地之間之者 盖不遠隔 以大串一浦 ○南至海 五里 西至氏作浦六十四里 自氏作 北距黑頭水路二十里〕

海州又爲瓮津之次〔本州馬山面 斗入瓮津康翎之間 抱康翎西北東三方〕

康翎〔西至海州界三十里 北至同州界三十五里 ○南至海三十里 西南至登山串 海曲盡處九十里〕

해주 땅은 서쪽으로 장연과 옹진 사이에 들어갔고, 서남쪽으로 옹진과 강령 사이에 들어갔는데 그 사이가 모두 멀지 않다. 장연에서 해주 관아까지 150리, 옹진에서 해주 관아까지 120리인데, 관부의 상호 거리로써 연해의

이수를 계산하기는 불가하다. 장연에서 남쪽으로 옹진 관아까지 100리,
옹진에서 동쪽으로 강령 관아까지 50리이다.

海州之地 西入於淵瓮之間 西南入於瓮康之間者 其間皆不遠 而自長淵 至海州官
一百五十里 自瓮津至海州官一百二十里 不可以官府相距 沿海里數也 自長淵南
至瓮津官一百里 自瓮津東至康翎官五十里

해주가 다시 강령의 다음이 됨〔남쪽으로 강령 관아까지 80리이다. ○남쪽
으로 결성해까지 10리이다.〕

평산〔본부의 도하면 땅 일대가 해주와 연안 사이로 쑥 들어가 해안에
이른다. 북쪽으로 본부 관아까지 150리 거리이다. 서쪽으로 해주 관아까지
69리이다.〕

연안〔서쪽으로 평산 경계까지 33리, 해주 관아까지 130리이다. ○남쪽으
로 바다까지 30리이다. 또 서쪽에 바다가 있다.〕

배천〔서쪽으로 연안 관아까지 50리이다. ○동쪽으로 경기 개성 경계 벽란
도까지 30리이다. 남쪽으로 바다까지 38리이다.〕

위 해연은 모두 14관인데 육지 관도로써 계산하였다. 합이 827리이다.

海州又爲康翎之次〔南至康翎官八十里 ○南至結城海十里〕
平山〔本府道下面之地一帶 斗入海州延安之間 抵海岸 北距本府官一百五十里
西至海州官六十九里〕
延安〔西至平山界三十三里 至海州官一百三十里 ○南至海三十里 又西有海〕
白川〔西至延安官五十里 ○東至碧瀾渡三十里京畿開城界 南至海三十八里
右海沿 凡十四官 以陸地官道 計之 合八百二十七里

경흥의 조산에서 남쪽으로 동래 관아까지 동해연이 되는데 2,942리이다.
동래 관아에서 서쪽으로 해남 관아까지 남해연이 되는데 1,095리이다.
해남에서 북쪽으로 의주의 미라곳까지 서해연이 되는데 3,199리이다.
3해연은 합이 7,236리이다.

自慶興之造山南至東萊官 爲東海沿 二千九百四十二里
自東萊官西至海南官 爲南海沿 一千九十五里
自海南北至義州之彌羅串 爲西海沿 三千一百九十九里
三海沿合七千二百三十六里

땅이 깊숙이 들어가 해곡이 된 것은 동연에는 경성의 이포, 명천의 노시[가
을마산 남쪽에 있다], 장기의 동을배곶이 있다.
地之深入 海曲者 在東沿 鏡城之梨浦 明川之露猜〔在加乙亇山南〕長鬐之冬乙背
串也

남연에는 동래의 다대와 몰운대, 웅천의 안골과 신문, 칠원의 구산, 고성의
통영과 견내량, 진주의 말문, 곤양의 노량과 서면, 순천의 수영과 고돌산,
흥양의 현 전체와 현의 발포·사도·녹도, 장흥의 회령, 영암의 갈두와
어란이 있다.
在南沿 東萊之多大沒雲臺 熊川之安骨新門 柒原之龜山 固城之統營見乃梁 晉州
之末文 昆陽之露梁及西面 順天之水營古突山 興陽一縣 縣之鉢浦蛇渡鹿島 長興
之會寧 靈岩之葛頭於蘭也

서연에는 장연의 장산곶, 해주의 흑두, 옹진의 저작, 강령의 등산곶, 서산의
대산, 태안의 군 전체와 군의 안흥과 남북 2면, 홍주의 흥양, 무안의 해제,
영광의 망운, 해남의 등산곶이 있다. 서산과 태안은 유독 그 나머지 지역에
비해 배수가 된다. 모두 관부의 상호 거리로써 그 이수를 계산하였다.
在西沿 長淵之長山串 海州之黑頭 瓮津之氏作 康翎之登山串 瑞山之大山 泰安
一郡 郡之安興及南北二面 洪州之興陽 務安之海際 靈光之望雲 海南之登山串也
而瑞山泰安獨倍數其餘 皆以官府相距 計其里數

강과 해연은 합이 10,526리이다.
江海沿合一萬五百二十六里

역로驛路

역체驛遞

경기京畿

연서도[양주] 소속 : 벽제[10리 이내에 있는 것은 이수를 기록하지 않는다. 나머지도 이를 따랐다. ○고양], 마산[파주], 동파[장단], 청교·산예[모두 개성], 중련[풍덕]

○도원도[장단] 소속 : 구화·백령[모두 장단], 단조·상수[모두 적성], 옥계[연천]

○중림도[인천] 소속 : 경신[인천], 석곡[안산], 반유[시흥], 종생[통진], 금륜[부평], 남산[양천]

延曙道[楊州]屬 碧蹄[在十里以內者 不書里數 餘傍此 ○高陽] 馬山[坡州] 東坡[長湍] 靑郊 狻猊[幷開城] 中連[豊德]

○桃源道[長湍]屬 仇和 白嶺[幷同府] 丹棗 湘水[幷積城] 玉溪[漣川]

○重林道[仁川]屬 慶信[同府] 石谷[安山] 盤乳[始興] 終生[通津] 金倫[富平] 南山[陽川]

○양재도[과천] 소속 : 낙생[광주], 구흥·김령[모두 용인], 좌찬·분행[모두 죽산], 무극[음죽], 장죽·동화·청호[모두 수원], 해문[남양], 가천[양성], 강복[안성]

○경안도[광주] 소속 : 덕풍[광주], 오천·아천[모두 이천], 유춘[음죽], 양화·신진·안평[모두 여주]

○평구도[양주] 소속 : 녹양[양주], 안기[포천], 양문[영평], 봉안[광주], 오빈[양근], 쌍수[양주], 전곡·백동[모두 지평], 구곡·감천·연동[모두 가평 ○총 3등마 92, 이졸]

○良才道〔果川〕屬 樂生〔廣州〕 駒興 金嶺〔幷龍仁〕 佐贊 分行〔幷竹山〕 無極〔陰竹〕 長竹 同化 菁好〔幷水原〕 海門〔南陽〕 加川〔陽城〕 康福〔安城〕

○慶安道〔廣州〕屬 德豊〔同州〕 吾川 阿川〔幷利川〕 留春〔陰竹〕 楊花 新津 安平〔幷驪州〕

○平丘道〔楊州〕屬 綠楊〔同州〕 安奇〔抱川〕 梁文〔永平〕 奉安〔廣州〕 娛賓〔楊根〕 雙樹〔楊州〕 田谷 白冬〔幷砥平〕 仇谷 甘泉 連洞〔幷加平 ○共三等馬九十二 吏卒〕

황해도黃海道

금교도〔금천〕 소속 : 흥의〔금천〕, 금암・보산・안성〔모두 평산〕, 용천〔서흥〕, 검수・동선〔모두 봉산〕, 경천〔황주〕

○기린도〔평산〕 소속 : 위라〔수안〕, 소곶〔곡산〕, 소평〔신계〕, 달만〔재령〕, 원산〔신천〕, 연양〔문화〕, 진목〔안악〕, 박산〔장련〕, 문라〔은율〕, 안산〔풍천〕

○청단도〔해주〕 소속 : 유안〔송화〕, 신행・금동〔모두 장연〕, 문라〔옹진〕, 금강・망정〔모두 해주〕, 심동〔연안〕, 금곡〔배천〕, 남산〔금천 ○총 3등마 221, 이졸 5,316〕

金郊道〔金川〕屬 興義〔同郡〕 金巖 寶山 安城〔幷平山〕 龍泉〔瑞興〕 劒水 洞仙〔幷鳳山〕 敬天〔黃州〕

○猇猲道〔平山〕屬 位羅〔遂安〕 所串〔谷山〕 所平〔新溪〕 達滿〔載寧〕 元山〔信川〕 延陽〔文化〕 眞木〔安岳〕 朴山〔長連〕 文羅〔殷栗〕 安山〔豊川〕

○靑丹道〔海州〕屬 維安〔松禾〕 新行 金洞〔幷長淵〕 文羅〔瓮津〕 金剛 望汀〔幷海州〕 深洞〔延安〕 金谷〔白川〕 南山〔金川 ○共三等馬二百二十一 吏卒五千三百十六〕

평안도平安道

대동도[평양] 소속 : 안정[순안], 숙녕[숙천], 생양[중화], 임반[선천], 안흥[안주], 가평[가산], 신안[정주], 운흥[곽산], 차련[철산], 양책[용천], 소곶·의순[모두 의주]

○어천도[영변] 소속 : 개평·수영[모두 영변], 소고리[개천], 초천[양덕], 장동·적유·평전[모두 희천], 입석·성간·종포[모두 강계], 하북동·상북동[동쪽 90리. 모두 위원], 앙토리·고초산·우장[모두 초산], 고연주[운산], 벽단[벽동], 창주[창성], 대삭주[남쪽 65리. 고삭주·소삭주[모두 삭주], 구주[구성], 방산[의주], 소초·가막[모두 영원]

大同道[平壤]屬 安定[順安] 肅寧[肅川] 生陽[中和] 林畔[宣川] 安興[安州] 嘉平[嘉山] 新安[定州] 雲興[郭山] 車輦[鐵山] 良策[龍川] 所串 義順[幷義州]

○魚川道[寧邊]屬 開平 隨營[幷同府] 所古里[价川] 草川[陽德] 長洞 狄踰 平田[幷熙川] 立石 城干 從浦[幷江界] 下北洞 上北洞[東九十里 幷渭原] 央土里 古楚山 牛場[幷楚山] 古延州[雲山] 碧團[碧潼] 昌洲[昌城] 大朔州[南六十五里 古朔州] 小朔州[幷朔州] 龜州[龜城] 方山[義州] 所草 加莫[幷寧遠]

강원도江原道

은계도[회양] 소속 : 신안[회양], 창도·직목[모두 금성], 생창[김화], 풍전[철원], 서운[금성], 산양·원천·방천[모두 낭천], 함춘·수인[모두 양구], 마노·임천·남교[모두 인제], 임단·옥동[모두 평강], 건천[이천], 용담[철원]

○보안도[원주] 소속 : 단구·유원·안창·신림·신흥[모두 원주], 갈풍·창봉·오원·안흥[모두 횡성], 연봉·감천[모두 홍천], 원창·안보·인람·부창[모두 춘천], 양연·연평[모두 영월], 약수·평안[모두 평창], 벽탄·호선·여랑[모두 정선], 임계·창단·횡계·진부·대화·방림·운교[모두 강릉]

○상운도〔양양〕 소속 : 연창·인구·강선〔모두 양양〕, 원암·청간·죽포·운근·명파〔모두 간성〕, 대강·고잠·양진〔모두 고성〕, 조진·등로·거풍〔모두 통천〕, 정덕〔흡곡〕

○평릉도〔삼척〕 소속 : 교가·사직·신흥·용화·옥원〔모두 삼척〕, 흥부·수산·덕신〔모두 울진〕, 달효〔평해〕, 낙풍·안인·대창·목계·구산·동덕〔모두 강릉 ○총 3등마 503, 이졸 9,024〕

銀溪道〔淮陽〕屬 新安〔同府〕 昌道 直木〔幷金城〕 生昌〔金化〕 豊田〔鐵原〕 瑞雲〔金城〕 山陽 原川 芳川〔幷狼川〕 含春 水仁〔幷楊口〕 馬奴 臨川 嵐猰〔幷獜蹄〕 林丹 玉洞〔幷平康〕 乾川〔伊川〕 龍潭〔鐵原〕

○保安道〔原州〕屬 丹丘 由原 安昌 神林 神興〔幷同州〕 葛豊 蒼峰 烏原 安興〔幷橫城〕 蓮峰 泉甘〔幷洪川〕 原昌 安保 仁嵐 富昌〔幷春川〕 楊淵 延平〔幷寧越〕 藥水 平安〔幷平昌〕 碧呑 好善 餘浪〔幷旌善〕 臨溪 昌端 橫溪 珍富 大和 芳林 雲交〔幷江陵〕

○祥雲道〔襄陽〕屬 連倉 獜丘 降仙〔幷同府〕 元巖 淸澗 竹泡 雲根 明波〔幷杆城〕 大康 高岑 養珍〔幷高城〕 朝珍 登路 巨豊〔幷通川〕 貞德〔歙谷〕

○平陵道〔三陟〕屬 交柯 史直 新興 龍化 沃原〔幷同府〕 興富 守山 德神〔幷蔚珍〕 達孝〔平海〕 樂豊 安仁 大昌 木界 丘山 冬德〔幷江陵 ○共三等馬五百三 吏卒九千二十四〕

　　　함경도咸鏡道

고산도〔안변〕 소속 : 남산·봉룡·삭안·화등〔모두 안변〕, 철관〔덕원〕, 양기〔문천〕, 통달·애수〔모두 고원〕, 화원〔영흥〕, 초원·봉대〔모두 정주〕, 평원·덕산〔모두 함흥〕

○거산도〔북청〕 소속 : 함원·신은·평포·오천·자항·제인·황수〔모두 북청〕, 종포·웅이·호린·허천·허린·혜산〔모두 갑산〕, 적생〔삼수〕, 시리·곡구〔모두 이성〕, 기원〔단천〕, 웅평·임명〔모두 길주〕, 명원·고참〔모두 명천〕

○수성도[경성] 소속 : 오촌·영강·주촌[모두 경성], 회수·석보[모두 부령], 읍참·마전·풍산[모두 무산], 영안·고풍산·역산[모두 회령], 종경·무안·녹야[모두 종성], 무령·덕명[모두 온성], 마유·연기·고아산[모두 경원], 강양·웅무[모두 경흥 ○총 3등마 925, 이졸 32,391]

高山道[安邊] 屬 南山 奉龍 朔安 火燈[幷同府] 鐵關[德源] 良驥[文川] 通達 隘守[幷高原] 和原[永興] 草原 蓬臺[幷定州] 平原 德山[幷咸興]

○居山道[北靑] 屬 咸原 新恩 平浦 五川 慈航 濟人 黃水[幷北靑] 終浦 熊耳 呼獼 虛川 虛獼 惠山[幷甲山] 積生[三水] 施利 谷口[幷利城] 基原[端川] 雄坪 臨溟[幷吉州] 明原 古站[幷明川]

○輪城道[鏡城] 屬 吾村 永康 朱村[幷同府] 懷綏 石保[幷富寧] 邑站 麻田 豊山[幷茂山] 寧安 古豊山 櫟山[幷會寧] 鍾慶 撫安 鹿野[幷鍾城] 撫寧 德明[幷穩城] 馬乳 燕基 古阿山[幷慶源] 江陽 雄撫[幷慶興 ○共三等馬九百二十五 吏卒三萬二千三百九十一]

충청좌도忠淸左道

연원도[충주] 소속 : 가흥[충주], 황강·수산[모두 청풍], 장림[단양], 용안·단월[모두 충주], 안부·신풍[모두 연풍], 인산[괴산], 감원[음성], 천남[제천], 안음[청풍], 영배천[단양], 오사[영춘]

○율봉도[청주] 소속 : 쌍수·저산[모두 청주], 장양·태랑[모두 진천], 덕유[문의], 시화[청안], 함림·원암[모두 보은], 증약·가화·토파·순양·화인[모두 옥천], 회동[영동], 신흥[황간], 정민[회덕]

○성환도[천안] 소속 : 신은·금제[모두 천안], 광정·일신·경천·유구·단평[모두 공주], 평천[연산], 영춘[목천], 장명[청주], 금사[연기 ○총 3등마 478, 이졸 8,704]

連原道[忠州] 屬 嘉興[同州] 黃江 水山[幷淸風] 長林[丹陽] 用安 丹月[幷忠州] 安富 新豊[幷延豊] 仁山[槐山] 坎原[陰城] 泉南[堤川] 安陰[淸風] 靈輦泉[丹陽] 吾賜[永春]

○栗峰道〔清州〕屬 雙樹 猪山〔并同府〕 長楊 台郎〔并鎭川〕 德留〔文義〕 時和〔淸安〕 含林 元巖〔并報恩〕 增若 嘉和 土坡 順陽 化仁〔并沃川〕 會同〔永同〕 新興〔黃澗〕 貞民〔懷德〕

○成歡道〔天安〕屬 新恩 金蹄〔并天安〕 廣程 日新 敬天 維鳩 丹平〔并公州〕 平川〔連山〕 迎春〔木川〕 長命〔淸州〕 金沙〔燕歧 ○共三等馬四百七十八 吏卒八千七百四〕

충청우도忠淸右道

금정도〔청양〕 소속 : 화천〔평택〕, 장시〔아산〕, 시흥〔온양〕, 창덕〔신창〕, 일홍〔예산〕, 광시〔대흥〕, 세천〔홍주〕, 용곡〔홍주〕, 청연〔보령〕, 해문〔결성〕, 급천〔덕산〕, 몽웅〔해미〕, 풍전〔서산〕, 하천〔태안〕, 순성〔면천〕, 홍세〔당진〕

○이인도〔공주〕 소속 : 유양〔정산〕, 은산〔부여〕, 영유〔임천〕, 용전〔부여〕, 수홍〔홍산〕, 남전〔남포〕, 청화〔비인〕, 두곡〔서천〕, 신곡〔한산 ○총 3등마 274, 이졸 10,466〕

金井道〔靑陽〕屬 花川〔平澤〕 長時〔牙山〕 時興〔溫陽〕 昌德〔新昌〕 日興〔禮山〕 光時〔大興〕 細川〔洪州〕 龍谷〔洪州〕 靑淵〔保寧〕 海門〔結城〕 汲泉〔德山〕 夢熊〔海美〕 豊田〔瑞山〕 下川〔泰安〕 順城〔沔川〕 興世〔唐津〕

○利仁道〔公州〕屬 楡楊〔定山〕 恩山〔扶餘〕 靈楡〔林川〕 龍田〔扶餘〕 宿鴻〔鴻山〕 藍田〔藍浦〕 靑化〔庇仁〕 豆谷〔舒川〕 新谷〔韓山 ○共三等馬二百七十四 吏卒一萬四百六十六〕

경상좌도慶尙左道

황산도〔양산〕 소속 : 유산·위천〔모두 양산〕, 덕천〔언양〕, 잉보·노곡〔모두 경주〕, 굴화·간곡〔모두 울산. 『여람』에 부평은 병영 서쪽에 있다.〕, 아월·신명〔모두 기장〕, 소산·휴산〔모두 동래〕, 덕산〔김해〕, 무흘·금동

·수안·용가〔모두 밀양〕

○성현도〔청도〕소속 : 오서烏栖〔『여람』에 오서鰲西로 기록되어 있다.〕·
유천·매전·서지〔모두 청도〕, 압량〔경산〕, 범어·금천·길화〔『여람』에
는 성주 소속 소화로 기록되어 있다.〕·유산〔모두 대구〕, 쌍산〔현풍〕,
내야〔창녕〕, 일문·온정〔모두 영산〕

○안기도〔안동〕소속 : 금소·송제·운산〔모두 안동〕, 철파·청로〔모두
의성〕, 청운·이전·문거·화월〔모두 청송〕, 각산〔진보〕, 영양〔영해〕

黃山道〔梁山〕屬 由山 渭川〔幷同郡〕德泉〔彦陽〕仍甫 蘆谷〔幷慶州〕掘火 肝谷
〔幷蔚山 輿覽富平在兵營西〕阿月 新明〔幷機張〕蘇山 休山〔幷東萊〕德山〔金
海〕無訖 金洞 水安 龍駕〔幷密陽〕

○省峴道〔淸道〕屬 烏栖〔輿覽作鰲西〕榆川 買田 西芝〔幷同郡〕押梁〔慶山〕凡
於 琴川 吉化〔輿覽作所火屬星州〕幽山〔幷大丘〕雙山〔玄風〕內野〔昌寧〕一門
溫井〔幷靈山〕

○安奇道〔安東〕屬 琴詔 松蹄 雲山〔幷同府〕鐵坡 靑路〔幷義城〕靑雲 梨田 文居
和月〔幷靑松〕角山〔眞寶〕寧陽〔寧海〕

○송라도〔청하〕소속 : 망창〔흥해〕, 대동〔영일〕, 봉산〔장기〕, 남역·주등
朱登〔주酒로 기록되어 있다. 모두 영덕〕, 병곡〔영해〕, 육역陸驛〔『여람』에
는 육六으로 기록되어 있다. 경주〕

○장수도長水道〔『여람』에는 수壽로 기록되어 있다. 신녕〕소속 : 우곡〔의
흥〕, 화양〔하양〕, 산역〔자인〕, 청통·청경淸鏡〔『여람』에는 경경으로 기록
되어 있다. 모두 영천永川〕, 아화·모량毛良〔『여람』에는 모량牟梁으로 기
록되어 있다.〕·의곡·사리·조역·구어·경역·인비〔모두 경주〕, 부평
〔울산. 병영성 서쪽에 있다.〕

○창락도〔풍기〕소속 : 창보·평은〔모두 영천榮川〕, 옹천·유동·안교〔모
두 안동〕, 선안〔예안〕, 통명〔예천〕, 죽동〔순흥〕, 도심〔봉화 ○3등마 787,
이졸 28,793〕

○松羅道〔清河〕屬 望昌〔興海〕 大松〔迎日〕 峯山〔長鬐〕 南驛 朱〔作酒〕登〔幷盈德〕 柄谷〔寧海〕 陸〔興作六〕驛〔慶州〕

○長水〔興作壽〕道〔新寧〕屬 牛谷〔義興〕 華陽〔河陽〕 山驛〔慈仁〕 淸通 淸鏡〔興作景 幷永川〕 阿火 毛良〔興作牟梁〕 義谷 沙里 朝驛 仇於 境驛 仁庇〔幷慶州〕 富平〔蔚山 在兵營城西〕

○昌樂道〔豊基〕屬 昌保 平恩〔幷榮川〕 甕泉 幽洞 安郊〔幷安東〕 宣安〔禮安〕 通明〔醴泉〕 竹洞〔順興〕 道深〔奉化〕 ○三等馬七百八十七 吏卒二萬八千七百九十三〕

경상우도慶尙右道

자여도〔창원〕 소속 : 신풍·근주·안민〔모두 창원〕, 성법·적항·남역·금곡·대산〔모두 김해〕, 창인·영포〔모두 칠원. 멸포가 『여람』에는 칠원에 실려 있으나 이것은 없다.〕, 파수·춘곡〔함안〕, 은평〔모두 웅천〕, 양동〔밀양〕

○소촌도〔진주〕 소속 : 평거·문화·부다·영창〔모두 진주〕, 동계·관율〔모두 사천〕, 송도·구허·배둔〔모두 고성〕, 오양〔거제〕, 상령〔진해〕, 지남〔의령〕, 완사〔북쪽으로 18리. 지금은 군 북쪽 3리로 옮겼다. 옛날의 완사는 지금 봉계역으로 부른다.〕·양포〔모두 곤양〕, 덕신〔남해〕

○유곡도〔문경〕 소속 : 요성〔문경〕, 덕통〔함창〕, 대은·지보〔모두 용궁〕, 수산〔예천〕, 안계·쌍계〔모두 비안〕, 소계〔군위〕, 낙원·낙동·낙양·낙서·장림·낙평〔모두 상주〕, 영향·구미·안곡·상림〔모두 선산〕

自如道〔昌原〕屬 新豊 近珠 安民〔幷同府〕 省法 赤項 南 金谷 大山〔幷金海〕 昌仁 靈浦〔幷漆原 蔑浦輿地載漆原而此無〕 巴水 春谷〔咸安〕 銀平〔幷熊川〕 良洞〔密陽〕

○召村道〔晉州〕屬 平居 文和 富多 永昌〔幷同州〕 東溪 官栗〔幷泗川〕 松道 丘墟 背屯〔幷固城〕 烏壤〔巨濟〕 常令〔鎭海〕 智南〔宜寧〕 浣紗〔北十八里 今移於郡北三里 古浣紗今稱鳳溪驛〕 良浦〔幷昆陽〕 德新〔南海〕

○幽谷道〔聞慶〕屬 聊城〔同縣〕 德通〔咸昌〕 大隱 知保〔幷龍宮〕 守山〔呂泉〕 安溪 雙溪〔幷比安〕 召溪〔軍威〕 洛原 洛東 洛陽 洛西 長林 洛平〔幷尙州〕 迎香 仇彌 安谷 上林〔幷善山〕

○사근도〔함양〕 소속 : 제한〔함양〕, 임수〔안의〕, 정곡〔산청〕, 신안・벽계〔모두 단성〕, 소남・안간・정수〔모두 진주〕, 유린〔삼가〕, 신흥〔의령〕, 율원・마전・횡포〔모두 하동〕, 평사〔진주〕

○김천도〔김산〕 소속 : 추풍・문산〔모두 김산〕, 양천・부상〔모두 개령〕, 양원・동안〔모두 인동〕, 고평〔칠곡〕, 답계・안언・무계〔모두 성주〕, 안림〔고령〕, 팔진〔초계〕, 금양〔합천〕, 작내・장곡〔모두 지례〕, 권빈〔합천〕, 성초・성기・무촌〔모두 거창〕 ○총 3등마 900, 이졸 21,483〕

○沙斤道〔咸陽〕屬 蹄閑〔同府〕 臨水〔安義〕 正谷〔山淸〕 新安 碧溪〔幷丹城〕 召南 安間 正守〔幷晋州〕 有猻〔三嘉〕 新興〔宜寧〕 栗原 馬田 橫浦〔幷河東〕 平沙〔晉州〕

○金泉道〔金山〕屬 秋豊 文山〔幷同郡〕 楊川 扶桑〔幷開寧〕 楊原 東安〔幷仁同〕 高平〔㳛谷〕 踏溪 安偃 茂溪〔幷星州〕 安林〔高靈〕 八鎭〔草溪〕 金陽〔陜川〕 作乃 長谷〔幷知禮〕 勸賓〔陜川〕 省草 星奇 茂村〔幷居昌 ○共三等馬九百 吏卒二萬一千四百八十三〕

전라좌도全羅左道

벽사도〔장흥〕 소속 : 가신・파청〔모두 보성〕, 양강〔흥양〕, 낙승〔낙안〕, 진원〔병영성 아래에 있다.〕・통로〔모두 강진〕, 사산・남리・별진〔모두 해남〕

○오수도〔남원〕 소속 : 동도・응령・곤활〔모두 남원〕, 인월〔운봉〕, 지신〔곡성〕, 낙수・양률・덕양〔모두 순천〕, 잔수〔구례〕, 익신・섬거〔광양〕

○경양도〔광주〕 소속 : 창신〔순창〕, 덕기〔담양〕, 대부〔옥과〕, 검부〔동복〕, 인물〔능주〕, 가림〔화순〕

○제원도〔금산〕소속 : 소천〔무주〕, 달계〔용담〕, 단령〔진안〕, 옥포〔고산
○총 3등마 274, 이졸 10,797〕

碧沙道〔長興〕屬 可申 波靑〔幷寶城〕楊江〔興陽〕洛昇〔樂安〕鎭原〔在兵營城下〕
通路〔幷康津〕絲山 南利 別珍〔幷海南〕

○獒樹道〔南原〕屬 東道 應嶺 昆活〔幷同府〕引月〔雲峯〕知申〔谷城〕洛水 良栗
德陽〔幷順天〕潺水〔求禮〕益申 蟾居〔光陽〕

○景陽道〔光州〕屬 昌申〔淳昌〕德奇〔潭陽〕大富〔玉果〕黔富〔同福〕人物〔綾州〕
加林〔和順〕

○濟原道〔錦山〕屬 所川〔茂朱〕達溪〔龍潭〕丹嶺〔鎭安〕玉包〔高山 ○共三等馬
二百七十四 吏卒一萬七百九十七〕

　　　전라우도全羅右道

청암도〔장성〕소속 : 영신〔장성〕, 선암〔광주〕, 청엄·신안〔모두 나주〕,
영보〔영암〕, 오림·광리〔모두 남평〕, 경신〔무안〕, 가리〔함평〕, 녹사〔영
광〕, 청송〔무장〕

○삼례도〔전주〕소속 : 반석·앵곡〔모두 전주〕, 양재〔여산〕, 거산〔태인〕,
천원〔정읍〕, 갈담·오원〔모두 임실〕, 재곡〔함열〕, 소안〔임피〕, 내재〔김
제〕, 부여〔부안〕, 영원〔고부 ○총 3등마 272, 이졸 6,349〕

靑巖道〔長城〕屬 永申〔同府〕仙巖〔光州〕靑嚴 新安〔幷羅州〕永保〔靈巖〕烏林
光利〔幷南平〕景申〔務安〕加里〔咸平〕綠沙〔靈光〕靑松〔茂長〕

○參禮道〔全州〕屬 半石 鶯谷〔幷同府〕良才〔礪山〕居山〔泰仁〕川原〔井邑〕葛
潭 烏原〔幷任實〕才谷〔咸悅〕蘇安〔臨陂〕內才〔金堤〕扶興〔扶安〕瀛原〔古阜
○共三等馬二百七十二 吏卒六千三百四十九〕

　역로 대중소 분정지식驛路大中小分定之式

　　　대로大路

경기[12역] : 양재, 낙생, 구흥, 영서, 벽제, 마산, 동파, 청교, 산예, 녹양[또 안기, 양문]

京畿[十二驛] 良才 樂生 駒興 迎曙 碧蹄 馬山 東坡 靑郊 狻猊 綠楊[一安奇 梁文]

중로中路

경기[9역] : 금령, 좌찬, 분행, 무극, 가천, 청호, 평구, 봉안, 오빈

황해도[11역] : 금교, 흥의, 금암, 보산, 안성, 용천, 검수, 동선, 소곳, 경천, 단림

평안도[13역] : 생양, 대동, 안정, 숙녕, 안흥, 가평, 신안, 운흥, 임반, 차련, 양책, 소곳, 의순

강원도[6역] : 풍전, 생창, 직목, 창도, 신안, 은계

함경도[37역] : 고산, 남산, 삭안, 철관, 양기, 통달, 화언, 초원, 봉대, 평원, 덕산, 함원, 신은, 평포, 오천, 거산, 시리, 곡구, 기원, 마곡, 영동, 임명, 웅평, 고참, 명원, 수성, 주촌, 요참, 오촌, 석보, 회수, 풍산, 역산, 무안, 녹야, 덕명

충청도[24역] : 장양, 태랑, 율봉, 쌍수, 덕유, 증약, 가화, 토파, 회동, 신흥, 성환, 신은, 금제, 광정, 일신, 경천, 평천, 연원, 용안, 단월, 황강, 수산, 장림, 안부

경상도[5역] : 요성, 유곡, 덕통, 낙양, 낙원

전라도[4역] : 삼례, 반석, 앵곡, 양재

京畿[九驛] 金嶺 左贊 分行 無極 加川 菁好 平丘 奉安 娛賓

黃海道[十一驛] 金郊 興義 金巖 寶山 安城 龍泉 劍水 洞仙 所串 敬天 丹林

平安道[十三驛] 生陽 大同 安定 肅寧 安興 嘉平 新安 雲興 林畔 車輦 良策 所串 義順

江原道[六驛] 豊田 生昌 直木 昌道 新安 銀溪

咸鏡道〔三十七驛〕高山 南山 朔安 鐵關 良驥 通達 和原 草原 蓬臺 平原 德山
咸原 新恩 平浦 五川 居山 施利 谷口 基原 麻谷 嶺東 臨溟 雄平 古站 明原
輸城 朱村 要站 吾村 石堡 懷綏 豊山 櫟山 撫安 鹿野 德明
忠淸道〔二十四驛〕長楊 台郎 栗峯 雙樹 德留 增若 嘉和 土坡 會同 新興 成歡
新恩 金蹄 廣程 日新 敬天 平川 連原 用安 丹月 黃江 水山 長林 安富
慶尙道〔五驛〕聊城 幽谷 德通 洛陽 洛原
全羅道〔四驛〕參禮 半石 鶯谷 良才

소로小路

〔위에서 정한 대·중로 외에는 모두 소로이다.〕
〔右所定大中路外 皆小路〕

사성이 가는 하삼도 분로使星行下三道分路之式61)

충청좌도는 과천의 양재역, 진위, 성환, 직산을 경유한다. ○우도는 금천의
반유역, 수원, 평택을 경유한다.
전라좌도는 양재역, 직산, 공주, 여산을 경유한다. ○우도는 반유역, 수원,
평택, 아산, 온양, 유구역, 정산, 은산역, 임천, 용안을 경유한다.
경상좌도는 광주의 경안역, 아리, 유춘, 가흥, 죽령을 경유한다. ○우도는
양재역, 용인, 양지, 죽산, 연풍, 조령을 경유한다.
忠淸左道 由果川之良才驛 振威 成歡 稷山 ○右道 由衿川之盤乳驛 水原 平澤
全羅左道 由良才驛 稷山 公州 礪山 ○右道 由盤乳驛 水原 平澤 牙山 溫陽
維鳩驛 定山 恩山驛 林川 龍安
慶尙左道 由廣州之慶安驛 牙里 流春 可興 竹嶺 ○右道 由良才驛 龍仁 陽智
竹山 延豊 鳥嶺

---

61) 이 표제는 국립중앙도서관 소장본에는 없지만 규장각 소장본에 기록되어 있어
사용하였다.

파발로擺撥路

기발 매 25리마다 1참을 둔다.〔참마다 발장 1인, 군 5정, 기 5필〕
보발 매 30리마다 1참을 둔다.〔참마다 발장 1인, 군 2정〕
騎撥 每二十五里 置一站〔每站 撥將一人 軍五丁 騎五匹〕
步撥 每三十里 置一站〔每站 撥將一人 軍二丁〕

서발西撥

〔기騎〕

경기 경영참에서 황해도 금천 구관문참을 경유하여 평안도 의주 소곶참에
이른다. 총 41참.
自京畿京營站 由黃海道金川舊官門站 至平安道義州所串站 共四十一站

경기 8참 : 경영, 검암, 벽제, 분수, 마산, 동파, 초현, 송도
○황해도 13참 : 청석, 고금천, 신금천, 평산, 석우, 안성, 서흥, 서산,
검수, 봉산, 고석, 황주, 저복
○평안도 20참 : 중화, 대정, 평양, 부산, 순안, 냉정, 남천, 운암, 안주,
광통원, 가산, 구정, 정주, 운흥, 임반, 청강, 차련, 자포원, 소곶, 의주
京畿八站 京營 黔巖 碧蹄 分水 馬山 東坡 招賢 松都
○黃海道十三站 青石 古金川 新金川 平山 石隅 安城 瑞興 西山 劍水 鳳山
古石 黃州 貯福
○平安道二十站 中和 大井 平壤 斧山 順安 冷井 南川 雲暗 安州 廣通院 嘉山
求井 定州 雲興 林畔 清江 車輦 者浦院 所串 義州

간로間路

〔보步〕

황해도 5참 : 평산에서 해주에 이른다.
○평안도 43참 : 박천에서 강변 여러 읍에 이른다.
黃海道五站　自平山至海州
○平安道四十三站　自博川至江邊諸邑

　북발北撥

　〔보步〕

경기 양주 두험천에서 강원도 철원 풍전참을 경유하여 함경도 경흥 아오지
참에 이른다. 총 64참.
自京畿楊州豆險川　由江原道鐵原豊田站　至咸鏡道慶興阿吾地站　共六十四站

경기 3참 ○강원도 6참 ○함경도 55참.
京畿三站　○江原道六站　○咸鏡道　五十五站

　　간로間路

함경도 10참 : 북청에서 삼수에 이른다.
咸鏡道十站　自北靑至三水

　남발南撥

　〔보步〕

경기 광주 신천참에서 충청도 충주 임오참을 경유하여 경상도 동래 초량참에 이른다. 총 34참.

自京畿廣州新川站 由忠淸道忠州林烏站 至慶尙道東萊草梁站 共三十四站

경기 9참 ○충청도 5참 ○경상도 20참.

京畿九站 ○忠淸道五站 ○慶尙道二十站

봉로烽路

목멱산 봉수는 동에서 서까지 5거가 있다. 제1거는 함경·강원·경기에서 와서 양주 아차산 봉수에 응한다. 제2거는 경상·충청·경기에서 와서 광주 천림산 봉수에 응한다. 제3거는 평안·황해·경기의 육로로 와서 무악동봉에 응한다. 제4거는 평안·황해·경기의 수로로 와서 무악서봉에 응한다. 제5거는 전라·충청·경기에서 와서 양천 개화산 봉수에 응한다. 木覓山烽燧 自東至西五炬 第一準 咸鏡江原京畿來 楊州峨嵯山烽 第二準 慶尙忠淸京畿來 廣州天臨山烽 第三準 平安黃海京畿陸路來 毋嶽東烽 第四準 平安黃海京畿水路來 毋嶽西烽 第五準 全羅忠淸京畿來 陽川開花山烽

제1거第一炬

응한다. 아차산〔양주. 아래도 같다. ○이하 경기감사 소관〕·한이산, 잉읍현〔포천. 아래도 같다.〕·독현, 미로곡〔영평. 아래도 같다.〕·적골산, 할미현〔철원. 아래도 같다. ○이하 강원감사 소관〕·소이산, 토수〔평강. 아래도 같다.〕·송고개, 전천〔회양. 아래도 같다.〕·쌍령·병풍산·성북·소산·봉도지, 철령〔안변. 아래도 같다. ○이하 함경남병사 소관〕·사고개·산성·사동, 장덕산〔덕원. 아래도 같다.〕·소달산, 천달산〔문천〕, 웅망산〔고원〕, 성황치〔영흥. 아래도 같다.〕·덕치, 삼금동〔정평. 아래도 같다.〕·비백산, 성곶〔함흥. 아래도 같다.〕·초고대·창령·고삼구비, 남산〔홍원〕, 육도〔북청. 아래도 같다.〕·불당·산성·석용, 진조봉〔이성. 아래도 같다.〕·성문, 증산〔단천. 아래도 같다.〕·마흘내·오라퇴·호타리, 기리동〔성진진 ○길주. 아래도 같다. ○이하 함경북병사 소관〕·쌍포령〔성진진〕·장고개·산성·향교현·녹번, 고참현〔명천. 아래도 같다.〕·항포동·북봉,

準 峨嵯山〔楊州下同 ○以下 京畿監司所管〕 汗伊山 芿邑峴〔抱川下同〕 禿峴
彌老谷〔永平下同〕 適骨山 割眉峴〔鐵原下同 ○以下 江原監司所管〕 所伊山 土
水〔平康下同〕 松古介 箭川〔淮陽下同〕 雙嶺 屏風山 城北 所山 烽道只 鐵嶺〔安邊
下同 ○以下 咸鏡南兵使所管〕 沙古介 山城 蛇洞 長德山〔德源下同〕 所達山
天達山〔文川〕 熊望山〔高原〕 城隍峙〔永興下同〕 德峙 三金洞〔定平下同〕 鼻白山
城串〔咸興下同〕 草古臺 倉嶺 藁三仇非 南山〔洪原〕 六島〔北靑下同〕 佛堂 山城
石茸 眞鳥峰〔利城下同〕 城門 甑山〔端川下同〕 亇訖乃 吾羅退 胡打里 歧里洞〔城
津鎭 ○吉州下同 ○以下 咸鏡北兵使所管〕 雙浦嶺〔城津鎭〕 場古介 山城 鄕校峴
磔磻 古站峴〔明川下同〕 項浦洞 北峰

수만덕〔경성. 아래도 같다.〕・중덕・주촌・영강・장평・나적동・강덕
・송곡현, 칠전산〔부령. 아래도 같다.〕・구정판・남봉・흑모로〔폐무산
보〕・고현〔폐무산보〕, 이현〔고풍산보 ○회령. 아래도 같다.〕・봉덕〔보을
하진〕・중봉〔보을하진〕・송봉〔보을하진〕・남봉・운두봉・고연대・오
산・오롱초・죽보〔고령진〕・북봉〔고령진〕・하을포〔고령진〕, 포항〔방
원보 ○종성. 아래도 같다.〕・신기리〔방원보〕・부회환〔방원보〕・오갈암
・삼봉・남봉・북봉・장성문〔동관진〕・북봉〔동관진〕・보청포〔동관
진〕, 소동건〔영달보 ○온성. 아래도 같다.〕・송봉〔영달보〕・중봉〔영달
보〕・대탄・시건・고성〔유원진〕・압강〔유원진〕・평연대〔유원진〕・사
장・평연대・포항・미전〔미전진〕・송봉〔미전진〕・전강〔미전진〕・장
성현〔황척파보〕, 중봉〔경원. 아래도 같다.〕・마유・장항〔훈융진〕・성상
〔훈융진〕・후훈・남산・동림〔안원보〕・수정〔건원보〕・건가퇴〔아산
보〕・백안〔아산보〕, 동봉〔아오지보 ○경흥. 아래도 같다.〕・서봉〔무이
보〕・포항현・망덕・구신포・두리산・남산〔조산보〕・우암〔서수라보
15리〕. 처음 일어난다.

壽萬德〔鏡城下同〕 中德 朱村 永康 長坪 羅赤洞 姜德 松谷峴 漆田山〔富寧下同〕
仇正坂 南峯 黑毛老〔廢茂山堡〕 古峴〔廢茂山堡〕 梨峴〔古豊山堡 ○會寧下同〕

奉德〔甫乙下鎭〕中峯〔甫乙下鎭〕松峰〔甫乙下鎭〕南峯 雲頭峯 古煙臺 鰲山
吾弄草 竹堡〔高嶺鎭〕北峰〔高嶺鎭〕下乙浦〔高嶺鎭〕浦項〔防垣堡 ○鐘城下同〕
新歧里〔防垣堡〕釜回還〔防垣堡〕烏碣巖 三峯 南峯 北峯 長城門〔潼關鎭〕北峯
〔潼關鎭〕甫淸浦〔潼關鎭〕小童建〔永達堡 ○穩城下同〕松峯〔永達堡〕中峯〔永
達堡〕大灘 時建 古城〔柔遠鎭〕壓江〔柔遠鎭〕坪煙臺〔柔遠鎭〕射場 坪煙臺
浦項 美錢〔美錢鎭〕松峯〔美錢鎭〕錢江〔美錢鎭〕長城峴〔黃拓破堡〕中峯〔慶源
下同〕馬乳 獐項〔訓戎鎭〕城上〔訓戎鎭〕厚訓 南山 東臨〔安原堡〕水汀〔乾原堡〕
件加退〔阿山堡〕白顔〔阿山堡〕東峯〔阿吾地堡 ○慶興下同〕西峯〔撫夷堡〕浦項
峴 望德 仇信浦 豆里山 南山〔造山堡〕牛巖〔西水羅堡 十五里〕初起

간봉〔이하 세 봉수는 행영에 알리고 그친다.〕

아오지보의 동봉〔위에 보인다.〕·금석산〔행영에 알린다.〕○건원보의 수
정〔위에 보인다.〕·진보〔행영에 알린다.〕○회령의 고연대·지덕〔행영에
알린다.〕
間烽〔以下三烽 報行營而止〕
阿吾地堡 東烽〔見上〕金石山〔報行營〕○乾元堡 水汀〔見上〕進堡〔報行營〕○
會寧 古煙臺 池德〔報行營〕

간봉〔이하 여러 봉수는 무산에서 온다.〕

회령의 운두봉〔위에 보인다.〕·호박덕〔풍산보〕·대암〔풍산보〕·서현
〔양영보〕, 쟁현〔무산. 아래도 같다.〕·남령. 처음 일어난다.
間烽〔以下諸烽 茂山來〕
會寧雲頭峰〔見上〕琥珀德〔豊山堡〕大巖〔豊山堡〕西峴〔梁永堡〕錚峴〔茂山下
仝〕南嶺 初起

간봉〔이하 여러 봉수는 각 진에서 온다〕

경성의 강덕〔위에 보인다.〕·차산〔여유간진〕. 처음 일어난다. ○나적동
〔위에 보인다.〕·하봉〔오촌보〕. 처음 일어난다. ○장평〔위에 보인다.〕·
고봉〔주온보〕·불암〔주온보〕. 처음 일어난다. ○장평〔위에 보인다.〕·청
덕〔보로지보〕·하전파〔보로지보〕. 처음 일어난다. ○영강〔위에 보인다.〕
·소봉〔보화보〕. 처음 일어난다. ○주촌〔위에 보인다.〕·모덕〔삼삼파보〕
·동봉〔삼삼파보〕. 처음 일어난다. ○길주의 향교현〔위에 보인다.〕·최용
동〔서북진〕·동산〔서북진〕·고봉〔서북진〕·서산〔서북진〕. 처음 일어난
다.

間烽〔以下諸烽 各鎭來〕
鏡城姜德〔見上〕 遮山〔魚游澗鎭〕 初起 ○羅赤洞〔見上〕 下峰〔吾村堡〕 初起 ○
長坪〔見上〕 古峰〔朱溫堡〕 佛巖〔朱溫堡〕 初起 ○長坪〔見上〕 清德〔甫老知堡〕
下田坡〔甫老知堡〕 初起 ○永康〔見上〕 招峰〔寶化堡〕 初起 ○朱村〔見上〕 牟德
〔森森坡堡〕 東峰〔森森坡堡〕 初起 ○吉州鄕校峴〔見上〕 崔用洞〔西北鎭〕 東山
〔西北鎭〕 高峰〔西北鎭〕 西山〔西北鎭〕 初起

간봉〔이하 여러 봉수는 오을족보에서 온다.〕

북청의 석용〔위에 보인다.〕·자라이·살이·이동, 삼봉〔단천. 아래도 같
다.〕·슬고개·구자〔쌍청보〕·검의덕〔오을족보〕·마등령〔오을족보〕
·은룡덕〔오을족보〕. 처음 일어난다.

間烽〔以下諸烽 吾乙足堡來〕
北青石茸〔見上〕 者羅耳 乬耳 梨洞 杉峰〔端川下仝〕 瑟古介 口字〔雙青堡〕 檢義
德〔吾乙足堡〕 馬謄嶺〔吾乙足堡〕 隱龍德〔吾乙足堡〕 初起

간봉〔이하 여러 봉수는 어면보에서 온다.〕

단천의 슬고개〔위에 보인다.〕·천수령, 석용〔갑산. 아래도 같다.〕·우두령·남봉·이질간·아질간〔동인보〕·소리덕〔운총보〕·하방금덕〔혜산진〕, 수영동〔삼수부〕·서봉〔인차외보〕·가남〔나난보〕·서봉〔나난보〕·옹동〔가을파지보〕·용기봉·소봉〔구가을파지보〕·을산덕〔자작구비보〕·용봉〔어면보〕. 처음 일어난다.〔어면의 용봉 봉수까지 봉화가 닿는 것은 의미가 없는 듯하지만 용봉과 서로西路의 봉화가 닿는 강계 등은 지형이 서로 비슷하니 만약 장차 통봉한다면 통군정과 고정주의 예와 같을 것이다. 다만 산세가 거듭 겹친다고 하여 과연 통하지 못하겠는가?〕
間烽〔以下諸烽 魚面堡來〕
端川瑟古介〔見上〕 天秀嶺 石茸〔甲山下同〕 牛頭嶺 南峯 伊叱間 阿叱間〔同仁堡〕 所里德〔雲寵堡〕 何方金德〔惠山鎭〕 水永洞〔三水府〕 西峰〔仁遮外堡〕 家南〔羅暖堡〕 西峰〔羅暖堡〕 甕同〔茄乙坡知堡〕 龍起峯 柖峰〔舊茄乙坡知堡〕 乙山德〔自作仇非堡〕 龍峰〔魚面堡〕 初起〔魚面龍峰烽之爲火底 似若無義 而龍峰與西路火底 江界餘此地形相等 若將通烽 如統軍亭古靜州之例 而特以山勢重疊 不果通歟〕

제2거第二炬

응한다. 천림산〔광주 ○이하 경기감사 소관〕, 석성산〔용인〕, 건지산〔죽산〕, 망이성〔충주 ○이하 충청감사 소관〕, 가섭산〔음성〕, 마산〔충주〕·심항, 오현〔청풍〕, 소이산〔단양〕, 죽령산〔순흥 ○이하 경상좌병사 소관〕, 망전산〔풍기〕, 성내산〔영천榮川〕, 사랑당〔순흥〕, 당북산〔안동〕, 용점산〔봉화〕, 창팔래산〔영천榮川〕, 녹전산〔예안〕, 개목산〔안동. 아래도 같다.〕·봉지산·감곡산, 마산〔의성. 아래도 같다.〕·계란현·성산·대야곡·승원, 승목산〔의흥. 아래도 같다.〕·보지현·토을산, 여음동〔신녕〕, 구토현〔영천永川. 아래도 같다.〕·성산·성황당·영계방산, 주사봉〔경주. 아래도 같다.〕·접포현·고위·소산, 부로산〔언양〕, 위천〔양산〕, 계명산〔동래. 아래도 같다.〕·황령산〔부산진 ○동남쪽으로 간비오에 합친다. 아래에 보인다.〕·구봉〔다대포진〕·응봉〔다대포진〕. 처음 일어난다.

準 天臨山〔廣州 ○以下 京畿監司所管〕 石城山〔龍仁〕 巾之山〔竹山〕 望夷城〔忠州 ○以下 忠淸監司所管〕 迦葉山〔陰城〕 馬山〔忠州〕 心項 吾峴〔淸風〕 所伊山〔丹陽〕 竹嶺山〔順興 ○以下 慶尙左兵使所管〕 望前山〔豊基〕 城內山〔榮川〕 沙郎堂〔順興〕 堂北山〔安東〕 龍岾山〔奉化〕 菖八來山〔榮川〕 祿轉山〔禮安〕 開目山〔安東下同〕 峰枝山 甘谷山 馬山〔義城下仝〕 鷄卵峴 城山 大也谷 蠅院 繩木山〔義興下仝〕 甫只峴 吐乙山 餘音洞〔新寧〕 仇吐峴〔永川下同〕 城山 城隍堂 永溪方山 砵砂峯〔慶州下同〕 蝶布峴 高位 蘇山 夫老山〔彦陽〕 渭川〔梁山〕 鷄鳴山〔東萊下同〕 荒嶺山〔釜山鎭 ○東南合於干飛烏 見下〕 龜峰〔多大浦鎭〕 鷹峰〔多大浦鎭〕 初起

간봉〔동래 간비오에서 온다.〕

안동의 봉지산〔위에 보인다.〕·신석산·약산, 신법산〔진보〕, 광산〔영해. 아래도 같다.〕·대소산, 별반산〔영덕〕, 도리산〔청하〕, 오봉〔흥해. 아래도 같다.〕·지을, 대동배〔연일〕, 발산〔장기. 아래도 같다.〕·뇌성·복길, 독산〔경주. 아래도 같다.〕·하서지, 남목〔울산. 아래도 같다.〕·천내·가리·하산〔서생포진〕·이길, 아이〔기장. 아래도 같다.〕·남산, 간비오〔동래 ○서쪽으로 황령산에 합친다. 위에 보인다.〕. 처음 일어난다.

間烽〔東萊干飛烏來〕

安東峰枝山〔見上〕 新石山 藥山 神法山〔眞寶〕 廣山〔寧海下同〕 大所山 別畔山〔盈德〕 桃李山〔淸河〕 烏峰〔興海下同〕 知乙 大冬背〔延日〕 鉢山〔長鬐下仝〕 磊城 福吉 禿山〔慶州下同〕 下西知 南木〔蔚山下同〕 川內 加里 下山〔西生浦鎭〕 爾吉 阿爾〔機張下同〕 南山 干飛烏〔東萊 ○西合於荒嶺山 見上〕 初起

간봉〔거제 가라산에서 온다.〕

충주의 마산〔위에 보인다.〕·대림성, 주정산〔연풍. 아래도 같다.〕·마골치, 탄항〔문경 ○이하 경상우병사 소관〕·선암, 남산〔함창〕, 소산〔상주. 아래도 같다.〕·서산·회룡산, 소산〔김산〕, 성황산〔개령〕, 남산〔선산. 아래도 같다.〕·석고개, 건대산〔인동. 아래도 같다.〕·박집산, 각산〔성주. 아래도 같다.〕·성산·이부로산, 망산〔고령〕, 미숭산〔합천〕, 미타산〔초계〕, 가막산〔의령〕, 파산〔함안〕, 가을포〔진해 ○창원 여포 봉수와 서로 응한다.〕, 곡산〔고성. 아래도 같다.〕·천치·우산·미륵산, 가라산〔거제〕. 처음 일어난다.

間烽〔巨濟加羅山來〕

忠州馬山〔見上〕 大林城 周井山〔延豊下同〕 麻骨峙 炭項〔聞慶 ○以下 慶尙右兵使所管〕 禪巖 南山〔咸昌〕 所山〔尙州下同〕 西山 回龍山 所山〔金山〕 城隍山〔開寧〕 藍山〔善山下同〕 石古介 件臺山〔仁同下同〕 朴執山 角山〔星州下同〕 星山 伊夫老山 望山〔高靈〕 彌崇山〔陜川〕 彌陁山〔草溪〕 可幕山〔宜寧〕 巴山〔咸安〕 加乙浦〔鎭海 ○與昌原 餘浦烽相應〕 曲山〔固城下同〕 天峙 牛山 彌勒山 加羅山〔巨濟〕 初起

간봉〔이하 여러 봉수는 다만 본진에서 받는다.〕

당포의 한배곶〔거제. 아래도 같다.〕 ○조라포진의 가을곶 ○지세포진의 눌일곶 ○옥포진의 옥산 ○율포진의 별망〔이상은 모두 가라산 봉수에 합친다.〕

間烽〔以下諸烽 只淮本鎭〕

唐浦閑背串〔巨濟下同〕 ○助羅浦鎭柯乙串 ○知世浦鎭訥逸串 ○玉浦鎭玉山 ○栗浦鎭別望〔以上 幷合加羅山烽〕

간봉〔사량진에서 온다.〕

진주의 각산〔아래 금산로에 보인다.〕, 좌이산〔고성. 아래도 같다.〕·사량
진의 주봉·우산〔위에 보인다.〕

間烽〔蛇梁鎭來〕

晉州角山〔見下錦山路〕 佐耳山〔固城下同〕 蛇梁鎭主峰 牛山〔見上〕

간봉〔이하 두 봉수에서는 외양에 일이 있는지 없는지를 본진
에 알린다.〕

가배량진의 별망〔고성〕·소비포보의 별망〔고성〕

間烽〔以下二烽 以外洋有無事 報本鎭〕

加背梁鎭 別望〔固城〕 所非浦堡 別望〔固城〕

간봉〔천성보에서 한길로 온다.〕

성주의 각산〔위 가라산로에 보인다.〕, 마천산〔대구. 아래도 같다. ○이하
경상우병사 소관〕·성산, 말을웅덕〔성주〕, 소이산〔현풍〕, 태백산〔창녕〕,
여통〔영산. 아래도 같다.〕·소산, 안곡산〔칠원〕, 성황당〔창원〕, 고산〔웅
천. 아래도 같다.〕·사화랑〔위에 보인다.〕

間烽〔天城堡一路來〕

星州角山〔見上加羅山路〕 馬川山〔大丘下同 ○以下 慶尙右兵使所管〕 城山 末乙
應德〔星州〕 所伊山〔玄風〕 太白山〔昌寧〕 餘通〔靈山下同〕 所山 安谷山〔㳫原〕
城隍堂〔昌原〕 高山〔熊川下同〕 沙火郞〔見上〕

간봉〔천성보에서 한길로 온다.〕

영천의 성황당〔위 응봉로에 보인다.〕, 시산〔하양〕, 성산〔경산〕, 법이산〔대구〕, 북산〔청도. 아래도 같다.〕·남산, 분항〔밀양. 아래도 같다.〕·성황·남산·백산, 자암〔김해. 아래도 같다.〕·산성·성화야·천성보. 처음 일어난다.

間烽〔天城堡一路來〕

永川城隍堂〔見上鷹峯路〕 匙山〔河陽〕 城山〔慶山〕 法伊山〔大丘〕 北山〔淸道下同〕 南山 盆項〔密陽下同〕 城隍 南山 栢山 子庵〔金海下同〕 山城 省火也 天城堡初起

　　　간봉〔남해 금산에서 온다.〕

충주의 망이성〔위 가라산로에 보인다.〕, 소흘산〔진천〕, 거질대산〔청주〕, 소이산〔문의〕, 계족산〔회덕〕, 환산〔옥천. 아래도 같다.〕·월이산, 박위라산〔영동〕, 소이산〔황간. 아래도 같다.〕·눌이항, 고성산〔김산 ○이하 경상우병사 소관〕, 구산〔지례〕, 거말흘산〔거창. 아래도 같다.〕·금귀산, 소이산〔합천〕, 금성산〔삼가〕, 입암산〔단성〕, 광제산〔진주. 아래도 같다.〕·망진, 안현산〔사천〕, 각산〔진주. 아래도 같다. ○고성 좌이산과 서로 응한다.〕·대방산, 금산〔남해〕. 처음 일어난다.〔북쪽으로 대방산 봉수로 가고, 서쪽으로 본현 소을산 봉수로 가서 순천 돌산도 봉수에 합친다. 제5거에 보인다.〕

間烽〔南海錦山來〕

忠州望夷城〔見上加羅山路〕 所訖山〔鎭川〕 巨叱大山〔淸州〕 所伊山〔文義〕 鷄足山〔懷德〕 環山〔沃川下同〕 月伊山 朴韋羅山〔永同〕 所伊山〔黃澗下同〕 訥伊項 高城山〔金山 ○以下 慶尙右兵使所管〕 龜山〔知禮〕 渠末訖山〔居昌下同〕 金貴山 所伊山〔陜川〕 金城山〔三嘉〕 笠巖山〔丹城〕 廣濟山〔晋州下同〕 望晋 鞍峴山〔泗川〕 角山〔晋州下同 ○與固城佐耳山相應〕 臺防山 錦山〔南海〕 初起〔北爲臺防山烽 西爲本縣所乙山烽 合於順天突山島烽 見第五炬〕

간봉〔이하 여러 봉수는 다만 본읍과 본진에서 받는다.〕

남해의 원산·금산〔위에 보인다.〕 ㅇ미조항진의 별봉대·금산〔위에 보인
다.〕 ㅇ사천의 삼천보 별망〔거제에 있는데 영등진과 번갈아 별망을 지키며
본진에서 받고 그친다.〕

間烽〔以下諸烽 只淮本邑本鎭〕

南海猿山 錦山〔見上〕 ㅇ彌助項鎭 別烽臺 錦山〔見上〕 ㅇ泗川三千堡別望〔在巨
濟與永登鎭 輪守別望 淮本鎭而止〕

제3거第三炬

응한다. 무악동봉·해포〔옛 이름은 봉현. 고양. 아래도 같다. ㅇ이하 경기
감사 소관〕·독산〔옛 이름은 질달〕, 대산〔파주〕, 도라산〔장단〕, 송악 국사
당〔개성부〕, 고성산〔금천 ㅇ이하 황해병사 소관〕, 남산〔평산. 아래도 같
다.〕·봉자산·독발산, 회산〔서흥. 아래도 같다.〕·소변산, 건지산〔봉
산〕, 고매치〔황주. 아래도 같다.〕·천주산, 운봉산〔중화〕, 화사산〔평양.
아래도 같다.〕·잡약산·부산, 독자산〔순안〕, 미두산〔영유〕, 도연산〔숙
천〕, 소리산〔안주. 아래도 같다.〕·오도산·구청산〔신청산은 수로 봉수에
알린다. 제4거에 보인다.〕, 병온산〔박천〕, 동을랑산〔가산〕, 칠악산〔정주.
아래도 같다.〕·마산·구령산, 소곶〔곽산. 아래도 같다.〕·송족, 서망일
〔선천. 아래도 같다.〕·원산〔일명 두리산〕·학현, 웅골산〔철산. 아래도
같다.〕·증봉〔일명 장화산〕, 용골산〔일명 용호산 ㅇ용천〕, 만산〔인산진
ㅇ의주. 아래도 같다.〕·백마산·통군정〔본부 고정주 해로 봉수에 합친
다. 제4거에 보인다.〕·석계〔건천보〕·금동〔수구진〕·부개〔옥강진〕·
금동〔방산진〕·정자산〔청성진〕·노토탄〔청수진〕,

準 母嶽東烽 醴浦〔古名烽峴 高陽下同 ㅇ以下 京畿監司所管〕 禿山〔古名叱達〕
大山〔坡州〕 道羅山〔長湍〕 松岳國師堂〔開城府〕 古城山〔金川 ㅇ以下 黃海兵使

所管〕南山〔平山下同〕奉子山 秃鉢山 回山〔瑞興下同〕所卜山 巾之山〔鳳山〕
古梅峙〔黃州下同〕天柱山 雲峰山〔中和〕畫寺山〔平壤下同〕雜藥山 斧山 獨子
山〔順安〕米豆山〔永柔〕都延山〔肅川〕所里山〔安州下同〕吾道山 舊靑山〔新靑
山報水路烽 見第四炬〕竝溫山〔博川〕冬乙郞山〔嘉山〕七岳山〔定州下同〕馬山
仇寧山 所串〔郭山下同〕松足 西望日〔宣川下同〕圓山〔一名豆里山〕鶴峴 熊骨
山〔鐵山下同〕甑峰〔一名長化山〕龍骨山〔一名龍虎山 ○龍川〕萬山〔麟山鎮 ○
義州下同〕白馬山 統軍亭〔合於本府古靜州海路烽 見第四炬〕石堦〔乾川堡〕金
洞〔水口鎮〕浮箇〔玉江鎮〕金洞〔方山鎮〕亭子山〔淸城鎮〕老土灘〔淸水鎮〕

전왕구비〔구령진 ○삭주. 아래도 같다.〕·권적암〔구령진〕, 이봉산〔갑산
석보 ○창성. 아래도 같다.〕·운두리산〔운두리보〕·선두동〔묘동보〕·어
정탄〔어정보〕·서가동〔창주진〕·고림성〔대길호리보〕, 소근고개〔소길
회리보 ○벽동. 아래도 같다.〕·호조리〔벽단진〕·추라구비〔추구비보〕·
금창 두음지〔대파아보〕·송림〔소파아보〕·동연대〔광평진〕, 동연대〔아
이진 ○초산. 아래도 같다.〕·고연대〔산양회진〕·북산·합지, 동천〔갈헌
구보 ○위원. 아래도 같다.〕·신연대·남파·사장구비〔오노량진〕, 봉산
〔고산리진 ○강계. 아래도 같다.〕·마시리·허린포·분토·주토〔벌등
진〕·재신동〔만포진〕·차가대·여둔대〔만포진〕. 처음 일어난다.

田往仇非〔仇寧鎮 ○朔州下同〕權狄巖〔仇寧鎮〕二峰山〔甲山石堡 ○昌城下同〕
雲頭里山〔雲頭里堡〕船豆洞〔廟洞堡〕於汀灘〔於汀堡〕徐加洞〔昌洲鎮〕古林城
〔大吉號里堡〕小斤古介〔小吉號里堡 ○碧潼下同〕胡照里〔碧團鎮〕秋羅仇非
〔楸仇非堡〕金昌 豆音只〔大坡兒堡〕松林〔小坡兒堡〕東煙臺〔廣坪鎮〕東煙臺
〔阿耳鎮 ○楚山下同〕古煙臺〔山羊會鎮〕北山 蛤池 銅遷〔乭軒舊堡 ○渭原下
同〕新煙臺 南坡 舍長仇非〔吾老梁鎮〕奉山〔高山里鎮 ○江界下同〕馬時里 許獜
浦 分土 朱土〔伐登鎮〕宰臣洞〔滿浦鎮〕車加大 餘屯臺〔滿浦鎮〕初起

간봉〔이하 아홉 봉수는 다만 강계에 응한다.〕

강계의 허실리·금마흘·안흥도〔추파진〕·안명수가 북쪽〔종포진〕·이
현〔상토진〕·송봉·김술민가 북쪽〔외질괴진〕·오리파·여둔대〔위에 보
인다.〕

間烽〔以下九烽 只准江界〕

江界許實里 金ケ訖 安興道〔楸坡鎭〕 安明守家北〔從浦鎭〕 梨峴〔上土鎭〕 松峰
金戌民家北〔外叱怪鎭〕 吾里波 餘屯臺〔見上〕

간봉〔이하는 이봉산 봉수에서 한길로 온다.〕

안주의 청산·성황당, 심원산〔박천. 아래도 같다.〕·율고개, 농오리〔태
천〕, 고성〔구성. 아래도 같다.〕·소곳, 고성두산〔삭주. 아래도 같다.〕·오
리동·건전동·연평·이봉산〔위에 보인다.〕

間烽〔以下 二峰山烽一路來〕

安州青山 城隍堂 深原山〔博川下同〕 栗古介 籠吾里〔泰川〕 姑城〔龜城下同〕 所
串 古城頭山〔朔州下同〕 吾里洞 件田洞 延平 二峰山〔見上〕

제4거第四炬

응한다. 무악서봉·고봉〔고양. 아래도 같다. ○이하 경기감사 소관〕, 형제
봉〔교하〕, 덕적산, 송악 성황산〔개성부〕, 미라산〔배천. 아래도 같다. ○이
하 황해수사 소관〕·봉재산, 각산〔연안. 아래도 같다.〕·백석·간월·정
산·주지곳, 성곳〔평산〕, 피곳〔해주. 아래도 같다.〕·용매·연평도·수
압도·남산·화산·사곳, 회대산〔강령. 아래도 같다.〕·견라·구월·추
치, 탄항〔옹진〕, 검물여〔소강진〕, 대점〔옹진. 아래도 같다.〕·개룡, 대곳
〔장연. 아래도 같다.〕·청석·미라산·송독·궤곳, 고리곳〔풍천. 아래도
같다.〕·소산, 건지산〔은율〕, 감적산〔안악〕, 금복지〔장련〕,

準 母岳西峰 高峰〔高陽下同 ○以下 京畿監司所管〕兄弟峰〔交河〕德積山 松岳
城隍山〔開城府〕彌羅山〔白川下同 ○以下 黃海水使所管〕鳳在山 角山〔延安下
同〕白石 看月 定山 注之串 聲串〔平山〕皮串〔海州下同〕龍媒 延坪島 睡鴨島
南山 花山 沙串 會大山〔康翎下同〕堅羅 九月 推峙 炭項〔瓮津〕檢勿餘〔所江鎭〕
大岾〔瓮津下同〕開龍 大串〔長淵下同〕淸石 彌羅山 松蘿 几串 古里串〔豊川下
同〕所山 巾之山〔殷栗〕甘積山〔安岳〕今卜只〔長連〕

우산〔삼화. 아래도 같다. ○이하 삼화방어사 소관〕, 소산〔용강〕, 조사지
〔함종. 아래도 같다.〕·오곶, 토산〔증산〕, 철화〔평양. 아래도 같다.〕·마
항·불곡, 대선곶〔순안〕, 소산〔영유〕, 여을외〔숙천. 아래도 같다.〕·식
포, 동을랑산〔안주. 아래도 같다.〕·호혈, 사읍동음〔정주. 아래도 같다.
○이하 선천방어사 소관〕·사음산·자성산·진해곶·도치곶, 방축포〔곽
산. 아래도 같다.〕·청엄산, 해안〔선천. 아래도 같다.〕·동소곶산, 백량
〔철산. 아래도 같다.〕·취가산·소곶산, 돌곶〔용천. 아래도 같다.〕·소위
포·진곶〔미곶진〕·용안산〔용천〕, 우리암〔양하진 ○의주. 아래도 같다.〕
·기이성〔인산진〕·고정주〔본부의 통군정에서 육로 봉수에 합친다. 제3
거에 보인다.〕. 처음 일어난다.

牛山〔三和下同 ○以下 三和防禦使所管〕所山〔龍岡〕漕士池〔咸從下同〕吾串
兎山〔甑山〕鐵和〔平壤下同〕馬項 佛谷 大船串〔順安〕所山〔永柔〕餘乙外〔肅川
下同〕息浦 冬乙郞山〔安州下同〕虎穴 沙邑冬音〔定州下同 ○以下 宣川防禦使
所管〕舍音山 慈聖山 鎭海串 都致串 防築浦〔郭山下同〕靑奄山 海岸〔宣川下同〕
東所串山 白梁〔鐵山下同〕鶯家山 所串山 豆串〔龍川下同〕少爲浦 辰串〔彌串
鎭〕龍眼山〔龍川〕于里巖〔楊下鎭 ○義州下同〕岐伊城〔獜山鎭〕古靜州〔合于本
府統軍亭陸路烽 見第三炬〕初起

　　　간봉〔이하 네 봉수는 다만 본읍에 응한다.〕

용천의 용호봉·용안산〔위에 보인다.〕 ○선천의 대목산·동소곶산〔위에

보인다.〕 ○곽산의 금로곶·방축포〔위에 보인다.〕 ○정주의 고당산·도
치곶〔위에 보인다.〕 ○가산의 고당현·사읍동음〔위에 보인다.〕 ○안주의
신청산〔구청산은 육로의 봉수에 알린다. 제3거에 보인다.〕·호혈〔위에
보인다.〕 ○숙천의 마갑산·아산·여을외〔위에 보인다.〕 ○영유의 미두
산신봉·소산〔위에 보인다.〕 ○순안의 금강산·대선곶〔위에 보인다.〕 ○
평양의 승합산·수화산·불곡〔위에 보인다.〕 ○증산의 서산·토산〔위에
보인다.〕 ○강서의 정림산 ○함종의 굴령산·조사지〔위에 보인다.〕 ○용
강의 대덕산·소산〔위에 보인다.〕

間烽〔以下四烽 只准本邑〕
龍川龍虎峰 龍眼山〔見上〕 ○宣川大睦山 東所串山〔見上〕 ○郭山金老串 防築浦
〔見上〕 ○定州古堂山 都致串〔見上〕 ○嘉山古堂峴 沙邑冬音〔見上〕 ○安州新靑
山〔舊靑山報陸路烽 見第三炬〕 虎穴〔見上〕 ○肅川麻甲山 牙山 餘乙外〔見上〕
○永柔米豆山新烽 所山〔見上〕 ○順安金剛山 大船串〔見上〕 ○平壤承合山 秀華
山 佛谷〔見上〕 ○甑山西山 兎山〔見上〕 ○江西正林山 ○咸從窟嶺山 漕士池〔見
上〕 ○龍岡大德山 所山〔見上〕

　　　간봉〔이하 네 봉수는 다만 병영에 응한다.〕

황주의 비파곶, 월호산〔안악. 아래도 같다.〕·소산·이현·감적산〔위에
보인다.〕
間烽〔以下四烽 只准兵營〕
黃州琵琶串 月呼山〔安岳下同〕 所山 梨峴 甘積山〔見上〕

　　　간봉〔수정 봉수는 교동에 응한다.〕

연안의 각산〔위에 보인다.〕, 교동의 수정산, 연안의 간월〔위에 보인다.〕
間烽〔修井烽准喬桐〕
延安角山〔見上〕 喬桐修井山 延安看月〔見上〕

제5거第五炬

응한다. 개화산〔양천 ○이하 경기수사 소관〕, 냉정산〔김포〕, 남산〔통진〕, 강화남산〔이하 강화유수 소관〕·하음산, 교동규산, 강산〔강화. 아래도 같다.〕·진강산·대모성산, 수안산〔통진 ○이하 경기수사 소관〕, 백석산〔김포〕, 추곶〔부평〕, 성산〔일명 문학산 ○인천〕, 정왕산〔옛 이름은 오질이 ○안산〕, 해운산〔남양. 아래도 같다.〕·염불산, 홍천산〔수원〕, 괴태곶〔양성〕, 망해산〔직산 ○이하 충청병사 소관〕, 연산암〔아산〕, 대학산〔천안〕, 쌍령산〔공주. 아래도 같다.〕·고대산·월성산, 노성산〔이성〕, 황화대〔은진. 아래도 같다.〕·강경대,

準 開花山〔陽川 ○以下 京畿水使所管〕 冷井山〔金浦〕 南山〔通津〕 江華南山〔以下 江華留守所管〕 河陰山 喬桐圭山 綱山〔江華下同〕 鎭江山 大母城山 守安山〔通津 ○以下 京畿水使所管〕 白石山〔金浦〕 柚串〔富平〕 城山〔一名文鶴山 ○仁川〕 正往山〔古名吾叱耳 ○安山〕 海雲山〔南陽下同〕 念佛山 興天山〔水原〕 槐台串〔陽城〕 望海山〔稷山 ○以下 忠淸兵使所管〕 燕山岩〔牙山〕 大鶴山〔天安〕 雙嶺山〔公州下同〕 高臺山 月城山 魯聖山〔尼城〕 皇華臺〔恩津下同〕 江景臺

광두원〔용안 ○이하 전라우수사 소관〕, 소방산〔함열〕, 불지산〔임피. 아래도 같다.〕·오성산, 화산〔옥구 ○또 서천 운은산 봉수에 합친다.〕, 계화리〔부안. 아래도 같다.〕·월고리, 소응포〔무장. 아래도 같다.〕·고리포, 홍농산〔영광. 아래도 같다.〕·고도도·차음산, 해제〔함평〕·옹산, 고림산〔무안 다경포진〕, 군산〔나주〕, 유달산〔무안 목포진〕, 황원〔해남〕, 첨찰산〔진도. 아래도 같다.〕·여귀산, 관두〔해남〕, 달마산〔일명 갈두산 ○영암〕, 완도〔강진. 아래도 같다.〕·좌곡·원포, 천관산〔장흥. 아래도 같다. ○이하 전라좌수사 소관〕·전일산, 장기산〔흥양. 아래도 같다.〕·천등산·마북산·팔전산, 백야곶〔순천. 아래도 같다.〕·돌산도〔방답진 ○남해 소흘산 봉수에 합친다. 게2거에 보인다.〕. 처음 일어난다.

廣頭院〔龍安 ○以下 全羅右水使所管〕所防山〔咸悅〕佛智山〔臨皮下同〕五聖山
花山〔沃溝 ○又合於舒川雲銀山〕界火里〔扶安下同〕月古里 所應浦〔茂長下同〕
古里浦 弘農山〔靈光下同〕古道島 次音山 海際〔咸平〕甕山 高林山〔務安多慶浦
鎭〕羣山〔羅州〕鍮達山〔務安木浦鎭〕黃原〔海南〕僉察山〔珍島下同〕女貴山
館頭〔海南〕達麻山〔一名葛頭山 ○靈巖〕莞島〔康津下同〕佐谷 垣浦 天冠山〔長
興下同 ○以下 全羅左水使所管〕全日山 帳機山〔興陽下同〕天登山 馬北山 八田
山 白也串〔順天下同〕突山島〔防踏鎭 ○合于南海所訖山烽 見第二炬〕初起

간봉〔이하 아홉 봉수는 다만 본읍에 응한다.〕

순천의 천황산, 광양의 건대산, 순천의 진례·돌산도〔위에 보인다.〕○장
흥의 수덕산·장기산〔위에 보인다.〕○강진의 수인산, 장흥의 억불산·전
일산〔위에 보인다.〕○보성의 진흥산·전일산〔위에 보인다.〕○진도의
굴라포·여귀산〔위에 보인다.〕○진도의 상당곳·여귀산〔위에 보인다.〕
間烽〔以下九烽 只准本邑〕
順天城隍堂 光陽件對山 順天進禮 突山島〔見上〕○長興藪德山 帳機山〔見上〕
○康津修仁山 長興億佛山 全日山〔見上〕○寶城眞興山 全日山〔見上〕○珍島屈
羅浦 女貴山〔見上〕○珍島上堂串 女貴山〔見上〕

간봉〔옥구 화산 봉수에서 한길로 온다.〕

양성의 괴태곳, 창택곳〔면천 ○이하는 충청수사 소관〕, 고산〔당진〕, 안국
산〔해미〕, 태안의 주산〔아래도 같다.〕·백화산, 도비산〔서산〕, 고구〔홍
주〕, 고산〔결성〕, 흥양산〔홍주〕, 조침산〔보령〕, 옥설봉〔남포〕, 칠지산〔비
인〕, 운은산〔서천〕, 옥구의 화산〔위에 보인다.〕
間烽〔沃溝花山烽一路來〕
陽城槐苔串 倉宅串〔沔川 ○以下 忠淸水使所管〕高山〔唐津〕安國山〔海美〕泰
安主山〔下同〕白華山 島飛山〔瑞山〕高丘〔洪州〕高山〔結城〕興陽山〔洪州〕助

侵山〔保寧〕 玉屑峰〔藍浦〕 漆枝山〔庇仁〕 雲銀山〔舒川〕 沃溝花山〔見上〕

　　간봉〔이하 여러 봉수는 별도로 설치되었다.〕

강화의 진망산〔위에 보인다.〕, 말질도, 보음도, 장봉도〔수영 남쪽 바다 가운데에 있다.〕. 처음 일어난다.
間烽〔以下諸烽 別設〕
江華鎭望山〔見上〕 末叱島 甫音島 長峯島〔水營南海中〕 初起

위 봉수는 평시에는 1거, 적의 형상이 보이면 2거, 지경에 가까이 오면 3거, 지경을 침범하면 4거, 접전하면 5거이다. 잇달아 날마다 접전하면 섶을 쌓고 낭분을 사용한다. 밤에는 불을 올리고, 낮에는 섶으로 연기를 피운다.
右烽燧平時一炬賊現形 二炬近境 三炬犯境 四炬接戰 五炬連日接戰 積柴用狼糞 夜則擧火 晝則燔柴烟氣

도로고 권지사道路考 卷之四

해로海路

○통진 유도에서 경흥에 이르러 두만강으로 들어가는 길
自通津留島抵慶興入豆滿江路

경도의 용산에서 강 서쪽으로 조강을 지나 유도〔통진 소속. 부 서쪽 15리에 있다.〕에 이르기까지 100리이다. 이로부터 배가 남쪽을 향해 가면 왼편으로 덕포진〔통진 소속〕을 낀다. ○오른편으로 강화 동쪽 연안의 여러 돈대를 끼고 손돌목孫石項에 이르기까지 50리이다.〔왼편으로 통진을 끼고 가면 목의 동쪽을 경유한다. 오른편으로 강화를 끼고 가면 목의 서쪽을 경유한다. 일설에는 목이 강화부의 손방에 있는데, 강화산맥이 목을 경유하여 와서 석각이 깊숙하게 뻗어 있는 까닭에 손돌목巽石項이라 이름한다고 한다. 파도가 돌아 나가 뱃길이 매우 험하다.〕

自京都龍山 江西行過祖江 抵留島〔屬通津 在府西十五里〕百里 自此舟向南行 左夾德浦鎭〔屬通津〕○右夾江華東沿諸墩臺 抵孫石項 五十里〔左夾通津而行者 由項東 右夾江華而行者 由項西 一說 項在江華府巽方 而江華山脉由此項 而來石角嶙峋 故名巽石項 波濤洄沈行船極難耳〕

왼편으로 약산〔통진 소속〕, 호도〔부평 소속〕를 끼는데 30리쯤이다. ○오른편으로 덕진진·초지진·황산도〔모두 강화 소속〕를 끼는데 30리이다. 왼편으로 청라도〔속칭 파라도. 부평 소속〕, 율도 앞바다를 끼는데 20리이다. ○오른편으로 서어로도, 경도, 마도, 영종진〔인천 소속. 진이 자연도 안에 있다.〕을 끼는데 30리이다. 진 옆에 무치도가 있는데 진에서 10여 리 거리이다.

무치도에서 왼편으로 월미도[인천 소속. 섬 가운데 행궁이 있다.]를 끼는데 20리이다. ○오른편으로 자연도[섬이 매우 긴데, 둘레가 55리이다.]·물이도·용유도[모두 인천 소속]를 끼는데 50리이다.

왼편으로 팔산도, 장재서, 영흥 선박소[남양 소속]를 끼는데 100여 리이다. ○오른편으로 화왕도, 왕산도, 이즉도[속칭 이작도. 남양 소속], 덕적도진[속칭 덕물도. 인천 소속]을 끼는데 60리이다.

왼편으로 차도, 종도[속칭 씨도. 수원 소속], 육도, 이비도를 끼는데 70리이다. ○오른편으로 선접도[남양 소속], 문접도, 배일도, 울도를 끼는데 50리이다.

왼편으로 대난지도, 소난지도[당진 소속. 서산 대산곶과 서로 마주보는데 멀지 않다. 선박의 후풍처이다.], 평신진[대산면에 있다. 서산 소속]을 끼는데 30리이다. ○오른편으로 방이도[태안 소속. 작은 섬으로 12라가 바다 가운데에 있다. 미진이 있다.], 대방도, 여방도를 끼는데 40리이다.

左夾藥山〔屬通津〕 虎島〔屬富平〕 三十里許 ○右夾德津鎭 草芝鎭 荒山島〔幷屬江華〕 三十里

左夾靑羅島〔俗稱巴羅島 屬富平〕 栗島前洋 二十里 ○右夾西於路島 鯨島 馬島 永宗鎭〔屬仁川 鎭在紫燕島中〕 三十里 鎭傍有茂致島 自鎭距十餘里

自茂致島 左夾月尾島〔屬仁川 島中有行宮〕 二十里 ○右夾紫燕島〔島甚長 周五十五里〕 勿伊島 龍流島〔並屬仁川〕 五十里

左夾八山島 長在嶼 靈興船泊所〔屬南陽〕 百餘里 ○右夾禾往島 往山島 伊則島〔俗稱二作島 屬南陽〕 德積島鎭〔俗稱德勿島 屬仁川〕 六十里

左夾叉島 種島〔俗稱氏島 屬水原〕 六島 伊非島 七十里 ○右夾先接島〔屬南陽〕 文接島 倍日島 鬱島 五十里

左夾大蘭芝島 小蘭芝島〔屬唐津 與瑞山大山串相對不遠 船舶候風處〕 平薪鎭〔在大山面 屬瑞山〕 三十里 ○右夾防耳島〔屬泰安 有小島十二羅在海中有味津〕 大防島 呂防島 四十里

왼편으로 황금도, 만대서〔태안 소속〕, 창포〔서산 소속〕를 끼는데 40리이다. ○오른편으로 가오리도, 화사도를 끼는데 60리쯤이다.

왼편으로 독진포, 분지초, 소근진〔속칭 오근포. 태안 소속〕을 끼는데 30리이다. ○오른편으로 흑도, 가외도〔일명 가의도〕, 관장서〔태안 소속〕를 끼는데 20리쯤이다.

왼편으로 갈두도, 안흥량〔안흥진이 3리에 있다. 백화산 한줄기가 바다 가운데로 쑥 들어와 물이 낮고 돌이 많아 뱃길이 위험하여 조운을 여러 차례 실패하였다.〕, 마도〔태안 소속〕를 끼는데 50리이다. ○오른편으로 정족서, 거문서, 은서를 끼는데 30리이다.

왼편으로 죽도, 경도〔속칭 거울도라 부른다.〕, 경초를 끼는데 80리이다. ○오른편으로 삼도〔태안 소속〕, 파소도〔홍주 소속〕, 압희도를 끼는데 90리이다.

左夾黃金島 萬大嶼〔屬泰安〕 倉浦〔屬瑞山〕 四十里 ○右夾加五里島 花似島 六十里許

左來禿津浦 分至草 所斤鎭〔俗稱朽近浦 屬泰安〕 三十里 ○右夾黑島 加外島〔一云 賈誼島〕 官長嶼〔屬泰安〕 二十里許

左夾葛頭島 安興梁〔在安興鎭 三里 白華山一脉 斗入海中 水底多石 船路危險 漕運累敗〕 麻島〔屬泰安〕 五十里 ○右夾鼎足嶼 巨文嶼 隱嶼 三十里

左夾竹島 鏡島〔俗呼去菀島〕 鏡草 八十里 ○右夾三島〔屬泰安〕 把所島〔屬洪州〕 狎喜島 九十里

왼편으로 안면도〔서산·태안·홍주 세 읍 소속〕, 항개초, 외도를 끼는데 20리이다. ○오른편으로 범거질도, 야도〔속칭 불모도〕, 장고도〔홍주 소속〕를 끼는데 30리이다.

왼편으로 사랑서, 원산도〔홍주 소속. 수영 우후가 여름이면 원산도에 가서 삼남의 세선이 올라올 때 점검하고 호송한다. 원산도 동쪽에서 충청수영까지 10리이다.〕를 끼는데 50리이다. ○오른편으로 고도도, 삽시도〔홍주 소속]를 끼는데 40리이다.

왼편으로 납도[보령 소속], 효자문도, 희서, 다사서, 석대[포], 죽도를 끼는데 80리이다. ○오른편으로 여도, 사도, 종다서, 용도[보령 소속], 연도, 외안도[홍주 소속]를 끼는데 80리이다.

左夾安眠島〔屬瑞山泰安洪州三邑〕項介草 外島 二十里 ○右夾凡巨叱島 冶島〔俗稱佛毛島〕杖鼓島〔屬洪州〕三十里

左夾沙浪嶼 元山島〔屬洪州 ○水營虞侯 夏則來往元山 三南稅船上來時 点檢護送 自元山東 抵忠淸水營 十里〕五十里 ○右夾古道島 揷是島〔屬洪州〕四十里

左夾納島〔屬保寧〕孝子門島 喜嶼 多似嶼 石臺〔浦〕竹島 八十里 ○右夾如島 沙島 從多嶼 龍島〔屬保寧〕烟島 外安島〔屬洪州〕八十里

왼편으로 월약도, 마량진[비인 소속], 죽도, 발근서, 손도, 조족도[비인 소속]를 끼는데 70리이다. ○오른편으로 잉분도[일명 어청도. 일명 오호도. 홍주 소속], 동발오도[작은 섬 5개가 이 섬에 나란히 서있다.], 난도, 말도, 횡건도[만경 소속]를 끼는데 100리이다.

왼편으로 묵어도, 계일도, 배미도를 끼는데 30리이다. ○오른편으로 고군산도진[만경 소속. 진 옆에 와보 등 여러 섬이 나란히 우뚝 솟아 있다. 항구와 떨어져 서로 붙어있는 까닭에 이름지었다. 군산은 조운이 왕래하는 곳인데 모두 이곳에서 바람을 기다린다.]을 끼는데 10리이다.

왼편으로 구도[속칭 비량도], 변산곶, 격포진[변산 서쪽 가지 끝에 있다. 모두 부안 소속]을 끼는데 70리이다. ○오른편으로 왕등도·소천서·위도진[모두 부안 소속]을 끼는데 80리이다.

왼편으로 무장죽도, 도음배도, 법성포진[영광 소속]을 끼는데 60리이다. ○오른편으로 칠산도[칠산라가 바다 안에 있는 까닭에 그 바다를 칠산해로 이름지었다. 석수어가 생산되어 매년 봄 상선이 사방에서 모여 파시전을 부른다]·안마도[속칭 아질이도]·송의도[속칭 소래도. 모두 영광 소속], 과길도를 끼는데 80리이다.

左夾月若島 馬梁鎭〔屬庇仁〕竹島 發斤嶼 巽島 烏足島〔屬庇仁〕七十里 ○右夾
苏盆島〔一名於青島 一名嗚呼島 屬洪州〕東發五島〔有小島五並列 于此島〕卵島
耗島 橫建島〔屬萬頃〕一百里

左夾墨於島 契日島 倍味島 三十里 ○右夾古群山島鎭〔屬萬頃 鎭傍有蝸步等諸
島 列峙 隔港相附 故名 群山漕運往來者 皆候風於此〕十里

左夾鳩島〔俗稱飛梁島〕邊山串 格浦鎭〔在邊山西支盡處 並屬扶安〕七十里 ○右
夾王登島 小蚕嶼 蝐島鎭〔並屬扶安〕八十里

左夾茂長竹島 都音倍島 法聖浦鎭〔屬靈光〕六十里 ○右夾七山島〔七山羅在海
中 故名其海七山海 産石首魚 每春商船四集 號波市田〕鞍馬島〔俗稱阿叱爾島〕
松義島〔俗稱蘇來島 並屬靈光〕果吉島 八十里

왼편으로 임자로도, 대각씨도, 소각씨도, 어의도를 끼는데 50리이다. ○오
른편으로 장도리도〔속칭 긴도리도〕, 치도, 무도, 임자도진〔영광 소속〕을
끼는데 50리이다.

왼편으로 우작도, 임치진〔함평 소속〕, 지도진〔나주 소속〕, 탑립도를 끼는
데 50리이다. ○오른편으로 탈이도, 시로도, 녹지도, 초난도를 끼는데
40리이다.

왼편으로 다경포진〔함평 소속〕, 병풍도〔영광 소속〕, 행담도, 역도〔나주
소속〕를 끼는데 60리이다. ○오른편으로 비금도·도사도·광대도·주지
도〔모두 나주 소속〕를 끼는데 30리이다.

左夾荏子路島 大閣氏島 小閣氏島 於義島 五十里 ○右夾長道里島〔俗稱緊道里
島〕雉島 茂島 荏子島鎭〔屬靈光〕五十里

左夾右作島 臨淄鎭〔屬咸平〕智島鎭〔屬羅州〕塔立島 五十里 ○右夾脫伊島 時
老島 鹿只島 草亂島 四十里

左夾多慶浦鎭〔屬咸平〕屛風島〔屬靈光〕行擔島 驛島〔屬羅州〕六十里 ○右夾飛
禽島 道士島 廣大島 注之島〔並屬羅州〕三十里

왼편으로 다래도, 화안목장〔나주 소속〕, 시애도를 끼는데 60리이다. ○오른편으로 자라도·흑산도〔일명 우이도. 모두 나주 소속〕를 끼는데 서쪽으로 멀리 대흑산도가 바라보인다.

왼편으로 전라우수영, 솔고지도, 삼정포를 끼는데 50리이다. ○오른편으로 대양을 끼는데 서쪽 옆에 멀리 홍의도·가가도〔모두 나주 소속. 수로로 1,300리〕가 바라다 보인다. 명량〔속칭 울대항. 진도 소속〕으로 가는데 80리이다.

왼편으로 관두량·마뢰도〔섬이 5개 있는데 서로 연결되어 있다. 모두 해남 소속〕, 어란포진〔영암 소속〕을 낀다. 이곳에서 배가 동쪽으로 향해 가면 담도, 갈두곶〔영광 소속〕까지 60리이다. ○오른편으로 벽파정·금갑도진·남도포진·모도〔모두 진도 소속〕를 끼는데 100리이다.

左夾多來島 和安牧場〔屬羅州〕 撕捱島 六十里 ○右夾者羅島 黑山島〔一名牛耳島 並屬羅州〕 西邊遠望 大黑山島

左夾全羅右水營 率古之島 三丁浦 五十里 ○右夾大洋西邊遠望 紅衣 可佳島〔皆屬羅州 水路一千三百里〕 行至鳴梁〔俗稱宛大項 屬珍島〕 八十里

左夾舘頭梁 磨賴島〔島有五相連 並屬海南〕 於蘭浦鎭〔屬靈岩〕 自此舟向東行 擔島 葛頭串〔屬靈光〕 六十里 ○右夾碧波亭 金甲島鎭 南桃浦鎭 茅島〔並屬珍島〕 一百里

왼편으로 양화포·이진진〔모두 영암 소속〕를 끼는데 40리이다. ○오른편으로 추자도·보길도〔모두 영암 소속〕를 끼는데 60리이다.

왼편으로 고달량전도〔영암 소속. 이동고李東皐[62]가 이곳에서 왜를 격파하였다.〕, 모래초·웅도·마도진〔모두 강진 소속〕, 우두도를 끼는데 60리이다. ○오른편으로 시아도·노어도·현내리도〔속칭 감물내리도〕·백내리도〔모두 영암 소속〕, 완도〔영암·강진 두 읍 소속. 지형이 매우 길다.

---

62) 이준경李浚慶(1499~1572) : 본관은 광주廣州이고, 호는 동고東皐이다. 1555년(명종 10)에 을묘왜란이 일어나자 전라도도순찰사全羅道都巡察使로 출정해 이를 격퇴하였다.

이 서쪽 주변은 제주수로에 상세히 보인다.]를 끼는데 30리이다.

왼편으로 회령포[장흥 소속. 오른편으로 피열산도와 사열산도가 있다. 배가 회령포를 경유하여 피열산도와 사열산도 사이를 가는데 그 사이 너비가 60~70리쯤이다.], 수문포, 득량도, 녹도진[홍양 소속]을 끼는데 70리이다. ○오른편으로 가리포진[완도 안에 있다.]·신지도진·고금도 진·청산도[제주와 서로 바라다 보인다.]·조약도[모두 강진 소속]를 끼는데 30리이다.

左夾楊花浦 梨津鎭[並屬靈巖] 四十里 ○右夾楸子島 甫吉島[並屬靈岩] 六十里
左夾古達梁前島[屬靈岩 李東臯破倭於此] 暮來草 熊島 馬島鎭[并屬康津] 牛頭
島 六十里 ○右夾時阿島 鱸魚島 玄乃里島[俗稱甘勿乃里島] 白乃里島[並屬靈
岩] 菀島[屬靈岩康津兩邑 地形甚長 此西邊 詳見濟州水路] 三十里
左夾會寧浦[屬長興 右邊有皮悅山島 沙悅山島 舟由會寧浦 皮悅沙悅之間而行
其間廣 六七十里許] 水門浦 得良島 鹿島鎭[屬興陽] 七十里 ○右夾加里浦鎭
[在菀島中] 薪智島鎭 古今島鎭 靑山島[與濟州相望] 助藥島[並屬康津] 三十里

왼편으로 저도[옛 이름이 아마도 다옥도인 듯하다.]·풍안포·광서·죽 도·지오리도[모두 홍양 소속], 도독포를 끼는데 40리이다. ○오른편으로 산이도[속칭 산일도]·평이도[속칭 평일도]·벌라도[모두 장흥 소속], 금당도, 절여도[속칭 거억금도. 홍양 소속]를 끼는데 60리쯤이다.

왼편으로 발포진·술억도·사도진·여도진·내나로도[속칭 국도. 모두 홍양 소속]를 끼는데 50리이다. ○오른편으로 시산도·삼도[두 섬은 절여 도 남방 바다 가운데 있다. 사람이 거주하는 민가가 많다. 배를 만드는데 머리는 크고 꼬리는 길어 주선이라 부른다. 옆에 녹도 감목관이 있다.]·애 도·길마도·외나로도[모두 홍양 소속]를 끼는데 80리쯤이다.

左夾楮島[疑古名多玉島] 風安浦 廣嶼 竹島 地五里島[並屬興陽] 都督浦 四十
里 ○右夾山伊島[俗稱山日島] 平伊島[俗稱平日島] 伐羅島[並屬長興] 金唐島
折余島[俗稱巨億今島 屬興陽] 六十里許

左夾鉢浦鎭 術億島 蛇島鎭 呂島鎭 內羅老島〔俗稱國島 並屬興陽〕五十里 ○右
夾示山島 三島〔二島在折余島南方海中 有人居多民家 船制頭大尾長 名周船 在
邊有鹿島監牧官〕艾島 吉馬島 外羅老島〔並屬興陽〕八十里許

왼편으로 낭도·적금도·경도·전라좌수영〔모두 순천 소속〕을 끼는데
100리쯤이다. ○오른편으로 소리도·안도·금어도·회도·방답도진
〔모두 순천 소속. 경도에서 방답도진까지 40리이다. 왼쪽 옆에 고돌산진이
있다.〕을 끼는데 100여 리쯤이다.
왼편으로 순천죽도, 광양선박소, 나팔항〔사도에서 바로 이곳까지 70여
리이다. 왼편으로 가면 진주·사천·곤양 등의 땅으로 들어가고, 오른편으
로 가면 진주목장으로 들어간다.〕, 노량〔남해 소속. 이충무승전비가 있다.
나팔항에서 이곳까지 30리이다.〕을 끼는데 100리쯤이다. ○오른편으로
평설포·남해현·평산포진·갈곶지도·우모도〔모두 남해 소속. 갈고지
도는 우모도 왼쪽 옆에 있다. 배가 두 섬의 왼편 가로 가는데 그 북쪽이
하동 두치강이다.〕를 끼는데 또한 노량에서 돌아가는 이수가 왼편과 같다.
노량에서 왼편으로 아방포〔속칭 엄방포. 곤양 소속〕, 팔장포〔사천 소속〕,
구솔비포〔고성 소속〕를 끼는데 70리이다. ○오른편으로 창도〔목장이 있
다.〕·적량진〔모두 진주 소속〕, 미조항〔남해 소속〕, 두미도〔고성 소속〕를
끼는데 80리이다.

左夾狼島 赤金島 京島 全羅左水營〔並屬順天〕百餘里許 ○右夾所里島 安島
黔於島 回島 防踏島鎭〔並屬順天 自京島至防踏 四十里 左邊有古突山鎭〕百餘
里許
左夾順天竹島 光陽船泊所 羅叭項〔自蛇島直抵此 七十餘里 左行則入晋州 泗川
昆陽等地 右行則入晋州牧場〕露梁〔屬南海 有李忠武勝戰碑 自羅叭項抵此 三十
里〕百里許 ○右夾平雪浦 南海縣 平山鋪鎭 乫串之島 牛毛島〔並屬南海 乫串之
在牛毛左傍 舟行二島左邊 其北河東豆置江〕亦歸於露梁里數與左夾同
自露梁 左夾牙方浦〔俗稱奄方浦 屬昆陽〕八長浦〔屬泗川〕舊率非浦〔屬固城〕

七十里 ○右夾昌島〔有牧場〕赤梁鎭〔並屬晋州〕彌助項〔屬南海〕頭尾島〔屬固城〕八十里

왼편으로 사량도진〔고성 소속〕, 능양도, 해도를 끼는데 60리이다. ○오른편으로 연화도·욕지도·추라도〔속칭 가내도. 모두 고성 소속〕를 끼는데 70리이다.

왼편으로 당포진, 삼천포진, 미륵산, 통영선창, 고성을 끼는데 40리쯤이다. ○오른편으로 쇄도, 연대도〔고성 소속〕, 용초도〔속칭 용쇄도. 거제 소속〕, 거제부, 한산도〔고성 소속. 이충무李忠武가 이곳에서 왜를 격파하였다.〕를 끼는데 40리쯤이다.

왼편으로 송도〔고성 소속〕, 우도, 가쇄도, 도만포〔진해 소속〕, 구산포진〔칠원 소속〕을 끼는데 80리이다. ○오른편으로 방어도, 영등포진, 전아량, 광이도〔대소 두 섬이 있다. 송도에서 바로 이곳까지 50리이다.〕, 온내도를 끼는데 100리쯤이다.

左夾蛇梁島鎭〔屬固城〕綾洋島 蟹島 六十里 ○右夾蓮花島 欲知島 楸羅島〔俗稱加乃島 並屬固城〕七十里

左夾唐浦鎭 三千浦鎭 彌勒山 統營船廠 固城 四十里許 ○右夾刷島 烟臺島〔屬固城〕龍草島〔俗稱龍刷島 屬巨濟〕巨濟府閑山島〔屬固城 李忠武破倭於此〕四十里許

左夾松島〔屬固城〕牛島 可刷島 道萬浦〔屬鎭海〕龜山浦鎭〔屬漆原〕八十里 ○右夾防禦島 永登浦鎭 前阿梁 光耳島〔有大小二島 自松島直抵此 五十里〕溫乃島 百里許

왼편으로 마산포〔창원 소속〕, 증도, 풍덕포, 고리도를 끼는데 60리이다. ○오른편으로 장목포진·칠천도·이물도·옥포진·조라포진〔모두 거제 소속〕을 끼는데 90리이다.

왼편으로 제포진·안골포·신문진·송도〔모두 웅천 소속〕를 끼는데 50리이다. ○오른편으로 천성포진, 가덕도진〔천성은 가덕도 안에 있다. 웅천 소속〕을 끼는데 60리쯤이다.

왼편으로 서도·전모도〔모두 웅천 소속〕, 녹도, 명지도〔김해 소속. 삼차구 즉 낙동강이 바다로 들어가는 곳에 있다.〕를 끼는데 40여 리이다. ○오른편 으로 목도〔속칭 나무도〕, 동우도, 절영도 앞 바다〔동래 소속〕를 끼는데 80여 리이다.

左夾馬山浦〔屬昌原〕 甑島 豊德浦 古里島 六十里 ○右夾長木浦鎭 七千島 伊勿 島 玉浦鎭 助羅浦鎭〔並屬巨濟〕 九十里

左夾薺浦鎭 安骨浦 新門鎭 松島〔並屬熊川〕 五十里 ○右夾天城浦鎭 加德島鎭 〔天城在加德島中 屬熊川〕 六十里許

左夾鼠島 展帽島〔並屬熊川〕 祿島 鳴旨島〔屬金海 在三叉口 卽洛東江入海處也〕 四十餘里 ○右夾木島〔俗稱羅茂島〕 東隅島 絶影島前洋〔屬東萊〕 八十餘里

왼편으로 몰운대·다대포진〔진이 대마도와 서로 마주 본다. 동쪽으로 15리쯤 가면 다아리도 앞바다이다. 뱃길이 순편하다. 또 15리를 가면 절영도가 있는데 왜관과 마주 본다. 또 20리를 가면 오리지도가 있다. 또 20리쯤 가면 수영선창이다. 통영까지 육로로 가면 3일 일정이다. 수로로 서쪽 10리를 가면 고리도가 있다. 또 15리쯤 가면 몰운대 앞바다인데 은서가 있다.〔부서라고 이름한다.〕 또 가덕대해가 있다. 순풍에 2일 일정이 다.〕·서평포·압남포·왜관·두모포진·개운포진〔모두 동래 소속〕을 끼는데 90리쯤이다. ○오른편으로 큰 바다이다. 다만 대마도가 있다.

左夾沒雲臺 多大浦鎭〔鎭與對馬島相對 東去十五里許 有多阿里島前洋 船路順 便 又去十五里 有絶影島與倭館相對 又去二十里 有五里之島 又二十里許 卽水 營船廠 去統營陸路三日程 水路則西去十里 有古里島 又去十五里許 有沒雲臺前 洋中 有隱嶼名釜嶼 又有加德大海 順風則二日程〕 西平浦 押南浦 倭館 豆毛浦鎭 開雲浦鎭〔並屬東萊〕 九十里許 ○右邊大洋 只有對馬島

왼편으로 부산진·오륙도〔절영도 동쪽에 봉우리가 깎아지른 듯이 나란히
서있는데 해중에 있다. 동쪽에서 보면 6봉이고 서쪽에서 보면 5봉이다.〕·
경상좌수영·포이포진·해운대〔모두 동래 소속〕, 기장죽도, 두모포구진
을 낀다. 이로부터 배가 북쪽을 향하여 간다. ○오른편으로 큰 바다이다.
左夾釜山鎭 五六島〔絶影島東有峯巒削立列在海中 自東觀之爲六峯 自西觀之
爲五峯〕 慶尙左水營 包伊浦鎭 海雲臺〔並屬東萊〕 機張竹島 豆毛浦舊鎭 自此舟
向北行 ○右邊大洋

기장에서 북쪽으로 도서가 매우 드물다. 해안의 포구는 북으로 가면서
울산의 서생포, 경주의 감포, 장기의 포이포구진, 영일의 포항포, 흥해의
칠포, 청하의 개포, 영덕의 오포, 영해의 축산포〔위는 경상도 소속〕, 평해의
월송포, 울진의 고현포, 삼척의 장오리포, 강릉의 안인포, 양양의 대포,
간성의 황포, 고성의 고성포, 통천의 옹천, 흡곡의 시중대포〔위는 강원도
소속〕, 안변의 학포, 덕원의 원산포, 문천의 조지포, 영흥의 말응도, 정평의
도련포, 함흥의 운전포, 홍원의 문암포, 북청의 육도와 적진, 이성의 자외
포, 단천의 오갈암, 길주의 성진, 명천의 갈마산전포, 경성의 명간사,
부령의 천곳, 무산의 가린단사, 회령의 역산사, 종성의 녹야사, 온성의
해진사, 경원의 해진사, 경흥의 서수라곳과 녹둔도〔위는 함경도 소속〕를
통과하여 두만강으로 들어간다. 육지 관도로 계산하면 총 3,050리쯤이다.
수로 또한 가히 그 대략을 알 수 있다.
自機張以北 島嶼甚尠 沿浦北行 過蔚山之西生浦 慶州之甘浦 長鬐之包伊浦舊鎭
迎日之浦項浦 興海之漆浦 淸河之介浦 盈德之烏浦 寧海之丑山浦〔右屬慶尙道〕
平海之越松浦 蔚珍之古縣浦 三陟之藏五里浦 江陵之安仁浦 襄陽之大浦 杆城之
黃浦 高城之高城浦 通川之瓮遷 歙谷之侍中臺浦〔右屬江原道〕 安邊之鶴浦 德源
之元山浦 文川之漕至浦 永興之末應島 定平之都連浦 咸興之雲田浦 洪原之門岩
浦 北靑之陸島赤津 利城之者外浦 端川之烏曷岩 吉州之城津 明川之乫亇山前浦
鏡城之明澗社 富寧之穿串 茂山之加鱗端社 會寧之櫟山社 鐘城之鹿野社 穩城之

海津社 慶源之海津社 慶興之西水羅串鹿屯島 入于豆滿江〔右屬咸鏡島〕以陸地
官道計之 總三千五十里許 則水路亦可知其大槩

○ 제주해로濟州海路

제주에 가는 사람들은 모두 이진에서 바람을 기다린다. 이진의 동쪽 5리에
는 고달량창이 있다. 창에는 해월루가 있는데 경치가 좋다. 그래서 사객들
이 이곳에서 바람을 기다린다. 이진에서 배가 출발하여 남쪽으로 20리를
가면 양하포이고 포구 앞에 덕역도가 있다. 또 30리를 가는 사이에 서쪽으로
소화도·대화도〔화도 근처에는 수세가 아주 사납다.〕와 백라리의 여러
섬을 지난다. 또 10리를 가면 횡간도인데 일명 사자도이다. 섬 아래에는
닻을 내려 배를 정박할 수 있다. 동쪽으로 완도의 세포가 보인다. 또 20리를
가면 동쪽으로 멀리 서도가 보인다. 또 그 동쪽에는 대서도가 있다. 또
10리를 가면 동쪽으로 치도가 보인다. 또 10리를 가서 포리도의 동쪽을
경유한다.〔동풍을 만나면 섬의 서쪽을 경유하여 간다.〕또 10리를 가면
소안도이다.〔소안은 한편으로는 소완으로 쓰는데 대개 섬의 크기가 완도의
다음이기 때문이다. 또 완도는 가로로 서남에 걸쳐 있는데 그 폭이 아주
길다. 이 섬과 마주 보고 있으며 그 간격이 멀지 않다. 제주도에 가는
사람들이 해남·강진·영암에서 배를 띄워 모두 이 섬에서 바람을 기다리
다 큰 바다를 건넌다.〕섬의 남쪽 10리에 백량이 있는데 바로 보길도의
동쪽 산기슭이 끝나는 곳이다. 이 섬의 동쪽을 경유하여 15리를 가면
잘기도의 동쪽을 지난다. 이 섬 너머는 바로 큰 바다이다. 동쪽으로 여서도
가 아주 멀리 보이고, 청산도는 더 멀다.

往濟州者 皆於梨津候風 梨津東五里 有古達梁倉 倉有海月樓勝賞 故使客皆於此
候風 自梨津發船南行二十里 蘘荷浦 浦前有德亦島 又行三十里之間 西歷小花大
花〔花島近處 水勢甚悍〕白羅里諸島 又行十里 橫看島 一名獅子島 島下可以下
碇駐船 東見莞島細浦 又行二十里 東遠見鼠島 又其東有大鼠島 又行十里東見治

島 又行十里 由浦里島東〔遇東風則由島西行〕又行十里所安島〔所安一作小莞
盖島之大爲莞之次也 且莞島橫亘西南 其褎甚長 與此島相對 其間不遠 往濟州者
自海南康津靈岩發船 皆於此島候風 以涉大洋〕島南十里有白梁 卽甫吉島 東麓
盡處也 由此島東邊行十五里 過乫其島東 此外卽大洋 東見餘鼠島甚遠 靑山島尤
遠

또 180리쯤 가서 사서도의 서쪽을 경유하면 서쪽으로 추자도가 아주 멀리
보인다.〔제주도에 가는 사람들이 동풍이 불순하면 이 섬에서 배를 대고
머문다. 김청음金淸陰63)의 『해사록』에 "만약 이 섬이 없으면 제주에 가는
배들이 더욱 곤란할 것이다. 표몰하는 근심을 면하는 것은 이 섬 때문이다."
라고 하였다.〕 또 200리쯤 가면 서쪽으로 대화탈도와 소화탈도가 보인다.
또 200리쯤 가서 제주의 화북〔한편으로는 별도라고 쓴다.〕과 조천 두
포구에 정박한다. 화북에서 제주성까지 10리이다. 조천에서 제주성까지는
30리이다. 제주에서 백량 사이의 이수는 배로 갈 경우에 정서로 가서
대화탈도가 보이면 3분의 1이 된다. 정동으로 사서도가 보이면 3분의
2가 된다. 수종은 대화탈도와 사서도 사이에 있는데 화탈도 조금 근처에서
백량을 지나면 섬들이 좌우에 펼쳐져서 걱정이 없다고 한다. 소안도에서
제주로 향하는 사람들이 동북풍과 서북풍을 만나면 기뻐하고 동풍을 만나
도 역시 좋아한다. 만약 정남풍과 정서풍을 만나면 배를 띄울 수 없다.
제주에서 소안도로 향하는 사람들이 동남풍을 만나면 기뻐하고 동풍을
만나면 미소 짓는다. 서풍으로 왔다면 더욱 기쁜데 일러서 양마풍兩馬風이
라고 한다. 만약 정남풍이 있으면 바다의 파도가 거세서 배 띄우기를
꺼린다. 서풍에도 배를 띄우지 않는다. 대저 동남으로 두 방향의 바람은
오래 지속되고 남풍은 쉽게 바뀐다.

---

63) 김상헌金尙憲(1570~1652) : 본관은 안동安東이고 호는 청음淸陰이다. 1601년(선조
34)에 제주안무어사濟州安撫御史를 지냈다.

又行一百八十里許 由斜鼠島西 西見楸子島甚遠〔往來濟州者 遇東風不順 則馳
泊於此島 金淸陰海槎錄云 若無此島 則濟州行船尤難 免漂沒之患者此也〕又行
二百里許 西望大火脫島 小火脫島 又二百里許 抵泊於濟州之禾北〔一作別刀〕
朝天兩浦 自禾北抵州城十里 自朝天抵州城三十里 自濟州距白梁 其間里數船行
至正西見大火脫 爲三分之一 至正東見斜鼠 爲三分之二 水宗在大火脫斜鼠之間
而稍近火脫過白梁 則島嶼左右鋪列無慮云 自所安島向濟州者 得東西北風則喜
得東風亦可 若遇正南風 正西風 不可放船 自濟州向所安島者 得東南風則喜 得
東風而微 有西風來尤喜 謂之兩馬風 若正南風則海濤勢盛忌放船 西風不可放船
大抵東南二風持久 南風易變

○해남의 관두포에서 배를 출발하여 동쪽으로 20리를 가면 어란진에 이른
다.〔해남에서 대둔사까지 20리이고, 어란진까지 50리이다. 이는 육로이
다.〕또 동쪽으로 5리를 가면 서쪽으로 울도를 지난다. 또 동쪽으로 10리를
가면 영암 갈두포이다. 또 5리를 가면 서쪽으로 응거도가 보인다. 또
동남쪽으로 20리를 가면 서쪽에 광아도가 있다.〔두 개의 섬이 나란히
서쪽 방면을 둘러싸서 지킨다. 그래서 동·서광아도라고 부른다. 배가
바람을 피해서 숨을 수 있으므로 제주에 왕래하는 사람들이 많이 이 섬에
유숙한다.〕동쪽에 노도가 있다. 또 10리를 가면 서쪽에 보길도가 있다.
또 동쪽으로 20리를 가면 백량에 이른다. 광아도와 보길도의 사이를 따라가
면 혹 추자도에 도착한다. 간혹 사서도를 경유하여 서쪽으로 바로 가면
제주에 이른다.

○自海南舘頭浦發船 東行二十里 抵於蘭鎭〔自海南行抵大芚寺二十里 於蘭鎭
五十里 此陸路〕又東行五里 西過於蔚島 又東行十里 靈巖葛頭浦 又行五里 西見
應距島 又東南行二十里 西有廣鵝島〔兩島夾持 西面回護 号東西廣鵝 可以藏船
避風 濟州往來者 多到此留宿〕東有露島 又行十里 西有甫吉島 又東行二十里
抵白梁 從廣鵝甫吉之間 或抵楸子島 又或由斜鼠 西直抵濟州

○강진의 남당포에서 배를 출발하여 서남쪽으로 5리를 가면 부소문창 일명 군영포를 지난다. 또 10리를 가면 동남쪽으로 가오도가 보이고 서남쪽으로 복도가 보인다. 또 20리를 가면 동쪽으로 고금도가 보인다. 또 20리를 가면 서남쪽으로 웅도가 보이고 멀리 앞쪽에 사후도가 있다. 배로 사후도 전후를 지나 8~9리쯤 가면 완도가 있다. 세 섬이 연이어 있는데 남쪽에 완도가 자리하고 있다. 서쪽으로 10여 리를 가면 고달량 앞에 이른다. 달량은 완도와 거리가 가깝고 이름난 큰 나루터가 있어서 여러 도의 배들 중에 서울로 가는 배는 이곳에 정박한다. 또 10리를 가면 덕역도가 보인다. 제주로 가는 배는 대화도와 소화도로 향하고 서울로 가는 배는 어란포를 향해서 간다.

○自康津南塘浦發船 西南行五里 過扶蕉門倉 一名軍營浦 又行十里 東南見加五島 西南見卜島 又行二十里 東見古今島 又行二十里 西南見熊島 梁梁前有伺候島 舟由伺候前後行八九里許 有莞島 三島相連 南挾莞島 西行十餘里 抵古達梁 前 有達島與莞島 其間接近 名大津 諸道船向京者 皆駐于此 又行十里 見德亦島 往濟州者 向大小花島 去往京者 向於蘭浦

○『지지』를 살펴보면 "제주에 가는 사람들이 나주에서 출발하면 영산포를 따라 무안의 대굴포와 영암의 화무지·미도, 해남의 어란포·거요량〔속칭 아鵝를 거요巨要라고 하는데 비정하면 바로 광아도이다.〕을 지난다. 해남에서 출발하면 삼재포·울도·거요량을 지난다. 강진에서 출발하면 군영포를 따라서 고자황이·노슬도·삼내도를 거쳐서 추자도에 이른다. 예전에 제주도에 가는 사람들은 배가 출발하는 곳이 비록 달라도 모두 추자도에 들어가서 바람을 기다려 큰 바다를 건넜다. 지금은 모두 소안도에 들어가서 바람을 기다리는데 그것이 지름길이고 또 추자도에서 다시 바람을 기다리는 것이 어렵기 때문이다. 그러나 소안도에서 제주로 향하는 해로는 아주 멀기 때문에 중간에 바람을 놓쳐버리면 쉽게 전복된다. 추자도는 제주와 불과 300여 리이므로 당연히 추자도가 정로이다. 그래서『고려사』지지에

는 제주로 가는 해로에서 모두 추자도를 말하고 있다. 이것은 지금 사람들이
옛 사람의 대처보다 못한 부분이다.

○按地志 往濟州者 發羅州則從榮山浦 歷務安大堀浦 靈巖火無只尾島 海南於蘭
浦巨要梁〔俗呼鵝爲巨要 比卽廣鵝島〕發海南則歷三才浦 蔚島巨要梁 發康津則
從軍營浦 歷高子黃伊露瑟島三內島 抵楸子 云 在昔往濟州者 發船處雖異 而皆
入楸子島候風 以涉大海 而今則皆入所安島候風 以其徑路也 且以楸子島 更候風
爲難 然而自所安向濟州海路甚遠 中間失風 易爲致敗 楸子島則濟州不過三百餘
里 固當以楸子爲定路也 故地志麗史 言濟州海路 皆言楸子 此今人 不如古人處

○추자도는 제주에서 비스듬히 북쪽에 있고 해남에서 비스듬히 남쪽에
있다. 관두포에서 추자도까지 약 350~360리 거리이다. 추자도에서 제주
까지 약 350~360리 거리이다. 추자도가 중간이 위치하고 있다. 추자도의
이북은 육지해수라고 하는데 색깔이 혼탁하고 파랑이 높지 않다. 추자도
이남은 제주해수라고 하는데 색깔이 깊은 흑색이고 바람이 없어도 파랑이
높다. 섬은 신도와 별도로 구분되는데, 섬의 형세가 연이어 서로를 둘러싸
고 여서도로 향하는 것이 마치 주둥아리를 벌린 형상이다. 신도 사이에는
수로가 중간에 끊어졌다. 사서도에서 동풍을 타면 들어갈 수 있는데 뱃길이
아주 넓어서 큰 배 수백 척도 가능하다. 수덕도에서 서풍을 타면 들어갈
수 있는데 겨우 중선 2~3척이 가능하다. 외연대포 입구가 아주 좁아서
그런 것이다. 별도 안에는 당포가 있어서 바람을 피해 배를 숨길 수 있다.
섬 입구에 암초가 솟아나 있는데 파도에도 잘 노출되지 않아서 겨우 몇
척의 배가 다녀도 위험하고 많이 전복되기도 한다.

○楸子島在濟州之迤北 海南之迤南 舘頭浦距楸子 約三百五六十里 自楸子距濟
州 約三百五六十里 楸居其半 自島以北謂之陸地海水 色混濁波浪不高 自島南
謂之濟州海水 色深黑無風浪高 島有身島別島之異 島勢連亘回抱 向餘鼠 如張口
之狀 身島之間 水路中斷 自斜鼠順東風而入 則船路極廣 可方大艘數百隻 自愁
德島順西風入 則僅容中船二三隻 外煙臺浦口甚隘故也 別島之內 有堂浦 可避風

藏船 而島口有石嶼峭起 未出波面 纔數尺運船 岨峿多致傾覆

○초란도는 추자의 당포 서남쪽으로 30리에 못 미쳐 있다. 두 섬 사이에는 수세가 험하고 바위들이 도열해 있어서 배가 다니는 것이 아주 어렵다. 광풍을 만나지 못하면 일찍이 이를 수 없다. 최금남崔錦南[64]이 닻줄이 끊어져서 표류했던 곳이고, 김청음金淸陰도 또한 표류하여 이곳에 도착하였다.

○草蘭島在秋子堂浦之西南 三十里弱 兩島之間 水勢壯湧 岩石錯列 行船甚難 非遇狂風者 未嘗至焉 崔錦南絶纜漂流之處 金淸陰亦嘗漂到此

○수덕도는 초란도와 서로 마주보고 있는데, 서로 겨우 5~6리 거리이다. 바위 암석이 우뚝 솟아있다.

○愁德島與草蘭島對峙 相距纔五六里 石骨屹然

○요녀도는 초란도의 서남쪽에 있는데 석각의 형태가 화탈과 같다.〔제주의 여자 숫자는 남자의 배인데, 남편 없는 사람들은 많이들 유녀와 야객으로 화북 등 포구에서 상인들을 맞이한다. 만약에 날이 개이면 아득히 이 섬이 보인다. 마치 긴 돛을 단 거대한 배로 착각하게 된다. 상선이 들어오면 '우리 좋은 일'이라고 해서 이 섬의 이름이 되었다.〕

○遙女島在草蘭島西南 石角形如火脫〔濟州女數倍男 無夫者 多遊女冶客 以迎商客於禾北等浦 若値晴日 遙見此島 如張帆巨船錯認 爲商船來 而吾好事者 因此名島〕

---

64) 최보崔溥(1454~1504) : 본관은 탐진耽津이고, 호는 금남錦南이다. 1487년(성종 18) 제주 등 3읍의 추쇄경차관推刷敬差官으로 임명되어 제주로 건너갔다. 1488년 부친상의 기별을 받고 곧 고향으로 돌아오는 도중 풍랑을 만나 표류하였다. 『금남표해록錦南漂海錄』을 저술하였다.

○대화탈도는 추자도 남쪽에 있다. 제주 서쪽 가의 도근천 북쪽에서 100여 리 거리이다. 암봉이 높이 솟아 있는데, 위에 샘물은 있으나 나무는 없다. 하늘에서 비가 오려고 할 때 섬의 형태가 멀리서 보면 더욱 크게 보여서 마치 거대한 돛과 같다.

○大火脫島楸子島南 自濟州西邊都近川北 距百餘里 石峰嵯峨 上有泉無樹木 天欲雨則島形遠望尤高大 如張巨帆然

○소화탈도는 대화탈도 남쪽에 있다. 제주 애월포에서 북쪽으로 50여 리 거리이다. 암봉이 우뚝 솟아 있는데 해가 비치면 황적색이 된다.

○小火脫島在大火脫南 自濟州涯月浦北距五十餘里 石峰突立日照則色黃赤

○여서도는 사서도 동쪽에 있다. 제주 동쪽 가의 어등포에서 북쪽으로 150리 거리이다.

○餘鼠島在斜鼠島東 自濟州東邊魚登浦 北距一百五十里

○청산도는 여서도 동쪽에 있다. 제주 별방진에서 북쪽으로 160리 거리이다.〔제주의 수로는 아주 멀어서 건너기 힘든 까닭에 특별히 상세하게 하였다. 바다를 다니는 사람들이 도서로써 길 표식을 삼기 때문에 좌우에 있는 도서들도 모두 늘어놓아 기록하였다.〕

○靑山在餘鼠島東 自濟州別防鎭 北距一百六十里〔濟州水路甚遠難涉 故特詳焉 而海行者 以島嶼爲路標 故左右島嶼 亦皆列錄〕

○유도에서 의주에 이르러 압록강으로 들어가는 길

自留島抵義州入鴨綠江路

유도에서 서쪽으로 가면 교동수영까지 80리이다.〔교동 북쪽은 연안의 나리포이고, 교동 남쪽은 강화 북쪽 연안의 여러 돈대를 대한다. 강화

연미정에서 교동까지 70리이다. 교동에서 인천 영종진까지 180리이다.〕
교동부 서쪽 10리에 마포가 있는데 선박이 바람을 기다리는 곳이다.
마포에서 오른편으로 미법도·서검도·말도〔모두 강화 소속〕를 끼는데,
20리이다.〔강화 삼이암 돈대에서 석모로도 10리, 미법도 10리, 서검도,
보음도 10리, 말도 5리이다. 이것이 강화에서 말도에 이르는 길이다.〕
○왼편으로 삼승초〔초의 길이가 30리인데, 배가 초의 윗머리를 경유하여
간다.〕를 낀다.
오른편으로 증산도·반니도·반니초〔초의 길이가 20리이다. 모두 연안
소속〕를 낀다. ○왼편으로 세초, 가인서, 함박서를 낀다. 말도에서 함박서
까지 30리이다.

自留島 西行抵喬桐水營 八十里〔喬北延安羅里浦 喬南江華北沿諸塾臺 自江華
燕尾亭抵喬桐 七十里 自喬桐抵仁川永宗鎭 一百八十里〕喬桐府西十里 有馬浦
船舶候風處
自馬浦右夾 彌法島 西儉島 末島〔並屬江華〕二十里〔自江華三二巖塾 抵席毛老
島十里 彌法十里 西儉 甫晉島十里 末島五里 此自江華抵末島路也〕○左夾三升
草〔草長三十里 船由草上頭行〕
右夾甑山島 班尼島 班尼草〔草長二十里 並屬延安〕○左夾細草 加仁嶼 咸朴嶼
自末島抵咸朴 三十里

오른편으로 운지도, 운지초, 각호서, 각호초, 아리도, 아리초, 마어초,
다고서〔다고서의 북쪽에는 양아지도가 있다. 해주 소속〕를 낀다. ○왼편으
로 대초·모로초·모로도〔모두 연안 소속〕, 북도, 수중초〔초의 길이가
50리인데, 배가 초의 윗머리를 경유하여 간다.〕를 낀다.
오른편으로 연평도를 낀다. 함박서에서 연평도까지 80리이다.〔교동의
마포에서 해주의 용매도진까지 80리이다. 용매도에서 결성포를 경유하여
남쪽으로 소수압도와 저도 사이로 지나서 대수압도까지 60리이다. 대수압
도에서 양아지도와 질마도 사이를 지나서 연평도까지 60리이다. 북쪽으로

연평도에 이르는 한길이다.〕○ 왼편으로 산연평도를 낀다.〔두 연평도는
모두 해주 소속. 두 섬 사이는 10리이다.〕
오른편으로 옹석서〔옹진 소속〕를 낀다. ○ 왼편으로 사내서〔서는 삼라가
줄지어 있다.〕를 낀다.

右夾雲地島 雲地草 却胡嶼 却胡草 牙里島 牙里草 麻魚草 多鼓嶼〔多鼓之北有襄
阿只島 屬海州〕○左夾大草 毛老草 毛老島〔并屬延安〕北島 水中草〔草長五十
里 船由草上頭行〕

右夾延平島 自咸朴抵延平 八十里〔自喬桐馬浦 抵海州龍媒島鎮 八十里 自龍媒
由結城浦 南行小睡鴨 抵島之間 抵大睡鴨島 六十里 自大睡鴨 行襄阿只島 疾馬
島之間 抵延平 六十里 北抵延平一路也〕○左夾山延平島〔兩延平并屬海州 兩間
十里〕

右夾瓮石嶼〔屬瓮津〕○左夾沙乃嶼〔嶼有三羅列〕

오른편으로 연서, 등산곶〔강령 소속〕을 낀다. 연평도에서 등산곶까지 150
여 리이다.〔등산곶은 머리가 바닷속으로 들어갔다. 곶 남쪽으로 연서,
사내서, 옹석서, 곽서, 백서, 점은서가 있는데 비스듬히 소청도와 연결되어
있다. 배가 옹석서의 남쪽과 요서의 북쪽 위를 경유하여 옹석서, 사내서,
제삼서 사이로 나온다. 왼편으로 연서를 끼고 등산곶에 이르는데, 뱃길이
굽어 있어 아주 위험하다.〕○ 왼편으로 가리곶, 순위도〔강령 소속. 등산곶
에서 순위도까지 30리이다.〕를 낀다.

오른편으로 노어도〔해주 소속. 순위도에서 10리이다.〕, 소강행영〔옹진
소속. 황해수사가 바람이 잔잔할 때 와 머무르면서 당선唐船이 왕래하는
것은 막았다. 순위도에서 60리〕·저작포〔옹진 소속. 소강에서 20리이다.〕
를 낀다. 순위도에서 저작포까지 90리이다. ○ 왼편으로 어의도·창린도·
기린도·마합도〔모두 옹진 소속. ○ 어의도에서 창린도까지 20리, 창린도
에서 기린도까지 30리, 기린도에서 마합도까지 30리, 마합도에서 저작포
까지 10리, 소강에서 창린도까지 20리·기린도까지 30리·마합도까지

50리이다.〕를 낀다.

右夾鴌嶼登山串〔屬康翎〕自延平抵登山 一百五十餘里〔登山串頭入海中 串南
有鴌嶼 沙乃嶼 瓮石嶼 櫛嶼 白嶼 点銀嶼 斜連于小青島 舟由瓮石之南 繞嶼北上
出瓮石沙乃第三嶼之間 左夾鴌嶼 抵登山串 船路迂回極險也〕○左夾加里串巡
威島〔屬康翎 自登山抵巡威 三十里〕

右夾鱸魚島〔屬海州 自巡威十里〕所江行營〔屬瓮津 黃海水使 風和時則來住 以
防唐船往來者 自巡威六十里〕氏作浦〔屬瓮津 自所江二十里〕自巡威抵氏作 九
十里 ○左夾於義島 昌獜島 猀獜 麻蛤島〔并屬瓮津 ○自於義抵昌獜 二十里 自昌
獜抵猀獜 三十里 自猀獜抵麻蛤 三十里 自麻蛤抵氏作 十里 自所江抵昌獜 二十
里 抵猀獜 三十里 抵麻蛤 五十里〕

오른편으로 흑두포〔해주 소속. 저작포에서 20리이다.〕, 육사내도·무수
룡포〔흑두포에서 무수룡포까지 50리이다.〕·오차구진·오차진〔모두 장
연 소속. 무수룡포에서 오차진까지 10리이다.〕을 낀다. ○왼편으로 우돌서
·도사내도·인을업도·소청도·대청도·백령도〔모두 장연 소속〕를 낀
다. 마합도에서 도사내도까지 80리, 도사내도에서 오차진까지 20리〔창린
도에서 인을업도까지 30리, 기린도에서 소청도·대청도까지 150리, 마합
도에서 소청도·대청도까지 170리, 소청도와 대청도 사이는 30리, 오차진
남쪽에서 백령도까지 20리이다.〕이다.

右夾黑頭浦〔屬海州 自氏作二十里〕陸沙乃島 舞水龍浦〔自黑頭抵舞水龍浦五
十里〕吾叉舊鎭 吾叉鎭〔并屬長淵 自舞水龍抵吾叉鎭 十里〕○左夾牛突嶼 島沙
乃島 鱗乙業島 小青島 大青島 白翎島〔并屬長淵〕自麻蛤抵島沙乃八 十里 自島
沙乃抵吾叉鎭 二十里〔自昌獜抵鱗乙業 六十里 自猀獜抵小大青 一百五十里 自
麻蛤抵小大青島 一百七十里 小大之間 三十里 自吾叉南抵白翎 二十里〕

오른편으로 장산을 끼고 바로 서쪽으로 향해 가면 곶 끝에 도착한다.
장산곶을 둘러서 바로 동쪽으로 향해 가면 조니진에 도착한다. 오차진에서
장산곶까지 40리, 장산곶에서 조니진까지 30리〔오차진과 조니진 두 진은

장산곶의 남쪽과 북쪽에 산을 넘어서 있는데 불과 20리 거리이다. ○장연의
불타산 서쪽 지맥은 암봉이 60~70리 중첩되다가 바닷속으로 쑥 들어간다.
그 끝나는 곳이 이름하여 장산곶이다. 장산곶 끝의 바닷속에는 두 개의
바위가 있는데 길이는 100여 장으로 우뚝 솟아 있는데, 이름하여 염옹암이
다. 바로 장산곶의 석맥이 이어진 것이다. 수세가 회전하는 곳이어서 배가
다니기에 아주 위험하다. 그래서 장산 이북 여러 읍의 세곡은 모두 돈으로
거두어 육로로 서울까지 운반한다.]이다. ○왼편은 큰 바다이다.

右夾長山 直向西行 至串末 繞串直向東行 抵助泥鎭 自吾叉抵長山串 四十里
自長山串抵助泥 三十里〔吾叉助泥兩鎭 在長山南北踰山 以距不過 二十里 ○長
淵佛陁山西支 石峯連疊 斗入海中 六七十里 其盡處 名長山串 串末海中有二巖
長百餘丈屹立 名鹽瓮巖 卽長山石脉 相連者也 水勢徊轉 舟行極險 故長山以北
諸邑稅穀 皆以錢收陸運至京〕 ○左大洋

오른편으로 금사사포 · 동령포〔모두 장연 소속〕, 당관포, 망덕봉, 방수소
〔조니진에서 당관포까지 60리, 당관포에서 초도까지 80리이다.〕를 낀다.
○왼편으로 몽금도〔장연 소속〕, 초도〔풍천 소속 ○장산곶에서 바로 몽금도
까지 40리이다.〕를 낀다.
오른편으로 범곶 · 허사진〔모두 풍천 소속〕을 낀다. 초도에서 범곶까지
50리이다. ○왼편으로 석도〔풍천 소속〕를 낀다. 초도에서 석도까지 50리
이다.〔초도에서 허사진 · 비파곶까지 30리, 비파곶에서 석도까지 20리이
다.〕
석도에서 오른편으로 웅도〔은율 소속〕를 낀다. ○왼편으로 환령도를 끼고
대동강으로 들어간다.
석도에서 오른편으로 주라도 · 남졸압도 · 인악도〔모두 함종 소속. 석도에
서 50리, 인악도에서 안주의 노강포진까지 100리이다.〕를 낀다. 북졸압도
에서 남졸압도까지 160리이다. ○왼편으로 덕도〔삼화 소속〕, 마아도를
낀다. 허사진에서 덕도까지 30리이다.〔덕도에서 증산 도람포까지 150리,

도람포에서 정주 가마포까지 100리이다.〕

右夾金沙寺浦 東令浦〔并屬長淵〕唐舘浦 望德峯防守所〔自助泥抵唐舘浦 六十里 自唐舘抵椒島〕八十里 ○左夾蒙金島〔屬長淵〕椒島〔屬豊川 ○自長山串直抵蒙金 四十里〕

右夾凡串許沙鎭〔并屬豊川〕自椒島抵凡串 五十里 ○左夾席島〔屬豊川〕自椒島抵席島 五十里〔自椒島抵許沙琵琶串 三十里 自琵琶抵席島 二十里〕

自席島右夾熊島〔屬殷栗〕○左環鈴島入大同江

自席島 右夾注羅島 南卒㺚島 仁岳島〔并屬咸從 自席島五十里 自仁岳抵安州老江浦鎭 一百里〕北卒㺚島抵南卒㺚島 一百六十里 ○左夾德島〔屬三和〕磨牙島 自許沙抵德島 三十里〔自德島抵甑山道濫浦 一百五十里 自道濫抵定州加馬浦 百里〕

오른편으로 친리도, 망이도〔가산 소속. 노강에서 30리이다.〕, 반자도, 장도를 낀다. ○왼편으로 모차도, 형제도, 울산도를 낀다.

강성문도〔정주 소속. 가마포에서 30리이다.〕는 섬이 13개이다. 남쪽에 있는 6개가 비스듬히 줄지어 있고 북쪽에 있는 7개도 역시 비스듬히 줄지어 있다. 배가 남쪽의 6섬 중에서 제2도와 제3도 사이를 경유하여 가서 강성문이라 이름한다. 돌아올 때는 북쪽의 7섬 중에서 제3도와 제4도 사이를 경유해서 간다.

오른편으로 고두문도, 양돌서, 접도, 가차도〔철산 소속〕를 낀다. ○왼편으로 횡건도, 신미도〔선천 소속. 정주의 사포에서 280리이다. 모문룡毛文龍65)이 일찍이 군대를 이곳에 주둔하였다. 위우리편도는 신미도 동남쪽 30리에 있다. 진우리편도는 위우리편도 남쪽 10리에 있다.〕, 자리원도, 웅도를 낀다.

---

65) 모문룡毛文龍(1576~1629) : 호는 진남振南이다. 후금後金에 패하던 명나라가 1622년 (광해군 14)에 후금에게 빼앗긴 요동지방을 회복하려고 우리나라의 철산鐵山 가도椵島에 군대를 주둔시켰을 때 이 군대를 이끌었던 명나라의 무장武將이다.

右夾襯里島 望弸島〔屬嘉山 自老江三十里〕班子島 獐島 ○左夾毛叉島 兄第島
蔚山島

江城門島〔屬定州 自加馬浦三十里〕島有十三 在南者六 斜連以列 在北者七 亦
斜列 船由南六島中第二島第三島之間而行 名江城門 回進由北七島中第三島第
四島之間而行

右夾高頭門島 陽突嶼 蝶島 加次島〔屬鐵山〕○左夾橫建島 身彌島〔屬宣川 自定
州蛇浦二百八十里 毛文龍嘗駐兵於此 僞ㆅ里鞭島 在身彌東南十三里 眞ㆅ里鞭
島 在僞ㆅ里鞭南十里〕者里院島 熊島

오른편으로 선사포〔철산 소속〕, 미곶진〔용천 소속〕, 양하진·인산진〔모
두 의주 소속. 압록강으로 들어가는 곳이다.〕을 낀다. ○왼편으로 가도〔속
명은 피도이다. 철산 소속. 선사포에서 10리이다. 모문룡이 일찍이 이곳에
서 부를 설치하였다.〕, 탄도〔선천 소속. 가도에서 10리이다.〕, 대가도〔가
도에서 20리이다.〕, 소가도〔대가도 북쪽에 있다.〕, 책도, 신도〔용천 소속.
신미진에서 30리이다. 그곳에서 멀지 않은 거리에 양하구가 있는데 인가가
즐비하고 그 안에서 홍판이 이루어지니 배들이 이곳을 거쳐 간다. 미곶진에
서 서쪽의 수로를 따라 150리 거리에 대록도와 소록도가 있다. 섬의 서쪽
육지는 해주위 땅이다. 또 서쪽으로 소로를 따라 200리 거리에 광록도가
있다. 섬의 서쪽 육지는 바로 금주위 땅이다.〕를 낀다.

右夾宣沙浦〔屬鐵山〕彌串鎭〔屬龍川〕楊下鎭 獀山鎭〔并屬義州 入于鴨綠江〕
○左夾椵島〔俗名皮島 屬鐵山 自宣沙十里 毛文龍嘗開府於此〕炭島〔屬宣川 自
椵島十里〕大椵島〔自椵島二十里〕小椵島〔在大椵北〕冊島 薪島〔屬龍川 自身彌
鎭三十里 距彼地不遠有羊河口 人家櫛比 彼中興販 船由此境 自彌串鎭 西距水
路一百五十里 有大小鹿島 島之西陸 卽海州衛地 又西距小路二百里 有廣鹿島
島之西陸 卽金州衛地〕

사행지로使行之路66)

○중국 사행 육해로中國使行陸海路

압록강에서 진강성[30리 ○본래 이름은 구련성], 탕참[70리], 책문[20
리], 봉황성[20리], 진동보[40리. 일명 벽류참], 진이보[60리. 일명 통원
보], 연산관[70리. 일명 압록관], 첨수참[30리], 요동[90리], 십리보[60
리], 성경[60리. 본명 심양], 변성[60리], 거류하[40리], 백기보[70리],
이도정[50리], 소흑산[50리], 광녕[60리 ○명나라에 조공할 때 이용하던
옛길이다. 요동에서 안산[60리], 해주위[50리], 우가장[40리], 사령[60
리], 고평역[60리], 반산역[40리], 광녕[50리]에 이른다. 강희 기미년67)
에 지금의 도로로 고쳐 이전에 비해 90리 멀어졌다.], 여양역[30리],
석산참[40리. 속칭 십삼산], 소릉하[60리], 행산역[38리], 연산역[50
리], 영원위(50리)68) 조장역[15리], 동관역[50리], 사하역[36리], 전둔
위[50리], 고령역[50리], 산해관[50리], 심하역[60리], 무령현[40리],
영평부[70리], 칠가령[60리], 풍윤현[100리], 옥전현[80리], 계주[70
리], 삼하현[70리], 통주[70리], 북경[40리]에 이른다. 총 2,049리.
自鴨綠江抵鎭江城[三十里 ○本名九連城] 湯站[七十里] 柵門[二十里] 鳳凰城
[二十里] 鎭東堡[四十里 一名薛劉站] 鎭夷堡[六十里 一名通遠堡] 連山關[七
十里 一名鴨綠關] 甛水站[三十里] 遼東[九十里] 十里堡[六十里] 盛京[六十里
本名瀋陽] 邊城[六十里] 巨流河[四十里] 白旗堡[七十里] 二道井[五十里] 小
黑山[五十里] 廣寧[六十里 ○皇明朝貢時 舊路 自遼東抵鞍山六十里 海州衛五
十里 牛家庄四十里 沙嶺六十里 高平驛六十里 盤山驛四十里 廣寧五十里 自康
熙己未 改今路 比前遠九十里] 閭陽驛[三十里] 石山站[四十里 俗呼十三山]

---

66) 원문에는 사행지로라는 표제가 없지만 후술되는 내용을 포괄하는 제목으로 필자가
　　사용하였다.
67) 1679년(숙종 5).
68) 『고사신서』에는 50리가 수록되어 있다.

小陵河〔六十里〕 杏山驛〔三十八里〕 連山驛〔五十里〕 寧遠衛 曹庄驛〔十五里〕
東關驛〔五十里〕 沙河驛〔三十六里〕 前屯衛〔五十里〕 高嶺驛〔五十里〕 山海關
〔五十里〕 深河驛〔六十里〕 撫寧縣〔四十里〕 永平府〔七十里〕 七家嶺〔六十里〕
豊潤縣〔一百里〕 玉田縣〔八十里〕 薊州〔七十里〕 三河縣〔七十里〕 通州〔七十里〕
北京〔四十里〕 共二千四十九里

○1621년 이후 조공해로萬曆辛酉以後朝貢海路

선천 선사포에서 배가 출발하여 철산 가도〔60리〕, 차우도〔140리〕, 녹도
〔500리. 이로부터 요계 소속〕, 석성도〔600리〕, 장산도〔200리〕, 광록도
〔200리〕, 삼산도〔280리〕, 평도〔200리〕, 황성도〔1,000리〕, 타기도〔200
리〕, 묘도〔200리〕, 등주〔80리. 이상 해로〕에 이른다. 등주에서 황현〔60
리〕, 황산역〔60리〕, 주교역〔60리〕, 내주부〔60리〕, 회부역〔70리〕, 창읍
현〔80리〕, 유현〔80리〕, 창락현〔50리〕, 청주부〔70리〕, 금령역〔70리〕,
장산현〔70리〕, 추평〔50리〕, 장구현〔60리〕, 용산역〔40리〕, 제남부〔70
리〕, 제하현〔50리〕, 우성현〔70리〕, 평원현〔70리〕, 덕주〔90리〕, 경주〔60
리〕, 부성현〔50리〕, 부장역〔40리〕, 헌현〔40리〕, 하간현〔70리〕, 임구현
〔70리〕, 웅현〔70리〕, 신성현〔70리〕, 탁주〔60리〕, 양향현〔70리〕, 대정점
〔50리〕, 경도〔40리〕에 이른다. 이상 수로 3,760리, 육로 1,900리 ○정묘
년 이후[69])에는 증산 석다산에서 배가 출발하였다.〔석다산에서 가도까지
300리이다.〕

自宣川宣沙浦發船 至鐵山椵島〔六十里〕 車牛島〔一百四十里〕 鹿島〔五百里 自
此屬遼界〕 石城島〔六百里〕 長山島〔二百里〕 廣鹿島〔二百里〕 三山島〔二百八十
里〕 平島〔二百里〕 皇城島〔一千里〕 鼉機島〔二百里〕 廟島〔二百里〕 登州〔八十里
以上海路〕 自登州抵黃縣〔六十里〕 黃山驛〔六十里〕 朱橋驛〔六十里〕 萊州府〔六
十里〕 灰埠驛〔七十里〕 昌邑縣〔八十里〕 濰縣〔八十里〕 昌樂縣〔五十里〕 靑州府

---

69) 1627년(인조 5).

〔七十里〕金嶺驛〔七十里〕長山縣〔七十里〕鄒平〔五十里〕章丘縣〔六十里〕龍山驛〔四十里〕濟南府〔七十里〕濟河縣〔五十里〕禹城縣〔七十里〕平原縣〔七十里〕德州〔九十里〕景州〔六十里〕阜城縣〔五十里〕富莊驛〔四十里〕獻縣〔四十里〕河間縣〔七十里〕任丘縣〔七十里〕雄縣〔七十里〕新城縣〔七十里〕涿州〔六十里〕良鄉縣〔七十里〕大井店〔五十里〕京都〔四十里〕以上水路三千七百六十里 陸路一千九百里 ○丁卯以後 自甑山石多山發〔石多山至椵島三百里〕

○1629년 이후 달라진 해로己巳以後改海路

평도에서 길이 나뉘어 여순구〔40리〕, 철산취〔40리〕, 양도〔80리〕, 쌍도〔40리〕, 남신구〔500리〕, 북신구〔170리〕, 각화도〔1,000리〕, 영원위〔10리. 이로부터 육지로 오른다. 조장역 이후에 이르는 육로는 앞과 같다.〕에 이른다.

自平島分路 抵旅順口〔四十里〕鐵山觜〔四十里〕羊島〔八十里〕雙島〔四十里〕南汛口〔五百里〕北汛口〔一百七十里〕覺華島〔一千里〕寧遠衛〔十里 自此登陸陸路至曹庄驛以後 同前〕

○일본국 통신사 해륙로日本國通信使海陸路

부산 영가대 아래에서 배가 출발하여 좌수내포〔480리. 일본 지도에 "마도에서 부산까지 48리이다."라고 하였다. 일본의 10리는 곧 우리나라의 100리이다.〕, 악포〔30리〕, 압뢰〔190리. 위의 두 포구는 모두 마도에 있다.〕, 대마도〔명탄에서 부중포까지 70리〕, 일기도〔풍본포 480리. 축전주 땅〕, 남포〔350리. 축전주 땅. 남쪽으로 구주의 여러 산들이 바라보인다. 패가대는 그 해안에 있는데 곧 일본이다. 그러므로 도시 서쪽에 박제상朴堤上70), 정포은鄭圃隱71), 신문충申文忠72)의 유적이 이곳에 있다.〕, 적간관

---

70) 박제상朴堤上 : 신라 내물왕 때 충신. 양산梁山 지방의 토호 세력으로 418년(눌지왕 2)에 왕명을 받들어 먼저 고구려에 가서 장수왕을 회유해 복호를 구출하였다. 또

〔일명 하관 240리. 『김동명기』73)에는 320리. 마도와 적간관 사이에 세 대해가 있는데 매우 험하여 건너기 어렵다고 이름났다. 적간 이후는 해안을 끼고 가지만, 바람이 조금만 불어도 물결이 쳐서 뱃길의 어려움이 대양을 건너는 것보다 더하다.〕, 향포〔180리. 『동명기』에는 220리. 장문주 땅. 문자성과 연적을 지난 후에 산봉우리가 100여 길이나 우뚝 솟아올라 적간 관과 마주 대하는데, 수세가 매우 급하다. 이곳에 이르러 구주가 끝나고 큰 바다가 아득하다.〕,

自釜山永嘉臺下發船 至佐須奈浦〔四百八十里 本地圖云 自馬島至釜山 四十八 里 日本十里 卽我國百里〕 鰐浦〔三十里〕 鴨瀨〔一百九十里 右二浦皆在右島〕 對馬島〔自鳴灘至府中浦 七十里〕 一岐島〔風本浦四百八十里 筑前州地〕 藍浦 〔三百五十里 筑前州地 南望九州諸山 覇家臺在其岸 乃日本 故西都 朴堤上 鄭圃 隱 申文忠 遺跡在此〕 赤間關〔一名下關二百四十里 金東溟記三百二十里 馬島赤 關之間 有三大海 極險号爲難渡 自赤間以後 傍岸而行 小有風濤船行艱險 甚於 涉洋〕 向浦〔一百八十里 東溟記二百二十里 長門州地 過文字城硯滴後 峰斗起百 餘仞 與赤間關相對 水勢甚急 至此九州盡 而大海茫茫〕

실우〔120리〕, 상관〔50리〕, 진화〔120리〕, 겸예〔80리. 안예주 땅〕, 충해 〔100리〕, 도포〔100리. 비후주 땅〕, 하진〔100리〕, 우창〔100리. 비전주 땅〕, 실진〔100리. 번마주 땅. 일기에서 동쪽으로 지나온 여러 섬과 해산은 모두 희고 나무가 없는데, 실진 이후부터 비로소 사람들이 사는 것이

왜에 인질로 가 있는 미사흔을 구출한 후 왜에 붙잡혀 참형을 받아 죽었다.

71) 정몽주鄭夢周(1337~1392) : 고려 말기의 문신. 본관은 영일, 자는 달가達可, 호는 포은圃隱, 시호는 문충文忠이다. 구주九州 지방의 패가대覇家臺에 가서 왜구의 단속을 요청하였고, 왜구에게 잡혀갔던 고려 백성 수백 명을 귀국시켰다.

72) 신숙주申叔舟(1417~1475) : 조선 전기의 문신. 본관은 고령, 자는 범옹泛翁, 호는 희현당希賢堂 또는 보한재保閑齋, 시호는 문충文忠이다. 1443년(세종 25)에 서장관書狀 官으로 일본 사행에 동참하였고, 그 경험을 바탕으로 『해동제국기海東諸國記』를 저술하 였다.

73) 김세렴金世濂(1593~1646)의 시문집으로 김일기金一基가 1737년(영조 13)에 간행하였 다.

보인다.〕, 명석〔130리〕, 병고〔50리. 섭진주 땅. 땅은 오기내에 속한다.〕,
대판성〔130리. 섭진주 땅. 하구에서 대판까지 30리이다. 하천의 수심은
얕고 우리 배의 선체가 커서 여기부터 왜선으로 갈아탄다. 이 나라의
번화한 큰 도회지이다.〕, 정포〔90리. 이로부터 육로가 된다.〕, 왜경〔30리.
즉 산성주이다. 왜황이 거주하는 곳이다.〕, 삼산〔80리.『동명기』에는 "왜
경에서 대진까지 40리이다."라고 하였다. 대진에서 삼산까지 55리이다.〕,
좌화산〔일명 언근. 100리. 근강주 땅.『동명기』에는 "삼산에서 팔번까지
그리고 좌화까지 70리이다."라고 하였다.〕, 대원〔100리. 미농주 땅.『동명
기』에는 "좌화에서 금수까지 70리, 금수에서 대원까지 50리이다."라고
하였다.〕,

室隅〔一百二十里〕 上關〔五十里〕 津和〔一百二十里〕 鎌刈〔八十里 安藝州地〕
忠海〔一百里〕 鞆浦〔一百里 備後州地〕 下津〔一百里〕 牛窓〔一百里 備前州地〕
室津〔一百里 幡摩州地 自一歧以東 所經諸島海山 皆白而童 室津以後 始見民
居〕 明石〔一百三十里〕 兵庫〔五十里 攝津州地 地屬五畿內〕 大坂城〔一百三十里
攝津州地 自河口抵大坂三十里 河水淺而我船體大 自此潛乘倭船 一國繁華大都
會處 碇浦〔九十里 自此爲陸路〕 倭京〔三十里 卽山城州 倭皇所居〕 森山〔八十
里 東溟記 自倭京至大津四十里 大津至森山五十五里〕 佐和山〔一名彦根一百里
近江州地 東溟記 自森山至八蟠至佐和七十里〕 大垣〔一百里 美濃州地 東溟記
自佐和至今須七十里 今須至大垣五十里〕

명호옥〔110리. 즉 미장주.『동명기』에는 "대원에서 주은까지 25리, 주은에
서 미장까지 75리이다."라고 하였다.〕, 강기〔90리. 삼하주 땅.『동명기』에
는 "미장에서 명해까지 30리, 명해에서 강기까지 55리이다."라고 하였
다.〕, 길전〔70리. 삼하주 땅.『동명기』에는 "대판에서 강기까지 모두 광야
인데, 다만 세 개의 소령이 사이사이에 있다. 강기에서 적판까지 50리인데,
모두 산계와 능곡이다. 적판에서 길전까지 35리인데, 모두 송림이다."라고
하였다.〕, 빈송〔90리. 원강주 땅.『동명기』에는 "길전에서 황정까지 50리,

금하를 건너 하광까지 10여 리이다. 북쪽으로 부사산이 보인다. 황정에서
빈송까지 40리이다."라고 하였다.〕, 현천〔90리. 원강주 땅.『동명기』에는
"한길가 모든 산에 편석이 없어 모든 다리는 판자로 만들었다. 강호에
축석한 것은 모두 도포·축전 등에서 운반하여 이르렀다. 빈송에서 견부까
지 40리, 견부에서 현천까지 40리이다."라고 하였다.〕, 등지〔70리. 원강주
땅. 동명기에는 "현천에서 금곡까지 40리, 금곡에서 등지까지 30리이다.
석령·국령·금곡 등 3개의 큰 고개를 넘는데, 처음부터 끝까지 20여
리이다. 바로 부사산 남쪽 지맥이 바다로 들어가는 곳이다. 대정천을 건너
는데, 산의 물이 급하게 흐르며, 강의 너비가 5~6리이다."라고 하였다.〕,
강고〔80리. 준하주 땅.『동명기』에는 "등지에서 준하주까지 50리, 준하에
서 강고까지 30리이다."라고 하였다.〕,

鳴護屋〔一百十里 卽尾張州 東溟記 自大垣至州殷二十五里 州殷至尾張七十五
里〕岡崎〔九十里 三河州地 東溟記 自尾張至鳴海三十里 鳴海至岡崎五十五里〕
吉田〔七十里 三河州地 東溟記 自大坂至岡崎 皆廣野 只有三小嶺間之 自岡崎至
赤坂五十里 皆山磽陵谷 自赤坂至吉田三十五里 皆松林〕濱松〔九十里 遠江州地
東溟記 自吉田至荒井五十里 渡金河河廣十餘里 北望富士山 自荒井至濱松四十
里〕縣川〔九十里 遠江州地 東溟記 一路諸山無片石 故諸橋皆以板 江戶築石
皆運于鞱浦築前䓁至云 自濱松至見付四十里 見付至縣川四十里〕藤枝〔七十里
遠江州地 東溟記 自縣川至金谷四十里 金谷至藤枝三十里 踰石嶺菊嶺金谷三大
嶺 首尾二十餘里 卽富士山南枝入海者 渡大井川 山水急流 廣可五六里〕江尻
〔八十里 駿河州地 東溟記 自藤枝至駿河州五十里 駿河州至江尻三十里〕

삼도〔120리. 이두주 땅.『동명기』에는 "부사산 남쪽 기슭을 따라 간다.
강고에서 길원까지 70리, 길원에서 삼도까지 30리이다."라고 하였다.〕,
소전원〔80리. 상모주 땅.『동명기』에는 "삼도에서 상근호까지 40리이다.
호수는 고개 위에 있다. 호수에서 소전원까지 40리이다."라고 하였다.〕,
등택〔80리. 상모주 땅.『동명기』에는 "소전원에서 대의까지 40리, 대의에

서 등택까지 40리이다.″라고 하였다.], 신내천[일명 금천. 50리. 무장주 땅], 강호[70리. 관백이 거주한다. 신내에서 품천까지 40리, 품천에서 강호까지 30리이다.]에 이른다. 이상은 수로로 3,290리이고, 육로로 1,300리이다.[만일 일광산에서 분향하고 가면 강호의 북문이 나온다. 육로로 370리이다.]

三島〔一百二十里 伊豆州地 東溟記 從富士山南麓行 自江尻至吉原七十里 吉原 至三島三十里〕小田原〔八十里 相模州地 東溟記 自三島至箱根湖四十里 湖在嶺 上 自湖至小田原四十里〕藤澤〔八十里 相模州地 東溟記 自小田原至大礒四十里 大礒至藤澤四十里〕神奈川〔一名金川五十里 武藏州地〕江戶〔七十里 關伯所居 自神奈至品川四十里 品川至江戶三十里〕以上水路三千二百九十里 陸路一千 三百里〔如有日光山焚香之行 則出江戶北門 陸路三百七十里〕

부산에서 마도까지는 북풍이 정순풍이며, 서풍과 서북간풍은 이물바람이 고, 동북간풍은 고물바람이다. 마도에서 상관까지는 서남풍이 정순풍이 며, 남풍과 서북간풍은 고물바람이다. 상관에서 대판까지는 서풍이 정순풍 이며, 서남풍이 이물바람이고, 북풍과 서북간풍이 고물바람이다.

自釜山至馬島 北風爲正順 正西西北間風爲艫前風 東北間風爲艫後風 自馬島至 上關 西南風爲正順 正南西北間風爲艫後風 自上關至大坂 西風爲正順 西南風爲 艫前風 正北西北間風爲艫後風

○대판에서 상관까지는 동풍이 정순풍이며, 북풍과 동북풍이 이물바람이 고, 남풍과 동남풍이 고물바람이다. 상관에서 일기까지는 동북간풍이 정순 풍이며, 동풍과 북풍이 이물바람이고, 동풍과 동남간풍이 고물바람이다. 일기에서 마도까지는 동남풍이 정순풍이며, 동풍과 북풍이 이물바람이고, 남풍이 고물바람이다. 마도에서 부산까지는 동풍이 정순풍이고, 남풍과 서풍이 이물바람이다.

○自大坂至上關 東風爲正順 正北東北風爲艎前風 正南東南風爲艎後風 自上關至一歧 東北間風爲正順 東風北風爲艎前風 東風東南間風爲艎後風 自一歧至馬島 東南風爲正順 東風北風爲艎前風 南風爲艎後風 自馬島至釜山 東風爲正順 南風西風爲艎前風

○부산에서 악포까지는 나침판이 사방과 오방 사이를 가리키며, 악포에서 부중포까지는 묘방과 진방 사이를 가리키며, 부중포에서 남도까지는 진방과 사방 사이를 가리키며, 남도에서 상관까지는 묘방을 가리키며, 상관에서 진화까지는 인방을 가리키며, 진화에서 겸예까지는 자방을 가리키며, 겸예에서 향도까지는 묘방을 가리키며, 향도에서 하진까지는 축방과 인방 사이를 가리키며, 하진에서 우창까지는 인방과 묘방 사이를 가리키며, 우창에서 실진까지는 축방과 인방의 사이를 가리키며, 실진에서 하구까지는 인방과 묘방 사이를 가리키며, 하구에서 대판까지는 자방을 가리킨다. 육로로 왜경에서 강호까지는 인방과 묘방 사이를 가리키며, 상근령 이후부터는 다시 축방과 인방을 가리킨다.

○自釜山至鰐浦 盤針向巳午間 自鰐浦至府中浦 向卯辰 自府中至藍島 向辰巳間 自藍島至上關 向卯 自上關至津和 向寅 自津和至鎌刈 向子 自鎌刈至向島 向卯 自向島至下津 向丑寅間 自下津至牛窓 向寅卯間 自牛窓至室津 向丑寅間 自室津至河口 向寅卯間 自河口至大板 向子 旱路則自倭京至江戶 向寅卯間 箱根嶺以後 又向丑寅

○1592년 이전 일본 입경로萬曆壬辰以前日本入京路

△중로中路

광주 경안역, 이천부, 무극역, 음죽현, 음성현, 괴산군, 연풍현, 안보역〔연풍〕, 문경현, 함창현, 상주, 선산부, 해평〔선산〕, 인동현, 팔거〔성주〕,

대구부, 경산현, 성현역[청도], 청도군, 유천역[밀양], 밀양부, 무흘역[밀양], 황산역[양산], 양산군, 소산역[동래], 부산포[동래]

廣州慶安驛 利川府 無極驛 陰竹縣 陰城縣 槐山郡 延豐縣 安保驛[延豐] 聞慶縣 咸昌縣 尙州 善山府 海平[善山] 仁同縣 八莒[星州] 大丘府 慶山縣 省峴驛[淸道] 淸道郡 楡川驛[密陽] 密陽府 無訖驛[密陽] 黃山驛[梁山] 梁山郡 蘇山驛[東萊] 釜山浦[東萊]

△좌로左路

평구역[양주], 봉안역[광주], 양근군, 여주, 안평역[여주], 가흥역[충주], 충주, 황강역[청풍], 수산역[청풍], 단양군, 풍기군, 영천군榮川郡, 평은역[영천], 옹천역[안동], 안동부, 운산역[안동], 의성현, 청로역[의성], 의흥현, 신녕현, 영천군永川郡, 아화역[경주], 모량역[경주], 경주, 조역[경주], 구어역[경주], 울산군, 간곡역[울산], 아월역[기장], 소산역[동래], 부산포[동래]

平丘驛[楊州] 奉安驛[廣州] 楊根郡 驪州 安平驛[驪州] 嘉興驛[忠州] 忠州 黃江驛[淸風] 壽山驛[淸風] 丹陽郡 豐基郡 榮川郡 平恩驛[榮川] 瓮泉驛[安東] 安東府 雲山驛[安東] 義城縣 淸路驛[義城] 義興縣 新寧縣 永川郡 阿火驛[慶州] 車梁驛[慶州] 慶州 朝驛[慶州] 仇於驛[慶州] 蔚山郡 肝谷驛[蔚山] 阿月驛[機張] 蘇山驛[東萊] 釜山浦[東萊]

△우로右路

양재역[과천], 낙생[광주], 용인현, 양지현, 죽산현, 진천현, 청주, 문의현, 옥천군, 영동현, 황간현, 추풍[김산], 김산, 부상역[성주], 무계[성주], 현풍현, 창녕현, 영산현, 영포역[칠원], 창원부, 자여역[창원], 김해부, 양산군, 용당[양산 수참], 부산포

良才驛〔果川〕 樂生〔廣州〕 龍仁縣 陽智縣 竹山縣 鎭川縣 淸州 文義縣 沃川郡 永同縣 黃澗縣 秋豊〔金山〕 金山 扶桑驛〔星州〕 茂溪〔星州〕 玄風縣 昌寧縣 靈山縣 靈浦驛〔漆原〕 昌原府 自如驛〔昌原〕 金海府 梁山郡 龍堂〔梁山水站〕 釜山浦

△수로水路

두모포〔양주〕, 암회사참〔광주 ○즉 수참이다. 아래에 모두 참자가 없는 것도 같다.〕, 봉안〔광주〕, 대탄〔양근〕, 이포〔여주〕, 흥원〔원주〕, 가흥〔충주〕, 금천〔충주〕, 단월〔충주〕, 안보〔연풍〕, 유곡역〔문경〕, 함창현, 낙양〔상주〕, 월파정〔선산〕, 해평〔선산〕, 약목〔인동〕, 팔거〔성주〕, 동원〔성주〕, 하빈〔대구〕, 화원〔성주〕, 가리〔성주〕, 쌍산〔현풍〕, 사막〔초계〕, 마수원〔창녕〕, 지산〔의령〕, 불당원〔칠원〕, 요광〔영산〕, 주물연〔창원〕, 수산〔밀양〕, 요도저〔김해〕, 용당〔양산〕, 감동포〔동래〕, 부산포

豆毛浦〔楊州〕 巖回寺站〔廣州 ○卽水站也 下凡無站字者同〕 奉安〔廣州〕 大灘〔楊根〕 梨浦〔驪州〕 興原〔原州〕 可興〔忠州〕 金遷〔忠州〕 丹月〔忠州〕 安保〔延豊〕 幽谷驛〔聞慶〕 咸昌縣 洛陽〔尙州〕 月波亭〔善山〕 海平〔善山〕 若木〔仁同〕 八莒〔星州〕 東院〔星州〕 河濱〔大丘〕 花園〔星州〕 加利〔星州〕 雙山〔玄風〕 沙幕〔草溪〕 馬首院〔昌寧〕 枝山〔宜寧〕 佛堂院〔漆原〕 要光〔靈山〕 主勿淵〔昌原〕 守山〔密陽〕 都要渚〔金海〕 龍堂〔梁山〕 甘洞浦〔東萊〕 釜山浦

○유구국해로琉球國海路

동래의 부산포에서 대마도의 도이사지〔48리〕, 선월포〔19리〕, 일기도의 풍본포〔48리〕, 모도이포〔5리〕, 비전주의 상송포〔13리〕, 혜라무〔205리〕, 대도〔145리〕, 도구도〔30리〕, 여론도〔15리〕, 유구국〔15리〕에 이른다. 합 543리〔우리나라의 이수로 계산하면 5,430리이다. ○출전『해동제국기』〕

自東萊之富山浦 至對馬島之都伊沙只〔四十八里〕船越浦〔十九里〕一歧島之風
本浦〔四十八里〕毛都伊浦〔五里〕肥前州之上松浦〔十三里〕惠羅武〔二百五里〕
大島〔一百四十五里〕度九島〔三十里〕輿論島〔十五里〕琉球國〔十五里〕合五百
四十三里〔以我國里數計之 五千四百三十里 ○出海東諸國記〕

『고려사』 신창74) 때 유구국 옥지가 표를 받들고 방물을 올리려고 순천부에
와서 정박하였다. 고려는 김인후金仁厚와 김인용金仁用을 보내어 이를 보답
하였었는데 또한 순천에서 갔다.
高麗史辛昌時 琉球國玉之 奉表獻方物 來泊順天府 高麗遺金仁厚金仁用報之
亦自順天往

---

74) 고려 창왕. 1380년(우왕 6)~1389년(공양왕 1). 재위 1388년~1389년.

부록附

조석潮汐

○조석의 한 달 내의 성쇠일潮汐一月內盛衰之日

초1일은 일곱물〔밀다.〕

초2일은 여덟물

초3일은 아홉물

초4일은 열물

초5일은 한것기〔물의 밀기가 꺾여서 미약하다.〕

초6일은 대것기

초7일은 큰것기

초8일은 조금〔물이 다 비어 줄어든다.〕

초9일은 무쉬〔늘지도 줄지도 않아서 조금과 차이가 없다.〕

초10일은 한물

11일은 두물

12일은 세물

13일은 네물

14일은 다섯물

15일은 여섯물〔사리生伊라고 부른다. 물이 살아나서 극히 성하다.〕75)

망후는 망전의 날과 용례가 같다.

初一日七水挨〔推也〕

初二日八水挨

初三日九水挨

---

75) "生伊者水盡生而極盛也"(『사연고』 조석)

初四日十水挨
初五日一折只〔水推折而微也〕
初六日二折只
初七日大折只
初八日遭空〔水盡空縮也〕
初九日水衰〔不長不消 與遭空無異也〕
初十日一水挨
十一日二水挨
十二日三水挨
十三日四水挨
十四日五水挨
十五日六水挨〔号生伊 水極生盛也〕
望後如望前日例

작은 달일 경우에는 29일에 다섯물과 여섯물이 합쳐져 사리가 된다. 3월에서 8월까지 보름날의 사리는 센사리强生伊라고 하고, 그믐날의 사리는 쪽사리片生伊라고 한다. 9월에서 2월까지 보름날의 사리는 쪽사리라고 하고, 그믐날의 사리는 센사리〔강강은 아주 길다는 것이고, 편편은 조금 길다는 것이다.〕라고 한다. 여섯물에서 열물까지는 해가 점점 길어지고, 한것기에서 조금까지는 해가 점점 짧아진다. 아주 길어지면 수세가 매우 빠르고, 짧아지면 수세가 느려진다. 봄과 여름은 밀물이 왕성해지고 썰물이 미미해진다. 가을과 겨울에는 썰물이 미미해지고 밀물이 왕성해진다. 날이 따뜻하고 바람이 온화하면 물은 많이 증가하고, 흐리고 비가 오거나 바람이 불면 물은 많이 줄어든다. 비록 사리 때라도 역시 그렇다. 대개 선박이 무쉬날水衰日에 해안에 정박하면 움직일 수 없다가 세물이 되어서 물이 불면 비로소 뜰 수 있다. 그래서 바다 속담에 "무쉬날 배를 대었다가 세물에 떠난다."라고 한다.

月小則二十九日 兼五六水爲生伊 自三月至八月 望日之生伊 稱强生伊 晦日之生伊 稱片生伊 自九月至二月 望日之生伊 稱片生伊 晦之生伊 稱强生伊〔强者極長也 片者微長也〕自六水至十水 日漸長 自一折至遭空日漸消 極長則水勢急 極消則水勢緩 春夏則潮盛而汐微 秋冬則潮微而汐盛 日暖風和則水多增 陰雨風作則水多減 雖生伊之時亦然 凡舟船水衰日 泊在浦岸 不得運者 至三水挨 日水盛而始得浮焉 故海諺云 水衰泊者 三水挨去

○우리나라 조석의 한 달 내의 진퇴 시기我國潮汐一月內進退之時

초1일은 묘시의 초초

초2일은 묘시의 중초

초3일은 묘시의 말초

초4일은 진시의 초초

초5일은 진시의 중초

초6일은 진시의 말초

초7일은 사시의 초초

초8일은 사시의 중초

초9일은 사시의 말초

초10일은 오시의 중간

11일은 미시의 처음

12일은 미시의 중간

13일은 미시의 끝

14일은 신시의 상반

15일은 신시의 하반

망후는 망전의 날과 용례가 같다.

初一日卯初初

初二日卯中初

初三日卯末初

初四日辰初初

初五日辰中初

初六日辰末初

初七日巳初初

初八日巳中初

初九日巳末初

初十日午中

十一日未初

十二日未中

十三日未末

十四日申上半

十五日申下半

望後如望前日例

우리나라의 조석은 오직 서해와 남해에만 있다. 영암의 갈두산 동쪽에
이르면 조금 차이가 생기고, 영남의 동해에 이르면 더욱 미약해지게 되며,
울산 이북의 동해에 가면 완전히 없어진다. 고려 때 이규보李奎報가 축일조
석극창逐日潮汐極漲〔날짜에 따라 조석이 많이 불어난다.〕이란 시를 읊었는
데 "세 마리 토끼와 세 마리 용의 물이요, 세 마리 뱀과 한 마리 말의
때이로다. 양이 세 마리인데, 원숭이도 또 두 마리이니, 달이 검어지더라도
다시 이와 같네."76)라고 하였다. 이는 조강에서 지은 것이다. 경기는 이
시간과 차이가 나지 않고, 호서는 경기보다 약간 빠르고, 호남은 호서보다
약간 빠르다. 다만 밀물이 묘시에 있으면 썰물은 유시에 있고, 밀물이
진시에 있으면 썰물은 술시에 있어 나머지도 동일하다. 우리말에 조석이
많이 불어나는 시간을 참站〔오는 날을 말한다.〕이라고 하며, 조석이 다하여

---

76) 토兎는 묘시卯時, 용龍은 진시辰時, 사蛇는 사시巳時, 마馬는 오시午時, 양羊은 미시未時,
원猿은 신시申時이고, 삼三·일一·이二는 일수日數이다.

물러나는 시간을 가슴邊音〔물이 다 물러나 가장자리 땅이 나오는 것을 말한다.〕이라고 한다. 배로 다니는 자는 참일 때 나아가는데, 배가 진퇴할 때에 파도의 기세가 맹렬하면 배가 쉽게 표류한다. 걸어 다니는 자는 반드시 가슴일 때 나아가는데, 포구 가에 물웅덩이가 있어 다만 한길로 통행할 수 있다. 만약 조금이라도 길에서 벗어나면 갑자기 물에 빠지게 된다. 반드시 기어서야 길로 나아가게 되거나 간혹 가만히 있다가 사람이 구해주기를 기다려야만 살 수 있다. 조금이라도 움직여서 스스로 빠져나오고자 하면 진흙 속으로 점점 들어가 목덜미까지 빠지게 된다. 대개 조수가 강이나 포구에 불어날 즈음에는 바다 가운데의 조석은 먼저 이미 다 물러간다. 그래서 바다 속담에 "바다 안에서는 참이고 바다 밖에는 가슴이다."라고 한다.

我國潮汐 惟西南海有之 而至靈巖之葛頭山東少異 至嶺南之東海遂微 蔚山以北東海全無 高麗李奎報賦 逐日潮汐極漲之時曰 三兎三龍水 三蛇一馬時 羊三猿亦二 月黑復如斯 此在祖江上作也 京畿不違此時 湖西差早於京畿 湖南差早於湖西 但潮在卯則汐在酉 潮在辰則汐在戌 皆同 方言謂 潮汐極漲之時 曰站〔謂行期也〕謂潮汐盡退之時 曰邊音〔謂水盡退出邊地也〕舟行者 必趂站 若當方進方退之時 波勢奔猛 舟易漂流 步行者 必趂邊音 而浦邊或阻洳 只有一路 可通處 若少出於路外則輒陷 必匍匐以就其路 或靜而俟人救乃可活 少有動搖欲 自援出漸入泥中 至於沒項 凡潮水方漲於江浦口之時 則海中之潮 先已盡退 故海諺云 內站而外邊音

오월조신가吳越潮信歌

초1, 초2, 13, 14, 25, 26일은 인신에 불어나고 사해에 잠잠해진다.
초3, 초4, 15, 16, 27, 28일은 묘유에 불어나고 자오에 잠잠해진다.
초5, 초6, 17, 18, 29, 30일은 진술에 불어나고 축미에 잠잠해진다.
초7, 초8, 19, 20일은 사해에 불어나고 인신에 잠잠해진다.

초9, 초10, 21, 22일은 자오에 불어나고 묘유에 잠잠해진다.

11, 12, 23, 24일은 축미에 불어나고 진술에 잠잠해진다.

우리나라 제주 조신은 오월과의 차이를 비교하면 1시간 이르다.

初一二十三四卅五六 寅申長而巳亥平

初三四十五六卅七八 卯酉長而子午平

初五六十七八卅九卅 辰戌長而丑未平

初七八十九卅 巳亥長而寅申平

初九十卅一二 子午長而卯酉平

十一二卅三四 丑未長而辰戌平

我國濟州潮信 比吳越差早一時

절강조신浙江潮信

초1, 초2, 29, 30일은 자오에 들어온다.

초3, 초4일은 축미에 들어온다.

초5, 초6일은 인신에 들어온다.

초7, 초8일은 묘유에 들어온다.

초9, 초10일은 진술에 들어온다.

11, 12, 13일은 사해에 들어온다.

14, 15, 16, 17일은 오자에 들어온다.

18, 19일은 미축에 들어온다.

20, 21일은 신인에 들어온다.

22, 23일은 유묘에 들어온다.

24, 25일은 술진에 들어온다.

26, 27, 28일은 해사에 들어온다.

진강鎭江 18일 진시에 밀물이 들어오는 것은 절강과의 차이를 비교하면 3시간 늦다.

初一二卄九卅　子午至
初三四　丑未至
初五六　寅申至
初七八　卯酉至
初九十　辰戌至
十一二三　巳亥至
十四五六七　午子至
十八九　未丑至
卄卄一　申寅至
卄二三　酉卯至
卄四五　戌辰至
卄六七八　亥巳至
鎭江十八日辰時潮至　比浙江差晩三時

태양가太陽歌

〔태양의 출몰로 조신이 상응하는 시각의 장단을 정한다.〕
〔定太陽出沒　以應潮信　時刻長短〕

정월 9월에는 을방에서 나와 경방으로 들어간다.
2월 8월에는 토장에서 나와 계장으로 들어간다.
3월 7월에는 갑지에서 출발하여 신지로 들어간다.
4월 6월에는 인장에서 나와 견장으로 들어간다.
5월에는 간상에서 나와 건상으로 돌아간다.
중동에는 손방에서 나와 곤방으로 들어간다.
오직 10월과 12월에는
진방에서 나와 신방으로 들어가니 상세하다.

正九出乙入庚方
二八出兎入鷄場
三七發甲入辛地
四六出寅入犬藏
五月生艮歸乾上
仲冬出巽入坤方
惟有十月與十二
出辰入申仔細詳

인시가寅時歌

정월 9월에는 5경 2점에 통한다.
2월 8월에는 5경 3점에 머무른다.
3월 7월에는 해가 수평선에 있을 때 인시이다.
4월 6월에는 해가 뜨는 것이 인시와 구별이 없다.
5월 달에는 해의 높이가 3장일 때이다.
10월 12월에는 4경 2점이다.
중동에는 겨우 4경 초점에 이른다.
이렇게 인시를 모름지기 모두 기록한다.
正九五更二點徹
二八五更三點歇
三七平光是寅時
四六日出寅無別
五月日高三丈地
十月十二四更二
仲冬纔到四更初
此是寅時須切記

풍우風雨

점후占候[77]

해로 보는 점占日

평일 아침에 새로 떠오르는 해를 보면서 상하 좌우에 운기가 있는가 없는가를 가지고 흐리고 개이고 바람이 불고 비가 내리는가를 점친다.

○해가 나올 때 운기가 마치 실 띠처럼 해 가운데에 걸쳐 움직이거나 흩어지지 않고, 또 간혹 해를 가려 보이지 않을 때, 해의 높이가 3장이면 비가 내릴 징조이다. 만약 해의 높이가 1장·2장이고 가끔 해가 보이면, 그날 안에 비가 내릴 징조이다.

○일찍 일어나서 먼저 동쪽 방향을 보아서 만약 검은 구름이 마치 흙을 쌓아놓은 형상으로 오래도록 흩어지지 않으면, 그날은 반드시 비가 내릴 징조이다. 해가 떨어질 때 서쪽 방향을 보아서 검은 구름이 마치 화분을 쌓아 놓은 형상으로 층층이 일어나면, 비가 내릴 징조이다.〔위는『풍우부』〕

○해가 나올 때 조각 구름이 검은색으로 오방에서 손방에 미치면 앞으로 풍우가 있을 징조이다.〔『호서해부』〕

平朝時觀新日 上下左右 有無雲氣 和陰晴風雨

○凡日出時 有雲氣如縷帶 橫於日中 不移不散 又或蔽日而不見者 主日高三丈雨 若日高一丈二丈時見 則主日中雨至

○早起先看東方 若有黑雲 如堆土之狀 久而不散 主日必有雨 日落時見西方 有黑雲 如累盆之狀 層層而起 主有雨〔右風雨賦〕

○日出時 片雲色黑者 自午及巽方來 主有風雨〔湖西海府〕

---

77) 원문에는 점후라는 표제가 없지만 후술되는 내용을 포괄하는 제목으로 필자가 사용하였다.

○해가 저물 때 연지가 붉으면 비가 내리지 않는다.

○햇무리가 생기면 비가 내린다.〔위는 『기효신서』〕

○해에 귀가 생기를 것으로 개고 비가 내리는 것을 점친다. 속담에 "남쪽에 귀가 생기면 개고, 북쪽에 귀가 생기면 비가 내린다. 해에 쌍 귀가 생기면 백일당白日幢이라고 하며 오래갈 징조이다."라고 한다.

○햇발〔구름 사이로 비치는 햇빛〕이 아침에 하늘에 있다가 저녁에 땅에 있으면 개고, 이것이 반대이면 비가 내린다. 속담에 "아침에는 하늘에 이마가 뚫어지는 것이 필요하고, 저녁에는 해에 네 다리가 달린 것이 필요하다. 이것으로 개는 것을 점친다."라고 한다. 또 "아침에는 동남쪽을 보고 저녁에는 서북쪽을 본다."라고 한다. 여름과 가을 사이에 해가 떨어진 후에 청백광 몇 줄기가 일어나 아래는 좁고 위는 터놓아 하늘까지 미치면 속칭 청백로靑白路라고 하는데, 내일 심하게 더울 징조이다.

○日沒臙脂紅無雨

○日暈則雨〔右紀效新書〕

○日生耳占晴雨 諺云 南耳晴 北耳雨 日生雙耳 名白日幢 主久〔許氏記〕

○日脚〔雲間漏照〕朝在天暮在地 晴 反此雨 諺云 朝要天頂穿 暮要四脚懸 此卜晴者也 又云 朝看東南 暮看西北 夏秋間 日沒後 靑白光數道起 下夾上闊亘天 俗呼靑白路 來日酷熱

○오래도록 비가 내리다가 갑자기 아침에 개어서 구름이 열리고 빠르게 해가 보일 때는 조금 있다가 반드시 비가 내린다. 구름이 더디게 열려서 늦게 해가 보일 때는 갠다.

○해가 저물 때 반대로 비치면 갤 징조인데, 이름하여 반오返塢라고 한다.

○속담에 "먹구름이 해를 접하면 다음날 아침은 오늘과 달리 비가 내릴 징조이다."라고 한다. 또 "해가 떨어지고 먹구름이 한밤중에 뇌성을 울리면 다음날 아침은 볕이 나고, 배후에 그을음이 있으면 갤 징조이다."라고 한다. 위의 것은 '구름이 일어나서 해를 접하는 것'을 말한 것이고 아래의

것은 '해가 떨어지면서 구름이 사라지는 것'을 말한 것이니 그 점이 다른 것이다.

○久雨 忽朝晴 雲開見日早者 小刻必雨 雲開遲見日晏者 晴

○日沒返照 主晴 名曰返塢

○諺烏雲 接日明朝 不如今日 主雨 又云 日落烏雲半夜黯 明朝晒 得背後焦 主晴 上言雲起承日 下言日沒隆雲 其占不同

○구름이 가린 사이로 해가 떠오르면 갤 징조이다. 속담에서 일두日頭라고 한다.〔『농경』〕

○해의 빛깔이 아침에 황색이면 비가 내리고, 저녁에 황색이면 바람이 분다.〔탐라해언〕

○저녁에 서쪽 가에 청색이 보이면〔서쪽 하늘이 청색이다.〕 다음날 청명할 예정이다.〔기호간언〕 해가 저물 때 서쪽 가에 검은 구름이 가로질러 있고 저무는 해가 그 사이로 들어가면 비가 내릴 징조이다. 속담에 "해가 구름 안으로 들어가면 비가 반드시 내린다."라고 한다.〔위와 같다.〕

○日升自雲障中起 主晴 諺云日頭〔農經〕

○日色朝黃雨 暮黃風〔耽羅海諺〕

○暮見西邊靑〔西方天靑也〕 明日定晴明〔畿湖間諺〕 日暮時西邊有黑雲橫 暮日 入其中 主雨 諺云 日入室雨可必〔上同〕

일진과 간지로 보는 점占日辰干支

매달 절기가 바뀌는 날 이른 아침, 동방에 단하丹霞의 기운이 보이면 절기 안의 풍우가 때에 맞을 징조이다.

○한 갑甲은 10일 동안의 흐리고 개는 것을 관장한다. 만약 갑일에 청명하여 구름이 해와 별을 가리지 않으면 10일 동안 가물 징조이다. 만약 구름이 하늘에 가득하다가 다시 비로 내리면 10일 동안 비가 내릴 징조이다.

택운澤雲이 움직일 때 어느 방향에 있는지 위를 보아서 만일 동쪽에 구름이 있으면 응당 갑을일에 비가 내린다. 나머지도 이것과 같다.

每月交節氣日 早晨東方見丹霞之氣 主節內風雨順時

○一甲管一旬之陰晴 若甲日晴明無雲掩日與斗 主十日旱 若雲氣漫天 而復下雨 主十日雨 澤雲行時 有在何方 上見如東方有雲 應甲乙日雨 餘倣此

○초하룻날 청운이면 갑을일에 비가 내리고, 홍운이면 병정일에 비가 내리고, 백운이면 경신일에 비가 내리고, 황운이면 무사일이 비가 내리고, 흑운이면 임계일에 비가 내린다. 오색이 사방에 퍼져있으면 비를 부른다.

○오묘일78)은 육갑일79)의 점과 같다. 평일 아침에 검은 구름이 어느 방향에 나와 있는지를 보아서 만일 동방에 구름이 있으면 응당 갑을일에 있는 종류와 한결같이 같다.

○무릇 육갑 중에서 오묘일을 점치는데 만약 운기가 와서 중앙에 모여 있으면, 추위가 올 형상으로서 크게 바람이 불어 나무가 쓰러질 징조이다. 만약 운기가 즉시 검게 변하는 것은 반드시 큰 비가 있다.

○一日 靑雲甲乙日雨 紅雲丙丁日雨 白雲庚辛日雨 黃雲戊巳日雨 黑雲壬癸日雨 五色逐方面而致雨

○五卯日與六甲日占同 平朝時 看黑雲出在何方 如東方有雲 應在甲乙之類 斷同 上

○凡占六甲五卯日 若有雲氣來聚中央 則將寒之象 主大風折木 如雲氣隨變而黑 者 必有大雨

○임자일, 계축일, 갑인일, 을묘일, 병진일, 정사일은 각각 하루가 3일의 개고 비가 내리는 것을 관장한다. 가령 임자일에 해가 나올 때 운기가 보이는데, 낮고 농후하면서 약간 거뭇거뭇하며, 운기가 북두칠성의 상하좌

---

78) 오묘일五卯日 : 정묘丁卯, 기묘己卯, 신묘辛卯, 계묘癸卯, 을묘乙卯를 말한다.
79) 육갑일六甲日 : 갑자甲子, 갑술甲戌, 갑신甲申, 갑오甲午, 갑진甲辰, 갑인甲寅을 말한다.

우에 있으면 소관하는 무오일, 기미일, 경신일의 3일 안에 비가 내린다.
만약 운기가 없고 건조하고 청명하면 이 3일은 모두 갠다. 계축일은 신유일,
임술일, 계해일을 관장한다. 갑인일은 갑자일, 을축일, 병인일을 관장한다.
을묘일은 정묘일, 무진일, 기사일을 관장한다. 병진일은 경오일, 신미일,
임신일을 관장한다. 정사일은 계유일, 갑술일, 을해일을 관장한다. 각각
3일씩 총 24일을 추상하여 관장하는 낮과 밤을 점친다.

○壬子癸丑甲寅乙卯丙辰丁巳 每一日管三日晴雨 假令壬子日 日出時見有雲氣
低濃或黑 雲氣在北斗 上下左右 則所管戊午己未庚申三日內有雨 若無雲氣 高燥
淸明 則此三日皆晴 癸丑管辛酉壬戌癸亥日 甲寅管甲子乙丑丙寅日 乙卯管丁卯
戊辰己巳日 丙辰管庚午辛未壬申日 丁巳管癸酉甲戌乙亥日 各三日 摠二十四日
推詳 所管晝夜 占之

○병자일, 정축일, 무인일, 을묘일, 경진일, 신사일은 각각 하루가 5일을
관장한다. 가령 병자일에 검은 구름이 해를 가리고 간혹 북두칠성을 차단하
면 소관하는 임오일, 계미일, 갑신일, 을유일, 병술일 5일 안에 비가 내린다.
정축일은 정해일, 무자일, 기축일, 경인일, 신묘일을 관장한다. 무인일은
임신일, 계사일, 갑오일, 을미일, 병신일을 관장한다. 기묘일은 정유일,
무술일, 기해일, 경자일, 신축일을 관장한다. 경진일은 임인일, 계묘일,
갑진일, 을사일, 병오일을 관장한다. 신사일은 정미일, 무신일, 기유일,
경술일, 신해일을 관장한다. 앞에 나오는 총 60일은 해를 따라서 점을
치는데, 별빛과 해의 색깔로 징험할 수 있다.

○丙子丁丑戊寅乙卯庚辰辛巳 每一日管五日 假令丙子日 有黑雲掩日 或蔽北斗
則所管壬午癸未甲申乙酉丙戌五日內有雨 丁丑管丁亥戊子己丑庚寅辛卯日 戊
寅管壬辰癸巳甲午乙未丙申日 己卯管丁酉戊戌己亥庚子辛丑日 庚辰管壬寅癸
卯甲辰乙巳丙午日 辛巳管丁未戊申己酉庚戌辛亥日 並前六十日逐日占 斗光日
色驗之

○은하수 중에 구름이 있는데, 마치 뱀이 지나가는 것 같으면 운무가 어둡게 가릴 징조이다. 기화氣和에 돼지가 강물을 지나가는 것 같은 모양이 있으면 그날 밤에 비가 내릴 징조이다.

○은하수 가운데 오묘와 육갑이 만나는 날에 보아서 운기가 가리지 않으면 소관하는 날 안에 반드시 청명할 조짐이다. 만약 운기가 그 안을 왕래하면 소관하는 날 안에 반드시 풍우가 있을 징조이다.

○계축일 밤중에 검은 구름이 보이는데 형태가 마치 용 모양이고 동쪽의 진상震上에 있으면 진일에 비가 내릴 징조이다. 갑진일 새벽에 구름이 말 모양으로 남쪽의 이상离上에 있으면 오일午日에 비가 내릴 징조이다.

○무진일과 기사일 아침에 해로 점치고 밤에는 별로 점치는데, 만약 운기가 창윤하여 마치 물고기 비늘 모양으로 간혹 흘러서 북두칠성을 가리거나 간혹 해를 막으면 그날 혹은 그날 밤에 큰 비가 내릴 징조이다. 별 사이에 오색 운기가 간혹 푸른색으로 변하여 마치 거북이나 용의 형태로 움직이면 큰 비가 내릴 징조이다.

○天河中有雲 如蛇經過則主雲霧昏蔽 有氣和猪形過河者 主當夜有雨

○天河中遇五卯六甲日 觀之無雲氣掩來 則所管日內 必主晴明 若有雲氣在中往來者 則所管日內 必有風雨

○癸丑夜半見黑雲氣 狀如龍形 在東方震上者 主辰日有雨 甲辰日早晨 有雲似馬在南方离上者 主午日有雨

○戊辰己巳日 平朝占日夜占斗 若雲氣蒼潤 如魚鱗狀 或行掩北斗 或遮日 主當日或當夜大雨 斗間五色雲氣 或變蒼色 如龜或如龍之形動 主大雨至

○운기가 마치 멧돼지가 산 위을 달리는 모양으로 동남쪽으로 날아다니면 병자일에 비가 내릴 징조이다.〔또 응당 7일 안에 내린다고 한다.〕 무릇 새벽에 북쪽을 보아서 검은 운기가 푸른빛을 막고, 남풍이 갑자기 서북풍으로 바뀌면 을묘일에 비가 내릴 징조이다.〔또 응당 8일 안에 동북풍이 역시 온다고 한다.〕

○구름 줄기가 마치 띠처럼 횡렬로 인묘방 위에 걸쳐 있으면 갑을일에 비가 내릴 징조이다. 일설에는 인묘일에 보이면 갑을일에 비가 내릴 징조라고 한다. 해가 진사 지점을 지날 때 구름이 횡렬로 있으면 병정일에 비가 내릴 징조이다.

○오미방 위에 음운陰雲이 보이는데 마치 띠처럼 해를 가려서 보이지 않으면 무사일에 비가 내릴 징조이다. 서남방 위에 운기가 보이다가 흘러 다니면 경신일에 비가 내릴 징조이다.〔위는 『풍우부』〕

○雲氣有若猪走山上之狀 飛奔東南 主丙子日有雨〔又云應七日內〕凡早晨間見北方 有黑雲氣 抑鬱蒼靑 南風忽轉西北風者 主乙卯日雨〔又云應八日內 東北風亦至〕

○有雲縷如帶橫列 寅卯方上 主甲乙雨 一說寅卯日見 則主甲乙日雨 日行辰巳上有雲帶橫列 則主丙丁日雨

○午未方上見陰雲 如帶蔽日不見者 主戊巳日雨 西南方上 見雲氣飛行 主庚辛日雨〔右風雨賦〕

○달이 다하도록 비가 없으면 다음 달 초에 반드시 풍우가 있다.

○속담에 "25~26일에 만약 비가 없으면 초3~4일에 배를 띄우지 말라."고 한다.

○25일을 일러서 월교일月交日이라고 하는데 비가 내리면 오래도록 흐릴 징조이다. 27일을 일러서 교월交月이라고 하는데 비가 내리면 초2~3일에는 날이 개기를 기대하지 않는다.〔위는 『허씨결』〕

○납음納音80)으로 수일水日에는 항상 많은 비가 내린다.

○일유신日遊神이 안으로 들어오는 첫날에 만일 비가 오면, 밖으로 나가기 전 16일은 항상 비가 많이 내린다. 일유신이 계사일에 안으로 들어오면 기유일에 밖으로 나간다.

---

80) 육십갑자六十甲子를 오음五音과 십이율十二律에 맞추는 것이다. 갑자甲子를 황종黃鐘의 상商이라고 하고 을축乙丑을 대려大呂의 상이라고 한다.

○月盡無雨 則來月初 必有風雨
○諺云 廿五廿六 若無雨 初三初四 莫行船
○廿五日謂之月交日有雨 主久陰 廿七謂之交月雨 初二初三 勿肯晴〔右許氏訣〕
○納音水日常多雨
○日遊神入內初日如雨 則出外遊之前十六日 常多雨 日遊神癸巳日入內 己酉日出外遊

달로 보는 점占月

달무리가 있으면 바람 불 징조인데, 어느 방향이 비면 바로 이 방향으로 온다.

○달빛이 맑고 수기水氣가 있으면 비가 내릴 징조이다.

○초승달 아래에 검은 구름이 가로로 잘려 있으면 내일 비가 내릴 징조이다. 속담에 "초3월에 달 아래 가로지른 구름이 있으면 초4일 안에 비가 내려서 화분이 엎어진다."라고 한다.

○초승달로 비를 점친다. 속담에 "달이 마치 활처럼 굽어 있으면 비가 조금 내리고 바람이 많이 분다. 달이 마치 앙와仰瓦처럼 되면 구하지 않아도 비가 저절로 내린다."라고 한다. 또 "달이 언언偃偃하면 물이 양양洋洋하고, 달이 옆으로 기울면 물이 한 방울도 내리지 않는다.〔월언언月偃偃은 일설에 월자앙月子仰으로 되어있다. ○위는 『허씨결』〕

月暈主風 何方有闕 卽此方來
○月色淡有水氣雨兆
○新月下有黑雲橫截 主來日雨 諺云 初三月 下有橫雲 初四日裏雨傾盆
○新月卜雨 諺云 月如掛弓小雨多風 月如仰瓦不求自下 又云 月偃偃水洋洋 月子側水無滴〔月偃偃一作月子仰 ○右許氏訣〕

○무릇 천기가 하강하고 지기가 오르지 않았는데, 낮의 햇빛이 자색이고 밤의 달빛이 백색이면 음우가 있을 징조이다. 천기가 내리지 않고 지기가

먼저 올랐는데, 낮의 햇빛이 백색이고 밤의 달빛이 적색이면 염한이 있을 징조이다. 천기가 내리지 않고 지기가 오르지 않았는데, 낮의 햇빛이 청색이고 밤의 달빛이 녹색이면 이 두 기운이 섞이지 않아서 장차 추워질 형상이다. 천기가 이미 내리고 지기가 이미 올랐는데, 이 두 기운이 섞이고 촘촘하지 않으면서 해는 흑색, 달은 청색이고 비는 내릴 듯하면서도 내리지 않으면 반드시 홍전이 보일 징조이다.〔위는 『풍우부』〕

○凡天氣下降地氣未升 晝之日色紫 夜之月色白 主有陰雨 天氣未降 地氣先升 晝之日色白 夜之月色赤 主炎旱 天氣不降 地氣未升 晝則日色靑 夜則月色綠 是二氣不交 將寒之象 天氣已降 地氣已升 二氣交而未密 故日黑月靑 似雨不雨 必主虹電之見〔右風雨賦〕

별로 보는 점占星

어둑어둑할 무렵에 북두칠성의 중외와 좌우에 운기가 있는지 없는지 여부를 보고 관찰한다.

○북두칠성 앞부분의 네 별은 괴성이라 하고 뒤의 세 별은 표성이라 하며, 일곱 번째 별은 천강天罡이라고 한다. 괴성 옆에 갑자기 검은 구름이 막아서 북두칠성의 입구를 가리는 것은 그날 밤에 비가 내릴 징조이다. 강성 앞에 갑자기 황색 구름이 밝게 빛나면 내일 비가 내릴 징조이다.

黃昏時 觀北斗中外左右 有無雲氣
○北斗前四星爲魁 後三星爲杓 第七星名天罡 魁星之傍 忽有黑雲遮蔽並掩斗口 者 主當夜有雨 罡星之前 忽有黃色雲氣明潤者 主來日有雨

○북두칠성이 검은 구름으로 두루 덮여서 막히면 3일 안에 비가 내릴 징조이다. 북두칠성 사이에 한두 별이 검은 구름으로 막히면 5일 안에 비가 내릴 징조이다. 한편으로 "사방을 둘러보아 구름이 없는데 오직 북두칠성의 중외와 위아래에 운기가 빛나고 있으면 역시 5일 안에 비가 내린다."라

고 한다. 한편으로 "검은 구름이 내려가서 넓고 두텁게 퍼지면 그날 비가 내린다."라고 한다.

○대개 달초에 치는 점에 만약 해와 달이 청색과 흑색으로 밝게 빛나면 그달 안에 비가 많이 내릴 징조이다. 마치 황적색의 기운이 있고 만약 마르고 건조한 상태이면 그달 안에 많이 가물 징조이다. 매달 초1일이 청명하면 상순의 10일과 관계되고, 초2일은 중순의 10일과 관계되고, 초3일은 하순의 10일과 관계된다. 북두칠성의 빛과 해의 색으로 같이 점친다.

○北斗遍被黑雲遮掩 主三日內有雨 斗間一二星有黑雲遮蔽 主五日有雨 一曰四望無雲 惟北斗中外上下 有雲氣潤者 亦主五日有雨 一曰凡黑雲低下廣厚 當日有雨

○凡月初占 若日月青黑明潤者 主月內多雨 如黃赤氣 若枯乾之狀 主月內多旱 每月初一日晴明 管上旬十日 初二日管中旬十日 初三日管下旬十日 斗光日色同占

○북두칠성 사이에 붉은 운기가 있으면 가물 징조이다. 또 붉은 구름이 해와 북두칠성을 가리면 다음날 크게 더울 징조이다. 만일 누런 구름이 캄캄하게 북두칠성을 가리고 간혹 해와 달의 위아래에 있으면서 넓고 촘촘하지 않는 것은 바람이 많이 불어 먼지가 날릴 징조이다.

○흰 구름이 북두칠성 및 해와 달을 가려서 넓고 촘촘한 것은 큰 바람과 갑작스러운 비가 내릴 형상이다.

○은하수 가운데 많은 별이 촘촘하고 두터우면 큰 비가 내릴 징조이다.〔위는 『풍우부』〕 별빛이 반짝반짝 빛나는 것이 일정하지 않으면 바람이 불 징조이다.〔위는 『기효신서』〕

○斗間有赤雲氣 主旱 又曰 赤雲蔽日蔽斗 明日大熱 如黃雲昏暗蔽斗 或在日月上下不廣密者 主多風拂塵之象

○白氣掩北斗並日月 廣密者 大風急雨之象

○天河中多星而密厚 主大雨〔右風雨賦〕星光閃爍不定 主有風〔右紀效書〕

○비가 내린 뒤에 하늘이 흐리고 다만 한두 개의 별이 보이면 그날 밤에
반드시 갠다. 속담에 "한 개의 별이 밤에 개는 것을 보증한다."라고 한다.
○또 "샛별이 밝게 땅을 비추면 다음날 아침 예전에 비가 오던 대로 오래도록
비가 내리는 것은 정당하다고 한다. 어둑어둑할 무렵에 갑자기 비가 멈추고
구름이 열리면서 바로 하늘 가득히 별이 보이면 그 다음날 비가 없고
당일 밤에도 꼭 개지 않겠는가?"라고 하였다.〔위는 『허씨결』〕
○여름밤에 별이 촘촘히 보이면 더울 징조이다.
○雨後天陰 但見一兩星 此夜必晴 諺云 一個星保夜晴
○又云 明星照爛地 來朝依舊雨 言久雨正當 黃昏卒然雨住雲開 便見滿天星斗
豈但明日無雨 當夜亦未必晴〔右許氏訣〕
○夏夜見星密 主熱

구름으로 보는 점占雲

〔무릇 풍우를 점치는데, 운기가 해·달·별·북두칠성 사이에 있는 것이
많아서 이것은 다만 구름만 본다.〕
〔凡占風雨 多以雲氣之在於日月星斗間者 而此單以雲看〕

○구름이 만약 포거형이면 큰 바람이 불 징조이다.
○운기가 아래로 사방의 들에 흩어져서 마치 연기와 안개 같은 것을 이름하
여 바람꽃風花이라고 하는데, 바람이 일 징조이다.
○가을 하늘이 구름으로 흐린데 만약 바람이 없으면 비도 없다.〔위는
『기효신서』〕
○속담에 "구름이 생선 비늘처럼 일면 비가 내리지 않는다."라고 한다.
풍전風顚[81]은 말하기를 "이것은 하늘 가득한 구름 조각이 비늘처럼 가는

것을 가리킨다."라고 하였다. 또 "늙은 잉어 비늘처럼 구름이 일면 날이
뜨거워 늙은 중을 데워 죽인다."라고 하였다. 이것은 하늘 가득한 구름
조각이 마치 비늘과 같이 큰 것을 말하는 까닭에 늘어 잉어는 흐리고
개는 것에 각각 징험이 있다.

○雲若砲車形 主大風
○雲氣下散四野 如烟如霧 名曰風花 主風起
○秋天雲陰 若無風則無雨〔右紀效書〕
○諺云 魚鱗天不雨也 風顚 此指滿天雲片如鱗而細者 一云老鯉斑雲障 晒殺老和
尙 此言滿天雲片如鱗而大者 故老鯉陰晴各有驗

○겨울 하늘이 가까이에서 저무는데 갑자기 늙은 잉어 무늬 구름이 점점
합쳐지면 반드시 비가 내리지 않는다. 이름하여 호상천護霜天이라고 한다.
○은하수 가운데 검은 구름이 생겨 간혹 마주보고 일어나서 한길로 서로
하늘까지 닿으면 모두 큰 비가 곧 다가올 징조인데, 조금 뒤에 반드시
천진天陣을 가득 채우게 된다. 이름하여 통계우通界雨라고 한다.
○가문 해에 운진이 간혹 동쪽에서 서쪽으로 일고, 서쪽에서 동쪽으로
일면 이것은 비단 오늘 비가 내리지 않는다. 반드시 매일 이와 같으면
오래도록 가물 징조이다.
○작은 산에 예전에는 일찍이 구름이 나오지 않았는데, 갑자기 구름이
일면 큰 비가 내릴 징조이다.〔위는 『농경』〕

○冬天近晚 忽有老鯉斑雲漸合者 必無雨 名曰護霜天
○天河中有黑雲生 或對起一路相接亘天 皆主大雨立至 少頃必作滿天陣 名曰通
界雨
○旱年雲陣起 或自東而西 自西而東 此非但今日不雨 必每日如之 卽久旱之兆
○小山舊曾不出雲 忽雲起 主大雨〔右農經〕

---

81) 풍전風顚 : 청나라 초기의 승려로 속명은 이복李福이다.

노을로 보는 점占霞

속담에 "아침 노을 저녁 노을에는 절대 차를 다리지 않는다."라고 한다. 이 말은 갠 날의 노을을 말하는 것으로 가물 징조이다. 또 "아침 노을에는 시장에 가지 않고, 저녁 노을에는 천 리를 간다."라고 한다. 이 말은 비가 내리는 날의 노을을 말한다. 아침 노을이 비가 내린 뒤에 갑자기 있으면 비가 내리는 것은 의심이 없다. 저녁 노을이 만약 불꽃형이면서 하늘이 붉으면 갤 뿐만 아니라 오래도록 가물 징조이다.

○갠 날에 갑자기 아침 노을이 있으면 반드시 안색을 살펴야 한다. 한결같이 하늘이 붉으면 갤 징조이고, 군데군데 갈색이면 비가 내릴 징조이다.

○노을이 하늘에 가득한 것을 일러 하득과霞得過라고 하는데 갤 징조이다. 만약 서쪽 하늘에 뜬 구름이 있다가 점차 두터워지면 비가 곧 내린다.〔위는 『농경』〕

諺云 朝霞暮霞 無小煎茶 此言 晴日霞 主旱 又云 朝霞不出市 暮霞走千里 此言 雨日霞 朝霞 雨後乍有定雨無疑 暮霞若有火焰形 而乾紅者 非但主晴久旱
○晴日忽有朝霞 要看顔色 斷之乾紅 主晴 間有褐色 主雨
○霞滿天 謂之霞得過 主晴 霞不過主雨 若西天有浮雲 稍厚雨立至〔右農經〕

무지개로 보는 점占虹

속칭 무지개를 후鱟라고 한다. 속담에 "동쪽 무지개는 개고 서쪽 무지개는 비가 내린다."라고 한다. 만약 무지개가 내려가면 바로 비가 내리고, 걷히면 갤 징조이다.〔후鱟의 음은 후候이다. 어魚는 선후풍을 이른다. ○위는 『허씨결』〕

俗呼虹爲鱟 諺云 東鱟晴西鱟雨 若鱟下便雨 還主晴〔鱟音候 魚名善候風 ○右許氏訣〕

천둥과 번개로 보는 점占雷電

속담에 "비가 내리기 전에 천둥이 있으면 배로 갔다가 걸어서 온다."라고 하는데, 비가 없을 징조이다.

○가까이에서 천둥이 치면 비가 없고, 묘시 이전에 천둥이 치면 비가 내린다.

○동쪽 사람들이 말하기를 "하룻밤 내내 천둥이 치면 3일 동안 비가 내린다." 라고 하였다. 천둥이 밤부터 치면 반드시 계속해서 흐리다는 말이다.

○눈이 오는 중에 천둥이 치면 음우할 징조이고, 백일을 장차 갠다.

○여름과 가을 사이 갠 날 밤에 멀리 번개가 보이는 것을 열섬熱閃이라고 한다. 남쪽에 있으면 오래도록 갤 징조이고, 북쪽에 있으면 바로 비가 내릴 징조이다. 속담에 "남쪽 열섬은 천 리이고 북쪽 열섬은 눈앞에 있다."라고 한다.

○북쪽 열섬은 속칭 북신섬北辰閃이라고 하는데 비가 곧 내릴 징조이다. 속담에 "북신섬이 사흘 밤을 계속했는데도 비가 내리지 않으면 크게 괴이하다."라고 한다. 이는 반드시 큰 풍우가 있을 것이라는 말이다.〔위는 『농경』〕

諺云 未雨先雷 船去步來 主無雨

○當頭雷無雨 卯前雷有雨

○東人云 一夜起雷 三日雨 言雷自夜起 必連陰

○雪中有雷 主陰雨 百日方晴

○夏秋之間 夜晴而見遠電 俗謂之熱閃 在南主久晴 在北主便雨 諺云 南閃千里 北閃眼前

○北閃 俗謂之北辰閃 主雨立至 諺云 北辰三夜無雨大怪 言必有大風雨〔右農經〕

땅으로 보는 점占地

지면이 심하게 습윤하여 물방울이 마치 땀이 흐르듯 나오면 폭우가 내릴 징조이다. 만약 서북풍이 흩어지면 비가 내리지 않는다.

○부엌의 재가 습기를 머금어 덩어리를 이루면 비가 내릴 징조이다.〔위는 『허씨결』〕

○아궁이 연기가 땅에 깔려 날아가지 않으면 비가 내릴 징조이다.

○주춧돌에 물이 흐르면 큰 비가 내릴 징조이다.

○주초석이 습기로 젖어 있으면 비가 내릴 징조이다.

地面濕潤甚者 水珠出如流汗 主暴雨 若西北風解散無雨

○竈灰帶濕作塊 雨兆〔右許氏訣〕

○竈烟鋪地不飛 主雨

○石礎水流 主大雨

○柱礎潤濕 主雨

물로 보는 점占水

○초여름에 물아래 이끼가 생기면 폭우가 내릴 징조이다.

○물가에서 물소리가 들리고 향기가 나면 비가 내릴 징조이다. 물이 갑자기 매우 험하게 흐르면서 물소리가 들리고 비린내가 나도 역시 그러하다.

○비가 수면 위에 떨어지는데 부포가 있으면 곧 개지 아니한다.

○물에 볍씨를 담그는데 가라앉았다가 다시 떠오르면 홍수가 생길 징조이다.〔위는 『농경』〕

○수면에 불꽃 모양의 물결이 점점이 일어 멀리 물가까지 두루 가득하면 속칭 수밀水密이라고 하는데, 비가 내리려 할 때 일어난다.

○夏初水底生苔 主有暴雨

○行水邊聞水有香氣 主雨 水驟至極驗 聞水腥氣亦然

○雨着水面上有浮泡卒未晴

○水浸稻種 旣沒復浮 主水〔右農經〕

○水面有爝火點點 彌滿遠浦者 俗名水密 欲雨則起

옥상의 균으로 보는 점占屋上菌

초가집에 비가 오래 내리면 지붕에 균이 생기는데, 아침에 생기면 개고 저녁에 생기면 비가 내린다.〔위는 『허씨결』〕

草屋久雨 菌生其上 朝出晴 暮出雨〔右許氏訣〕

날짐승으로 보는 점占禽

속담에 "까마귀가 목욕하면 바람이 불고 까치가 목욕하면 비가 내린다."라고 한다.

○비둘기가 우는데 돌아오는 소리가 들리면 호부呼婦라고 이르는데 갤 징조이다. 돌아오는 소리가 없으면 축부逐婦라고 이르는데 비가 내릴 징조이다. 속담에 "하늘에서 비가 내리려고 하면 비둘기가 축부한다."라고 한다.

○까마귀가 물을 마시면서 울면 비가 내릴 징조이고, 그 비는 또 개지 않는다.

○황새가 고개를 들고 울면 개고, 숙이고 울면 비가 내린다.

○집에서 기르는 닭이 홰에 늦게 오르면 음우가 내릴 징조이다.

○어미 닭이 병아리를 등에 업고 있는 것을 계완아鷄碗兒라고 하는데 비가 내릴 징조이다.〔위는 『허씨결』〕

○가마우지가 울면서 북쪽으로 날아가면 비가 내릴 징조이다.

諺云 鴉浴風 鵲浴雨

○鳩鳴有還聲者 謂之呼婦主晴 無還聲者 謂之逐婦主雨 諺云 天將雨鳩逐婦

○鴉含水叫 主雨 雨亦未晴

○鸛仰鳴則晴 俯鳴則雨

○家鷄上宿遲 主陰雨

○母鷄背負其雛 謂之鷄碗兒 主雨〔右許氏訣〕

○鸎鸏飛鳴向北 主雨

○참새가 무리를 지어 지저귀면 비가 내릴 징조이다. 여러 무리의 날짐승이 많이 목욕을 하면 비가 내릴 징조이다.

○겨울 추위에 참새 무리가 날아다니는데 날개 소리가 무거워 보이면 반드시 비나 눈이 내린다.

○여름과 가을 사이에 우진이 장차 몰려오려 하는데 갑자기 백로가 날아가면 비는 마침내 내리지 않는다. 이름하여 절우截雨라고 한다.

○뱁새가 물을 마시고 우는 것을 매사의賣簑衣라고 이른다.

○귀거조[82]의 소리가 밤에 들리는 것으로 개고 비가 내리는 것을 점친다. 북쪽에서 남쪽으로 가면 출과出窠라고 하여 비가 내릴 징조이고, 남쪽에서 북쪽으로 가면 귀과歸窠라고 하여 갤 징조이다.

○黃雀群噪 主雨 凡諸禽多浴水 主雨

○冬寒雀群飛翅聲重 必有雨雪

○夏秋間雨陣將至 忽有白鷺飛過 雨竟不來 名曰截雨

○喫鷦叫 謂之賣簑衣

○鬼車夜聽其聲 以卜晴雨 自北而南謂之出窠 主雨 自南而北謂之歸窠 主晴

○바다 가운데의 여러 날짐승이 시끄럽게 울면 풍우가 내릴 징조이다.〔위는 『제고기』〕

○바다제비가 갑자기 무리를 이루어 오면 풍우가 내릴 징조인데, 검은 배가 보이면 비가 내리고, 흰 배가 보이면 바람이 분다. 슬슬 돌아다니면서 밤에 울면 풍우가 온다.〔한 번 울면 바람이 불고, 두 번 울면 비가 내리고, 서너 번 울면 풍우가 멈춘다. ○위는 『기효신서』〕

○탐라 바다 가운데 새가 있다. 이름이 곽이기郭以其인데, 꽉꽉하고 운다.

---

82) 귀거조鬼車鳥 : 전설상의 붉은 요조妖鳥. 오리처럼 생겼는데 머리가 아홉이라서 구두조라고도 한다.

무리를 지어 공중을 날아다니면 다음날 개거나 바람이 일어나는 방향의
순역을 알 수 있다. 만약 동쪽으로 날면서 울면 서풍이 일어난다.

○海中諸禽喧叫 主風雨〔右諸古記〕

○海燕忽成群而來 主風雨 烏肚雨 白肚風 逍遙夜叫 風雨則到〔海燕水鳥也 一聲
風 二聲雨 三四聲斷風雨 ○右紀效書〕

○耽羅海中有鳥 名郭以其 鳴郭郭也 群飛回翔于天中則明日晴 且能知風起順逆
如飛鳴向東則西風起

동물로 보는 점占獸

개가 땅을 파면 음우가 내릴 징조이다.

○개가 잿더미 높은 곳을 보면 비가 내릴 징조이다.

○개가 강 언저리에 나아가 물을 마시면 물이 물러날 징조이다.

○녹색 털의 개가 털갈이가 끝나지 않으면 매수梅水[83]가 그치지 않을
징조이다.

○개가 생풀을 먹으면 갤 징조이고, 고양이가 생풀을 먹으면 비가 내릴
징조이다.

○제방 위에서 들쥐가 땅을 파면 홍수가 반드시 오는데, 땅을 판 곳까지만
이른다.〔위는 『농경』〕

拘爬地 主陰雨

○狗眼灰堆高處 主雨

○狗向河邊喫水 主水退

○綠毛狗褪毛未盡 主梅水未止

○狗喫靑草 主晴 猫喫靑草 主雨

○圍塍上野鼠爬地 主有水必到 所爬處方止〔右農經〕

---

83) 4월에 내리는 비.

물고기로 보는 점占魚

물고기가 물위로 뛰어오르는 것을 일러 칭수秤水라고 하는데 물이 불어날 징조이다. 그 고저에 따라서 물의 다소를 점친다.

○도랑 안으로 물고기가 물을 거슬러 와서 메기를 잡으면 갤 징조이고, 잉어를 잡으면 물이 이를 징조이다. 속담에 "메기는 건조하고 잉어는 습하다. 또 붕어는 물이 불 징조이고, 자가사리는 가물 징조이다."라고 한다.

○잉어와 붕어는 4~5월 사이에 물이 갑자기 불어나면 반드시 흩어진다. 새끼들이 다 흩어지지 않으면 물이 그치지 않고, 모두 흩어지면 물의 형세가 반드시 안정된다.

○초여름에 붕어를 먹다가 등뼈가 굽어 있으면 물이 불 징조이다.〔위는 『제고기』〕 물뱀과 흰 뱀장어가 새우 통발 안으로 들어가면 큰 바람과 물이 불 징조이다.

魚躍離水 面謂之秤水 主水漲 高低占水多少
○渠溝內魚來水逆 上得鮎 主晴 得鯉至水 諺云 鮎乾鯉濕 又鯽主水 鱔主旱
○鯉鯽在四五月間 得暴漲必散 子散不盡 水未止 散盛水勢必定
○夏初食鯽 脊骨有曲 主水〔右諸古記〕 水蛇及白鰻 入蝦籠中 主大風水

○물뱀이 갈대 위 높은 곳에 똬리를 틀어 있으면 물이 약간 높아질 징조이다. 머리를 숙이면 물이 바로 이르고, 머리를 쳐들면 조금 연장된다.

○돌고래가 어지러이 일어나면 큰 바람이 불 징조이다.〔위는 『기효신서』〕

○돌고래는 바로 물돼지水肉支의 종류이다. 물돼지는 길이가 혹 1장이나 6~7척이며, 눈은 작고 비늘은 가늘다. 배는 크고 부리는 길고 검은색이다. 그 형상이 마치 돼지 같으며 장차 풍우가 내리려 하면 무리지어 바닷가에서 논다.

○자라가 목을 빼고 남쪽을 바라보면 개고, 북쪽을 바라보면 비가 내린다.

○水蛇蟠在簾上高起 主水高若干 頭垂立至 頭高稍延
○海猪亂起 主大風〔右紀效書〕
○海猪卽水肉支之類也 水肉支長 或一丈 或六七尺 目小鱗細 腹大喙長色黑 狀
如猪將有風雨 羣戲浦邊
○鱉探頭 南望晴 北望雨

용으로 보는 점占龍

용이 내려오면 곧 비가 내리지만 갤 징조이다.

○흑룡이 내리면 비가 없을 징조이고 있어도 많지 않을 징조이다. 백룡이
내리면 반드시 비가 많을 징조이다. 본향 사람들이 "흑룡이 세상을 지키고,
백룡이 세상을 지킨다."라고 하였다.

○용이 자주 내리면 가물 징조이다. 속담에 "용이 많으면 많이 가물다."라고
한다.

○용이 비를 몰고 오는 길은 항상 한길만 있다. 속담에 "용은 익숙한 길로
다닌다."라고 한다.〔위는 『농경』〕

龍下便雨 主晴
○黑龍下主無雨 有亦不多 白龍下雨必多 本鄕人云 黑龍護世界 白龍護世界
○龍下頻主旱 諺多龍多旱
○龍陣雨常有一路 諺云 龍行熟路〔右農經〕

벌레로 보는 점占蟲

참개구리가 물을 뿜으면서 울면 비가 내릴 징조이다.

○늦은 봄에 몹시 따뜻해서 기둥나무 속에서 날개미가 나오면 풍우가
내릴 징조이다.

○평지에서 개미들이 진을 치면 풍우가 내릴 징조이다.

○지렁이가 아침에 나오면 개고, 저녁에 나오면 비가 내린다.

○메뚜기·귀뚜라미·등에 등의 벌레가 소만 이전에 나오는 것이 있으면 물이 질 징조로서 속칭 물고기밥이라고 부른다. 그래서 조금만 풍우가 내려도 모두 물에서 죽는다고 한다. 개구리·두꺼비 등속의 우는 소리가 맑으면 갤 징조이다. 속담에 "개구리가 세 차례 울면 집주인에게 물어볼 필요가 없다."라고 한다. 날이 개는 것을 말한 것이니 징험이 있는 것이다.

○하지에 게가 언덕에 오르면 하지 이후에 물이 언덕에 찬다.〔위는 『농경』〕

田鷄噴水叫 主雨

○春暮暴暖 屋木中出飛蟻 主風雨

○平地蟻作陣 主風雨

○蚯蚓朝出晴 暮出雨

○蚱蜢蜻蜓黃虫等 虫在小滿以前生者 主水 俗呼魚口中食 謂其纔風雨 俱死於水也 杜恰蝦蟆之屬 叫得響亮 主晴 諺云 杜恰叫三通 不用問家公 言報晴 有驗也

○夏至日蟹上岸 夏至後水到岸〔右農經〕

풍우총론風雨總論

무릇 바람이 하루 동안 일어나면 하루 동안 그친다. 이틀에 걸쳐서 일어나면 이틀에 걸쳐서 그친다.

○속담에 "서남풍이 바뀌어 서북풍으로 변하면 나무와 노끈을 가져와서 지붕을 얽어맨다."라고 한다. 또 "정오에서 오경까지 서쪽 하늘이 밝으면서 나뭇가지가 흔들리면 대개 큰 바람이 있다."라고 한다.

○해가 저물 무렵에 바람이 온화해지면 다음날 바로 폭풍이 심해진다.

○해가 나올 때 바람이 대략 고요한 것을 일러 풍양일風讓日이라고 한다. 대저 바람이 해가 있는 동안에 일어나는 것은 반드시 좋고, 밤에 일어나는 것은 반드시 나빠진다. 당일 잠잠해지는 것은 반드시 온화해지고, 밤중에 잠잠해지는 것은 반드시 큰 추위가 온다. 속담에 "나쁜 바람은 해가 떨어질

때까지 계속된다."라고 한다.〔이상은 융동隆冬과 풍색風色을 함께 말한
것이다.〕

凡風單日起單日止 雙日起雙日止

○諺云 西南轉西北 槎繩來絆屋 又云 半天五更 西天明援樹枝 皆有大風

○日晚風和 明日更多暴風

○日出時風必畧靜 謂之風讓日 大抵風日內起者必善 夜起者必毒 當日息者 必和
夜半息者 必大凍 諺云 惡風盡日沒〔已上並言隆冬風色〕

○동북풍이 불면 비가 내릴 조짐이라서 갑자기 개기 어렵다. 속칭 우태공雨
太公이라고 한다.

○속담에 "서남풍이 새벽에 도착하면 저물 때에는 풀이 움직이지 않는다."
라고 하였는데 저녁에 되면 반드시 잠잠해진다는 말이다.

○속담에 "동풍에는 답청해야 하므로 바람이 바뀌었다고 말하여도 바야흐
로 답청을 멈출 수 없다."라고 한다. 한편으로는 "하루 동안 남풍이 불면
반드시 반대로 하루는 북풍이 분다. 비록 새벽에 북풍이 불어도 저녁에는
반드시 잠잠해진다."라고 한다.

○속담에 "남풍은 꼬리이고 북풍은 머리이다."라고 하였는데, 남풍은 불면
불수록 더욱 빨라지고 북풍은 처음에는 조용히 일어나다가 갑자기 커진다
는 말이다.

○동풍이 빨라지면 구름도 더욱 빨라져 반드시 비가 내리므로 개기는
아주 어렵다.

○東北風 主雨 卒難晴 俗謂雨太公

○諺云 西南早到 晏不動草 言向晚必靜

○諺云 東風踏脚 報言易轉 方不停脚也 一云 旣吹一日南風 必還一日北風 雖早
有北風 晚必靜

○諺云 南風尾北風頭 言南風愈吹愈急 北風初起便大

○凡東風急雲氣愈急 必雨 最難得晴

○봄에는 남쪽에서, 여름에는 북쪽에서 바람이 불면 반드시 비가 내린다.
○겨울 하늘에 남풍이 2~3일 동안 불면 반드시 눈이 내린다.
○여름과 가을이 바뀔 때 큰 바람이 불고 바다 모래 같은 구름이 일어나는 것을 일러 풍조風潮라고 하는데 이름은 구풍颶風이다. 반드시 장마가 져서 큰 비가 내린다.〔『기효신서』와 『농경』 등의 책에 나온다. ○위는 바람을 논하였다.〕
○春南夏北有風必雨
○冬天南風三兩日 必有雪
○夏秋之交 大風及有海沙雲起 謂之風潮 名曰颶風 必有霖淫大雨〔出紀效農經等書 ○右論風〕

○오래도록 비가 내리면 당연히 캄캄하게 어두운데, 갑자기 환하게 밝으면 이것은 우후雨候라고 한다. 속담에 "사람이 병들면 두창을 두려워하고, 비가 떨어지면 하늘이 밝아지는 것을 두려워한다."라고 한다.
○오래도록 비가 내리다가 오시가 되어 조금 그치는 것을 일러 견주遣晝라고 한다. 정오에 견주하면 혹시 갤 수 있으나 정오 전에 견주하면 비가 더할 나위 없이 많이 내린다.
○오경에 홀연히 비가 내리면 그날 안에는 반드시 개는 것을 실제 징험할 수 있다. 속담에 "비가 오경에 우두둑 내리면 햇볕이 물웅덩이를 쮠다."라고 한다.
○개어서 건조해지면 북소리가 울리고, 비가 떨어지면 종소리가 울린다.〔『기효신서』와 『농경』 제서에 나온다. ○위는 비를 논하였다.〕
○久雨正當昏黑 忽白明亮 是雨候 諺云 人病怕肚脹 雨落怕天亮
○凡久雨至午時小止 謂之遣晝 在正午遣或可晴 午前遣則雨不可勝
○五更忽然雨 日中必晴 甚驗 諺云 雨打五更 日晒水坑
○晴乾鼓響 雨落鍾鳴〔出紀效農經諸書 ○右論雨〕

폭풍이 일어나는 날을 쫓아서 기록함逐日起暴風日

〔중국 해상 요결 ○동그라미 아래는 『기효신서』이다.〕
〔中國海上訣 ○圈下紀效書〕

정월 초9일과 29일 ○7일과 8일은 북풍이 반드시 일어나므로 꺼린다.
2월 초7일과 20일, 29일 ○초2일과 초3일은 북풍이 반드시 일어나므로
꺼린다.
3월 초3일과 초7일, 15일, 23일, 28일 ○청명은 꺼린다.
4월 초1일과 초8일, 23일, 25일
5월 초5일과 13일, 21일 ○설지풍雪至風은 꺼린다. 정월에 눈이 내린
날을 시작으로 5월까지 계산하여 120일 안에는 반드시 이 바람이 분다.
6월 12일과 24일 ○12일은 팽조풍彭祖風이라서 꺼린다.〔12일 전후 3~4
일 동안 있다.〕
7월 18일 ○7~8월에 만약 3일 동안 남풍이 불면 반드시 북풍이 따라서
분다.
8월 14일과 21일
9월 초9일과 27일 ○중구는 꺼린다.〔전후 3~4일도 꺼린다.〕
10월 초5일과 20일 ○초5일은 꺼린다.〔전후 3~4일도 꺼린다.〕
11월 14일과 29일 ○동지는 꺼린다.
12월 24일 ○23일은 소진풍掃塵風이라서 꺼린다. 달이 23~24일 사이에
기성·필성·익성·진성의 네 별자리와 만나게 되면 바람이 아주 적절하게
분다.
正月 初九 廿九日 ○忌七八 北風必發
二月 初七 廿日 廿九日 ○忌初二三 北風必發
三月 初三 初七 十五 廿三 廿八日 ○忌淸明
四月 初一 初八 廿三 廿五日

五月 初五 十三 卄一日 ○忌雪至風 以正月下雪日爲始 籌至五月 乃一百二十日
之內 主此風

六月 十二 卄四日 ○十二 忌彭祖風〔在前後 三四日〕

七月 十八日 ○七八月 若有三日南風 必有北風報之

八月 十四 卄一日

九月 初九 卄七日 ○忌重九〔前後 三四日〕

十月 初五 卄日 ○忌初五〔前後 三四日〕

十一月 十四 卄九日 ○忌冬至

十二月 卄四日 ○卄三忌掃塵風 是月 卄三四間 臨箕畢翼軫四宿 風最准

위에서 거론한 날짜에는 반드시 폭풍이 일어난다. 만일 그 날짜에 불지
않으면 전후의 이틀 안에는 불게 된다. 또한 달 안에 만나게 되는 기일·벽일
·익일·진일은 바람이 불게 된다.

○매달 25~26일에 만약 비가 내리지 않으면 다음 달이 시작되는 초3~4일
에는 배를 운항하지 않는다.

右諸日 必起暴風 如不在本日 則在前後二日之中 且凡月內遇箕壁翼軫之日 主有
風起

○每月 二十五六日 若無雨 開月初三四日 莫行船

화신풍花信風

강남에서는 초봄에서 초여름까지 5일에 1번 풍후가 있는데 일러서 화신풍
花信風[84]이라고 한다. 매화풍梅花風이 처음에 불고 연화풍楝花風이 마지막
에 부는데 모두 24번 분다. ○바다에서 만춘을 만나게 되면 대개 큰 바람이
부는데 속칭 화투花妬라고 한다. 제주에는 매년 반드시 분다.

江南 自春初至初夏 五日一番風候 謂之花信風 梅花風打頭 楝花風打末 凡二十
四番 ○海中當晚春例有大風 俗號花妬 濟州每歲必有

---

84) 소한小寒에서 곡우穀雨까지 부는 바람으로 총 24번 분다.

연등절燃燈節

연등은 속설에는 신명神名이라고 하는데 매년 2월에 오르내린다고 한다. 신이 강림할 때마다 모두 제사를 지낸다. 신을 맞이할 때와 신을 전송하기 전에 영남에서는 수륙으로 행장을 갖추어 떠나는 것을 꺼린다. 제주에서는 2월 초1일에서 보름 이후까지는 배 출항을 몹시 꺼린다. 연등이 어떤 신인지는 모르겠지만 『고기』에서는 "대구의 도산道山은 고려 신장절공申壯 節公[85]이 전투에서 사망한 곳이다. 고려의 풍속에는 매년 연등에 묘지사에 서 공을 제사한다."라고 하였다. 『지지』에 "도산에는 고려 사람들의 연등사 유허지가 있다."라고 하였다. 그러한 즉 묘지사가 바로 연등사이다. 영남에 서 연등절이 시작된 것은 아마도 장절공부터 시작된 것인가 한다. 지금 연등사 유허지 옆에 장절공의 사당이 있다. 『제주지』에 "중국 사람들은 제주 앞바다에 표류하다가 죽은 자들을 신으로 삼는다."라고 하였다.

燃燈俗說神名 每年二月升降 其降時 皆致齊祀之 侯神之際 送神之前 嶺南水陸 行具忌 濟州自二月初一日 至望後 絶忌放船 燃燈未知何神 而古記云 大丘道山 高麗申壯節公戰亡處也 麗俗每歲燃燈祀公於妙旨寺 地志云 道山有麗人燃燈寺 遺墟 然則妙旨卽燃燈也 嶺南燃燈之始 似自壯絶公也 今燃燈寺墟側 有壯節公祠 濟州志 唐人漂死於濟州前洋者 爲神云

제주 사람들은 정월 18일에 마을 가운데 쌀을 모아두었다가 2월 초5일이 되면 제사한다. 정월 그믐에는 바람이 서쪽에서 부는데 '신이 온다.'라고 이른다. 사람들이 모이고 무당이 들판에서 제사를 지내는데 밤에서 낮까지 이어진다. 2월 상순에는 배 모형을 만들어 돛대를 달고 포구에서 띄워 신을 보낸다. 이 때 바람이 동북에서 부는데 '신을 보낸다.'라고 이른다.

---

85) 신숭겸申崇謙(?~927) : 고려 전기의 무장武將. 본관은 평산으로 평산신씨의 시조이다. 초명은 능산能山, 시호는 장절壯節이다. 홍유洪儒·배현경裵玄慶·복지겸卜智謙과 함 께 궁예를 몰아내고 왕건王建을 추대해 개국일등공신開國一等功臣에 봉해졌다. 대구의 공산公山 동수桐藪에서 견훤을 맞아 싸울 때 대장大將이 되어 싸우다가 전사하였다.

이것은 참으로 황탄荒誕하다. 그러나 봄은 목기가 운행하는 때이다. 목기는 바람을 주관하므로 봄에는 항상 바람이 많이 분다. 목기에 힘입은 까닭으로 바람이 많이 거세진다. 김청음金淸陰의 『해사록』에는 "정월과 2월에는 사방에서 바람이 분다. 하루 종일 불지는 않지만 갑자기 불었다가 갑자기 그친다. 삼동에 비하면 더욱 거세다. 바다를 지나는 사람들이 이달에는 쉽게 배를 띄우지 않는다."라고 하였다. 최금남崔錦南의 『표해록』에는 "매년 정월은 바로 추위가 매우 심하다. 맹렬한 바람이 세차고 거대한 파도가 격렬하여 배를 타는 사람들이 꺼린다. 강남의 조주 사람들도 정월에는 바다에 띄우지 않는다. 4월이 되어서 매우가 지나가고 시원한 맑은 바람이 불게 되면 바다를 항해하는 큰 배가 처음 돌아오는데, 이를 박간풍舶趕風이라고 한다."라고 하였다.

州人 正月十八日 化米於村中 至二月初五日 祭之 正月晦時 風自西來 謂之神來 聚羣巫作野祀 以夜繼晝 二月上旬 造舟形具帆檣 汎之浦口以送神 是時風自東北 來 謂之神去 此固荒誕矣 然而春之行木也 木主風 故春常多風 木氣濛 故風多狂 亂 金淸陰海槎錄云 正月 二月 四方之風 皆無終日之勢 乍作乍止 比諸三冬 尤爲 狂廣 凡過海之人 不可於此月 輕易放船 崔錦南漂海錄云 每歲 正月 正當隆寒之 極 烈風怒號巨濤震激 乘船者所忌 江南潮人 亦不於正月浮海 至四月梅雨旣過 颯然淸風 海舶初回 謂之舶趕風

강과 바다에서 바람을 일으키고 바람을 그치게 하는 방법
江海起風止風方

을유일과 정유일에 세 집안의 수탉 털을 태워서 그 털을 날리면 바람이 그친다. 반대로 부는 바람을 그치게 하는 방법도 이것과 같다. 오유는 모두 손위풍巽爲風[86]으로 바람을 불러오는데 유괘와 손괘는 모두 날짐승과 관계되므로 같은 종류끼리 서로 불러오는 것이다. 만약 강과 바다에서

---

86) "손은 바람이다.[巽爲風]"(『주역周易』 설괘說卦)

갑자기 악풍을 만나면 흑술피黑戌皮를 태워서 날리면 바람이 그친다. 이 방법은 매우 묘하다.

乙酉日 丁酉日 燒三家雄鷄毛 揚其毛 風立 至更揚之風止一法 五酉皆可巽爲風 酉巽禽也 以類相招 若江海之中 猝遇惡風 燒黑戌皮揚之 立止 此法甚妙

바다에서 맑은 물을 구하는 방법海中取淸水方

서양 사람들이 배를 타고 멀리 가는데 혹시 섬에서 물이 나지 않을 때, 도자기 병의 입구를 굳게 막고 바닷물 속에 매달아 두면 바닷물이 저절로 병 안으로 스며드는데 맛이 깨끗해서 마실 수 있다. 백자로 된 병은 쓸 수 없는데 표면이 견고해서 물이 스며들 수 없기 때문이다.

西洋國人 乘船遠行 或無島岐生水處 則以陶瓶堅塞其口 懸於海水中 海水自滲入 於瓶中 味淸可飮 白磁瓶不可用 以其堅水不能滲入也

○우리나라 사람들은 소주고리[소주를 만드는 그릇]를 배에 싣는다. 만약 바람에 표류하다가 맑은 물을 얻지 못하면 바닷물을 떠서 소주 만드는 방법과 똑같이 달이면 한 방울 한 방울 고리 입으로 떨어지는데 물이 맑아서 마실 수 있다. 제주 사람들이 일찍이 일본 바다 가운데에서 표류할 때 바닷물을 떠서 큰 솥에 담고 가운데 작은 사발을 두고 작은 솥을 큰 솥 안에 넣어 위를 진흙으로 견고하게 봉하여 증기가 새지 않도록 하면 바닷물이 작은 솥 안에 가득 차게 된다. 마치 소주법과 같이 달이면 작은 솥 안의 물이 끓기 쉽게 되는데 하루 종일 하면 맑은 물 한 사발을 얻게 된다. 큰 솥은 염분에 손상되어 쉽게 깨어지므로 여러 날을 사용할 수 없다.

○我東人以燒酒甑〔造燒酒之器〕載於船中 若漂風 不得淸水 則取海水 煎之如作 燒酒法 點滴於甑口者 水淸可飮 濟州人 嘗漂流日本海中者 取海水 盛於大鼎中 中置一沙鉢 以小鼎 安於大鼎 上泥封甚堅 不使氣洩 因盛海水於小鼎內 煎之如

燒酒法 小鼎內水 熱則易之 終日得淸水一鉢 大鼎傷於鹹氣 易破不可用累日

○바닷물을 옹기 안에 담아 10일이 지나면 염분은 가라앉고 맑은 물은 위로 떠오르는데 마실 수 있다.
○海水盛於瓮中 過十日 鹹氣下降 其淸水 浮於上者 可飮

무릇 풍우는 조화의 대권이다. 변화는 헤아리기 힘들어 위에서는 다만 일상적인 것을 엮었다. 헤아리기 힘든 것은 두 가지가 있기 때문이다. 진일에는 비가 많이 내리는데 객기가 부딪혀 깨어지면 비가 내리지 않는다는 종류가 이것이다.〔'모든 냇물이 밤낮으로 바다로 흘러들어도 바다가 넘치지 않는다.'라는 장자莊子의 미려지설尾閭之說이 있다. 유종원柳宗元의 '물이 차면 서쪽으로 돌아간다.'라는 설도 있는데 물이 바닷속으로 돌아간다는 것과는 다르다. 진사일에 따뜻하면 축소된다. 음양가들이 진사는 물창고라고 하였다. 진사년의 화기가 진사일을 만나면 더욱 왕성해지는데 마치 시루 속의 증기가 올라가는 것과 같아서 북방의 수기와 서로 반응하면 비가 된다. 이것이 진사일에 비가 많다는 것이다. 화기와 진사일은 더욱 징험할 수 있으니 객기가 부딪혀 깨어지면 비가 내리지 않는다는 것과 같다.〕

凡風雨者 造化之大權也 變化不測 右所編特其常也 不測者 二在故也 如辰日多雨 而客氣沖破 則不雨之類 是也〔百川日夜 注海 而海不溢 莊子 有尾閭之說 柳宗元有水盈西環之說 而不如水歸於海中 辰巳 方溫燠以縮也 陰陽家 以辰巳 爲水之庫藏 辰巳方火氣遇 辰巳日則尤盛 如甑烝氣升 而北方水氣相應則雨 此辰巳日 多雨 火辰巳日 尤驗者也 若客氣沖破則不雨〕

또 큰 산과 큰 바다는 기운이 크게 축적된 것이다. 풍우는 반드시 기운이 축적된 곳에서 일어난다. 그래서 중국의 장안에는 반드시 서쪽에서 풍우가 온다. 우리나라의 영동에 항상 동풍이 많이 부는 것도 그러하기 때문이다.

『시경』에 '큰 바람이 불어오는 데 길이 있다.'[87)라고 하였으니 '큰 바람은 항상 일어나는 길이 있다.'라는 말이다. 옛 속담에 '용은 익숙한 길을 다닌다.'라고 하였으며, '빗물은 항상 다니는 길이 있다.'라고 하였다. 우리나라의 동풍은 을방乙方에서 많이 부는 까닭에 이름하여 조풍鳥風이라고 하는데 조鳥는 을乙이다. 서풍은 경방庚方에서 많이 부는데 방언에는 경庚은 구狗와 같고 구狗는 개介이다. 그래서 서풍을 일러서 개풍介風이라고 하는데 지금은 바뀌어 갈풍葛風이라고 한다. 북풍은 건방乾方에서 많이 부는 까닭에 이름하여 천풍天風이라고 한다. 천天은 곧 건乾이다. 남풍은 정오방正午方에서 부는 까닭에 이름하여 마풍馬風이라고 한다. 마馬는 곧 오午이다. 且大山大海 氣之大積者也 風雨必從積處起 故中國之長安 必西風雨 我國之嶺東 常多東風者然也 詩云 大風有隧 言大風之起 有常路也 古諺云 龍行熟路 言雨陣 之行有常路也 我國東風 多從乙方來 故名以鳥風 鳥卽乙也 西風多從庚方來 而 方言 謂庚爲狗 謂狗爲介 故西風名以介風 而今轉爲 葛風 北風 多從乾方來 故名 以天風 天卽乾也 南風 惟從正午方來 故名 以馬風 馬卽午也

풍우를 점치는 방법은 천기의 상변常變을 살피고, 지세의 동이同異를 관찰하는데 달려있다. 지금 뱃사공들이 이것에 많이 밝지 못하여 돛의 폭을 정하는데 배의 크기를 헤아리지 않는다. 다만 편한 바람에 빠르게 가기를 구하므로 대개 넓고 큰 것만을 좋아하기 때문에 쉽게 전복된다. 또 돛대를 세우는 방법이 갑자기 악풍을 만났을 때 불리하기 때문에 간혹 도끼로 잘라내야 하는데 미처 자르지 않으면 배가 침몰한다. 슬프구나! 천하의 험로는 감坎[88)을 건너는 것보다 심한 것이 없다. 쉽게 건너는 방법은 오로지 점풍占風에 달려있는 까닭에 여기에 더욱 마음을 쓰게 된다.

---

87) "대풍이 불어오는 데 길이 있으니, 빈 큰 골짜기에서 불어 나오도다.[大風有隧 有空大 谷]"(『시경』 대아大雅 상유桑柔)

88) 『주역』의 64괘의 중 29번째 감괘坎卦. 감은 험난하다는 의미를 포함한다.

占風雨之方 在於察天氣之常變 觀地勢之同異而已 今舵師多不明乎此 而帆幅不
量船之大小 只貪便風之疾行 皆以闊大爲尙 故易致飜覆 且桅竿倒起之法 不利猝
遇惡風 則或斧斷之 未及斷則敗沒 哀哉 天下之險 莫尙於涉坎 利涉之道 專在於
占風 故於此 尤致意焉

개시開市

경도는 매일 개시한다. 향외는 1달에 6번 개시한다. 혹 1·6일, 2·7일, 3·8일, 4·9일, 5·10일을 쓴다. 여섯 번 개시 하는 경우에는 다만 한 글자를 써서 그 날짜를 표시한다. 만일 1·6일 개시하는 경우에는 1자를 쓰고, 2·7일 개시하는 경우에는 2자를 쓰는 등 뒤의 글자는 생략한다. 이례적인 경우에는 별도로 표시한다. 여러 고을의 소소한 장시는 있다가 없어지거나 옮겨가서 항상 일정함이 없다. 그러므로 지금 설치되어 열리는 곳만 기록한다.

京都日開市 鄉外一月六開市 或用一六日 或用二七日 三八四九五十日 六市如例者 只書一字以表其日 如一六日開市者 書一字 二七日開市者 書二字之類 省字也 有異例者 別識之 列邑小小場市 存罷移徒 無常一從 今所設行處錄之

경기京畿

개성부〔경도의 경우와 마찬가지로 매일 개시한다.〕○고양 사포〔3일〕, 사애〔1일〕, 신원리〔4일〕 ○파주 읍내〔1일〕, 봉일천〔2일〕, 이천〔3일〕, 광탄〔4일〕, 장파〔4일〕 ○장단 읍내〔3일〕, 사천〔1일〕, 고랑포〔2일〕, 원우〔4일〕 ○교하 수청〔3일〕 ○삭녕 읍내〔4일〕, 수며시〔2일〕, 시욱〔5일〕, 석교〔3일〕 ○풍덕 읍내〔3일〕, 해암〔2일〕, 십응〔4일〕 ○연천 읍내〔1일〕, 군영〔4일〕 ○양주 가라비〔3일〕, 평구〔1일〕, 동도천〔5일〕, 신천〔2일〕, 고읍내〔5일〕, 대탄〔4일〕, 북도천〔1일〕, 구곡〔1일〕 ○영평은 장시가 없다. ○양근 갈산〔1일〕, 좌곡〔2일〕, 미원〔2일〕, 사탄〔3일〕, 우천〔4일〕, 상심〔5일〕 ○지평 읍내〔2일〕, 곡수〔4일〕, 부연〔3일〕, 노음평〔1일〕 ○가평 읍내〔5일〕 ○용인 읍내〔2일〕, 김령〔5일〕, 도촌〔1일〕 ○양지는 장시가 없다. ○양성 읍내〔4일〕, 소사〔5일〕 ○안성 읍내〔2일〕 ○죽산 읍내〔4일〕, 배관

〔3일〕, 주천〔3일〕 ○광주 성내〔2일〕, 경안〔3일〕, 세피천〔1일〕, 덕풍〔4
일〕, 송파〔5일〕, 사평〔2일〕, 곤지암〔4일〕, 팔곡〔5일〕 ○이천 읍내〔2일〕,
군량〔5일〕 ○음죽 장후원〔4일〕, 석원〔2일〕 ○여주 읍내〔2일〕, 청안리〔1
일〕, 억억교〔1일〕, 대왕〔4일〕, 곡수〔4일〕 ○과천 읍내〔1일〕, 군포천〔3
일〕, 노량〔4일〕 ○수원 읍내〔1일〕, 안중〔1일〕, 오타〔1일〕, 석현〔1일〕,
오산〔3일〕, 신기〔4일〕, 사슬곳〔4일〕, 팔탄〔5일〕 ○진위 읍내〔2일〕, 구거
리〔4일〕 ○남양 읍내〔2일〕, 구포〔1일〕, 기지〔4일〕 ○시흥 읍내〔5일〕 ○안
산 방축두〔2일〕, 산대〔3일〕 ○양천 어온동〔5일〕 ○김포 신장〔1일〕, 청천
〔5일〕 ○통진 오라리〔2일〕, 원통〔4일〕 ○강도 읍내〔2일〕 ○부평 기탄〔3
일〕, 발아현〔3일〕 ○인천 사암〔4일〕, 사천〔1일〕 ○교동 성내〔5일〕 ○적성
입암〔3일〕, 서면〔4일〕, 두일〔5일〕

開城府〔日開市如京例〕○高陽巳浦〔三〕沙崖〔一〕新院里〔四〕○坡州邑內〔一〕
奉日川〔二〕梨川〔三〕廣灘〔四〕長坡〔四〕○長湍邑內〔三〕沙川〔一〕古浪浦
〔二〕院隅〔四〕○交河水青〔三〕○朔寧邑內〔四〕水旀時〔二〕時郁〔五〕石橋
〔三〕○豊德邑內〔三〕蟹巖〔二〕十鷹〔四〕○漣川邑內〔一〕軍營〔四〕○楊州加
羅非〔三〕平丘〔一〕東道川〔五〕新川〔二〕古邑內〔五〕大灘〔四〕北道川〔一〕
仇谷〔一〕○永平無場市 ○楊根葛山〔一〕佐谷〔二〕迷源〔二〕沙灘〔三〕牛川
〔四〕上潯〔五〕○砥平邑內〔二〕曲水〔四〕釜淵〔三〕老音坪〔一〕○加平邑內
〔五〕○龍仁邑內〔二〕金嶺〔五〕道村〔一〕○陽智無場市 陽城邑內〔四〕素沙
〔五〕○安城邑內〔二〕○竹山邑內〔四〕排觀〔三〕注川〔三〕○廣州城內〔二〕慶
安〔三〕細皮川〔一〕德豊〔四〕松坡〔五〕沙坪〔二〕崑池巖〔四〕八谷〔五〕○利川
邑內〔二〕郡良〔五〕○陰竹長厚院〔四〕石院〔二〕○驪州邑內〔二〕清安里〔一〕
億億橋〔一〕大旺〔四〕曲水〔四〕○果川邑內〔一〕軍浦川〔三〕露梁〔四〕○水原
邑內〔一〕安中〔一〕吾朵〔一〕石峴〔一〕鰲山〔三〕新機〔四〕沙瑟串〔四〕八呑
〔五〕○振威邑內〔二〕九巨里〔四〕○南陽邑內〔二〕鳩浦〔一〕機池〔四〕○始興
邑內〔五〕○安山防築頭〔二〕山岱〔三〕○陽川於溫洞〔五〕○金浦新場〔一〕清川
〔五〕○通津吾羅里〔二〕元通〔四〕○江都邑內〔二〕富平歧灘〔三〕發阿峴〔三〕
○仁川筍巖〔四〕蛇川〔一〕○喬桐城內〔五〕○積城笠巖〔三〕西面〔四〕豆日〔五〕

황해도黃海道

금천 읍내〔4일〕, 구읍촌〔3일〕, 고강음〔5일〕, 적암〔3일〕 ○평산 읍내〔1
일〕, 남천〔5일〕, 누천〔2일〕, 석우〔3일〕, 석교〔1일〕, 기린〔4일〕, 삽교〔4
일〕, 탁영대〔5일〕, 온정〔4일〕, 쌍교〔3일〕 ○서흥 읍내〔2일〕, 덕우〔2일〕,
홍수원〔4일〕, 가막〔4일〕, 능리〔4일〕 ○봉산 읍내〔2일〕, 은파〔3일〕, 경암
〔5일〕, 남천〔4일〕, 사인암〔4일〕, 산산〔2일〕, 검수〔1일〕, 어사탄〔4일〕
○황주 읍내〔1일〕, 동산〔2일〕, 가우〔2일〕, 연파〔4일〕 ○토산 비천〔4일〕
○연안 읍내〔2일〕, 정족〔1일〕 ○해주 읍내〔2일〕, 취야〔3일〕, 사아리〔5
일〕, 죽산〔1일〕, 오연〔2일〕, 냉정〔1일〕, 석장〔3일〕 ○옹진 동오리〔4일〕
○배천 읍내〔1일〕, 성두리〔2일〕, 토산〔3일〕 ○송화 읍내〔4일〕, 조천〔1
일〕, 동창〔3일〕, 애동〔3일〕, 공세〔2일〕 ○풍천 읍내〔1일〕, 석탄〔3일〕
○은율 읍내〔2일〕 ○장연 구읍〔10일. 3회 개시〕, 신읍〔5일. 3회 개시〕,
동창〔4일〕, 포두원〔2일〕 ○강령 읍내〔2일〕, 고현〔4일〕 ○신계 읍내〔2
일〕, 고신은〔3일〕, 보음〔4일〕, 유천〔5일〕, 대평〔1일〕 ○곡산 읍내〔3일〕,
도리포〔2일〕, 입석〔1일〕 ○수안 읍내〔1일〕, 위라〔2일〕, 문산〔5일〕, 소산
〔2일〕 ○재령 읍내〔2일〕, 산천〔1일〕, 반천〔5일〕, 광수원〔3일〕, 청석두〔2
일〕 ○신천 읍내〔1일〕, 조우〔4일〕 ○안악 읍내〔2일〕, 북장〔4일〕 ○장련
읍내〔1일〕 ○문화 읍내〔5일〕

金川邑內〔四〕 舊邑村〔三〕 古江陰〔五〕 積巖〔三〕 ○平山邑內〔一〕 南川〔五〕 漏
川〔二〕 石隅〔三〕 石橋〔一〕 狉獜〔四〕 揷橋〔四〕 濯纓臺〔五〕 溫井〔四〕 雙橋〔三〕
○瑞興邑內〔二〕 德隅〔二〕 興水院〔四〕 加莫〔四〕 陵里〔四〕 ○鳳山邑內〔二〕 銀
波〔三〕 景巖〔五〕 南川〔四〕 舍人巖〔四〕 蒜山〔二〕 劍水〔一〕 御史灘〔四〕 ○黃州
邑內〔一〕 東山〔二〕 加隅〔二〕 延坡〔四〕 ○兎山飛川〔四〕 ○延安邑內〔二〕 鼎足
〔一〕 ○海州邑內〔二〕 翠野〔三〕 沙阿里〔五〕 竹山〔一〕 鰲淵〔二〕 冷井〔一〕 石墻
〔三〕 ○瓮津洞吾里〔四〕 ○白川邑內〔一〕 城頭里〔二〕 兎山〔三〕 ○松禾邑內〔四〕
鳥川〔一〕 東倉〔三〕 艾洞〔三〕 貢稅〔二〕 ○豊川邑內〔一〕 石灘〔三〕 ○殷栗邑內

〔二〕 ○長淵舊邑〔十日三開市〕 新邑〔五日三開市〕 東倉〔四〕 浦頭院〔二〕 ○康翎邑內〔二〕 古縣〔四〕 ○新溪邑內〔二〕 古新恩〔三〕 甫音〔四〕 楡川〔五〕 大坪〔一〕 ○谷山邑內〔三〕 桃李浦〔二〕 立石〔一〕 ○遂安邑內〔一〕 位羅〔二〕 文山〔五〕 所山〔二〕 ○載寧邑內〔二〕 蒜川〔一〕 盤川〔五〕 廣水院〔三〕 青石頭〔二〕 ○信川邑內〔一〕 棗隅〔四〕 ○安岳邑內〔二〕 北場〔四〕 ○長連邑內〔一〕 ○文化邑內〔五〕

평안도平安道

중화 읍내〔3일〕, 요포〔4일〕, 장교〔5일〕 ○평양 읍내〔1일〕, 태평〔5일〕, 둔전기〔2일〕, 막산통〔4일〕, 한천〔1일〕, 장수원〔3일〕, 소선〔4일〕, 무진〔2일〕, 원암〔4일〕, 장치〔4일〕, 가차산〔3일〕, 가흘원〔5일〕 ○순안 읍내〔5일〕, 신교〔1일〕, 암적〔2일〕 ○숙천 읍내〔3일〕 ○안주 읍내〔4일〕, 소착〔3일〕, 입석〔2일〕, 대교〔1일〕 ○가산 읍내〔4일〕, 흑압〔2일〕 ○정주 읍내〔1일〕, 납청정〔3일〕 ○곽산 읍내〔2일〕, 관장〔4일〕, 신읍〔4일〕 ○선천 읍내〔3일〕, 남창〔5일〕 ○철산 읍내〔1일〕, 차련참〔4일〕, 서림〔2일〕, 선사〔3일〕 ○용천 읍내〔1일〕, 남장〔5일〕, 북장〔2일〕, 참장〔3일〕, 미곶〔4일〕 ○의주 읍내〔1일〕, 인산〔4일〕, 양하〔3일〕, 산성〔2일〕, 청성〔4일〕, 석교〔5일〕 ○강서 읍내〔2일〕, 단지현〔4일〕 ○함종 읍내〔1일〕 ○용강 읍내〔3일〕, 노동〔5일〕, 선교〔2일〕, 황산〔2일〕 ○삼화 읍내〔4일〕, 가증포〔2일〕 ○증산 읍내〔4일〕 ○삼등 읍내〔4일〕 ○상원 읍내〔4일〕, 남양〔3일〕, 기리대원〔4일〕, 문포〔1일〕 ○강동 읍내〔3일〕, 관적〔5일〕, 열파〔2일〕

中和邑內〔三〕 腰浦〔四〕 長橋〔五〕 ○平壤邑內〔一〕 太平〔五〕 屯田機〔二〕 莫山筒〔四〕 漢川〔一〕 長水院〔三〕 笑仙〔四〕 無盡〔二〕 猿巖〔四〕 長崎〔四〕 加次山〔三〕 加屹院〔五〕 ○順安邑內〔五〕 薪橋〔一〕 巖赤〔二〕 ○肅川邑內〔三〕 ○安州邑內〔四〕 疏鑿〔三〕 立石〔二〕 大橋〔一〕 ○嘉山邑內〔四〕 黑鴨〔二〕 ○定州邑內〔一〕 納淸亭〔三〕 ○郭山邑內〔二〕 館場〔四〕 新邑〔四〕 ○宣川邑內〔三〕 南倉〔五〕 ○鐵山邑內〔一〕 車輦站〔四〕 西林〔二〕 宣沙〔三〕 ○龍川邑內〔一〕 南場〔五〕 北場〔二〕 站場〔三〕 彌串〔四〕 ○義州邑內〔一〕 獜山〔四〕 楊下〔三〕 山城

〔二〕清城〔四〕石橋〔五〕○江西邑內〔二〕丹地峴〔四〕○咸從邑內〔一〕○龍崗邑內〔三〕蘆洞〔五〕船橋〔二〕黃山〔二〕○三和邑內〔四〕加甑浦〔二〕○甑山邑內〔四〕○三登邑內〔四〕○祥原邑內〔四〕南陽〔三〕歧里大院〔四〕文浦〔一〕○江東邑內〔三〕串赤〔五〕閼波〔二〕

○성천 읍내〔1일〕, 남전〔5일〕, 아파〔4일〕, 삭창〔5일〕, 기창〔3일 9일〕○양덕 읍내〔1일〕, 파읍〔5일〕, 평지원〔4일〕, 가창〔4일〕, 토성〔1일〕○자산 읍내〔3일〕, 이성〔5일〕○은산 읍내〔2일〕, 북창〔3일〕○순천 읍내〔4일〕, 신창〔1일〕, 동창〔4일〕, 북창〔3일〕, 원창〔2일〕, 가창〔5일〕, 사둔〔2일〕○개천 읍내〔1일〕, 굴장〔2일〕, 북원〔3일〕, 무진〔5일〕○덕천 읍내〔2일〕, 신장〔1일〕○맹산 읍내〔4일〕○영원 읍내〔3일〕, 신창〔2일〕, 사창〔3일〕, 영성〔1일〕○영유 읍내〔4일〕, 가흘원〔5일〕○박천 진두〔5일〕, 양비애〔1일〕○태천 읍내〔3일〕, 원장〔2일〕○구성 읍내〔4일〕, 남장〔5일〕○삭주 읍내〔3일〕, 관장〔5일〕, 막령〔2일〕, 호장〔1일〕○영변 읍내〔2일〕, 동래〔4일〕, 무산〔1일〕, 개평〔3일〕○희천 읍내〔2일〕,89) 장동〔3일〕, 유원〔4일〕○강계 입석〔2일〕○위원 읍내〔3일〕, 백파〔3일 7일〕, 궁노항〔2일 5일〕○운산 읍내〔5일〕, 고연주〔4일〕○벽동 읍내〔1일〕, 평장〔2일〕, 동장〔5일〕, 서장〔5일〕, 운장〔3일〕○초산 읍내〔1일〕, 동창〔5일〕, 동건〔4일〕, 강창〔2일〕, 고면〔3일〕○창성 읍내〔4일〕, 청산〔5일〕

○成川邑內〔一〕藍田〔五〕丫波〔四〕朔倉〔五〕歧倉〔三九〕○陽德邑內〔一〕罷邑〔五〕平地院〔四〕假倉〔四〕兎城〔一〕○慈山邑內〔三〕泥城〔五〕○殷山邑內〔二〕北倉〔三〕○順川邑內〔四〕新倉〔一〕東倉〔四〕北倉〔三〕院倉〔二〕假倉〔五〕沙屯〔二〕○价川邑內〔一〕窟場〔二〕北院〔三〕無盡〔五〕○德川邑內〔二〕新場〔一〕○孟山邑內〔四〕○寧遠邑內〔三〕新倉〔二〕社倉〔三〕寧城〔一〕○永柔邑內〔四〕加屹院〔五〕○博川津頭〔五〕兩飛崖〔一〕○泰川邑內〔三〕院場〔二〕

---

89) 희천 읍내 장날은 원문에 누락되어 『동국문헌비고』 시적고市糴考 상上 부록 향시鄕市에 있는 기록을 입력하였다.

○龜城邑內〔四〕 南場〔五〕 ○朔州邑內〔三〕 舘場〔五〕 幕嶺〔二〕 胡場〔一〕 ○寧邊邑內〔二〕 東萊〔四〕 撫山〔一〕 開平〔三〕 ○熙川邑內〔二〕 ○長洞〔三〕 柔院〔四〕 ○江界立石〔二〕 ○渭原邑內〔三〕 栢坡〔三七〕 弓弩項〔二五〕 ○雲山邑內〔五〕 古延州〔四〕 ○碧潼邑內〔一〕 平場〔二〕 東場〔五〕 西場〔五〕 雲場〔三〕 ○楚山邑內〔一〕 東倉〔五〕 童巾〔四〕 江倉〔二〕 古面〔三〕 ○昌城邑內〔四〕 青山〔五〕

강원도江原道

김화 읍내〔1일〕 ○금성 읍내〔5일〕, 창도〔4일〕 ○회양 읍내〔3일〕, 신안〔2일〕 ○철원 읍내〔2일〕, 외서〔4일〕, 북면〔1일〕 ○평강 읍내〔5일〕 ○안협 읍내〔5일〕, 동면〔2일〕, 서면〔3일〕 ○이천 읍내〔1일〕, 문암〔2일〕, 가려주〔3일〕, 지석〔4일〕 ○통천 읍내〔2일〕, 순달면〔3일〕 ○흡곡 읍내〔1일〕 ○고성 읍내〔3일〕, 일북면〔1일〕 ○원주 읍내〔2일〕, 안창〔5일〕, 흥원창〔3일〕, 굴파〔5일〕, 주천〔3일〕 ○강릉 읍내〔2일〕, 연곡〔3일〕, 우계〔4일〕, 진부〔3일〕, 대화〔4일〕, 봉평〔2일〕 ○삼척 읍내〔2일〕, 근덕면〔1일〕, 도상면〔3일〕, 장성면〔5일〕 ○울진 읍내〔2일〕, 흥부〔3일. 3회 개시〕, 매야〔1일. 3회 개시〕 ○평해 읍내〔2일〕, 정명〔1일〕 ○춘천 읍내〔2일〕, 북중면〔1일〕 ○양구 읍내〔5일〕 ○낭천 읍내〔3일〕 ○홍천 읍내〔4일〕, 천감〔3일〕, 양덕원〔5일〕 ○인제 읍내〔2일〕 ○간성 읍내〔2일〕, 죽도면〔1일〕 ○횡성 읍내〔1일〕, 둔내〔4일〕 ○양양 읍내〔3일〕, 물치〔4일〕, 동산〔4일〕, 부동〔3일〕, 상운〔5일〕 ○영월 읍내〔5일〕, 서면 신천〔1일〕, 상동 녹번〔3일〕, 연평〔4일〕 ○평창 읍내〔5일〕, 미탄면〔2일〕, 동면〔4일〕 ○정선 읍내〔4일〕, 동면〔1일〕, 남면〔2일〕

金化邑內〔一〕 ○金城邑內〔五〕 昌道〔四〕 ○淮陽邑內〔三〕 新安〔二〕 ○鐵原邑內〔二〕 外西〔四〕 北面〔一〕 ○平康邑內〔五〕 ○安峽邑內〔五〕 東面〔二〕 西面〔三〕 ○伊川邑內〔一〕 門巖〔二〕 佳麗洲〔三〕 支石〔四〕 ○通川邑內〔二〕 順達面〔三〕 ○歙谷邑內〔一〕 ○高城邑內〔三〕 一北面〔一〕 ○原州邑內〔二〕 安昌〔五〕 興原倉

〔三〕窟破〔五〕酒泉〔三〕 ○江陵邑內〔二〕連谷〔三〕羽溪〔四〕珍富〔三〕大和
〔四〕蓬坪〔二〕 ○三陟邑內〔二〕近德面〔一〕道上面〔三〕長省面〔五〕 ○蔚珍邑
內〔二〕興富〔三日三開市〕梅野〔一日三開市〕 ○平海邑內〔二〕正明〔一〕 ○春川
邑內〔二〕北中面〔一〕 ○楊口邑內〔五〕 ○狼川邑內〔三〕 ○洪川邑內〔四〕泉甘
〔三〕陽德院〔五〕 ○獜蹄邑內〔二〕 ○杆城邑內〔二〕竹島面〔一〕 ○橫城邑內〔一〕
屯內〔四〕 ○襄陽邑內〔三〕勿淄〔四〕洞山〔四〕府東〔三〕祥雲〔五〕 ○寧越邑內
〔五〕西面新川〔一〕上東泉番〔三〕延平〔四〕 ○平昌邑內〔五〕味呑面〔二〕東面
〔四〕 ○旌善邑內〔四〕東面〔一〕南面〔二〕

충청도忠淸道

충주 읍내〔2일 4일. 12회 개시〕, 신당〔3일〕, 남창〔4일〕, 내창〔3일〕, 대소
원〔5일〕, 가흥〔1일〕, 용안〔3일〕, 우목〔1일〕, 무극〔5일〕 ○진천 읍내〔2
일〕, 장양〔5일〕, 광혜원〔3일〕, 한천〔1일〕 ○괴산 읍내〔3일〕 ○연풍 읍내
〔2일〕, 수회〔1일〕 ○음성 읍내〔2일〕 ○청안 진암〔4일〕, 반탄〔1일〕 ○청풍
읍내〔1일〕, 수산〔3일〕 ○단양 읍내〔5일〕, 먹포〔3일〕 ○제천 읍내〔1일〕
○영춘 읍내〔4일〕, 임현〔1일〕 ○직산 읍내〔1일〕, 신장〔4일〕, 안중〔4일〕
○천안 읍내〔3일〕, 풍서〔4일〕 ○공주 읍내〔1일〕, 경천〔2일〕, 광정〔5일〕,
모로원〔2일〕, 동천〔4일〕, 유구〔3일〕, 대교〔3일〕, 감성〔4일〕, 유성〔5일〕,
애천〔4일〕, 대전〔2일〕, 이인〔5일〕, 왕진〔4일〕, 건평〔1일〕 ○이성〔4일〕
○은진 읍내〔1일〕, 저교〔2일〕, 논산〔3일〕, 강경〔4일〕 ○평택 읍내〔3일〕
○신창 읍내〔2일〕, 선장〔4일〕 ○보령 읍내〔1일〕, 수영〔2일〕, 대천〔3일〕,
주교〔5일〕 ○아산 읍내〔4일〕, 요로원〔5일〕 ○온양 읍내〔1일〕, 입석〔2일〕
○예산 읍내〔5일〕, 신례원〔3일〕, 역성〔4일〕 ○대흥 읍내〔2일〕, 광시〔5
일〕, 신양〔4일〕 ○청양 읍내〔4일〕, 고정〔1일〕, 별산〔2일〕 ○해미 읍내〔5
일〕, 대교〔3일〕, 여미〔1일〕, 승포〔5일〕 ○서산 읍내〔2일 4일. 12회 개시〕,
취오개〔1일〕, 방길〔5일〕, 평촌〔3일〕, 장문〔1일〕 ○태안 읍내〔1일 5일.

12회 개시〕 ○덕산 읍내〔2일〕, 봉중〔4일〕, 삽교〔1일〕, 대천〔3일〕 ○면천 읍내〔2일 5일. 12회 개시〕, 명오리〔2일〕, 신장〔1일〕, 기지〔1일 3일. 12회 개시〕

忠州邑內〔二四日十二開市〕新塘〔三〕南倉〔四〕內倉〔三〕大召院〔五〕可興〔一〕 用安〔三〕牛目〔一〕無極〔五〕○鎭川邑內〔二〕長楊〔五〕廣惠院〔三〕閑川〔一〕 ○槐山邑內〔三〕○延豊邑內〔二〕水回〔一〕○陰城邑內〔二〕○淸安鎭巖〔四〕 潘灘〔一〕○淸風邑內〔一〕水山〔三〕○丹陽邑內〔五〕覓浦〔三〕○堤川邑內〔一〕 ○永春邑內〔四〕任縣〔一〕○稷山邑內〔一〕新場〔四〕安中〔四〕○天安邑內〔三〕 豊瑞〔四〕○公州邑內〔一〕敬天〔二〕廣程〔五〕毛老院〔二〕銅川〔四〕維鳩〔三〕 大橋〔三〕甘城〔四〕儒城〔五〕艾川〔四〕大田〔二〕利仁〔五〕旺津〔四〕乾坪〔一〕 ○尼城〔四〕○恩津邑內〔一〕楮橋〔二〕論山〔三〕江景〔四〕○平澤邑內〔三〕○ 新昌邑內〔二〕仙掌〔四〕○保寧邑內〔一〕水營〔二〕大川〔三〕舟橋〔五〕○牙山 邑內〔四〕要路院〔五〕○溫陽邑內〔一〕立石〔二〕○禮山邑內〔五〕新禮院〔三〕 驛城〔四〕○大興邑內〔二〕光時〔五〕新陽〔四〕○靑陽邑內〔四〕高亭〔一〕鼇山 〔二〕○海美邑內〔五〕大橋〔三〕餘美〔一〕升浦〔五〕○瑞山邑內〔二四日十二開 市〕翠五介〔一〕方吉〔五〕坪村〔三〕場門〔一〕○泰安邑內〔一五日十二開市〕 ○德山邑內〔二〕峰中〔四〕揷橋〔一〕大川〔三〕○沔川邑內〔二五日十二開市〕 鳴五里〔二〕新場〔一〕機池〔一三日十二開市〕

○당진 읍내〔5일〕, 삼거리〔2일 4일. 12회 개시〕 ○홍주 읍내〔1일〕, 야산〔2 일〕, 역장〔3일〕, 공치〔1일〕, 대교〔3일〕, 예전〔4일〕, 거산〔5일〕 ○결성 읍내〔2일〕, 용천〔3일〕, 광천〔4일〕 ○남포 대천〔4일〕 ○비인 읍내〔3일〕, 종천〔1일〕, 판교〔5일〕 ○목천 읍내〔4일〕, 병천〔1일〕 ○청주 남석교〔2 일〕, 신장〔4일〕, 쌍교〔5일〕, 오근〔3일〕, 장명〔2일〕, 조치원〔4일〕, 주안〔5 일〕, 미원〔4일〕, 청천〔2일 6일〕 ○문의 신촌〔1일〕 ○영동 읍내〔2일〕, 용산〔5일〕 ○황간 읍내〔1일〕, 둔덕〔2일〕, 지천〔3일〕 ○회인 읍내〔4일〕, 두산〔3일〕 ○보은 읍내〔5일〕, 원암〔2일〕, 관기〔1일〕, 마로〔4일〕 ○청산 주성〔2일〕 ○옥천 읍내〔2일〕, 증군〔4일〕, 주암〔5일〕, 이산〔1일〕, 양산〔3

일] ○전의 유수기[1일] ○연기 읍내[2일] ○진잠 읍내[2일] ○회덕 신탄
[3일] ○정산 읍내[2일], 오산[5일] ○홍산 읍내[2일], 마정[1일], 노은
치[3일], 임수대[1일], 율치[5일] ○한산 읍내[1일], 신장[3일] ○임천
읍내[4일], 남당[3일] ○서천 읍내[2일], 길산[4일], 대조[5일] ○부여
읍내[3일], 은산[1일] ○석성 읍내[2일 5일. 12회 개시] ○연산 읍내[3
일], 두마[1일], 사교[5일]

○唐津邑內[五] 三巨里[二四日十二開市] ○洪州邑內[一] 野山[二] 驛場[三]
卄峙[一] 大橋[三] 芮田[四] 巨山[五] ○結城邑內[二] 龍川[三] 廣川[四]
○藍浦大川[四] ○庇仁邑內[三] 鍾川[一] 板橋[五] ○木川邑內[四] 幷川[一]
○淸州南石橋[二] 新場[四] 雙橋[五] 梧根[三] 長命[二] 鳥致院[四] 周岸
[五] 米院[四] 靑川[二六] ○文義新村[一] ○永同邑內[二] 龍山[五] ○黃澗
邑內[一] 屯德[二] 池川[三] ○懷仁邑內[四] 斗山[三] ○報恩邑內[五] 元巖
[二] 舘基[一] 馬老[四] ○靑山酒城[二] ○沃川邑內[二] 增君[四] 舟巖[五]
利山[一] 陽山[三] ○全義柳藪歧[一] ○燕歧邑內[二] ○鎭岑邑內[二] ○懷德
新灘[三] ○定山邑內[二] 五山[五] ○鴻山邑內[二] 馬井[一] 老隱峙[三] 臨
水臺[一] 栗峙[五] ○韓山邑內[一] 新場[三] ○林川邑內[四] 南塘[三] ○舒
川邑內[二] 吉山[四] 大棗[五] ○扶餘邑內[三] 銀山[一] ○石城邑內[二五日
十二開市] ○連山邑內[三] 豆磨[一] 沙橋[五]

함경도咸鏡道

안변 읍내[3일] ○덕원 원산상장[5일. 3회 개시], 원산하장[10일. 3회
개시], 야태[3일] ○문천 전탄[2일] ○고원 덕지[3일] ○영홍 읍내[5일],
마산[4일], 왕성[1일], 대거리[2일], 편탄[2일] ○정평 읍내[1일], 남장
[2일], 산창[3일] ○함흥 읍내[2일], 지경[5일], 중리[2일], 우상리[4
일], 초리[5일. 다만 여름 3달뿐이다.], 상대[1일. 다만 여름 3달뿐이다.],
송평[4일. 다만 여름 3달뿐이다.] ○홍원 읍내[5일], 영공대[1일] ○북청
읍내[3일], 비석[2일] ○이성 읍내[1일], 곡구[5일] ○단천 읍내[1일]

○길주 이북과 삼수·갑산 각 읍치는 본래 장시가 없고, 마을 간에 항상 매일 사고 판다.

安邊邑內〔三〕○德源圓山上場〔五日三開市〕圓山下場〔十日三開市〕野汰〔三〕○文川箭灘〔二〕○高原德地〔三〕○永興邑內〔五〕馬山〔四〕王城〔一〕大巨里〔二〕鞭灘〔二〕○定平邑內〔一〕南場〔二〕山倉〔三〕○咸興邑內〔二〕地境〔五〕中里〔二〕禹上里〔四〕初里〔五只夏三朔〕上垈〔一只夏三朔〕松坪〔四只夏三朔〕○洪原邑內〔五〕靈公臺〔一〕○北靑邑內〔三〕碑石〔二〕○利城邑內〔一〕谷口〔五〕○端川邑內〔一〕○吉州以北 及三甲各邑 本無場市 閭里間常日買賣

경상도慶尙道

문경 읍내〔2일〕, 진남〔1일〕, 호남〔3일〕, 유곡〔2일〕, 가은〔3일〕, 농암〔5일〕, 송면〔4일〕○대구 읍내〔2일〕, 화원〔3일〕, 현내〔5일〕, 무태〔4일〕, 백안〔5일〕, 범어〔4일〕, 오동원〔4일〕, 풍각〔4일〕, 해안〔5일〕○청도 읍내〔5일〕, 산성〔1일〕, 성현〔3일〕, 양원〔4일〕, 구좌〔4일〕, 대전〔2일〕, 대천〔5일〕, 갈지〔1일〕, 동창〔2일〕, 유천〔4일〕○밀양 읍내〔2일〕, 성외〔5일〕, 팔풍〔3일〕, 삼랑〔1일〕, 수산〔3일〕, 수안〔1일〕○양산 읍내〔1일〕, 감동〔3일〕, 황산〔5일〕, 용당〔3일〕○동래 읍내〔2일〕, 수영〔5일〕, 부산〔4일〕, 독지〔1일〕○풍기 읍내〔3일 9일〕, 전구〔1일 5일〕, 영정〔5일〕, 은풍〔4일〕○영천榮川 읍내〔2일 8일〕, 반구〔4일〕○봉화 읍내〔5일〕○순흥 읍내〔6일 10일〕, 아곡〔4일. 3회 개시〕, 감곡〔1일. 3회 개시〕○예안 읍내〔2일〕, 도하〔1일〕, 우천〔3일 9일〕○용궁 읍내〔2일〕, 화음〔3일〕, 지보〔1일〕○예천 읍내〔2일〕, 보통〔5일 9일〕, 오천〔5일〕, 결운〔3일〕, 북면〔1일〕, 유등천〔4일〕, 소야〔3일 9일〕

聞慶邑內〔二〕鎭南〔一〕戶南〔三〕幽谷〔二〕加恩〔三〕籠巖〔五〕松面〔四〕○大丘邑內〔二〕花園〔三〕縣內〔五〕無怠〔四〕百安〔五〕凡於〔四〕梧桐院〔四〕豊角〔四〕鮮顔〔五〕○淸道邑內〔五〕山城〔一〕省峴〔三〕陽院〔四〕仇佐〔四〕大田

〔二〕大川〔五〕葛旨〔一〕東倉〔二〕楡川〔四〕○密陽邑內〔二〕城外〔五〕八風〔三〕三浪〔一〕守山〔三〕水安〔一〕○梁山邑內〔一〕甘同〔三〕黃山〔五〕龍塘〔三〕○東萊邑內〔二〕水營〔五〕釜山〔四〕禿旨〔一〕○豊基邑內〔三九〕前丘〔一五〕永定〔五〕殷豊〔四〕○榮川邑內〔二八〕盤丘〔四〕○奉化邑內〔五〕○順興邑內〔六十〕鵝谷〔四日三開市〕甘谷〔一日三開市〕○禮安邑內〔二〕陶河〔一〕汪川〔三九〕○龍宮邑內〔二〕華陰〔三〕知保〔一〕○醴泉邑內〔二〕甫通〔五九〕浯川〔五〕結雲〔三〕北面〔一〕柳等川〔四〕蘇野〔三九〕

○안동 읍내〔2일〕, 신당〔4일〕, 산하리〔5일〕, 편항〔5일〕, 미질〔1일〕, 풍산〔2일〕, 옹천〔3일 9일〕, 구미〔6일 10일〕, 장동〔6일. 3회 개시〕, 내성〔7일. 3회 개시〕, 재산〔5일〕 ○진보 읍내〔2일〕 ○영해 읍내〔2일〕, 석보〔3일〕 ○영양 읍내〔4일〕 ○청송 읍내〔4일〕, 속곡〔3일〕, 천변〔5일〕, 화목〔4일〕 ○영덕 읍내〔2일〕, 식율〔5일〕, 장사〔4일〕 ○함창 읍내〔1일 4일. 12회 개시〕, 남면〔3일〕, 유암〔2일〕 ○상주 읍내〔2일〕, 북천〔4일〕, 낙동〔4일 10일〕, 단밀〔2일〕, 공성〔1일〕, 장공〔3일〕, 중모〔4일〕, 철곡〔2일〕, 화령〔3일〕, 은척〔4일〕, 낙원〔5일〕, 삼탄〔3일〕, 산양〔5일〕 ○성주 읍내〔2일〕, 신장〔5일〕, 대교〔4일〕, 무계〔1일〕, 안언〔3일〕, 천평〔1일〕 ○현풍 읍내〔2일〕, 차천〔5일 7일〕 ○칠원 읍내〔3일〕, 우포〔2일〕 ○함안 평림〔1일〕, 방목〔3일〕, 궁북〔4일〕 ○진해 읍내〔9일. 3회 개시〕, 고현〔7일. 3회 개시〕, 장기〔4일. 3회 개시〕, 창포〔2일. 3회 개시〕 ○고성 읍내〔1일〕, 배둔〔4일〕 ○거제 읍내〔4일〕, 하청〔1일〕, 아주〔2일〕 ○개령 읍내〔2일〕, 이수천〔3일〕 ○지례 읍내〔2일〕, 남면〔5일〕 ○거창 읍내〔1일〕, 양무당〔3일〕, 가조〔4일〕 ○안의 읍내〔2일〕, 고현〔5일〕, 도천〔3일〕

○安東邑內〔二〕新塘〔四〕山下里〔五〕鞭巷〔五〕美質〔一〕豊山〔二〕甕泉〔三九〕龜尾〔六十〕獐洞〔六日三開市〕乃城〔七日三開市〕才山〔五〕○眞寶邑內〔二〕○寧海邑內〔二〕石保〔三〕○英陽邑內〔四〕○靑松邑內〔四〕束谷〔三〕川邊〔五〕和睦〔四〕○盈德邑內〔二〕植栗〔五〕長沙〔四〕○咸昌邑內〔一 四日十二

開市〕南面〔三〕柳巖〔二〕○尙州邑內〔二〕北川〔四〕洛東〔四十〕丹密〔二〕功城
〔一〕長蚣〔三〕中牟〔四〕鐵谷〔二〕化寧〔三〕銀尺〔四〕洛原〔五〕三灘〔三〕山陽
〔五〕○星州邑內〔二〕新場〔五〕大橋〔四〕茂溪〔一〕安偃〔三〕泉坪〔一〕○玄風
邑內〔二〕車川〔五七〕○柒原邑內〔三〕于浦〔二〕○咸安平林〔一〕放牧〔三〕弓
北〔四〕○鎭海邑內〔九日三開市〕古縣〔七日三開市〕場基〔四日三開市〕倉浦
〔二日三開市〕○固城邑內〔一〕背屯〔四〕○巨齊邑內〔四〕河淸〔一〕鵝洲〔二〕
○開寧邑內〔二〕梨水川〔三〕○知禮邑內〔二〕南面〔五〕○居昌邑內〔一〕養武堂
〔三〕加祚〔四〕○安義邑內〔二〕古縣〔五〕道川〔三〕

○김산 읍내〔4일〕, 김천〔5일〕, 아산〔2일〕, 추풍〔4일〕 ○선산 읍내〔2일〕,
해평〔4일〕, 구미〔1일〕, 장천〔5일〕 ○고령 읍내〔4일〕 ○초계 읍내〔5일〕,
율진〔1일〕 ○합천 읍내〔3일〕, 야로〔2일〕, 도곡〔4일〕, 권빈〔5일〕, 중마〔5
일〕 ○삼가 읍내〔2일〕, 고현〔4일〕 ○의령 읍내〔3일〕, 보림〔4일〕 ○창녕
대견〔3일〕, 연암〔4일〕 ○영산 읍내〔5일〕, 건천〔1일〕, 도홍〔2일〕 ○창원
읍내〔2일〕, 자여〔1일〕, 마산〔5일〕, 신촌〔4일〕 ○웅천 읍내〔4일〕, 부신당
〔2일〕, 고음포〔1일〕, 풍덕포〔3일〕 ○비안 읍내〔2일〕, 안계〔1일〕 ○군위
읍내〔2일〕, 효령〔3일〕, 화곡〔1일〕 ○신녕 읍내〔3일〕, 고현〔5일〕, 황지원
〔1일〕 ○영천永川 읍내〔2일〕, 묵석〔3일〕 ○경주 읍내〔2일〕, 사정〔4일〕,
사평〔1일〕, 구어〔3일〕, 하서〔4일〕, 어일〔5일〕, 모량〔3일〕, 건천〔5일〕,
아화〔1일〕, 의곡〔4일〕, 노곡〔5일〕, 잉보〔3일〕, 안강〔4일〕, 달성〔3일〕,
기계〔3일〕, 적화곡〔1일〕, 인비〔1일〕, 토성〔1일〕, 죽장〔3일〕, 연대〔5일〕,
입석〔4일〕 ○울산 읍내〔5일〕, 대현〔1일〕, 내상〔2일〕, 포항〔2일〕, 성황당
〔3일〕, 공수곶〔3일〕, 서창〔4일〕 ○의성 읍내〔2일〕, 하천〔4일 8일〕, 점곡
〔4일〕, 가음〔1일. 3회 개시〕, 산운〔6일. 3회 개시〕, 사곡〔5일〕, 수산〔3
일〕, 우곡〔1일〕, 안평〔5일 9일〕 ○의흥 읍내〔5일〕, 신원〔1일〕
○金山邑內〔四〕金泉〔五〕牙山〔二〕秋風〔四〕○善山邑內〔二〕海平〔四〕龜尾
〔一〕壯川〔五〕○高靈邑內〔四〕○草溪邑內〔五〕栗津〔一〕○陝川邑內〔三〕冶

爐〔二〕 陶谷〔四〕 勸賓〔五〕 中麻〔五〕 ○三嘉邑內〔二〕 古縣〔四〕 ○宜寧邑內〔三〕 寶林〔四〕 ○昌寧大見〔三〕 燕巖〔四〕 ○靈山邑內〔五〕 乾川〔一〕 道興〔二〕 ○昌原邑內〔二〕 自如〔一〕 馬山〔五〕 新村〔四〕 ○熊川邑內〔四〕 夫神堂〔二〕 古晉浦〔一〕 豊德浦〔三〕 ○比安邑內〔二〕 安溪〔一〕 ○軍威邑內〔二〕 孝靈〔三〕 花谷〔一〕 ○新寧邑內〔三〕 古縣〔五〕 黃地院〔一〕 ○永川邑內〔二〕 墨石〔三〕 ○慶州邑內〔二〕 沙正〔四〕 沙坪〔一〕 鉤魚〔三〕 下西〔四〕 於日〔五〕 毛良〔三〕 乾川〔五〕 阿火〔一〕 義谷〔四〕 蘆谷〔五〕 仍甫〔三〕 安康〔四〕 達城〔三〕 杞溪〔三〕 赤火谷〔一〕 仁庇〔一〕 土城〔一〕 竹長〔三〕 連貸〔五〕 立石〔四〕 ○蔚山邑內〔五〕 大峴〔一〕 內廂〔二〕 浦項〔二〕 城隍堂〔三〕 公須串〔三〕 西倉〔四〕 ○義城邑內〔二〕 下川〔四八〕 點谷〔四〕 佳音〔一日三開市〕 山雲〔六日三開市〕 舍谷〔五〕 水山〔三〕 羽谷〔一〕 安平〔五九〕 ○義興邑內〔五〕 薪院〔一〕

○하양 읍내[4일] ○언양 읍내[2일] ○홍해 읍내[2일], 여천[4일] ○청하 읍내[5일], 송라[3일] ○연일 읍내[3일], 포시[10일. 3회 개시], 포항[1일] ○장기 읍내[1일], 대박곡[4일] ○인동 읍내[4일], 대교[4일], 약목[3일] ○칠곡 남창[4일], 우암[1일], 팔거[5일], 상지[3일], 매원[1일] ○경산 읍내[5일], 반야[1일] ○자인 읍내[3일] ○김해 읍내[2일], 신문[3일], 설창[4일], 성법[5일], 반송[5일] ○기장 읍내[5일], 좌촌[4일] ○함양 읍내[2일], 개평[5일], 사근[4일], 마천[4일] ○산청 읍내[1일], 생림[3일 9일] ○단성 읍내[2일 8일], 도천[5일], 단계[4일], 육석[1일] ○진주 읍내[2일], 소촌[3일], 반성[3일], 말문[4일. 3회 개시], 창선[2일], 마동[3일 9일], 수곡[2일], 덕산[4일], 북창[4일], 안간[3일] ○사천 읍내[5일 9일], 팔장기[8일. 3회 개시], 신장[3일. 3회 개시] ○곤양 읍내[5일], 진교[7일. 3회 개시] ○하동 두치[2일], 진교[3일. 3회 개시], 화개[1일], 선교[5일], 횡포[3일] ○남해 읍내[4일]

○河陽邑內〔四〕 ○彦陽邑內〔二〕 ○興海邑內〔二〕 余川〔四〕 ○淸河邑內〔五〕 松羅〔三〕 ○延日邑內〔三〕 鋪市〔十日三開市〕 浦項〔一〕 ○長鬐邑內〔一〕 大朴谷〔四〕 ○仁同邑內〔四〕 大橋〔四〕 若木〔三〕 ○柒谷南倉〔四〕 牛巖〔一〕 八莒〔五〕

上枝〔三〕 梅院〔一〕 ○慶山邑內〔五〕 磻野〔一〕 ○慈仁邑內〔三〕 ○金海邑內〔二〕
新文〔三〕 雪倉〔四〕 省法〔五〕 盤松〔五〕 ○機張邑內〔五〕 佐村〔四〕 ○咸陽邑內
〔二〕 介坪〔五〕 沙斤〔四〕 馬川〔四〕 ○山淸邑內〔一〕 生林〔三九〕 ○丹城邑內〔二
八〕 道川〔五〕 丹溪〔四〕 六石〔一〕 ○晋州邑內〔二〕 召村〔三〕 班城〔三〕 末文〔四
日三開市〕 昌善〔二〕 馬洞〔三九〕 水谷〔二〕 德山〔四〕 北倉〔四〕 安潤〔三〕 ○泗川
邑內〔五九〕 八場基〔八日三開市〕 新場〔三日三開市〕 ○昆陽邑內〔五〕 辰橋〔七
日三開市〕 ○河東豆置〔二〕 辰橋〔三日三開市〕 花開〔一〕 船橋〔五〕 橫浦〔三〕
○南海邑內〔四〕

전라도全羅道

여산 읍내〔1일〕 ○금구 읍내〔3일〕, 종정〔1일〕 ○태인 읍내〔5일〕, 용두〔1
일〕, 고현내〔3일〕, 감산〔3일〕, 엄지〔4일〕 ○정읍 읍내〔2일〕, 천원〔1일〕
○장성 읍내〔2일〕, 승가마〔1일〕, 황룡〔4일〕, 개천〔5일〕, 덕치〔3일 9일〕
○나주 읍내〔2일〕, 남문〔4일〕, 도마교〔4일〕, 박산〔3일 7일〕, 도야〔1일〕,
남창〔2일〕, 대산〔1일〕, 음산〔1일〕, 선암〔8일. 3회 개시〕, 접의〔5일〕,
초동〔3일〕, 창흘〔5일〕, 용두〔2일〕 ○영암 동문외〔3일 5일. 12회 개시〕,
독천〔4일〕, 쌍교〔2일 8일〕, 송지〔10일. 3회 개시〕 ○해남 읍내〔5일〕,
산일 고암〔6일. 3회 개시〕, 화산 선창〔8일. 3회 개시〕, 은소 용당〔4일.
3회 개시〕 ○제주〔장시가 없다.〕 ○진산 읍내〔1일〕, 서면〔5일〕, 동면〔3
일〕 ○금산 읍내〔2일〕, 대곡〔4일〕, 제원〔1일〕 ○무주 읍내〔1일〕, 무풍〔4
일〕, 소천〔3일〕, 안성〔5일〕 ○용담 죽천〔4일〕 ○용안 난포〔2일〕 ○함열
읍내〔3일〕, 황등〔5일〕 ○고산 현서〔4일〕

礪山邑內〔一〕 ○金溝邑內〔三〕 從政〔一〕 ○泰仁邑內〔五〕 龍頭〔一〕 古縣內〔三〕
甘山〔三〕 嚴池〔四〕 ○井邑邑內〔二〕 川院〔一〕 ○長城邑內〔二〕 乘駕馬〔一〕 黃
龍〔四〕 介川〔五〕 德峙〔三九〕 ○羅州邑內〔二〕 南門〔四〕 都馬橋〔四〕 朴山〔三
七〕 都也〔一〕 南倉〔二〕 大山〔一〕 陰山〔一〕 仙巖〔八日三開市〕 接衣〔五〕 草洞
〔三〕 昌屹〔五〕 龍頭〔二〕 ○靈巖東門外〔三五日十二開市〕 犢川〔四〕 雙橋〔二八

松旨〔十日三開市〕 ○海南邑內〔五〕 山一姑巖〔六日三開市〕 花山船倉〔八日三開市〕 銀所龍堂〔四日三開市〕 ○濟州〔無場市〕 ○珍山邑內〔一〕 西面〔五〕 東面〔三〕 ○錦山邑內〔二〕 大谷〔四〕 濟原〔一〕 ○茂朱邑內〔一〕 茂豊〔四〕 所川〔三〕 安城〔五〕 ○龍潭竹川〔四〕 ○龍安蘭浦〔二〕 ○咸悅邑內〔三〕 黃登〔五〕 ○高山縣西〔四〕

○익산 읍내〔2일〕, 회화〔5일〕 ○만경 읍내〔4일〕 ○임피 읍내〔2일〕, 일운〔1일〕, 서시포〔4일〕 ○옥구 읍내〔3일〕, 경포〔5일〕, 지경〔1일〕 ○김제 읍내〔2일〕, 엄목〔5일〕, 재남〔3일〕, 화교〔5일〕, 원기〔1일〕 ○부안 읍내〔2일〕, 객사외〔4일〕, 신치〔1일〕, 동진〔3일〕, 사거리〔5일〕, 율지〔8일. 3회 개시〕, 호치〔9일. 3회 개시〕, 장전포〔10일. 3회 개시〕 ○전주 부남과 부서〔두 큰 시장. 부남 2일 3회 개시. 부서 7일 3회 개시〕, 부북과 부동〔두 개시. 부북 4일 3회 개시. 부동 9일 3회 개시〕, 봉상〔5일〕, 소양〔1일〕, 인천〔2일〕, 삼례〔3일〕, 옥야〔4일〕, 이성利城〔1일〕, 이성伊城〔1일〕 ○남원 읍내〔4일〕, 오수〔2일〕, 아산〔3일〕, 덕성〔3일〕, 산동〔5일〕, 방제천〔1일〕, 반암〔1일〕, 동화〔3일〕 ○곡성 읍내〔3일〕, 석곡〔5일〕 ○순천 읍내〔2일〕, 수영〔4일〕, 석보〔5일〕, 착마정〔3일〕, 성성원〔4일〕, 방축두〔1일〕, 해창〔3일〕, 구만〔5일〕, 백아〔4일〕, 선원〔3일〕, 부유〔2일〕, 본곡〔1일〕, 별량〔3일〕

○益山邑內〔二〕 會花〔五〕 ○萬頃邑內〔四〕 ○臨陂邑內〔二〕 日雲〔一〕 西施浦〔四〕 ○沃溝邑內〔三〕 京浦〔五〕 地境〔一〕 ○金堤邑內〔二〕 嚴木〔五〕 才南〔三〕 禾橋〔五〕 院基〔一〕 ○扶安邑內〔二〕 客舍外〔四〕 申峙〔一〕 東津〔三〕 四巨里〔五〕 栗地〔八日三開市〕 胡峙〔九日三開市〕 莨田浦〔十日三開市〕 ○全州府南府西〔兩大市 府南二日三開市 府西七日三開市〕 府北府東〔兩開市 府北四日三開市 府東九日三開市〕 峰上〔五〕 所陽〔一〕 仁川〔二〕 參禮〔三〕 沃野〔四〕 利城〔一〕 伊城〔一〕 ○南原邑內〔四〕 樊樹〔二〕 阿山〔三〕 德城〔三〕 山洞〔五〕 方梯川〔一〕 磻巖〔一〕 東花〔三〕 ○谷城邑內〔三〕 石谷〔五〕 ○順天邑內〔二〕 水營〔四〕 石堡〔五〕 捉馬亭〔三〕 星省院〔四〕 防築頭〔一〕 海倉〔三〕 九萬〔五〕 白鵝〔四〕 饍院

〔三〕 富有〔二〕 本谷〔一〕 別良〔三〕

○진안 읍내〔5일〕, 마령〔3일〕 ○장수 읍내〔5일〕, 장계〔1일〕, 완경〔2일〕, 송탄〔2일〕 ○순창 읍내〔1일〕, 연산〔4일 8일〕, 삼치〔3일〕, 녹사〔5일〕, 필로리〔2일〕 ○담양 북문외〔2일〕, 서문외〔4일〕, 삼지천〔8일. 3회 개시〕 ○창평 읍내〔1일〕, 삼지천〔4일. 3회 개시〕 ○옥과 읍내〔4일 8일〕, 흥복정〔1일〕 ○동복 읍내〔1일〕, 방석〔2일〕, 사평〔5일〕, 남재〔4일 8일〕 ○임실 읍내〔1일. 3회 개시〕, 독교원〔6일. 3회 개시〕, 오원〔4일〕, 구고〔5일〕, 갈담〔2일〕, 양발리〔3일〕 ○운봉 읍내〔5일〕, 인월〔3일〕 ○홍양 읍내〔4일〕, 죽천〔2일〕, 가화〔2일〕, 과역〔5일〕, 도양〔7일. 3회 개시〕, 유둔〔1일〕 ○낙안 읍내〔2일〕, 단교〔4일 ○옛 이름은 벌교인데 지금은 부언교라고 잘못 부른다.〕 ○구례 읍내〔3일〕 ○광양 읍내〔1일〕, 옥곡〔4일〕 ○고부 읍내〔1일〕, 난산〔5일〕, 두지〔3일〕 ○홍덕 석교〔2일〕, 와석〔4일〕 ○무장 읍내〔1일〕, 발산〔2일〕, 안자산〔3일〕, 갑촌〔4일〕, 고현〔5일〕

○鎭安邑內〔五〕 馬靈〔三〕 ○長水邑內〔五〕 長溪〔一〕 翫景〔二〕 松灘〔二〕 ○淳昌邑內〔一〕 燕山〔四八〕 三峙〔三〕 綠沙〔五〕 畢老里〔二〕 ○潭陽北門外〔二〕 西門外〔四〕 三支川〔八日三開市〕 ○昌平邑內〔一〕 三支川〔四日三開市〕 ○玉果邑內〔四八〕 興福亭〔一〕 ○同福邑內〔一〕 方石〔二〕 沙坪〔五〕 藍岾〔四八〕 ○任實邑內〔一日三開市〕 獨轎院〔六日三開市〕 烏院〔四〕 九皐〔五〕 葛潭〔二〕 良發里〔三〕 ○雲峰邑內〔五〕 引月〔三〕 ○興陽邑內〔四〕 竹川〔二〕 加禾〔二〕 過驛〔五〕 道陽〔七日三開市〕 油屯〔一〕 ○樂安邑內〔二〕 斷橋〔四 ○古名伐橋 今訛稱夫言橋〕 ○求禮邑內〔三〕 ○光陽邑內〔一〕 玉谷〔四〕 ○古阜邑內〔一〕 卵山〔五〕 斗池〔三〕 ○興德石橋〔二〕 臥石〔四〕 ○茂長邑內〔一〕 鉢山〔二〕 鞍子山〔三〕 甲村〔四〕 古縣〔五〕

○영광 읍내〔1일〕, 성외〔3일〕, 구수〔5일〕, 원산〔2일〕, 불갑〔4일 8일〕, 대안〔7일. 3회 개시〕, 사창〔1일〕 ○함평 읍내〔2일〕, 망운〔1일〕, 선치〔3일〕, 나산〔4일〕, 사천〔5일〕 ○무안 읍내〔5일〕, 남창〔1일〕, 공수〔3일〕,

장송[4일] ○고창 읍내[3일] ○광주 읍내[2일], 읍소[4일], 서창[5일], 대치[3일], 신장[5일], 선암[2일. 3회 개시] ○화순 읍내[3일] ○능주 읍내[5일], 이양원[4일] ○장흥 읍내[2일], 고읍면[3일], 대흥[1일 5일], 유치면[4일. 3회 개시], 안양면[5일], 수문포[1일], 장동면[6일 10일], 부평면[1일. 3회 개시], 웅치면[3일. 3회 개시], 천포면[2일] ○남평 읍내[1일], 대초[3일] ○보성 동문외[5일], 우막[2일], 복성[4일], 가면[2일], 기정[3일], 조성[3일], 해창[1일] ○강진 읍내[2일 5일 9일. 9회 개시], 금천[4일 10일], 고읍[1일 7일], 칠량[6일 9일], 대구[2일], 백도[3일 7일], 보암[1일], 고군내[3일 6일 8일. 9회 개시] ○진도 의신면[2일. 3회 개시], 고군내면[5일. 3회 개시], 목장면[7일. 3회 개시] ○靈光邑內[一] 城外[三] 九岫[五] 元山[二] 佛岬[四八] 大安[七日三開市] 社倉[一] ○咸平邑內[二] 望雲[一] 蟬峙[三] 羅山[四] 沙川[五] ○務安邑內 [五] 南倉[一] 公須[三] 長松[四] ○高敞邑內[三] ○光州邑內[二] 邑小[四] 西倉[五] 大峙[三] 新場[五] 仙巖[二日三開市] ○和順邑內[三] ○綾州邑內 [五] 李陽院[四] ○長興邑內[二] 古邑面[三] 大興[一五] 有恥面[四日三開市] 安壤面[五] 水門浦[一] 長洞面[六十] 富坪面[一日三開市] 熊峙面[三日三開市] 泉浦面[二] ○南平邑內[一] 大草[三] ○寶城東門外[五] 牛幕[二] 福城 [四] 可面[二] 旗亭[三] 鳥城[三] 海倉[一] ○康津邑內[二五九日九開市] 錦川[四十] 古邑[一七] 七良[六九] 大口[二] 白道[三七] 寶巖[一] 古郡內[三六 八日九開市] ○珍島義新面[二日三開市] 古郡內面[五日三開市] 牧場面[七日 三開市]

※ 역사문화에서 나온 책

● 사상과 문화 시리즈

한국의 사상사 시리즈는 문화의 발전과정이 그 당시를 대표하는 사상과 철학의 조류 속에서 정치, 경제, 사회의 발전과 의례, 미술, 음악 등의 문화가 형성됨을 알리기 위한 기획 시리즈이다.

조선성리학과 문화
朝鮮性理學과 文化

2009년 5월 20일 초판 발행

값 15,000 원

조선시대 사상사의 재조명
朝鮮時代 思想史의 再照明

1998년 7월 11일 초판 발행
값 12,000 원

※ 제1회 대산문화재단.교보문고 양서발간 지원 사업의 지원 대상 도서.

한국사상사
韓國思想史

1999년 9월 13일 초판 발행
2002년 9월 10일 2쇄 발행

값 15,000 원

조선시대 사상과 문화

1998년 3월 4일 초판 발행
2012년 3월 7일 2쇄 발행

값 7,000 원

조선시대 궁궐 운영 연구

2014년 5월 10일 초판 발행

값 20,000 원

• 한국의 인물 시리즈

저자가 한국사를 연구하고 강의하면서, 조선의 왕실과 그 친인척들을 정리
하였고 다시 각각의 인물에 대한 정리를 좀더 심도있게 할 필요를 느껴 기획
한 인물 시리즈이다.

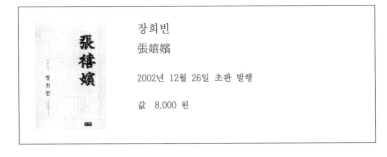

장희빈
張嬉嬪
2002년 12월 26일 초판 발행

값 8,000 원

최충과 신유학

崔冲과 新儒學

2014년 5월 50일 초판 발행

값 20,000 원

- 정치사 시리즈

조선의 정치사를 정리하는데 필수적인 요소가 되는 국왕 친인척을 조사하면서 정치사를 정리하기 시작하고, 이렇게 정리한 것을 강의하면서 일반 사람들은 정치사를 배우면서 역사에 흥미를 느끼고 역사가 중요하다고 평가를 하고 있다는 것을 알게 되었다. 왕위계승이나 왕실친인척과 연결하여, 그동안 왕조사관이라 하여 부정적으로 보아만 왔던 국왕 왕실 관계와 연결하여 설명해보려 하였다.

왕실 친인척과 조선정치사

2014년 5월 9일 초판 발행

값 15,000 원

조선시대 정치사 1·2·3(전체 3권)

2013년 9월 25일 초판 발행

값 각권 15,000 원

조선전기 정치사
朝鮮前期 政治史

2001년 9월 9일 초판 발행
2003년 9월 9일 개정 발행

값 8,000 원

조선의 왕비 가문

2014년 8월 29일 초판 발행

값 20,000 원

- 조선의 왕실 시리즈

조선의 왕실 시리즈는 한국학이나 역사를 연구하는데 있어 인물 연구가 중요하면서도 기초적인 것이라는 것을 알면서도 연구의 작업량이 워낙 방대하여 누구나 손쉽게 접근하지 못한 면이 많았다. 이에 역사의 중심이자 핵심인 왕실의 인척 관계를 정리하고, 역사 속에서 커다란 역할을 했던 각 인물에 대한 정리를 하기 위한 기획 시리즈이다.

연번	도서명	출간일	가격	비고
1	태조대왕과 친인척	1999년 2월 23일	8,000	
2	정종대왕과 친인척	1999년 9월 21일	10,000	
3	태종대왕과 친인척 1	2008년 8월 14일	15,000	
4	태종대왕과 친인척 2	2008년 8월 14일	15,000	
5	태종대왕과 친인척 3	2008년 8월 14일	15,000	
6	태종대왕과 친인척 4	2008년 8월 14일	18,000	
7	태종대왕과 친인척 5	2008년 8월 14일	15,000	
8	태종대왕과 친인척 6	2008년 8월 14일	15,000	
9	세종대왕과 친인척 1	2008년 8월 8일	15,000	
10	세종대왕과 친인척 2	2008년 8월 8일	15,000	
11	세종대왕과 친인척 3	2008년 8월 8일	15,000	
12	세종대왕과 친인척 4	2008년 8월 8일	15,000	
13	세종대왕과 친인척 5	2008년 8월 8일	15,000	
14	문종대왕과 친인척 1	2008년 8월 8일	15,000	
15	문종대왕과 친인척 2	2008년 8월 8일	15,000	

16	단종대왕과 친인척	2008년 8월 8일	15,000	
17	세조대왕과 친인척	2008년 10월 6일	18,000	
18	예종대왕과 친인척	2008년 11월 7일	15,000	
19	성종대왕과 친인척 1	2007년 5월 23일	15,000	
20	성종대왕과 친인척 2	2007년 5월 11일	14,000	
21	성종대왕과 친인척 3	2007년 2월 26일	15,000	
22	성종대왕과 친인척 4	2007년 2월 26일	14,000	
23	성종대왕과 친인척 5	2007년 2월 26일	13,000	
24	연산군과 친인척	2008년 11월 7일	18,000	
25	중종대왕과 친인척 1	2001년 6월 23일	8,000	
26	중종대왕과 친인척 2	2001년 7월 11일	10,000	
27	중종대왕과 친인척 3	2001년 7월 27일	12,000	
28	인종대왕과 친인척	2008년 11월 7일	15,000	
29	명종대왕과 친인척	2002년 2월 28일	10,000	
30	선조대왕과 친인척 1	2002년 10월 17일	11,000	
31	선조대왕과 친인척 2	2002년 10월 11일	12,000	
32	선조대왕과 친인척 3	2002년 8월 24일	11,000	
33	광해군과 친인척 1	2002년 11월 25일	9,000	
34	광해군과 친인척 2	2002년 11월 25일	9,000	
35	인조대왕과 친인척	2000년 11월 30일	10,000	
36	효종대왕과 친인척	2001년 3월 26일	10,000	
37	현종대왕과 친인척	2009년 1월 24일	18,000	
38	숙종대왕과 친인척 1	2009년 1월 24일	15,000	
39	숙종대왕과 친인척 2	2009년 1월 24일	15,000	
40	숙종대왕과 친인척 3	2009년 1월 24일	13,000	
41	경종대왕과 친인척	2009년 1월 24일	13,000	
42	영조대왕과 친인척 1	2009년 1월 24일	15,000	
43	영조대왕과 친인척 2	2009년 1월 24일	12,000	
44	영조대왕과 친인척 3	2009년 1월 24일	15,000	
45	정조대왕과 친인척 1	2009년 1월 24일	15,000	
46	정조대왕과 친인척 2	2009년 1월 24일	12,000	
47	순조대왕과 친인척	2009년 2월 14일	18,000	
48	헌종대왕과 친인척	2009년 2월 14일	12,000	
49	철종대왕과 친인척	2009년 2월 14일	13,000	
50	고종황제와 친인척	2009년 2월 14일	15,000	
51	순종황제와 친인척	2009년 2월 14일	12,000	
52	부록 - 색인집	2009년 2월 27일	15,000